**NEUKIRCHENER**

Neukirchener Theologische
Dissertationen und Habilitationen, Band 9

Elke Seifert

Tochter und Vater im Alten Testament

Neukirchener

Elke Seifert

# Tochter und Vater im Alten Testament

Eine ideologiekritische Untersuchung zur
Verfügungsgewalt von Vätern über ihre Töchter

Neukirchener

© 1997
Neukirchener Verlag
Verlagsgesellschaft des Erziehungsvereins mbH, Neukirchen-Vluyn
Alle Rechte vorbehalten
Umschlaggestaltung: Hartmut Namislow
Gesamtherstellung: Breklumer Druckerei Manfred Siegel KG
Printed in Germany
ISBN 3-7887-1609-6


Die Deutsche Bibliothek – CIP-Einheitsaufnahme

**Seifert, Elke:**
Tochter und Vater im Alten Testament: eine ideologiekritische Untersuchung
zur Verfügungsgewalt von Vätern über ihre Töchter / Elke Seifert. –
Neukirchen-Vluyn: Neukirchener, 1997
  (Neukirchener theologische Dissertationen und Habilitationen; Bd. 9)
  Zugl.: Diss.
  ISBN 3-7887-1609-6
NE: GT

»Wir begegnen dem Patriarchat mitsamt seinen Spätfolgen, wenn wir Antworten suchen auf die Frage: Was ist das – die Tochter eines Vaters? Und was ist Väterlichkeit?« (Heidi Gideon)

# Vorwort

Den Anstoß zu einer Dissertation über die »Verfügungsgewalt der Vätern über ihre Töchter im Alten Testament« erhielt ich bei meiner Arbeit mit Mädchen und Frauen, die sexuelle Gewalt erfahren hatten. Auf ihrer Suche nach Möglichkeiten für die Verarbeitung dieses Traumas wurde ich häufig gefragt, was die Bibel zu sexuellem Mißbrauch und Vergewaltigung zu sagen habe. Den Frauen, die sich mit dieser Thematik an mich als Theologin und Pfarrerin wandten, war häufig bewußt geworden, daß es zwischen ihrer religiösen Sozialisation und der sexuellen Gewalt in ihrem Leben einen Zusammenhang gibt.

Soziologinnen und Psychologinnen haben bereits über den Zusammenhang von sexueller Gewalt und christlicher Religion geforscht.[1] Die Theologie, insbesondere in ihren exegetischen Disziplinen, ignoriert bisher weitgehend dieses Problem. Diese Dissertation ist ein Schritt in dem Bemühen, aus der theologischen Sprachlosigkeit herauszufinden. Ich beschränke mich auf eine Untersuchung des sog. Alten Testaments[2]. Ich tue das, weil ich an die

---

1 Siehe z. B. *Florence Rush*, Das bestgehütete Geheimnis: Sexueller Kindesmißbrauch, Berlin 1985; *Josephine Rijnaarts*, Lots Töchter: Über den Vater-Tochter-Inzest, Düsseldorf 1988; *Ursula Wirtz*, Seelenmord: Inzest und Therapie, Zürich 1989; *Gerda Lerner*, Die Entstehung des Patriarchats, Frankfurt 1991.
2 In meiner Dissertation verwende ich überwiegend die im christlichen Sprachgebrauch gängige Bezeichnung »Altes Testament«, obwohl ich mir deren Problematik bewußt bin und deshalb gelegentlich auch zu anderen Bezeichnungen greife (siehe *Seifert* in: *Jahnow u.a.* 1994). In dem Begriff »Altes Testament« liegt die Interpretationsmöglichkeit, das »Alte« sei im »Neuen« überholt. Entsprechend wird im christlichen Kulturkreis die jüdische Kultur abgewertet. Ich möchte diese Abwertung nicht weiter betreiben und festschreiben, habe aber auch noch keine neue Begrifflichkeit gefunden, die das hier bestehende Antijudaismusproblem endgültig und befriedigend lösen kann. Der Begriff »Erstes Testament« (zu diesem Sprachgebrauch: siehe *Jahnow u.a.* 1994, 22) schützt die entsprechenden Schriften noch nicht davor, als »weniger wertvoll« betrachtet zu werden. Aus der schmerzvollen Geschichte, die Christinnen und Christen den Jüdinnen und Juden bereitet haben, führt uns keine neue Begrifflichkeit heraus. In der gegebenen Situation erscheint es mir begrüßenswert, zwischen den Bezeichnungen »Altes Testament«, »Hebräischer Kanon«, »Erstes Testmament« u.a.m. zu wechseln und so zu signalisieren, daß hier ein Problem besteht.

Kraft seiner Bilder und Mythen in unserer Gegenwart glaube und an die Wirksamkeit der Ethik und Wertmaßstäbe, die es vermittelt. Ich wünsche mir, daß meine Forschungsarbeit kritisch diskutiert, korrigiert und weitergeführt wird.
Ich verstehe mich als feministische Theologin. Die Erfahrungen von Frauen, Erfahrungen der Negierung, Trivialisierung, Marginalisierung, Entfremdung und Gewalt bilden den Ausgangspunkt meiner Analyse und Interpretation. Vieles aus meinem Lebenskontext ist in diese Arbeit eingeflossen: Ich bin Pfarrerskind, das in Westdeutschland groß wurde und dessen Erziehung von biblischen Geschichten, Karl May und einer klassischen humanistischen Schulbildung geprägt war. Daß es sexuelle Gewalt gibt und auch ich von dieser Gewalt betroffen bin, habe ich allerdings lange Zeit nicht sehen wollen. Einsicht und Klarheit verschafften mir hier persönliche Begegnungen und »Wildwasser Marburg e. V.«.
Meine Dissertation wäre nicht zustande gekommen ohne die vielen Frauen und wenigen Männern, die mir Einblick in ihre Lebens- und Leidensgeschichte gegeben haben. Für das Vertrauen, das sie mir schenkten, bin ich ihnen zutiefst dankbar. Außerdem gehört mein Dank besonders denen, die mich freundschaftlich begleiteten, damit ich drei Jahre lang die intensive und ständige Auseinandersetzung mit Frauenunterdrückung und sexueller Gewalt auf mich nehmen konnte. Ausdrücklich erwähnen möchte ich Jutta Weinmann, von deren Zuwendung und Kritik ich getragen wurde und durch deren Kompetenz diese Arbeit gewonnen hat. Viele konstruktive Anregungen zu Fragen der Methodik und Hermeneutik meiner Dissertation erhielt ich bei meiner Mitarbeit im Marburger Frauenforschungsprojekt Hedwig Jahnow, insbesondere durch Dr. Gerlinde Baumann und Ulrike Bail. Herr Prof. Dr. Erhard S. Gerstenberger förderte mich mit einer Toleranz, die ich nicht für selbstverständlich erachte. Die Stiftung »buntstift e. V.« eröffnete mir aus ihren finanziellen Mitteln überhaupt erst die Möglichkeit, mein Forschungsvorhaben zu verwirklichen. Meine Eltern unterstützten mich finanziell dort, wo die Mittel der Stiftung nicht mehr hinreichten. Angela Kasseckert und Dr. Volker Hampel halfen mir bei der Erstellung der Druckvorlage. Auch ihnen sei an dieser Stelle herzlich gedankt.

Niedermittlau, im April 1997                                    Elke Seifert

# Inhalt

Vorwort ............................................................... V

**Einleitung** ........................................................ 1

1 Forschungsanliegen .................................... 1

2 Hermeneutik ............................................. 2

3 Methodik ................................................... 6

4 Begrifflichkeiten und Grundgedanken meiner Ideologiekritik ........................................... 7

5 Forschungsgeschichte ................................. 17

5.1 Familienleben in Israel: Die Frau in der Kulturgeschichte ................................................ 17

5.2 Potentielle Braut und Ehefrau: Eheschließung und Ehe ......................................................... 25

5.3 Die Frau in Beziehung zum Mann: Das Geschlechterverhältnis in einer patriarchalen Welt ........... 26

5.4 Der Wert der Frau: Der Status der Frau als expliziter Forschungsgegenstand ............................ 31
5.4.1 Deutschsprachige Publikationen ..................... 31
5.4.2 Amerikanische Publikationen ......................... 33

5.5 Patriarchatsstrukturen und die Darstellung von Frauen: Einleitungen ins Alte Testament aus feministischer Perspektive ..................................... 38

5.6 Verletzungen der Frauen: Frauenschicksale aus feministischer Perspektive ............................... 39

| 5.7 | »Vater« und »Tochter« in theologischen Wörterbüchern | 41 |
|---|---|---|
| 5.8 | Ergebnis | 44 |
| 6 | Vorgehen zur Ausführung meines Forschungsvorhabens | 45 |

**Erster Hauptteil:**
**Die Tochter in Beziehung zum Vater** ............ 47

| 1 | Abhängigkeit vom Vater | 47 |
|---|---|---|
| 1.1 | Identitätszuweisung über den Vater | 48 |
| 1.2 | Väterliche Fürsorge | 51 |
| 1.2.1 | Die Sorge um den Ehemann | 51 |
| 1.2.1.1 | Die Eheschließung erzählt als Teil der Familiengeschichte | 51 |
| 1.2.1.2 | Die Eheschließung erzählt als Teil der politischen Geschichte | 62 |
| 1.2.1.3 | Zusammenfassung | 69 |
| 1.2.2 | Die Versorgung mit Gaben, die Töchter in die Ehe mitnehmen | 72 |
| 1.2.3 | Die Versorgung mit einem Erbe | 77 |
| 1.2.4 | Mangelnde Versorgung mit einem Ehemann: Ein vorgegebenes Motiv für sexuellen Kontakt mit der Tochter | 82 |
| 1.2.5 | Ergebnis | 96 |
| 1.3 | Väterlicher Schutz | 98 |
| 1.3.1 | Fehlender Schutz vor sexueller Gewalt | 98 |
| 1.3.2 | Fehlender Schutz vor dem Ehemann | 111 |
| 1.3.3 | Die Tochter – das Schäfchen | 115 |
| 1.3.4 | Ergebnis | 116 |
| 1.4 | Bedrohung durch väterliche Gewalt | 118 |
| 1.4.1 | Die Auslieferung der Tochter zur Vergewaltigung | 118 |
| 1.4.2 | Opferung der Tochter als Brandopfer | 121 |
| 1.4.3 | Ergebnis | 126 |

*Inhalt* XI

| | | |
|---|---|---|
| 2 | Unabhängigkeit der Tochter und Widerstand gegen den Vater | 128 |
| 2.1 | Handlungsräume innerhalb des väterlichen Einflußbereiches | 128 |
| 2.2 | Widerstand verheirateter Töchter gegen den Vater | 138 |
| 3 | Der Vater im Blick der Tochter | 150 |

**Zweiter Hauptteil:
Der Vater in Beziehung zur Tochter** ............ 155

| | | |
|---|---|---|
| 1 | Väterliche Interessen an der Tochter | 155 |
| 1.1 | Das Schweigen über die Tochter in genealogischen Listen und Notizen | 155 |
| 1.2 | Die Tochter als ökonomischer Faktor | 159 |
| 1.3 | Heiratspolitik als Mittel zur Vergrößerung von politischem Einfluß | 167 |
| 1.4 | Töchter als Mittel zur Bewältigung von Ausnahmesituationen und zur Befriedigung persönlicher Bedürfnisse | 175 |
| 1.4.1 | Die sich mittels der Töchter vor drohender Gefahr schützenden Väter | 175 |
| 1.4.2 | Väter, die durch ihre Töchter sexuelle Befriedigung finden und Nachkommen erhalten | 184 |
| 1.4.3 | Der Vater, der seine Tochter besitzen und behalten will | 189 |
| 1.4.4 | Ergebnis | 193 |
| 2 | Machtmittel zur Durchsetzung väterlicher Interessen | 195 |
| 2.1 | Rechtliche Regelungen, die die Vater-Tochter-Beziehung tangieren | 196 |
| 2.1.1 | Bestimmungen, die die Jungfräulichkeit einer Tochter betreffen | 197 |
| 2.1.2 | Bestimmungen für den Fall, daß eine Tochter Sklavin oder Kriegsgefangene wird | 205 |

| 2.1.3 | Regelungen zum Erbrecht der Tochter | 209 |
|---|---|---|
| 2.1.4 | Ergebnis | 210 |
| 2.2 | Kultische Bestimmungen | 212 |
| 2.2.1 | Verbot, die Tochter zur »Hurerei« anzustiften | 212 |
| 2.2.2 | Sonderstellung der Priestertochter | 213 |
| 2.2.3 | Bestimmungen für den Fall, daß die Tochter ein Gelübde ablegt | 215 |
| 2.2.4 | Ergebnis | 218 |
| 2.3 | Lebensregeln | 218 |
| 2.3.1 | Ethisch-homiletische Ermahnungen | 219 |
| 2.3.2 | Lebensweisheiten | 227 |
| 2.3.3 | Ergebnis | 232 |
| 3 | Die Tochter im Blick des Vaters | 234 |

**Dritter Hauptteil:**
**Väterliche Verfügungsgewalt im Gottesbild Israels** ......... 237

| 1 | Vorbemerkungen: Metaphorische Rede und ihre Bilder | 237 |
|---|---|---|
| 1.1 | Bemerkungen zur metaphorologischen Sprachlehre | 237 |
| 1.1.1 | Definition und Funktion der Metapher | 237 |
| 1.1.2 | Unterscheidung der Metapher von Sprachfiguren | 241 |
| 1.1.3 | Die Bindung der Metapher an einen bestimmten historischen Kontext | 244 |
| 1.2 | Die metaphorische Verknüpfung zwischen weiblichen Gestalten und Städten, Orten bzw. Ländern | 245 |
| 1.2.1 | Religionsgeschichtliche Bemerkungen | 245 |
| 1.2.2 | Städte in weiblicher Gestalt als vielfache personale Relationsbegriffe | 246 |
| 1.2.3 | »Tochter Zion« und »Sohn Israel« – zwei Metaphern, um die Gottesbeziehung zu beschreiben | 247 |
| 1.2.4 | Feministische Kritik | 250 |

| | | |
|---|---|---|
| 2 | Die Frauengestalten in der metaphorischen Rede über Städte und Länder | 251 |
| 2.1 | Prophetische Worte über das Süd- und Nordreich und seine Städte vor dem Untergang des Staates Juda 587 v.Chr. | 251 |
| 2.1.1 | Samaria – die »Jungfrau Israels« bei Amos | 251 |
| 2.1.2 | Das Nordreich Israel – Ehefrau, Hure und Tochter bei Hosea | 252 |
| 2.1.3 | Jerusalem – Tochter, Ehefrau und Hure bei Ezechiel | 259 |
| 2.1.4 | Jerusalem und Zion – »Tochter meines Volkes« bei Jesaja und Jeremia | 273 |
| 2.1.4.1 | Jesaja | 273 |
| 2.1.4.2 | Jeremia | 276 |
| 2.1.5 | Ergebnis | 281 |
| 2.2 | Klage nach der Kapitulation Jerusalems 587 v. Chr. (Klagelieder) | 284 |
| 2.3 | Restaurationshoffnungen für Jerusalem nach 587 v.Chr. | 290 |
| 2.3.1 | Sünde, Schmerz und verliehene Stärke der »Tochter Zion/Jerusalem« in der redaktionellen Bearbeitung des Michabuches | 290 |
| 2.3.2 | Der Weckruf an die gefangene »Tochter Zion« bei Deuterojesaja | 291 |
| 2.3.3 | Der Jubel über den Wiedergewinn verlorener Gunst der »Tochter Zion/Jerusalem« bei Zefanja | 291 |
| 2.3.4 | Die dem Sieger zujubelnde »Tochter Zion« bei Sacharja (Sach 2,14; 9,9) | 292 |
| 2.3.5 | Zion/Jerusalem als Mutter, Ehefrau, Säugling und Tochter bei Tritojesaja (Jes 60,4ff; 62,3ff) | 293 |
| 2.3.6 | Zusammenfassung | 294 |
| 2.4 | Der Zion in den Psalmen | 295 |
| 2.5 | Worte gegen die Städte der Feinde Israels | 295 |
| 3 | JHWH als Bezugsperson und Gegenüber der metaphorischen Töchtergestalten | 298 |
| 3.1 | JHWHs Funktionen und Rollen | 299 |

| | | |
|---|---|---|
| 3.1.1 | Schöpfer | 299 |
| 3.1.2 | Versorger | 301 |
| 3.1.3 | Beschützer | 303 |
| 3.1.4 | Kläger, Richter, Strafvollstrecker | 306 |
| 3.1.5 | Vergewaltiger | 308 |
| 3.1.6 | Zuhälter | 309 |
| 3.1.7 | Restaurator | 310 |
| 3.2 | JHWHs Macht und Gerechtigkeit | 311 |
| 3.3 | JHWH – ein »Vater« der metaphorischen Tochtergestalten? | 313 |

**Schluß** ................................................................. 317

Literatur ................................................................. 321

Stellenregister (Auswahl) ................................................................. 333

# Einleitung

Feministische Forschung unterscheidet sich in ihren erkenntnisleitenden Interessen, ihrem Wissenschaftsverständnis und in ihrer Art, mit Begriffen und vorhandenen Forschungsergebnissen umzugehen, von herkömmlichen wissenschaftlichen Arbeiten. Ich mute daher meinen Leserinnen und Lesern eine umfangreiche Einleitung zu meinem Forschungsthema zu. Auf diese Weise will ich Transparenz in meinen Umgang mit der Frage nach der Verfügungsgewalt von Vätern über ihre Töchter im Alten Testament hineinbringen.

## 1 Forschungsanliegen

In der vorliegenden Arbeit interessieren mich die Tochter-, Vater- und (in diesen Zusammenhang) auch Gottesbilder der alttestamentlichen Texte. Ich untersuche Erzählungen, Gesetzestexte, ethische und weisheitliche Ermahnungen und prophetische Texte und frage kritisch danach, was für Bilder von Wirklichkeit hier vermittelt werden, welche Ideologien die Bilder transportieren und welchen Interessen sie dienen. Mit meinem Thema verfolge ich die Absicht, einen zentralen Punkt der Patriarchatsforschung aufzugreifen. Ich gehe davon aus, daß sich an der Beziehung des Vaters zur Tochter exemplarisch aufzeigen läßt, was hinter dem Wort »Patriarchat« steht. Schließlich ist in diesem Terminus technicus ja auch der Vater (pater) enthalten, und im Leben von Mädchen und Frauen ist er in aller Regel das erste männliche Gegenüber, durch das sie Herrschaft erlebt. Mir erscheint einleuchtend, was die Literaturwissenschaftlerin Heidi Gideon formulierte: »Wir begegnen dem Patriarchat mitsamt seinen Spätfolgen, wenn wir Antworten suchen auf die Frage: Was ist das – die Tochter eines Vaters? Und was ist Väterlichkeit?«[1]

1 *Gideon* 1993, 44.

## 2 Hermeneutik

*Text und Verdacht*
Alle in Sprache gefaßten Äußerungen können die Wirklichkeit nicht unmittelbar abbilden, sondern lediglich ein Konstrukt von Wirklichkeit bieten. »Ein Text ist kein Steinbruch für historische Fakten, er ist aber auch kein Kommunikationssystem, das nichts über die Wirklichkeit aussagt, sondern ein Text bildet eine eigene Wirklichkeit. Die Auslegung eines Textes in seinem Verhältnis zur Wirklichkeit ist immer auch von Faktoren wie gegenwärtigen Leserinnen und Lesern, gegenwärtigen Interpretinnen und Interpreten, historischem und gegenwärtigem soziokulturellen Kontext, Traditionen und lesender Gemeinschaft geprägt.«[2] Ich will die Wirklichkeit, die die alttestamentlichen Texte mir vor Augen führen, benennen und analysieren. Meine Reflexionen über sexuelle Gewalt und Sexismus und mein Bild vom Patriarchat und seiner Struktur werden dabei immer wieder in meine Darstellung einfließen. Denn ich gehe an die biblischen Texte mit dem Verdacht heran, daß diese aus einer männlichen – und nicht aus einer allgemein menschlichen – Perspektive heraus geschrieben und interpretiert wurden. Die Überlieferungen könnten höchst einseitige Äußerungen von Männern sein, »die einerseits patriarchale Zustände und Lebensbedingungen in der Geschichte der Menschheit ausdrücken und andererseits deren Aufrechterhaltung dienten und dienen«.[3] Den Texten ist deshalb mit Skepsis zu begegnen, aber auch mit einem Vorschuß von Kredit: Den Überlieferungen liegen möglicherweise Ereignisse und Informationen zugrunde, die der patriachalen Darstellung von Welt und Geschichte zuwiderlaufen und geglättet oder versteckt werden mußten. Mein Anliegen ist es, den Androzentrismus aufzudecken, aus dem heraus Wirklichkeit in Sprache gefaßt wird. Mir liegt dabei nicht nur daran, die männliche Perspektive um eine weibliche Perspektive zu ergänzen oder zu erweitern, sondern ich werde auch die Auswirkungen der einseitig männlichen Perspektive auf die Lebensrealitäten von Frauen in den Blick nehmen und sie kritisieren.

*Zur Autorenschaft der Texte*
Um den androzentrischen Charakter einer mir vorliegenden Äußerung oder Darstellung zu kennzeichnen, spreche ich in meiner Dissertation von dem »Verfasser«, »Autor« oder »Erzähler« eines

---

2 Jahnow u.a. 1994, 18.
3 Schüssler Fiorenza 1988b, 163.

biblischen Texte, nicht von der »Verfasserin«, »Autorin« oder »Erzählerin«. Ich möchte damit keine Aussage über das tatsächliche Geschlecht der historischen Personen oder Gruppen machen, die Urheber oder Urheberinnen einer Überlieferung sind. Selbstverständlich können auch Frauen aus einer androzentrischer Perspektive denken, reden und schreiben. Sichere historische Kenntnisse darüber, inwiefern und inwieweit Frauen an der Entstehung ersttestamentlicher Texte Anteil hatten oder mitbeteiligt waren, gibt es bisher noch nicht.[4] Die Problematik ist höchst brisant, weil es hier in der historischen Forschung um die Frage der Einflußmöglichkeiten von Frauen, um feministisches Bewußtsein und Mittäterschaft der möglicherweise weiblichen Urheberinnen von schriftlichen Zeugnissen geht. Ich werde sie in dieser Forschungsarbeit nicht weiter verfolgen, weil ich nicht an dem Verfasser oder der Verfasserin als historische Person interessiert bin, sondern an der Ideologie, die im Text zum Ausdruck kommt.

*Ideologiekritik*
Mein Interesse gilt den alttestamentlichen Texten, wie sie in den christlichen Kirchen ihre Wirkung entfalten konnten und können. Die Entstehungsgeschichte der ersttestamentlichen Überlieferungen, ihre Vorstufen und Bearbeitungen finden bei mir insoweit Beachtung, als sie eine Erklärung für inhaltliche Widersprüche bieten oder mir wirkungsgeschichtlich von Bedeutung erscheinen. Meine Forschungsarbeit ist jedoch eine ideologiekritische Arbeit, ich will keine Sozialgeschichtsforschung betreiben. An der einen oder anderen Stelle werde ich auf bereits bestehende sozialgeschichtliche Hypothesen verweisen, die mein Forschungsthema berühren. Ich selbst beschränke mich jedoch darauf, Aussagen über das zu finden, was die Texte als Wirklichkeit konstruieren und in Sprache fassen. Diese Wirklichkeit ist nicht mit historischen Fakten gleichzusetzen! Die Töchter und Väter in den biblischen Schriften mögen genausoviel oder -wenig mit Töchtern und Vätern des realen Lebens im Alten Israel zu tun haben wie beispielsweise jene Töchter und Väter, die uns das moderne Medium Fernsehen in seinen unterschiedlichen Facetten vor Augen führen. Auch ihre Bilder, so vielfältig und widersprüchlich sie sind, haben einen Kern in der Realität, sind aber deshalb noch lange nicht mit dieser Realität identisch. Sie spiegeln allerdings Wertvorstellungen und Normen einer Gesellschaft wieder und formen die Realität, indem sie in bestimmten Rollenmustern bestärken.

---

4  Eine detaillierte Untersuchung zu dieser Frage haben Athalya Brenner und Fokkelien van Dijk-Hemmes vorgelegt. Siehe *Brenner/van Dijk-Hemmes* 1993.

Patriarchale Metaphorik und androzentrische Sprache sind nicht einfach »nur« Form, sondern auch Inhalt der biblischen Botschaft.[5] Ich finde weder im Alten noch im Neuen Testament eine klare Option für Frauen. Viele biblische Texte wurden und werden noch immer gegen die Befreiung von Frauen eingesetzt. Mein Ziel ist eine »Re-vision«, wie sie Christine Schaumberger fordert: »Feministisch-theologische Re-vision begegnet den alltäglichen und unausweichlichen Erfahrungen des Sexismus nicht mit Glückserfahrungen, sondern mit immer schärferer Erfahrung und Erkenntnis von Sexismus, ermöglicht nicht Trost, sondern intensiviert Trauer und Wut und setzt anstelle herrschender Täuschung nicht feministische Gewißheit, sondern Enttäuschung.«[6]
Von der in der Gegenwart an den Universitäten herrschenden Bibelauslegung nach der historisch-kritische Methode distanziere ich mich dort, wo diese den Eindruck vermittelt, eine »wahrheitsgemäße«, allgemeingültige, objektive historische Rekonstruktion eines ursprünglichen Textsinnes zum Ziel zu haben. Die Bedeutung eines Textes kann nicht ein für allemal festgelegt werden. Sie ist instabil und veränderbar und ergibt sich aus dem Zusammenhang, in dem nach ihr gesucht wird. Die Lesenden und Interpretierenden eines Textes können sich nicht einfach »heraus«halten, wenn sie seinen Sinn finden wollen. Was als Bedeutung eines Textes erfaßt wird, ist von ihrer Situation und ihrer Person mitgeprägt.

*Betroffenheit und Parteilichkeit als Kriterien wissenschaftlichen Arbeitens*
Ich forsche aus Betroffenheit heraus und bin in meiner Forschungsarbeit parteilich.[7] Beides gilt in der herrschenden Wissenschaftsdiskussion bislang häufig als ein Hindernis, um zu »sauberen« Ergebnissen zu gelangen. Betroffenheit wird hier mit reiner Emotion gleichgesetzt, die das Reflexionsvermögen trübe, und einer betroffenen Wissenschaftlerin oder einem betroffenen Wissenschaftler wird schnell mangelnde Distanzfähigkeit zum Forschungsgegenstand unterstellt. Meines Erachtens wird die menschliche Reflexionsfähigkeit nicht »besser«, sondern lediglich »anders«, je mehr Distanz jemand zu der Sache hat, über die er sich Gedanken macht. Wer aus Betroffenheit heraus forscht, hat eine unmittelbare Beziehung zu seinem Forschungsgegenstand.[8] Die-

---

5   Mit *Schüssler Fiorenza*, 1988a, 44; gegen Letty Russel und Rosemary Radford Ruether.
6   Schaumberger/Schottroff 1988, 249.
7   Siehe *Mies* 1978, 41–63. Zur Auseinandersetzung um diese Postulate siehe auch: beiträge zur feministischen theorie und praxis 11 (1984).
8   Vgl. *Anne Noller* in: *Koordinierungsgruppe* 1994, 25.

se Beziehung kann vor einer Position der »Abgehobenheit« und Arroganz bewahren, aus der heraus »für« und »über« andere gesprochen wird. Betreibt jemand aus der Distanz betreuerisch eine »Theologie für Frauen«, so übt er Herrschaft aus. Ein Ende patriarchaler Unterdrückungsstrukturen kann es erst geben, wenn »Theologie mit Frauen« betrieben wird. Die Erfahrung lehrt, daß Nähe zum Forschungsgegenstand dabei durchaus nicht blind machen muß, sondern vielmehr sehend machen kann: Betroffene wissen, wovon sie reden, und sie sind besonders sensibilisiert für das Erfassen der Wirklichkeiten und der Zusammenhänge, die sie angehen. Betroffenheit kann eine bedeutende Motivationsquelle sein, um gerade auch auf der wissenschaftlichen Ebene nach notwendigen Veränderungen für die Praxis zu suchen. Ebenso wie Parteilichkeit ist sie in Diskursen mit marginalisierten Gruppen ein wichtiges Kritierium, aus dem heraus die herrschende Meinung hinterfragt werden muß.

»Parteilichkeit kennzeichnet feministische Praxis und Theorie, also auch die Feministische Theologie, ihrem Wesen nach als *politisch*.«[9] Denn wir können nicht »wertneutral« über das Geschlechterverhältnis reden, solange dieses Verhältnis ungleich ist. Wer in einer Gesellschaft, in der Menschen unterdrückt werden, nicht die Unterdrückenden und die Strukturen kritisiert, die den Mißbrauch von Macht ermöglichen, der schützt Täter und Täterinnen und trägt zur Aufrechterhaltung des Status quo bei. In meiner Forschungsarbeit beziehe ich Partei für Frauen. Meine Parteilichkeit beinhaltet, daß ich einen Bogen spanne zwischen dem individuellen Schicksal der sexuell mißbrauchten und unterdrückten Mädchen und Frauen zu den in der patriarchalen Herrschaftsstuktur liegenden Ursachen, die ihre persönliche Leidensgeschichte begründen.[10] Dabei versteht es sich von selbst, daß es »die Frau« im zeit- und kontextlosen Sinne nicht gibt. Die Lebenssituation von Frauen wird nicht allein durch ihr Geschlecht, sondern auch durch ihre Schichtzugehörigkeit, durch ihre ethnische Herkunft, ihre Lebensform, ihre Religion bzw. Konfession mitbestimmt.[11] Meine Parteilichkeit gilt Frauen dort, wo sie unter und an den patriarchalen Gesellschaftsstukturen leiden, und nicht dort, wo sie im Arrangement mit diesen Strukturen ihre Zufriedenheit finden und selbst andere hin-

---

9  *Müller-Markus* 1991, 315.
10 Vgl. *Wildwasser Marburg e. V.* 1992, 19.
11 Vgl. *Andrea Bieler*, Verschwiegene und verdrehte Geschichte – Feministisch-theologische Zugänge zur Rekonstruktion weiblicher Subjektivitäten in der Kirchengeschichtsschreibung, in: *Koordinierungsgruppe* 1994, 26–34, dort 32f.

dern, ihr vollkommenes Person- und Menschsein mit anderen solidarisch zu entwickeln. Ich bin mir dabei der Tatsache bewußt, daß viele Frauen (und Männer) sich von Unrechtsstrukturen wie Rassismus oder Antisemitismus stärker bedrängt fühlen als von Sexismus (d.h. der Diskriminierung aufgrund des Geschlechts), und daß ich selbst als westeuropäische Mittelschichtsfrau, die zu einer herrschenden Klasse und Rasse gehört, in dieses Unrecht involviert bin. Meines Erachtens lassen sich zwischen sexistischen Strukturen und anderen Unrechtsstrukturen, die wir heute benennen, Verbindungslinien ziehen und Zusammenhänge herstellen, die darauf schließen lassen, daß die unterschiedlichen Formen von Unterdrückung zu *einem* Bild von Unterdrückung gehören.[12]
Meine Parteilichkeit für Frauen, die unter sexueller Gewalt leiden, will das Leiden und die Unrechtserfahrungen von Menschen unter Rassismus, Antisemitismus und anderem Unrecht nicht seinerseits marginalisieren und ignorieren, sondern ist hier um Sensibilisierung bemüht und schließt eine Bereitschaft zur Solidarität ein.


## 3 Methodik


In dieser Forschungsarbeit habe ich es mit Texten unterschiedlicher Gattungen zu tun: mit Erzählungen, juristischen, ethischen oder kultischen Bestimmungen, weisheitlichen Lehrsätzen und metaphorischer Rede. Da ich die Texte als ein Stück Literatur behandeln will, greife ich auch überwiegend auf Methoden der Literaturwissenschaft zurück. Auf diese Weise will ich herausfinden, wie in den Schriften die Verfügungsgewalt von Vätern zu ihren Töchtern konstruiert wird.
Zur Bearbeitung der erzählenden Texte benutze ich die drei Grundfragen aus der Narratologie, mit denen auch Mieke Bal, Fokkelien van Dijk-Hemmes und Grietje van Ginneken an bibli-

---

12  Siehe dazu *Schaumberger* 1987, 112: »Es zeigt sich, daß Unterdrückung in ihren unterschiedlichen Formen Gemeinsamkeiten aufweist: wie und wo sie zum Ausdruck kommt (als Gewalt durch Sprache, Ausbeutung von Arbeit, Fremdbestimmung der Reproduktionskräfte, Marginalisierung, Ausschluß – in individuellen Gewaltakten, struktureller Gewalt oder in wissenschaftlich fundierten Systemen von Gewalt) und wie sie legitimiert wird (›Natur‹, Minderwertigkeit, Einwilligung der Opfer). Umgekehrt werden die Ähnlichkeiten der Widerstands- und Befreiungsbewegungen sichtbar. Es zeigt sich außerdem, daß diese ähnlichen Formen von Unterdrückung miteinander verflochten sind und sich durch Spaltung nach dem Prinzip des ›teile und herrsche‹ gegenseitig verstärken.«

sche Geschichten herangehen: »Wer spricht? Wer schaut? Wer handelt? Die Antworten auf diese drei Fragen insgesamt bilden die Struktur eines Textes, sofern dieser erzählend ist«[13] Darüber hinaus ist zu fragen, was überhaupt der Mühe wert ist, erzählt zu werden, und was nicht,[14] und was für Gedanken sich die Interpretierenden einer Erzählung selbst machen müssen (oder können), um eine Bedeutung der Geschichte zu gewinnen. Aus den Äußerungen und dem Verhalten von Erzählfiguren in Texten entsteht im Kopf der Leserinnen und Leser ein Bild von den Personen einer Geschichte, ihren Gefühlen, Motiven und Intensionen. Das geschieht auch dort, wo die Texte selbst lückenhaft oder fragmentarisch erzählen, wo Charaktereigenschaften, Gefühle und Absichten der Personen, von denen die Rede ist, nicht direkt benannt werden. Die Leserin und der Leser füllen solche Lücken mit stereotpyen Vorstellungen oder konstruieren sich einen Zusammenhang aus den Informationen, die sie haben. Ich werde auch den Bildern, die auf diese Weise entstehen, Beachtung schenken, und ich werde nach den Gefühlen fragen, die sie in der Leserin oder dem Leser wachrufen.

Da Metaphern erzählenden Charakter haben, trete ich an sie grundsätzlich mit den gleichen Fragen heran wie an die übrigen erzählenden Texte. Bei juristischen, ethischen und kultischen Bestimmungen und auch weisheitlichen Texten frage ich nach den Interessen, die hier vertreten werden, und nach der Bedeutung, die sie möglicherweise für Frauen haben. Was ist die Absicht des Textes? Wem nützt die Bestimmung oder Lehre? Wessen Rechte werden gewahrt, welche Personen geschützt, wessen Wert behauptet? Welche Werte werden festgeschrieben? Und umgekehrt: Wem schadet die Bestimmung? Wessen Handlungsfreiheit wird begrenzt, wer einer Strafe ausgeliefert, wer oder was negativ qualifiziert? Welche Werte werden verworfen, und was für Wertvorstellungen kommen überhaupt nicht zur Sprache?

## 4  Begrifflichkeiten und Grundgedanken meiner Ideologiekritik

Die Entstehung der alttestamentlichen Schriften erstreckt sich über den Zeitraum von rund einem Jahrtausend. Die sozialen Bedingungen, unter denen die Texte entstanden und rezipiert wurden, haben sich im Laufe dieser Zeit vielfach gewandelt und verändert.

---

13  *Bal / van Dijk-Hemmes / van Ginneken* 1988, 11f.
14  Vgl. aaO. 12.

Ich gehe jedoch davon aus, daß sich *eine soziale Konstante* durch alle politischen, sozialen oder wirtschaftlichen Formen hindurchzieht, die den Entstehungsprozeß der Schriften und ihre Wirkungsgeschichte geprägt haben: *das Patriarchat*. Je nach Zeit und Ort unterschiedlich ausgestaltet, nicht frei von Widersprüchen und Ausnahmen, strukturierte es damals wie heute die Gesellschaften und bezieht dabei auch deren religiösen Wahrnehmungen, Vorstellungen und Traditionen mit ein.[15]

*Patriarchat*
Unter »Patriarchat« verstehe ich ein System, das wesentlich auf zwei Grundsätzen beruht: 1. »männlich« herrscht über »weiblich« und 2. einige wenige Männer herrschen über andere Männer und Frauen.[16] Dieses System ist wirksam als Strukturprinzip, das Realität ordnet und bestimmt.[17]
Das Patriarchat ist nicht naturgegeben, sondern historisch gewachsen.[18] Es hat in den verschiedenen Kulturen, Religionen, politischen Systemen und sozio-ökonomischen Gesellschaftsformen jeweils eine unterschiedliche Geschichte und Entwicklung. Seine Formen und Ausprägungen können sich ebenso wie die Mittel zu seiner Aufrechterhaltung unterscheiden.
Die Grundsätze des Patriarchats beruhen auf einer Differenzierung und Klassifizierung der Menschen nach Geschlecht und Gruppenzugehörigkeit (ethnische Zugehörigkeit, Hautfarbe oder andere Merkmale). Für das Geschlecht »Frau« ist die untergeordnete Stellung festgelegt.[19] Das Patriarchat weist den einzelnen Mitgliedern einer sozialen Einheit ihren Platz in der sozialen Rangordnung, ihre Rolle im gesellschaftlichen System und ihr Temperament im Umgang miteinander zu.
Patriarchat ist dabei immer eng mit Hierarchie verknüpft.[20] »Patriarchale Unterdrückung ist (...) ein gesellschaftliches System und eine Gesellschaftstruktur von abgestuften Unterwerfungsweisen und Unterdrückungsformen.«[21] Männer können im Patriarchat durch andere Männer ebenso wie Frauen Gewalt erfahren, wenn sie

---

15 In Anlehnung an *Millett* 1985, 40.
16 Ebd. Mit *Exum* 1993, 9 u.a.; gegen *Meyers* 1988, 24–26.
17 Vgl. die Definition von *Laffey* 1988, 2: »Patriarchy, closely associated with hierarchy, is a way of ordering reality where one group, in this case the male sex, is understood to be superior to the other, the female sex.«
18 Eine Theorie zur historischen Entwicklung des Patriarchats bietet *Lerner* 1991.
19 *Wildwasser Marburg e. V.* 1992, 6.
20 Mit *Laffey* 1988, 2; gegen *Meyers* 1988, 33–37.
21 *Schüssler Fiorenza*, 1988b, 36.

sich auf einer niedrigen Stufe des hierarchisch aufgegliederten System befinden. Sie können auch durch Frauen unterdrückt werden, wenn die Frauen ihnen im Rahmen des Gesellschaftssystems übergeordnet sind. Frauen müssen sich bei der Unterdrückung von Männern allerdings oft anderer Gewaltformen bedienen als jene, die sie gegen sich selbst gerichtet erleben. Und entsprechend dem Grundsatz, daß »männlich« über »weiblich« zu herrschen habe, stehen Frauen auf jeder Stufe des patriarchalen Systems am Ende der Hierarchie und werden am meisten an den Rand gedrückt.[22]
Die Hauptinstitution des Patriarchats ist die *Familie*. »Die Familie stellt die Verbindung zwischen dem einzelnen Menschen und der Sozialstruktur dar und übt Kontrolle und Druck zur Anpassung aus, wo politische und anderweitige Autoritäten sich als zu schwach erweisen«.[23] Die Familienbeziehungen sind nach herrschenden Wertvorstellungen strukturiert und wirken als Instrument zur Aufrechterhaltung des patriarchalischen Prinzips in der Gesellschaft. Hier lernen die Kinder durch das Beispiel und die Ermahnung der Eltern, sich den Erwartungen der herrschenden Ideologie in Bezug auf Rolle, Temperament und Rangordnung anzupassen. Im einzelnen mag es zwar im Sozialisierungsprozeß kleinere Abweichungen geben, die vom elterlichen Verständnis der Kulturwerte abhängen, jedoch wird als Folge der Einbindung in das gesellschaftliche Umfeld gewöhnlich eine überwältigende Einheitlichkeit in der Rezeption patriarchaler Ideologie erzielt.

*Väterlichkeit und Verfügungsgewalt*
Die Kontrolle und Macht des Vaters ist in patriarchalisch aufgebauten Gesellschaftsformen das vorrangige Strukturprinzip.[24] Ich gehe deshalb von der These aus, daß die Tochter-Vater- bzw. Vater-Tochter-Beziehung innerhalb eines patriarchalen Systems vor allem durch die männlich/väterliche Autorität geprägt ist.
Väterliche Autorität wird in unserem gegenwärtigen (juristischen) Sprachgebrauch mit »Vormundschaft«, »Erziehungsberechtigung«

---

22  *Gnanadason* 1993, 23f. Hier finden sich auch detaillierte Belege zu diesen Aussagen.
23  *Millett* 1985, 49.
24  Die Gültigkeit dieses Satzes behaupte ich auch für die derzeitigen Industriegesellschaften. Siehe *Dröge-Modelmog/Mergner* 1987, 7f: »Der Patriarch hat zwar in der Moderne einen persönlichen Prestigeverlust erfahren, aber er versucht, seine pejorative Stellung im Sozialwesen über Institutionen, die wesentlich von ihm geprägt wurden, zu tradieren und erneut zu konstituieren. (...) Anonymisierung von Herrschaft durch Organisationsformen, Immaterialisierung der Welt durch Apparate oder neue Technologien, allesamt verifizierte Formen maskulinen Denkens, ist die Chance des Patriarchen, sich eine neue Maske zuzulegen. Er will zum Mann mit undifferenzierten Eigenschaften werden.«

»Sorgerecht«, usw. in Verbindung gebracht. Ich benutze den Terminus »Verfügungsgewalt«, um einen Sachverhalt zu bezeichnen, der in der römischen Gesellschaft mit dem Begriff »patria potestas« wiedergeben wurde und im germanischen Recht mit dem Wort »Munt« oder »Muntgewalt« verknüpft war.[25] Wenn ich von der »Verfügungsgewalt des Vaters über seine Tochter« spreche, benenne ich den Umstand, daß dem Vater das Recht und die Macht zusteht, über seine Tochter in seinem Sinne Entscheidungen zu treffen. Ich gehe davon aus, daß sich dieses Recht und diese Macht auf die geltenden Rechtsbestimmungen einer Gesellschaft, auf religiöse Vorstellungen und/oder auch auf gängige Praxis und gesellschaftlichen Konsens stützen kann. Die Ausübung dieses Rechtes und dieser Macht setzt voraus, daß die Tochter nicht als Mensch wahrgenommen wird, der die Fähigkeit und das Recht hat, über sich selbst bestimmen zu können, sondern eher als ein passives Ding angesehen wird, das dem männlichen Willen zu- und untergeordnet ist.

»Verdinglichung« von Frauen hat zur Folge, daß sie häufig als sexuelles Objekt erscheinen. Denn die Verfügungsgewalt, die das patriarchale System Männern gegenüber Frauen zugesteht, erstreckt sich auch und gerade auf den Körper der Frau. Dabei geht es nicht nur um die Befriedigung männlicher Lustgefühle und Nachkommenswünsche: Autorität, Ruf und Status des Familienoberhauptes ist von dem sexuellen Betragen »seiner« Frauen abhängig. Während bei einer verheirateten Frau Mutterschaft und Treue hochgeschätzt werden, sind für die Tochter Jungfräulichkeit[26] und Keuschheit die konkurrenzlos höchsten Werte. Wird eine Frau durch Ver-

---

25 »Im germanischen Recht war die Munt ein personales Herrschafts-, Schutz und Vertretungsverhältnis. Sie stand namentlich dem Hausherrn über die Ehefrau, die dem Haushalt angehörenden Kindern und das freie Gesinde zu« (Creifelds Rechtswörterbuch, München [8]1986, 766). Wesentlicher Bestandteil der Vatermunt war nach W. Ogris der »Heiratszwang, d.h. das Recht des Vaters, sein Kind zu verheiraten, unter Umständen (besonders bei Töchtern) auch gegen dessen (deren) Willen; später wurde dieser Heiratszwang zu einem Zustimmungsrecht abgeschwächt« (*W. Ogris*, Munt, Muntgewalt, in: *Adelbert Erler / Ekkehard Kaufmann* (Hg.), Handwörterbuch zur deutschen Rechtsgeschichte, Berlin 1984, 750–761, dort 756).

26 Der Begriff »Jungfrau« hat im Laufe der Geschichte viele Schattierungen erfahren. Zu dieser Problematik siehe *Catharina J.M. Halkes*, Maria, die Frau – Mariologie und Feminismus, in: *Walter Schösdau* (Hg.), Mariologie und Feminismus, Bensheimer Hefte 64, Göttingen 1985, 42–70, dort 60ff. Ich verstehe unter »Jungfrau« ein Mädchen oder eine Frau, die noch nie eine sexuelle Beziehung zu Männern oder Frauen aufgenommen hat. Ich distanziere mich damit von dem engen medizinischen Begriff, der »Jungfräulichkeit« an der Unverletztheit des weiblichen Hymen festmacht.

gewaltigung[27] »entwertet«, so ist auch die Fähigkeit und Macht der männlichen Familienmitglieder in Frage gestellt, über die Sexualität »ihrer« Frauen zu verfügen, sie zu kontrollieren bzw. sie als ihr »Eigentum« zu schützen – eine Potenz, von der im Rahmen patriarchalen Denkens nicht zuletzt ihre »Männlichkeit« abhängt.

*Patriarchat und männliche Definitionsmacht*
»Um andere Menschen unterdrücken zu können, ist es notwendig, zwischen sich selbst und ihnen Grenzen zu ziehen. Die eigene Art zu unterdrücken, läßt sich nicht legitimieren. Menschen, die kontrolliert werden sollen, über die verfügt werden soll, müssen zum ›Anderen‹ erklärt werden ...«[28] Männer definieren deshalb im patriarchalen System »Weiblichkeit« in Abgrenzung zur »Männlichkeit«. Was die Begriffe »Weiblichkeit« und »Männlichkeit« beinhalten, geht nicht aus biologischen Gegebenheiten hervor, sondern sind soziale bzw. kulturelle Konstrukte.[29] Zur »Männlichkeit« (male gender) im Patriarchat gehört die Verfügungsgewalt über weibliche Personen, und zur »Weiblichkeit« (female gender) gehört eine auf den Mann ausgerichtete Existenz. Infolge patriarchaler Ordnung besitzen Männer bei der Herstellung dieser Konstrukte die *Definitionsmacht*: Sie haben das Recht, die Verhältnisse zu benennen und zu denken, wie es ihnen gefällt und wie es für sie von Vorteil ist. Männer besitzen die Macht, Gedanken und Werte, die mit »Männlichkeit« und »Weiblichkeit« oder auch »Väterlichkeit« und »Tochter-Sein« verbunden sind, als die allein gültigen erscheinen zu lassen, als quasi »naturgegeben« und damit unveränderbar und unhinterfragbar.[30]

27  Mit dem Begriff »Vergewaltigung« umschreibe ich hier und im folgenden den Tatbestand, daß eine Person gezwungen wird, gegen ihren Willen sexuelle Handlungen durchzuführen oder über sich ergehen zu lassen. Ich verstehe Vergewaltigung als einen dauerhaften Angriff auf die Selbstbestimmung, die persönliche Integrität und das Selbstvertrauen einer Person (vgl. *Fiegel* 1993, 15). Damit distanziere ich mich ausdrücklich von der gegenwärtigen juristischen Verwendung des Begriffes. In ihr ist die rechtliche Beziehung zum Täter, nicht der Wille der Frau entscheidendes Kriterium. Es zählt lediglich der »Beischlaf«, d.h. die Penetration des männlichen Penis in die Vagina.
28  *Mansfeld* 1987, 138.
29  Im angloamerikanischen Raum wurde in den siebziger Jahren die Unterscheidung zwischen »sex« und »gender« eingeführt, um biologistisch-deterministische Argumentationen in Hinblick auf Frauen zu kritisieren. »Sex« bezeichnet hier das biologische Geschlecht, »gender« die historischen und kulturellen Konstrukte.
30  Vgl. *de Beauvoir* 1987, 10f: »Die Menschheit ist männlich, und der Mann definiert die Frau nicht an sich, sondern in Beziehung auf sich; sie wird nicht als autonomes Wesen angesehen. (...) Jedenfalls ist sie nichts anderes, als was der Mann befindet; so spricht man auch von ihr als vom ›anderen Geschlecht‹, wor-

*»Männlichkeit«, Gewalt und Krieg*
Rollenvorstellungen bilden Männer in einem patriarchalen System gemeinsam mit anderen Männern heraus, und die Rollenvorstellungen werden in einer gleichgeschlechtlichen Umgebung entscheidend gestützt: »Das, was Männlichkeit ausmacht, Privilegien, Prestige und Macht über jemanden, wird in einem sozialen Prozeß erworben, in dem die Männer sich gegenseitig demonstrieren, was ein Mann ist und daß sie keine Frauen sind.«[31] Dies kann vor allem dort geschehen, wo Männer sich zusammentun, um Krieg zu führen. Solche Zusammenschlüsse eignen sich hervorragend um zu lernen, wie man Macht über andere Personen erlangt und behält. Gewalt ist dabei ein unverzichtbares Mittel. Es wird nicht nur gegen andere Männer eingesetzt, sondern auch gegen Frauen gerichtet: Im Kriegszustand werden die Frauen des Besiegten – wenn nicht sogar die eigenen Frauen – häufig vergewaltigt und mißhandelt.[32] Denn im Krieg ist nicht nur die gegenseitige Loyalität der Männer, die sich zusammengetan haben, überlebenswichtig, sondern über Kameradschaft und Gegnerschaft hinaus zählt auch die Nichtloyalität gegenüber Frauen:[33] Männer können es sich nicht leisten, in einer Kampfgruppe mit dem Stigma »weiblich« versehen zu werden. »Männlichkeit« zeigt sich vielmehr, wo Männer sich Frauen nehmen können und über sie verfügen. »Weiblich« ist die Beute, nicht aber ein »echter Mann«.[34]

Wo »Männlichkeit« die Grundvorsetzung ist, um das Recht auf die Ausüben von Macht über andere Personen zu erlangen, ist Macht sexualisiert.[35] Umgekehrt wird männliche Sexualität mit Macht verbunden. »Gewalt als stimulierendes erotisches Abenteuer für Män-

---

in sich ausdrückt, daß sie dem Mann in erster Linie als Sexualwesen erscheint; da sie es für ihn ist, ist sie es ein für allemal. Sie wird bestimmt und unterschieden mit Bezug auf den Mann, dieser aber nicht mit Bezug auf sie; sie ist das Unwesentliche angesichts des Wesentlichen. Er ist das Subjekt, er ist das Absolute; sie ist das Andere.«
31  *Fiegel* 1993, 131.
32  Die Vergewaltigungen von Frauen in Kriegsgebieten wurde zuletzt im Blick auf das ehemalige Jugoslawien öffentlich thematisiert. Der Sachverhalt wird auch im Alten Testament erwähnt; siehe 2Sam 11 und 2Kön 8,12; 15,16.
33  Geradezu beispielhaft ist hierfür die in Ri 21,21–23 geschilderte Situation.
34  *Fiegel* 1993, 131. Vgl. auch Dtn 21,10–14; Num 31,35. General Andrew Jackson nannte während des Krieges 1812 in New Orleans den Lohn des Krieges »booty and beauty«, was so viel heißt wie »Beute und Mädchen«. Mehr zu diesem Denken bei *Brownmiller* 1987, 42.
35  Vgl. die Aussage eines Veteranen des Vietnam-Krieges: »Ein Gewehr ist Macht. Für einige Leute war das ständige Tragen eines Gewehres so, als ob sie ständig einen Steifen hätten. Es war jedesmal ein purer sexueller Trip, wenn man abdrücken mußte« (*Fiegel* 1993, 142).

ner und männliche Sexualität als gewalttätige Besitzergreifung von Frauen gehören zusammen.«[36] Sexuelle Gewalt ist fester Bestandteil der patriarchalen Ordnung der Geschlechterverhältnisse. Mit dem Terminus »sexuelle Gewalt« bezeichne ich mit Ulrike Brockhaus und Maren Kolshorn Sachverhalte, die folgende drei Kriterien erfüllen: »1. Eine Person wird von von einer anderen als Objekt zur Befriedigung von bestimmten Bedürfnissen benutzt. Diese Bedürfnisse sind entweder sexueller Natur, und/oder es sind nicht sexuelle Bedürfnisse, die in sexualisierter Form ausgelegt werden (z.b. der Wunsch, Macht zu erleben, zu erniedrigen, sich selbst zu bestätigen o.ä.). 2. Dabei werden vor oder an der Person Handlungen vorgenommen oder von ihr abverlangt, die kulturell mit Sexualität assoziiert sind. Dazu zählen nicht nur Handlungen wie beispielsweise Berührungen der Geschlechtsorgane oder Geschlechtsverkehr, sondern auch solche, die in unserer Gesellschaft im weiteren Sinne mit Sexualität in Verbindung gebracht werden, wie z.b. anzügliche Bemerkungen, Nachpfeifen oder Nacktphotos. 3. Die Handlungen erfolgen unter Ausnutzung von Ressourcen- bzw. Machtunterschieden gegen den Willen der Person.«[37]
Durch sexuelle Gewalttaten stellen Männer weibliche Unterlegenheit her. Sie führen sich selbst und ihrem weiblichen Gegenüber die herrschende Ordnung der Geschlechterverhältnisse vor. Sexuelle Gewalt ist daher innerhalb eines patriarchalen Systems strukturell nichts Außergewöhnliches.[38] Forschungsergebnisse bestätigen, daß es sich hier um eine Alltagserfahrung von Mädchen und Frauen handelt.[39]
Vergewaltigung gilt dennoch oft als »Norm-Abweichung«, die häufig auch von Männern hart moralisch verurteilt wird. »Die Norm-Abweichung des Vergewaltigers besteht (...) darin, daß er eine Demütigungsform gegenüber der Frau wählt, die dem Prestige des Mannes nicht besonders dienlich ist. (...) Denn die Frau ist zwar das subalterne Geschlecht, aber deswegen ja nicht einfach Feindin des Mannes. Sie soll es auch nicht werden. Vielmehr braucht er sie auf vielfältige Weise, zur Erleichterung und Erfreuung seines Lebens, nicht nur sexuell; sie ist ihm unentbehrlich, nicht zuletzt auch für sein *Bild* von sich selbst. (...) Der Unmut gegenüber dem Zu-weit-Gegangenen, dem Vergewaltiger, widerspricht zwar nicht der Männer-Übereinstimmung im Grundmuster der Tat als einer,

---

36  AaO., Einleitung (ohne Seitenzahl).
37  *Brockhaus/Kolshorn* 1993, 28.
38  Siehe aaO. 213f.
39  Sehr detaillierte Vergleiche über Studien zum Ausmaß sexueller Gewalt finden sich aaO. 45–60.

die die Herrschaftsverhältnisse mal wieder klarstellt. Aber: *Diese Tat ist nicht geeignet, den Minderwert der Frau und gleichzeitig den Wert des Mannes zu dokumentieren.*«[40] Männer wollen mehr als bloß die Anerkennung ihrer Autorität durch die Frau. Sie wollen das freiwillige Einverständnis der Frau zu ihrer Machtausübung. Sie wollen nicht nur ihren Gehorsam, sondern auch ihre Gefühle, nicht ihre bloße Unterwerfung, sondern Liebe. Vergewaltigungen sind deshalb Tabu. Das bedeutet nicht, daß solche Gewalttaten nicht geschehen. Es bedeutet, daß solche Taten nicht öffentlich gemacht werden und nicht kommunikabel sind.

*»Weiblichkeit«, Mittäterschaft und Entsolidarisierung der Frauen*
Frauen internalisieren die Rollen, die ihnen im patriarchalen System zugedacht sind: »Wenn es zutrifft, daß die Unterworfenen nach den Konturen der Unterwerfer geformt werden, daß die Unterwerfer ihre Ziele den Unterworfenen aufdrängen, dann werden jene auch zum Besitz, zum inneren Eigentum, zum Selbstbild der Frau.«[41] Frauen versuchen von sich aus, die ihnen von Männern vorgegebenen »weiblichen« Rollenbilder zu füllen. Für viele ist das der einzige oder zumindest doch der vielversprechenste Weg, an (männlicher) Macht zu partizipieren. Sie stellen so die sie einschränkenden und zerstörenden Verhältnisse mit her. Frigga Haug weist darauf hin, daß auch das Sich-Opfern eine Tat ist. Sie fordert daher für feministische Forschung: »Bei allen Unterdrückungszusammenhängen müssen die Tätigkeiten und Haltungen auch der Unterdrückten genau herausgearbeitet werden. Neben strukturellen Behinderungen werden wir Konfliktvermeidungsstrategien entdecken und aufspüren können, wie alternative Handlungsmöglichkeiten durch ›Verführung‹ verpaßt werden.«[42]
Heute wissen wir, daß die erste Internalisierung patriarchaler Wertvorstellungen bereits in der Kindheit erfolgt. Töchter kämpfen hier um die Gunst ihres Vaters und konzentrieren sich oft ganz darauf, von ihm geliebt zu werden. Dafür geben sie häufig die Loyalität zu anderen Frauen (zur Mutter, zur Schwester) auf. Kritik am Vater ist tabu. Frauen schaffen sich so bereits sehr früh ihre Identität durch die Ausrichtung ihrer Existenz auf die Interessen und Bedürfnisse von Männern.[43] Da sie letztlich über Männer in der gesellschaftlichen Hierarchie steigen oder sinken können, lassen sie sich leicht gegeneinander ausspielen. Es gehört zum fe-

---

40  *Thürmer-Rohr* 1990b, 26f; Hervorhebung von der Verfasserin.
41  *Thürmer-Rohr* 1990a, 13.
42  *Haug* 1990, 15f.
43  Siehe *Steinbrecher* 1992, 17ff.

sten Bestandteil patriarchaler Struktur, daß sich Frauen im Bemühen um die Gunst des Mannes oder auch darum, einmal erlangte Macht zu behalten, immer wieder als Konkurrentinnen begegnen. Konkurrenzkampf vereinzelt Frauen und macht sie zu Komplizinnen von Männern. Ohne den Konkurrenzkampf der Frauen untereinander und die Loyalität der Frauen zu ihren Männern und dem männlichen Wertesystem wäre ein patriarchales System nicht lebensfähig. Männer müßten dann nämlich allein alle Energien aufwenden, um die hierarchischen Strukturen aufrechtzuerhalten.

*»Männlichkeit«, »Weiblichkeit« und Gottesbild*
Konstrukte zum Geschlechterverhältnis, religiöse Wertvorstellungen und kultische Gebräuche einer Gesellschaft sind eng miteinander verflochten. Im christlichen und stärker noch im jüdischen Kulturkreis wird immer wieder die Transzendenz Gottes postuliert. Dennoch läßt es sich nur selten vermeiden, Gott Rollen zuzuschreiben, die sexuellen Kategorien zuzuordnen sind. Die Ausgestaltung des Gottesbildes durch metaphorische Sprache vollzieht die patriarchale Aufspaltung zwischen »männlich« und »weiblich« bei der Beschreibung des Heiligen nach. So erscheint der Gott JHWH zwar nicht eindeutig auf eine bestimmte Geschlechtlichkeit festgelegt, doch »männlich« und »weiblich« stehen in Aussagen über ihn auch nicht gleichgewichtig nebeneinander. Tragen wir die Gottesbilder zusammen und betrachten sie in ihrer Gesamtheit, so scheint die »weibliche Seite« JHWHs in der Tradition kaum mehr zu sein als eine Ergänzung zur »männlichen Seite«: Sie fügt dem Gottesbild die liebende, fürsorgliche Mütterlichkeit hinzu und mildert so die Macht des starken, souveränen Herrschers. Feministinnen weisen darauf hin, daß ein Gottesbild mit männlichen Zügen den überlegenen Status von Männern stützt: »Wenn Gott männlich ist, muß das Männliche Gott sein.«[44] Dieser Satz macht die Instrumentalisierung deutlich, die das männliches Gottesbild im Patriarchat erfährt, und er sagt zugleich etwas über die psychologische Wirkung aus, die ein männlicher Gott haben kann. Beides ist für die Tochter-Vater-Beziehung von großer Bedeutung. Auch wenn das Alte Testament JHWH sehr selten explizit als »Vater« bezeichnet,[45] verleiht die Nähe von Gott und Mann/Vater irdischen Vätern einen Nimbus von Göttlichkeit, der ihre Töchter nicht gerade zu kritischer Distanz und Selbstbehauptung ihnen gegenüber einlädt.

---

44 *Daly* 1988, 33.
45 *Jenni* 1984, 14. Von einem Vater-Sohn-Verhältnis sprechen Aussagen über die Beziehung zwischen JHWH und dem davidischen König (2Sam 7,14).

*»Väterlichkeit« und »Tochter-Sein« heute*
Für uns heute gehört in das Idealbild von »Vater« und »Tochter«, daß ein Vater seine Tochter beschützt und versorgt. Väterlichkeit beinhaltet darüber hinaus auch Zuwendung, Stärke, Geborgenheit, Zuverlässigkeit und Erziehung. Letzteres ist allerdings auf Gebiete und Bereiche beschränkt, in denen der Mutter geringere Kompetenz zugestanden wird. Mit »Tochter-Sein« wird primär die Liebe zum Vater verbunden. Sie ist mit seiner Achtung und Verehrung verknüpft. Töchter machen Vätern gerne eine Freude, indem sie ihre Erwartungen erfüllen.
Solche Rollenbilder spiegeln in nuce das patriarchale System wieder. Über- und Unterordnung, Stärke und Schwäche, Wert und Unwert des »Männlichen« und des »Weiblichen« werden in ihnen geradezu modellhaft festgeschrieben. Die realen Gegebenheiten allerdings haben oft wenig mit solchen konstruierten Stereotypen gemeinsam. Töchter erfahren nämlich Versorgung, Schutz, Geborgenheit und Erziehung entgegen dem, was immer wieder für die Vaterrolle postuliert wird, trotz aller gesellschaftlicher Umbrüche der letzten Jahrzehnte noch immer eher von den Müttern als von den Vätern. Während von einer Mutter erwartet wird, daß sie für ihr Kind möglichst immer verfügbar sein sollte, ist der Vater oft abwesend. Abwesenheit bringt Müttern den Vorwurf ein, »Rabenmütter« zu sein. Abwesenheit des Vaters kann den Wert und die Faszination seiner Person steigern, ohne daß er dafür etwas Positives zu tun braucht. Statt menschlicher Zuwendung erfahren Töchter viel zu oft eine männliche (sexuelle) Zuwendung, die sie nicht wollen. Die Liebe der Tochter zum Vater wird noch immer gern mit »Gehorsam« gleichgesetzt. Entsprechend einer Gesellschaftsordnung, in der das Männliche dem Weiblichen überlegen gilt, haben die Wünsche und Interessen des Vaters nicht nur absoluten Vorrang vor denen der Tochter, sondern dürfen nicht angetastet, hinterfragt oder gar ignoriert werden.
Wo die Begegnung von Vater und Tochter über Herrschaft vermittelt ist, schafft Nähe Einsamkeit, und Distanz veranlaßt nicht selten zur rastlosen Suche nach Wärme und Geborgenheit.[46] Töchter lernen in einer patriarchalen Gesellschaftsform als erstes in ihrer Beziehung zum Vater, Erfahrungen von Ungleichheit und Enttäuschung in ihr Lebensmuster aufzunehmen und in ihr Leben zu integrieren. Sie internalisieren das Bild von einer Welt, in der der Vater »gut« ist, und in der sie selbst versuchen müssen, an seiner »Güte« Anteil zu bekommen. Doch diese Welt ist keine reale, sondern eine Welt der Täuschung, eine »mythisierte Welt«, die jede

---

46 Vgl. *Dröge-Modelmog/Mergner* 1987, 11f.

Darstellung der Wirklichkeit als Problem ausschließt und die Verhältnisse als starre Größe zeigen, als etwas Gegebenes – etwas, dem sich Menschen als bloße Zuschauerinnen und Zuschauer anpassen müssen. Züge der Wirklichkeit, die zum Neu-Bedenken und zur Veränderung herausfordern könnten, erscheinen im Mythos »geglättet«. Damit ist der status quo stabilisiert.

Ich gehe davon aus, daß das Erste Testament (übrigens nicht mehr und nicht weniger als das Zweite Testament) die oben aufgeführten Mythen über »Vater« und »Tochter« stützt. Bevor ich aber zur Einzeluntersuchung alttestamentlicher Texte übergehe, werde ich mich der Forschungsgeschichte zu der angesprochenen Problematik zuwenden. Dabei soll unter anderem auch deutlich werden, wie stark sich zeitgenössische Vorstellungen der Forscherinnen und Forscher über Väter und Töchter in ihren wissenschaftlichen Arbeiten niedergeschlagen haben.

## 5 Forschungsgeschichte

Es gibt keine theologischen Forschungarbeiten, die ihren Schwerpunkt auf Tochter und Vater im Alten Testament legen.[47] Töchter werden gewöhnlich in den Ausführungen über die Frau in alttestamentlicher Zeit mitbehandelt. Ich muß deshalb im folgenden forschungsgeschichtlichen Rückblick meine Aufmerksamkeit auf diese Untersuchungen richten.[48] Welches Bild vom Familienoberhaupt und seinen Frauen (bes. seinen Töchtern) vermitteln Arbeiten über das Erste Testament den Leserinnen und Lesern? Und was für Wertungen der Forscherinnen und Forscher enthalten die Darstellungen?

### 5.1 Familienleben in Israel: Die Frau in der Kulturgeschichte

Der Frau im Alten Testament sind zu Beginn unseres Jahrhunderts vereinzelte Publikationen gewidmet, die sich als Beiträge zur Kulturgeschichte Israels verstehen. Darüber hinaus wird die Frage nach der sozialen und rechtlichen Lage der Frau in thematisch

---

47 Die wenigen Forschungsarbeiten über den Vater im Alten Testament können von der Tochter völlig schweigen. Das gilt z.B. für *Perlitt* 1976, 50–101. In dieser Studie wird der Vater ausschließlich zum Sohn in Beziehung gesetzt.
48 Ergänzende und weiterführende Informationen sind zu finden bei: *Luise Schottroff / Silvia Schroer / Marie-Theres Wacker*, Feministische Exegese. Forschungserträge zur Bibel aus der Sicht der Frauen, Darmstadt 1995.

weiter gefaßten kulturgeschichtlichen Untersuchungen berührt, in denen die »Familie« zu den zentralen Forschungsgegenständen zählt. Die Frau findet hier im Blick auf ihre Rolle und ihre Funktion im Familienleben Israels Interesse.

*Max Löhr* vermerkt 1911 in seiner Darlegung zur Entwicklung der Familie im Alten Israel: »Das Weib ist durch den ganzen Werdegang *Israels* hindurch Herrin und Magd, Person und Sache, verehrt und verachtet in stetem Wechsel geblieben.«[49] In der patriarchalischen Familie sei die Frau lediglich »*formell*« Sklavin gewesen, »Besitztum ihres Mannes«.[50] De facto wandelte sich die vaterrechtlich verfaßte Familie zur »Elternfamilie«, »deren Charakteristicum darin beruht, daß die Frau die gleichberechtigte Lebensgefährtin des Mannes ist«.[51] Die Aufwertung der Frau in der Familie führt Löhr auf ihre Mutterschaft zurück.[52] In seiner Abhandlung finden vor allem die verschiedenen Formen des Eheschlusses Interesse.[53] Die Tochter ist für Löhr kein Thema. Er hält lediglich fest, ein Vater habe Einfluß auf den Ehemann seiner Töchter ausüben können, um sie zu schützen.[54] Außerdem wird erwähnt, daß Töchter in der Regel kein Erbe erhielten.[55] Wie andere Wissenschaftler in der ersten Hälfte unseres Jahrhunderts benutzt Löhr biblische Texte noch recht unbekümmert als Steinbruch für historische Fakten. Der Eindruck, die Frau habe im Alten Testament einen sehr geringen Wert gehabt, wird auch in der Forschung nach Max Löhr immer wieder durch die Behauptung relativiert werden, im täglichen Leben sei die Frau dem Mann gleichwertig behandelt worden.[56]

*Hedwig Jahnow* verfolgt in ihrem Aufsatz »Die Frau im Alten Testament« (1914)[57] zunächst die verschiedenen Beziehungen der

---

49 *Max Löhr*, Israels Kulturentwicklung, Straßburg 1911, 52. Hervorhebungen vom Verfasser.
50 Ebd.; Hervorhebungen vom Verfasser.
51 AaO. 50 mit Verweis auf Gen 2,18.
52 AaO. 55. Hier ist kritisch zu fragen, ob die Hochschätzung einer weiblichen Fähigkeit, nämlich der Gebärfähigkeit, tatsächlich zugleich auch die Hochschätzung der Frau beinhalten muß und nicht vielmehr zur Instrumentalisierung von Frauen und zur Reduzierung auf ihre Sexualität führt.
53 AaO. 57–60.
54 AaO. 54 mit Verweis auf Gen 31,50.
55 AaO. 61.
56 Siehe *Jahnow* 1914, 354; *Beer* 1919, 20; *de Vaux* 1960, 75; *Hans Friedemann Richter* 1978, 75; *Wolff* 1984, 244f; *Crüsemann* 1978, 50; *Gerstenberger/Schrage* 1980, 60 und 79; *Heister* 1984, 70 und 82; *Meyers* 1988, 168–173.
57 *Hedwig Jahnow*, Die Frau im Alten Testament, in: Die Frau 21, Berlin, 352–358 und 417–426; neu abgedruckt in: *Jahnow u.a.* 1994, 26–47.

israelitischen Frau innerhalb der Familie. Bemerkenswerterweise wählt sie dabei nicht wie andere kulturgeschichtliche Forschungsarbeiten die Ehe als Ausgangspunkt für ihre Untersuchung, sondern die Tochter![58] Die Bedeutung des Vaters für ein Mädchen kommt in ihrer Publikation immer wieder zum Ausdruck: »Der Vater war Herr über Leben und Tod seiner Kinder; dies äußert sich im Verhältnis zur Tochter darin, daß er sie nach Belieben verheiraten, in die Sklaverei verkaufen, ja sogar töten darf, wenn sie sich vergangen hat.«[59] Anders als der Sohn werde die Tochter nicht durch den Vater in die Ausübung der priesterlichen Funktion des Opferns eingeführt; sie sei jedoch zur Teilnahme am Kult des Vaters zugelassen.[60] Hedwig Jahnow findet nur wenig Berührungspunkte zwischen Vater und Tochter: »Die gesetzmäßige Strenge der väterlichen Gewalt äußert sich vorwiegend nur bei den großen Ereignissen des Lebens. Im täglichen Leben genoß das israelitische Mädchen verhältnismäßig viel Freiheit ...«[61] Zu den »großen Ereignissen des Lebens« zählt Jahnow vor allem die Ehe. Sie sei »ursprünglich« eine »Kaufehe« gewesen, in der die Frau vom Eigentum des Vaters in den Besitz des Mannes überging.[62] Die Kaufsumme habe sich vermutlich auf die Arbeitskraft der Frau bezogen.[63] Die sich durch solche Regelungen ergebende niedrige Rechtsstellung der Frau werde aber in der Realität durch eine »Tendenz zu größerer Hochschätzung« ihrer Person überboten:[64] »Die *tatsächliche* Stellung der Frau hing natürlich von vielen Faktoren, z.B. vom Einfluß ihrer Familie, vor allem aber von ihren persönlichen Eigenschaften ab, war also in jedem Sinne mehr eine Machtfrage als eine Rechtsfrage.«[65]

Während Hedwig Jahnow in ihrer Publikation ein besonderes Interesse an der Persönlichkeitsbildung der (israelitischen) Frau, an ihrer Selbstständigkeit und Tatkraft zeigt, will *D. Dr. Georg Beer* 1919 in seiner Abhandlung über die soziale und religiöse Stellung der Frau im israelitischen Altertum[66] einen Beitrag leisten zur

---

58 Vgl. dagegen *Löhr* (1911), *Beer* (1919), *Bertholet* (1919).
59 *Jahnow* 1914, 352.
60 AaO. 352f.
61 AaO. 353.
62 Ebd.
63 AaO. 354. Es ist bemerkenswert, daß Jahnow nicht die »Fruchtbarkeit« der Frau in den Vordergrund stellt.
64 AaO. 356.
65 AaO. 354; Hervorhebung von der Verfasserin.
66 *D. Dr. Georg Beer*, Die soziale und religiöse Stellung der Frau im israelitischen Altertum, Tübingen 1919.

»Pflege edler Menschlichkeit in der Familie«: Die »deutsche« Frau soll in der Rolle derer bestätigt werden, die »sich selbst zur Freude und zur Ehre und zum Wohl des eigenen Vaterlandes und der gesamten Menschheit sich hingibt«.[67] Beers Ausführungen über die Situation der Frau in alttestamentlicher Zeit wirken im Dienst dieses Zweckes stark idealisierend. Er spricht von der »natürlichen stillen Herrschaft der Frau«, die dankbar als »die beste Herrschaft« empfunden wurde.[68] Beer kann auch von einer »natürlichen Autorität der Männer« sprechen.[69] Von der Frau wird »größte Unterwürfigkeit, Ehrbarkeit und Züchtigkeit« verlangt.[70] Würde die »Wertung der israelitischen Frau« aus der Betrachtung der geltenden Rechtslage geschlossen, so entstünde ein zu »trübes Bild«: »Die Wirklichkeit zeigt uns Frauen, die statt von dem Mann beherrscht zu werden, selbst seine Herrinnen geworden sind.«[71] Den Kindern gegenüber ist die Mutter die gleiche Respektperson wie der Vater.[72] Die Tochter ist für Beer kein Thema.

Anders als Löhr, Jahnow und Beer kommt *Alfred Bertholet* 1919 in seiner Kulturgeschichte zu dem Schluß, die Frau sei in Israel niemals auch nur annähernd »gleichberechtigte Lebensgefährtin des Mannes«[73]: »Die Frau ist Nebensache. In dem, was man von ihr vernimmt, kommt man keinen Augenblick in die Gefahr zu vergessen, daß ihr Mann ihr Herr und Meister ist.«[74] Knappe Ausführungen zur Situation der Tochter in den erzählenden Texten und den Rechtstexten des Alten Testaments dienen Bertholet dazu, die Autorität des Vaters herauszustellen: »Selbst über den Körper seiner Töchter verfügt er (sc. der Vater): unbedenklich ist Lot bereit, die Ehre der seinen preiszugeben, wo es den Ruf seiner Gastlichkeit zu retten gilt.«[75] An die väterliche Strafgewalt erinnere die Vorschrift, »daß die Steinigung der gefallenen Tochter ›vor der Türe ihres väterlichen Hauses‹ vor sich gehen soll.«[76] Wegen der »Brautsumme«, die ein Vater bei der Verheiratung seiner Tochter erhielt, stellten – so Bertholet – die Mädchen für ihre Eltern

---

67  AaO. 46. – Zum Vergleich zwischen den Aufsätzen von *Jahnow* 1914 und *Beer* 1919 siehe auch meine Ausführungen in: *Jahnow u.a.* 1994, 27f.
68  *Beer* 1919, 1.
69  AaO. 5.
70  AaO. 12.
71  AaO. 20.
72  AaO. 29.
73  *Alfred Bertholet*, Kulturgeschichte Israels, Göttingen 1919, 112.
74  AaO. 111.
75  AaO. 110 mit Verweis auf Gen 19,8.
76  Ebd. mit Verweis auf Dtn 22,21.

ein »gewisses Kapital« dar.[77] Man verheiratete sie vorzugsweise in der Nähe, »um sie unter den Augen zu behalten«.[78] Besaß die Familie genug Macht, so habe sie der Tochter bei Eheproblemen vermutlich einen gewissen moralischen Rückhalt geboten.[79] In Bertholets Darstellung der alttestamentlichen Gesellschaftsordnung findet sich weder eine explizite noch implizite Kritik an den geschilderten Zuständen.

*Johs. Pedersen* widmet 1920 im einleitenden Teil seiner Sozial- und Kulturgeschichte Israels der Familie drei ausführliche Kapitel.[80] Seine Aufmerksamkeit kreist vor allem um das Familienoberhaupt, den Mann, und er findet sich hier in Übereinstimmung mit dem israelitschen Denken, wie er es versteht: »Everything is grouped round the man; it is his life which is to be continued in the family«.[81] Die Position des Mannes in der Familie charakterisiere das Wort בעל, das Pedersen mit »possessor« (Eigentümer) und »master« (Herr) übersetzt.[82] Seine Führungsrolle übe der Mann nicht als isolierter Despot aus, sondern er sei das Zentrum, von dem aus sich Stärke und Wille durch die ganze Sphäre ergieße, die zu ihm gehört und zu der er gehört.[83] Die patriarchale Vormachtstellung des Mannes beruhe auf der Gewißheit, daß die Seele des Mannes stärker sei als die der Frau – eine Gewißheit, die jedoch in Ausnahmesituationen in Israel auch in Frage gestellt werden könne.[84] Die Frau erscheint bei Pedersen als ein passives Gegenüber zum Mann: Ihre Position sei gekennzeichnet »by her being *ba'al*-taken by her husband«.[85] Ihre Beziehung zum Ehemann wird charakterisiert mit den Stichworten »intimacy« (Intimität) und »subordination« (Unterordnung).[86] Für den Mann sei zuerst und vor allem die Sexualität der Frau von Interesse, denn die Frau habe sein Haus aufzubauen und aufrechtzuerhalten, indem sie ihm Kinder gibt.[87] Die

77 AaO. 114.
78 AaO. 112.
79 Ebd.
80 *Johs. Pedersen*, Israel – Its Life and Culture I–II, London/Kopenhagen (1940) 1959. – Pedersen setzt in dieser Publikation ganz eigene Schwerpunkte: Er versucht, durch die Beschreibung unterschiedlicher Sphären (die Sphäre der Seele, die Sphäre des Rechts und die der Heiligkeit), etwas vom Leben Israels festzuhalten.
81 AaO. 70.
82 AaO. 62.
83 AaO. 63.
84 AaO. 76.
85 AaO. 69.
86 Ebd.
87 AaO. 70.

Frau in Israel war nach Pedersen die Hilfskraft ihres Ehemannes (»husband's helpmeet«)[88] und hatte als Mutter Anteil an der Autorität ihres Ehemannes über ihre Kinder.[89] Die Tochter spielt in dieser Abhandlung nur am Rande eine Rolle. Weil Mädchen nach der Heirat für einen anderen Mann als den Vater eine Familie aufbauten und das Leben eines anderen Mannes reproduzierten,[90] seien Söhne den Töchtern als Nachkommen vorgezogen worden.[91] Eine Kritik an den dargelegten Verhältnissen finden sich auch bei Pedersen nicht. Die Vorstellung von dem Mann als Zentrum, von dem aus sich Stärke und Wille durch die ganze Sphäre ergießt, suggeriert eine Natürlichkeit dieser Ordnung und schreibt so fest, daß der Frau dem Mann gegenüber Passivität und Dienstbarkeit zukomme.

*Roland de Vaux* charakterisiert in seinem »großen Wurf« über das Alte Testament und seine Lebensordnungen 1960/1962 die Gesellschaftsform Israels von ihren ältesten Zeugnissen her als »patriarchalisch«.[92] Kennzeichnend hierfür ist für ihn die Patrilinearität in den Geneologien, die Stellung des Ehemannes als בעל seiner Frau und die volle Autorität, die ein Vater über seine Kinder besitzt.[93] Die Familienmitglieder schuldeten sich Hilfe und gegenseitigen Schutz.[94] Für Mädchen und Frauen habe gegolten: »Wie die unverheiratete Tochter von ihrem Vater abhängig ist, so die verheiratete Tochter von ihrem Manne.«[95] Durch ein »Kompensationsgeld« an die Familie (מהר) erwerbe sich der zukünftige Ehemann bei der Eheschließung »Rechte über seine Frau, aber die Frau selbst ist keine Ware«.[96] Daß Mädchen bei der Wahl ihrer Ehemänner nicht gefragt wurde, ist de Vaux sehr verständlich: Sie heirateten so früh, daß sie sich noch nicht selbst den Ehemann aussuchen konnten, sondern seines Erachtens das Eingreifen der Eltern nötig war.[97] De Vaux widmet der Stellung der Frau nach

---

88 Ebd.
89 AaO. 72.
90 AaO. 90.
91 AaO. 71.
92 *Roland de Vaux*, O.P., Das Alte Testament und seine Lebensordnungen, 2 Bde., Freiburg i.Br. 1960 und 1962; im folgenden wird aus Bd. 1. zitiert. Zur patriarchalischen Gesellschaftsordnung siehe 46f.
93 AaO. 47.
94 AaO. 48.
95 AaO. 55.
96 AaO. 56.
97 AaO. 60. De Vaux hält die Mädchen in Israel also auch dann für reif, eine Ehe zu führen, wenn sie noch nicht reif genug sind, um selbst eine Entscheidung über ihren Ehepartner zu treffen. Nicht die Persönlichkeit und der Wille eines

den Abhandlungen über Familie und Ehe noch ein eigenes Kapitel: In Beziehung zum Mann sei sie immer die »Tiefergestellte« geblieben.[98] Sie habe ihn »Herr« (אדון) genannt,[99] und ihn damit betitelt wie ein Sklave seinen Herrn oder ein Untertan seinen König. De Vaux zählt auf, daß der Dekalog die Frau zum Besitztum des Mannes rechnete, daß Frauen die Scheidung nicht fordern konnten, daß sie sowohl als Tochter wie als Ehefrau kein Erbrecht besaßen und daß über die Gültigkeit ihrer Gelübde der Vater bzw. Ehemann bestimmen konnte.[100] Zugleich versucht er aber deutlich zu machen, daß das, was als »schweres Los« der Frau erscheint, auch seine positiven Seiten hatte: »Der Mann kann seine Frau entlassen, aber der Akt der Entlassung gibt der Frau zugleich einen Schutz: sie wird wieder frei.«[101] – »Ohne Zweifel oblag der Frau die schwere Hausarbeit ... Diese Tätigkeiten erniedrigten aber die Frau nicht, sondern verschafften ihr Achtung.«[102] Ihr Ansehen sei vor allem dann gestiegen, wenn sie einen Sohn geboren hatte.[103] »Die spärlichen Berichte, die es uns erlauben, in das Innere der israelitischen Familie Einblick zu nehmen, zeigen, daß der Mann seine Frau liebt, auf sie hört und sie als Gleichgestellte behandelt ...«[104] Die Stellung der Frau entspreche der Lehre des Schöpfungsberichts: »Gott hatte die Frau dem Manne als Gehilfin gegeben, und dieser wird ihr anhangen«.[105] Töchter finden bei de Vaux nur wenig Aufmerksamkeit. »Durch die Ehe gehen sie ihrer Familie verloren, und so wurde die Stärke eines Hauses nicht an ihrer Zahl gemessen«.[106]

Für *Raphael Patai* ist in seiner Publikation zu »Sitte und Sippe in Bibel und Orient« (1962)[107] vieles an den Gesellschaftsstrukturen,

---

Mädchens oder einer Frau sind bei de Vaux Kriterium dafür, wann sie reif zu sexuellen Handlungen ist, sondern der Wille von Männern. De Vauxs Ausführungen liegt ein Denkmuster zugrunde, das uns aus Kinderehen vertraut ist.
98   AaO. 75.
99   AaO. 75 mit Verweis auf Gen 18,12; Ri 19,26; Am 4,1.
100   Ebd. Daß Töchter in der Regel nicht erbberechtigt waren, findet im Kapitel über »Die Erbfolge« noch einmal Erwähnung (aaO. 97).
101   AaO. 75. Nach de Vaux war die Entlassung einer Frau wahrscheinlich an »gewisse finanzielle Bedingungen« geknüpft, d.h. an eine finanzielle Abfindung (aaO. 70).
102   AaO. 75.
103   AaO. 76.
104   Ebd. mit Verweis auf Samuels Mutter (1Sam 1,4–8,22f), die Frau von Schunem (2Kön 4,8–24), die alten Leute im Buch Tobit.
105   Ebd. mit Verweis auf Gen 2,18.24.
106   AaO. 79.
107   *Raphael Patai*, Sitte und Sippe in Bibel und Orient, Frankfurt 1962.

die ihm die biblischen Texte vermitteln, vorbildlich. Sie veranlassen ihn, in seinem Schlußwort zur Klärung der Frage aufzufordern, »ob nicht einige Grundzüge des biblischen Familienmodells wieder in unser Leben eingeführt werden könnten, und ob es nicht möglich und angebracht ist, unsere gesamte Erziehungsphilosophie im Lichte der biblischen Vorbilder umzuformen«.[108] Die biblische und mittelöstliche Familie charakterisiert Patai als »endogam, patrilineal, patriarchal und patrilokal«.[109] Besondere Interessensschwerpunkte seiner Arbeit liegen auf den Themenkomplexen Ehe, Eheschließung, Sexualität und dem Lebensverlauf von der Kindheit bis zum Tod. Die Rolle der Frau wird nirgendwo in einem eigenen Abschnitt reflektiert, wohl aber die »Macht und Vollmacht des Patriarchen«.[110] Der Familienvater sei nicht nur fast absoluter Herrscher über seinen Hausstand, »sondern er steht auch unter dem Anspruch, für das Wohlergehen der gesamten Familie zutiefst verantwortlich zu sein. Die Mitglieder der Familie müssen ihm natürlich gehorchen; aber auch ihm steht es nicht frei, so zu handeln oder zu wirken, wie er will.«[111] Das »sittliche Verhalten« des Patriarchen sei für das Wohl der Familie entscheidend.[112] Zugleich aber gelte: Ein Familienmitglied ist nur »solange wertvoll und nützlich, wie es seine eigenen Interessen denen der Familie unterordnet, nur solange, wie es der Familie treu und ergeben dient und ihren Befehlen, wie sie in den Worten ihres Oberhauptes zum Ausdruck kommen, gehorcht«.[113] Der Vater habe die »Verfügungsgewalt über Leben und Tod« seiner Kinder besessen.[114] Seine absolute Macht werde in den frühesten erzählenden Stücken der Bibel »so selbstverständlich vorausgesetzt, daß an keiner Stelle der Ängste, der Verzweiflung oder der sonstigen Gefühle gedacht wird, die ein Sohn oder eine Tochter empfinden mag, wenn er erfährt, daß er wegen einer Entscheidung seines Vaters sterben muß«.[115] Sache des Vaters sei es gewesen, »dem Kind die traditionelle Lehre über die Gesellschaft zu vermitteln«.[116] Das

---

108   AaO. 273. Patai formuliert dies in Abgrenzung von der Gesellschaft, die er in seiner Gegenwart wahrnimmt: Sie sei jugendorientiert, das Anspruchsdenken der Kinder und Jugendlichen sei zu ausgeprägt und zudem die Bereitschaft der Jugend mangelhaft, Verantwortung zu übernehmen (ebd.).
109   AaO. 17.
110   AaO. 137–147.
111   AaO. 131.
112   AaO. 132.
113   AaO. 135.
114   AaO. 138.
115   Ebd. Patai verweist hier für den Sohn auf Gen 22 und für die Tochter auf Gen 19,8; Ri 19,24 und Ri 11,29–40.
116   AaO. 229.

Haupterziehungsziel habe darin bestanden, »das Kind zu einem gehorsamen, unterwürfigen und loyalen Mitglied der Familie zu formen«.[117] Als »die empfindlichste Stelle in dem von den Kategorien der Macht und der Ehre bestimmten Denken« des Patriarchen bezeichnet Patai die sexuelle Moral der Frauen: hier konnte der Patriarch in seiner Macht und Ehre besonders getroffen werden und habe daher die Möglichkeit gehabt, ein Vergehen mit der Todesstrafe zu ahnden.[118] Die Tochter findet darüber hinaus im Rahmen der Ausführungen über die Ehe Erwähnung. Eine Heirat zwischen Vater und Tochter werde in der Bibel nicht bezeugt.[119] Für die eigene Familie bedeute der Eheschluß der Tochter »einen wirtschaftlichen Verlust«, der durch den Brautpreis ersetzt werde.[120]

## 5.2 Potentielle Braut und Ehefrau: Eheschließung und Ehe

Das größte Forschungsinteresse findet für lange Zeit die Frage nach der Stellung der Frau in Arbeiten über die Ehe und den Vorgang der Eheschließung. Das unverheiratete Mädchen wird hier als potentielle Braut bzw. potentielle Schwiegertochter wahrgenommen, die verheiratete Frau in ihrer Funktion als Ehefrau gesehen.

1938 publiziert *Millar Burrows, Ph.D.*, seine Studie »The Basis of Israelite Marriage«[121]. Er will darin zeigen, daß die Ehe in Israel keine »Kaufehe« (»purchase-marriage«) war, sondern der Brautpreis ein Kompensationsgeld für den Brautvater darstellte. Zwischen Ehefrau und Sklavin bzw. Konkubine habe es immer eine strenge Unterscheidung gegeben:[122] Der Ehemann habe eine »zweckbestimmte Gewalt« gegenüber seiner Frau ausgeübt.[123] Seine Macht über seine Ehefrau war begrenzt. Er konnte sie weder töten noch als Frau an einen anderen Mann verkaufen.[124] Nach Burrows war die (Ehe-)Frau ein wertvolles und wertgeschätztes Mitglied der Gesellschaft. Das sei insbesondere im Blick auf ihre potentielle Mutterschaft und ihre Arbeitskraft festzuhalten, aber auch (zumindest zeitweise) im Blick auf das persönliche Eigentum, das ihr der Vater mit in die Ehe geben konnte.[125] Da ihr Le-

---
117 Ebd.
118 Vgl. aaO. 141f.
119 AaO. 24 mit anschließenden Kommentar zu Gen 19.
120 AaO. 57.
121 *Ph.D. Millar Burrows*, The Basis of Israelite Marriage, New Haven 1938.
122 AaO. 1.
123 AaO. 35f in Anlehnung an Koschaker.
124 AaO. 34.
125 AaO 9f.

ben auf die Interessen und Erwartungen ihres Ehemannes hin ausgerichtet sein sollten, habe gegolten: »a man's parents like a wife for him who is young enough to be plastic in character«.[126]

*Hans-Friedemann Richter* drückt sein Interesse an der Ehe im Alten Israel 1978 in einer thematisch weitgefaßten Studie über »Geschlechtlichkeit, Ehe und Familie im Alten Testament und seiner Umwelt« aus.[127] Aus seinem Nachwort zum alttestamentlichen und neutestamentlichen Ethos wird deutlich, daß auch für ihn das, was er im Ersten Testament an Wertvorstellungen findet, Vorbildcharakter hat: »Wir werden (...) unsere Einstellung zur Einehe und vorehelichen Keuschheit nicht von Tests mit Schimpansen und Pavianen abhängig machen. Statt dessen sehen wir gerade in der Neubesinnung auf die Heilige Schrift, wie sich deren unbefangennatürliche Haltung wohltuend von manchen platonisch-stoischen Überfremdungen in unserer abendländischen Tradition unterscheidet.«[128] Nach Richter ist die patriarchale Ordnung im Alten Israel primär von den Interessen des Schutzes und der Erhaltung der Familie diktiert.[129] Der Vater besitzt die dominierende Stellung.[130] Frauen können einzig in der Stellung als Mutter und »Gebira« eine »Herrschaftsfunktion« ausüben.[131] Jedoch sei in Israel die Frau nie völlig rechtlos gewesen.[132] Söhne seien den Töchtern im allgemeinen eindeutig vorgezogen worden, doch gelte die Liebe und Fürsorge der Familie auch letzteren.[133] Besonders behütet werden Mädchen, solange sie im Haus ihres Vaters leben.[134] Richter setzt ein starkes persönliches Interesse der Männer an ihren Töchtern und Frauen voraus.

5.3 Die Frau in Beziehung zum Mann: Das Geschlechterverhältnis in einer patriarchalen Welt

In den 70er Jahren erfährt die Beziehung der Frau zu ihrem Mann in Untersuchungen zur Frau im Alten Testament stärker als zuvor

---

126   AaO. 10.
127   *Hans-Friedemann Richter*, Geschlechtlichkeit, Ehe und Familie im Alten Testament und seiner Umwelt, Frankfurt 1978.
128   AaO. 148.
129   AaO. 130.
130   AaO. 119–121.
131   AaO. 123.
132   AaO. 75.
133   AaO. 125. Besonderes Wohlwollen den Mädchen gegenüber verrate Hi 42, 13–15.
134   AaO. 125.

wissenschaftliche Beachtung. Es wird nun vor allem unter diesem Gesichtspunkt nach der Rolle und Funktion der Frauen im Alten Israel gefragt.

Die Amerikanerin *Phyllis Trible* nähert sich 1978 in ihrer Publikation »God and the Rhetoric of Sexuality«[135] der Frage nach dem Geschlechterverhältnis im Alten Testaments nicht über Untersuchungen zur rechtlichen und sozialen Stellung der Frau (bzw. Ehefrau), sondern in der Interpretation der biblischen Texte als literarische Kunstwerke. Thematischer Zugang und Ausgangspunkt ist für sie Gen 1,27: Bei der Schöpfung des Menschen als »männlich und weiblich« zeige sich, »daß die geschlechtliche Unterscheidung nicht Hierarchie, sondern Gleichstellung bedeutet. Gleichzeitig geschaffen, sind das männliche und das weibliche Geschöpf einander weder über- noch untergeordnet«.[136] Die Frau – so leitet sie aus Gen 2,23 ab – sei kein schwaches, zartes, kurzlebiges Geschöpf, kein ›zweites‹ Geschlecht, nicht ›Adams Rippe‹. »Stattdessen ist die Frau Erfüllung der Schöpfung, und die Erfüllung des Menschen in der Sexualität. In der Schöpfung mit dem Mann gleichgestellt, wird sie zu diesem Zeitpunkt durch den Entwurf der Geschichte ganz besonders herausgestellt. Mit ihrer Erschaffung regiert der Eros.«[137] Da Sexualität und Eros von Mann und Frau im Zentrum der Publikation von Trible stehen und sie nicht bei Familienbeziehungen ansetzt, kann die Tochter nicht zu ihren Themen gehören.

*Frank Crüsemann*s Studie über »Die Frau in der patriarchalischen Welt des Alten Testaments« (1978)[138] versteht sich als eine der ersten deutschen Beiträge aus dem Raum evangelischer Universitätstheologie, die auf Fragen der Frauenbewegung ernsthaft eingehen.[139] Crüsemann versucht zunächst wieder, die rechtliche und ökonomische Situation der Frau im Alten Israel zu beschreiben.[140] Er beschreibt die Familie als »endogam«, »patrilinear«, »patriar-

---

135 *Phyllis Trible*, Gott und Sexualität im Alten Testament (Originalausgabe: God and the Rhetoric of Sexuality, 1978), Gütersloh 1993. – Das Buch wurde ungewöhnlich spät ins Deutsche übersetzt.
136 AaO. 40.
137 AaO. 126.
138 *Frank Crüsemann*, »... er aber soll dein Herr sein« (Genesis 3,16): Die Frau in der patriarchalischen Welt des Alten Testaments, in: *ders. / Hartwig Thyen*, Als Mann und Frau erschaffen. Exegetische Studien zur Rolle der Frau, Gelnhausen 1978, 13–106.
139 *Crüsemann*, in: *ders. / Hartwig Thyen* 1978, 9.
140 AaO. 21–51.

chalisch«, »patrilokal«, u.U. als »polygym«.[141] Praktisch ihr ganzes Leben lang habe die Frau unter der rechtlichen Gewalt und der mehr oder weniger strengen Kontrolle eines Mannes gestanden.[142] Der Mann galt juristisch als »Besitzer«, die Frau als »Besitz«.[143] Die Unterordnung der Frau lasse zwei Ausbeutungsformen zu: die Ausbeutung ihrer Arbeit und die Ausbeutung ihrer Zeugungsfähigkeit.[144] Crüsemann will diese negativen Züge im Bild von der Stellung der Frau in Israel jedoch nicht ungebrochen stehen lassen: »Unterliegt die Frau auch vor allem in ihrer sexuellen Freiheit relativ strengen Regeln, und ist sie ökonomisch in die Familie des Mannes integriert, so muß man doch andererseits sehen, wie stark und wichtig die ökonomischen Funktionen waren, die sie innerhalb der praktizierten geschlechtsspezifischen Arbeitsteilung wahrnahm. Ihre Arbeit entsprang einer elementaren und für das Überleben der Familie absoluten Notwendigkeit. Selbstbewußtsein und Selbständigkeit vieler Frauen, über die das Alte Testament berichtet, lassen sich ja allein aus einer tiefen Entfremdungssituation nicht erklären.«[145] Für den Erzähler der Sündenfallgeschichte markiere der Strafspruch in Gen 3,16, der eine Ätiologie für die Minderbewertung der Frau enthalte, den Bruch mit Gottes guter Schöpfungsordnung.[146] Die Tochter ist bei Crüsemann kein Thema.

Anfragen und Kritik der Frauenbewegung nimmt 1980 *Erhard S. Gerstenberger* in seiner Publikation über »Frau und Mann« und 1981 in seinem Artikel »Herrschen und Lieben« auf.[147]
Das Alte Testament setzt seines Erachtens überall ganz selbstverständlich eine patriarchalische Grundordnung voraus.[148] »Theoretisch« (!) habe das patriarchalische Gesellschaftssystem die Unterordnung der Frau verlangt und die »Verfügungsgewalt des Familienchefs über die ganze Familie« gefördert.[149] Die Überordnung

141 AaO. 26.
142 AaO. 32.
143 AaO. 27.
144 AaO. 46. Diese Aussage macht Crüsemann in der Beschreibung des Modells von Meillassoux über häusliche Produktion und Patrilinearität.
145 AaO. 50. Er formuliert hier im Blick auf Spr 31,10–31.
146 Siehe aaO. 64–65. – Vgl. *Trible* (1978) 1993, 155.
147 *Erhard S. Gerstenberger / Wolfgang Schrage*, Frau und Mann, Stuttgart/Berlin/Köln/Mainz 1980; *Erhard S. Gerstenberger*, Herrschen oder Lieben: Zum Verhältnis der Geschlechter im Alten Testament, in: Die Botschaft und die Boten, Festschrift für Hans Walter Wolff, hg. von *Jörg Jeremias / Lothar Perlitt*, Neukirchen-Vluyn 1981, 335–347.
148 *Gerstenberger* 1981, 336.
149 *Gerstenberger* in: *ders./Schrage*, 60.

des Mannes habe auch leicht »in Gewalt gegen die Frau ausarten« können.[150] Für die Frühzeit Israels sei jedoch trotz patrilinearer Erbfolge und patriarchaler Vollmacht des Familienchefs nach außen »ein gewisses Gleichgewicht zwischen den Aufgabenbereichen von Frau und Mann« festzuhalten: »Die sich selbst versorgende und damit selbstgenügsame Bauernfamilie der vorstaatlichen, noch geldlosen Zeit war dem Ideal menschlichen Lebens nahegekommen. Sie hatte die gegenseitige Achtung aller Familienglieder im gemeinsamen Bemühen um die Erhaltung der Gruppe gefördert.«[151] Die Zerstörung des altisraelitischen Bauerntums führte jedoch zu Polarisierungen in der Familiengemeinschaft: »Wie der Familienchef jetzt vom Grundbesitzer als Objekt angesehen und ausgebeutet wurde, so gewöhnte sich jener seinerseits daran, Frau und Kinder als Gegenstände zu betrachten, die seinem egoistischen Selbsterhaltungs- und Geltungstrieb zu dienen hatten ... Die Frustration des besitzlosen und entrechteten Mannes stachelten ihn an, seine kompensatorische Herrschaft über die Familie zu verstärken.«[152] Trotzdem glaubt Gerstenberger von einer »Partnerschaft« zwischen Mann und Frau in alttestamentlicher Zeit sprechen zu dürfen. Denn »ein starkes Rechtsgefühl bringt Mann und Frau in Israel dazu, dem anderen zu dem zu verhelfen, was ihm zusteht.«[153] Gerstenberger fühlt sich wie die meisten Exegeten vor ihm mit solchen generalisierenden Äußerungen nicht im Widerspruch zu jenen alttestamentlichen Aussagen, die ihn dazu veranlassen, punktuell die Benachteiligung von Mädchen und Frauen in der gesellschaftlichen Realität des Alten Israels aufzuzeigen. So ist in der Studie »Frau und Mann« auch festgehalten, daß die Geburt einer Tochter ein zweitrangiges Ereignis, wenn nicht ein Ent-

---

150  AaO. 63.
151  *Gerstenberger* 1981, 344. Vgl. *Gerstenberger* in: ders./*Schrage* 1980, 79: »Die Texte, die wir befragt haben, bezeugen zwar die Vormundschaft des Mannes über seine Familienmitglieder, sie reden auch von seiner Verfügungsgewalt in bestimmten Fällen, aber eine beträchtliche Zahl von Geschichten und Aussagen zeigte die Frau innerhalb ihres Arbeitsbereiches als relativ selbständige Gebieterin. Ihr hat sich in manchen Fragen der Mann zu beugen.« – Carol Meyers wird 1988 in ihrer Untersuchung über die Frau im Alten Israel die gleiche Ansicht vertreten (*Meyers* 1988, 168–181; siehe unten S. 37).
152  *Gerstenberger* 1981, 344. In Gerstenbergers Argumentationsweise ist der Mann ebenso Opfer wie die Frau. – Gerda Lerner wird zehn Jahre später eine solchen Aussagen widersprechende These aufstellen: »Erst nachdem die Menschen gelernt hatten, wie sich die Frauen aus Gruppen, die als Fremde definiert werden konnten, versklaven ließen, lernten sie, auch die Männer dieser Gruppe zu versklaven, und später sogar Menschen untergeordneten Ranges aus der eigenen Gesellschaft« (*Lerner* 1991, 264).
153  *Gerstenberger* in: ders./*Schrage* 1980, 79.

täuschungserlebnis war.«[154] »Im Ernstfall«, wenn das Überleben der Familie auf dem Spiel stand, waren Töchter und Frauen am ehesten entbehrlich, denn sie seien auch am schnellsten ersetzbar gewesen.[155] Beim intensiven Zusammenleben von Mutter und Tochter sei es vordergründig um die Vermittlung von hauswirtschaftlichen Kenntnissen und Praktiken gegangen. Die eigentliche Bedeutung dieses Zusammenlebens habe jedoch darin gelegen, daß sich bei dem Mädchen in den gesellschaftlich festgelegten Bahnen ein starkes, weibliches Selbstverständnis ausbildete.[156] Für Gerstenberger bleibt aus den »Zeugnissen des AT« ein lebendiges Bild elterlicher Solidarität zurück, das uns zum Vorbild dienen kann.[157] Der Kontakt zwischen Tochter und Vater ist im Duktus seiner Ausführungen über »Das heranwachsende Mädchen«[158] und »Mutter- und Vatersein«[159] allerdings kein Thema. Subsummiert unter dem Begriff »Eltern« wird der Vater bei Gerstenberger erst in Bezug auf »die werdende Braut«[160] aktuell. Die Wünsche des Mädchens bezüglich des Ehepartners seien in den Familieninteressen auf- und wohl gelegentlich auch untergegangen.[161] Doch habe die »von Kindheit an geübte Unterordnung unter den Willen der älteren Generation« Konflikte zwischen Tochter und Eltern vermutlich weitgehend ausgeschaltet.[162] Außerdem hatte ein Mädchen verinnerlicht, daß »eine Frau ohne Mann und danach eine Frau ohne Söhne nichts wert sei«.[163] Die »persönliche Liebe zum Ehegatten« habe sich auch dann oft eingestellt, wenn die Frau die Entscheidung ihrer Eltern nicht hatte beeinflussen können.[164] An anderer Stelle wird festgehalten, daß sich gelegentlich »eine gewisse Aggressivität der Frauen gegen ihre Väter oder gegen den angetrauten Ehemann« beobachten lasse.[165]

154 AaO. 22.
155 Siehe aaO. 44.
156 AaO. 26.
157 AaO. 68.
158 AaO. 24–26.
159 AaO. 64–68.
160 Kapitelüberschrift: AaO. 33–39.
161 AaO. 35.
162 AaO. 34.
163 AaO. 34.
164 AaO. 34 mit Verweis auf Gen 24,67. Dort wird allerdings nur von Isaak ausgesagt, daß er Rebekka lieb gewann. – Vgl. *Gerstenberger* 1981, 336 mit Bezug auf die Forschung von H.W. Wolff.
165 *Gerstenberger* in: *ders./Schrage* 1980, 36. Das angeführtes Textbeispiel ist Gen 31,14ff: Rahel und Lea machen gemeinsame Front gegen ihren Vater Laban.

## 5.4 Der Wert der Frau:
Der Status der Frau als expliziter Forschungsgegenstand

Forschungsarbeiten der letzten Jahrzehnte reagieren immer häufiger auf feministische Kritik, die die Diskriminierung von Frauen in und durch die Bibel anprangert. Die Forscherinnen und Forscher versuchen, pauschale Vorwürfe über die »Minderwertigkeit« der Frau in der Bibel zurückzuweisen oder aber doch zumindest auf eine differenzierte Betrachtung der Situation von Frauen im Alten Israel hinzuwirken.[166]

### 5.4.1 Deutschsprachige Publikationen

Für *Maria-Sybilla Heister* ist in ihrer Studie über »Frauen in der biblischen Glaubensgeschichte« 1984 die »Wertung des Menschseins der Frau« immer wieder das zentrale Kriterium, von dem aus sie sich ein Urteil bildet.[167] Ihr geht es darum, »in exegetisch-kritischer Arbeit auf Zusammenhänge von der ›Herrschaft des Menschen über Menschen‹ und der Ideologie von der Minderwertigkeit des Menschseins als Frau aufmerksam zu machen.«[168] JHWH selbst stehe jenseits des Geschlechtlichen;[169] Aussagen von Gott als »Vater« oder »Mutter« seien als »Gleichnis für die Zuwendung Jahwes zu seinem Volk« zu sehen.[170]
Die Tochter findet bei Maria-Sybilla Heister nur am Rande in ihrer Untersuchung von Rechtstexten Beachtung (Ex 21,7; Dtn 22,16–18; 22–27; Lev 19,29).[171] Sie kommt zu dem Schluß, »daß den israelitischen Rechtstexten die patriarchalische Ordnung zugrunde liegt, die nur in wenigen Texten eine sich andeutende Wandlung erkennen läßt, bei der das Menschsein der Frau ins Blickfeld tritt. Eine wesentliche Durchbrechung der patriarchalischen Grenze ist in den Texten der drei großen Gesetzesverkündigungen nicht erkennbar.«[172] Die »tatsächliche Lebenswirklichkeit der Frau in der Frühzeit Israels« spiegele sich aber vor allem in Spr 31,30–31 und in »Zeugnissen partnerschaftlicher Liebe in den Erzähltexten«[173]

---

166   Ich beschränke mich hier auf die exegetisch ausgerichtete Publikation, die im universitären Kontext entstanden.
167   *Maria-Sybilla Heister*, Frauen in der biblischen Glaubensgeschichte, Göttingen 1984. Siehe dort 40, 70, 82, 109, 121, 166.
168   AaO. 10.
169   AaO. 41.
170   AaO. 40.
171   AaO. 55–70.
172   AaO. 70.
173   AaO. 71 und 81.

wider. Hier zieht Heister ein positives Fazit: »Die überraschende Selbständigkeit der Frau wie ihre Eigeninitiative, die in vorstaatlichen Erzähltexten zur Aussage kommen bis hin zur Wertung ihres Menschseins in Liebesbeziehungen, erklären sich aus ihrer verantwortlichen Mitarbeit in der Großfamilie oder in den sich daraus ausgliedernden Kleinfamilien. Die für das Überleben der Familie notwendige Eigenverantwortung der Frau für bestimmte Aufgabengebiete begünstigte eine mehr partnerschaftliche Auffassung der Ehe.«[174]

*Pnina Navè Levinson* geht in ihren Büchern »Was wurde aus Saras Töchtern?« (1989) und »Eva und ihre Schwestern« (1992) aus einer jüdischen Perspektive auf die feministische Diskussion über den Wert der Frau in der Bibel ein.[175] Entsprechend der jüdischen Tradition bringt sie Texte der Heiligen Schrift mit Worten aus der rabbinischen Literatur zusammen. Die Frage, was in der biblischen Schrift »steht«, greift ihr zu kurz. Für sie ist entscheidend, wie wir einen Text verstehen und wie wir mit ihm leben können.[176] Sie legt dar, daß im Mittelpunkt des Lebens nach der Thora die Grundauffassung stehe, ein harmonisches Eheleben führe den Menschen seiner Bestimmung zu, als Partner Gottes in der Welt zu wirken.[177] Als biblischen Grundtext, der am ausführlichsten das Bild der jüdischen Frauen zeichnet und durch die Zeiten bestimmend geblieben ist, sieht Navè Levinson das »Loblied der starken Frau« (Spr 31,10ff). Hier werde das Idealbild einer Frau als Allround-Persönlichkeit entworfen.[178]

Die Autorin interpretiert die biblischen Texte in einer Weise, die die Wertschätzung der Frauen belegen soll. Gewalt, wie sie z.B. Jeftas Tochter erfährt, wird in den Kontext außerbiblischer jüdischer Traditionen gestellt und von hier aus kritisiert oder relativiert.[179] An der Herausarbeitung einer Patriarchatsstruktur und an einer Ideologiekritik der biblischen Texte hat Pnina Navè Levinson kein Interesse.

Die Tochter erhält in *Karen Engelken*s »begriffsgeschichtlichen und sozialrechtlichen Studie zur Stellung der Frau im Alten Testa-

---

174 AaO. 82.
175 *Pnina Navè Levinson*, Was wurde aus Saras Töchtern?: Frauen im Judentum, Gütersloh (1989) ³1993; *dies.*, Eva und ihre Schwestern: Perspektiven einer jüdisch-feministischen Theologie, Gütersloh 1992.
176 *Navè Levinson* 1993, 9.
177 AaO. 11.
178 AaO. 17.
179 AaO. 127–130.

ment«[180] aus dem Jahre 1990 zwar keine besondere Aufmerksamkeit, doch erfahren im Rahmen ihrer Untersuchungen sehr viele Texte die Beachtung der Autorin, in denen Töchter von zentraler Bedeutung sind. Engelken sieht das Frauenleben in Palästina, wie es das Alte Testament dokumentiere, »fest eingebunden in die gesellschaftlichen Strukturen des Alten Orients. Diese werden in erster Linie von der vaterrechtlich organisierten Familie bestimmt, in welche die Frau durch Heirat, endogam (Gen 24) wie exogam (Gen 26,34; Ruth 1,4), oder durch Begründung eines Dienstverhältnisses eintritt und die sie auf eigene Initiative nicht wieder verlassen darf. Während es einige wenige Texte im Alten Testament gibt, die Frauen in kriegerischen und politischen oder in unabhängigen und selbständigen Positionen darstellen, ist der selbstverständliche Platz der Frau der in der Familie, in welcher sie immer eine von Männern abhängige Stellung einnimmt und in der die Sorge um Nachkommenschaft das primäre Thema darstellt. Bis auf wenige (...) Ausnahmen ist stets, wenn Frauengestalten in alttestamentlichen Texten auftreten, der Themenkreis Heirat, Ehe, Geburt, Kinderlosigkeit, Sexualität, Mutterschaft angesprochen.«[181]

### 5.4.2 Amerikanische Publikationen

*John H. Otwell* will 1977 in einer Forschungsarbeit mit dem Titel »And Sarah laughed« zeigen, wie außerordentlich hoch der Status der Frau im Alten Testament war.[182]
In den Schöpfungsberichten lasse sich kein Hinweis darauf finden, daß die Frau dem Mann untergeordnet sei.[183] Mann und Frau seien in den alttestamentlichen Schriften in gleicher Weise als sexuell attraktiv beschrieben und die Frau werde wegen ihrer sexuellen Attraktivität nicht verurteilt.[184] Zur Zeit der Patriarchen sei die Frau als Teil des Haushaltes ihres Mannes wahrgenommen worden, jedoch niemals als Besitz.[185] Die Gleichsetzung von Israel mit der »Braut Gottes« und die Zeugnisse ehelicher Liebe können nach

---

180   *Karen Engelken*, Frauen im Alten Israel: Eine begriffsgeschichtliche und sozialrechtliche Studie zur Stellung der Frau im Alten Testament, Stuttgart/Berlin/Köln 1990.
181   AaO. 176.
182   *Otwell* 1977.
183   Siehe aaO. 15 (zu Gen 1,26f), aaO. 18 (zu Gen 3,16), aaO. 19 (zu Hi 31, 13–15).
184   Siehe aaO. 30. Dieser Behauptung Otwells widerspricht, daß sich im Alten Testament stets die Männer Frauen nehmen, niemals umgekehrt.
185   AaO. 76.

Otwell als deutlicher Beweis für den hohen Status der Frau angesehen werden.[186] Besonders ausgezeichnet werde die Frau durch Mutterschaft: Die Geburt eines Kindes demonstriere eine aktive Präsenz Gottes bei der gebärenden Frau; an ihr handele Gott hier direkt und einzigartig.[187] Otwell schlußfolgert: »No higher status could be given anyone than was given the mother in ancient Israel.«[188] Weil Frauen durch die Mutterschaft eine eigene Art der Intimität mit Gott vorbehalten ist, hält Otwell es für eine ausgleichende Gerechtigkeit, daß ihnen die Rolle der Priesterin versperrt war.[189] Darüber hinaus sei auch im Kult der Status der Frau gleichhoch wie der des Mannes gewesen;[190] sie habe hier in vielen unterschiedlichen Rollen teilnehmen können.[191] Als Mutter und Ehefrau besaß die Frau – so Otwell – die gleiche Autorität über ihre Kinder wie der Familienvater.[192] Eine Reihe von Beispielen zeige, wie Frauen ihre Ehemänner manipulierten.[193] Ehefrauen besaßen die Kontrolle über Sklaven, verfügten über den Familienbesitz und hatten das Recht, für sich selbst Geschäfte abzuschließen.[194] Frauen haben sich auch außerhalb des Hauses bewegt und wirkten dort ebenso erfolgreich wie Männer: »There is no evidence that public careers were closed to women, or that they were felt to be unqualified to occupy them.«[195] Frauen seien lediglich deshalb seltener als Männer in der Öffentlichkeit zu finden, weil sie meist mehr mit der Ausfüllung ihrer herausgehobenen Rolle als Mutter und Hausfrau beschäftigt waren.[196]

Die Tochter findet bei Otwell bemerkenswerterweise vor allem in seinem Kapitel über die Unterordnung der Frau Interesse.[197] Ihre Identität sei zwar über den Vater festgemacht worden,[198] aber sel-

---

186  AaO. 48. Ebenso *Burrows* 1938, 32; *Schelke* 1977, 47; *Hans-Friedemann Richter* 1978, 74. Hier wird nicht wahrgenommen, daß in der Beziehung zwischen Mann und Frau in den Metaphern vom Ehebund Gottes mit seiner Stadt ein grasses Machtungleichgewicht herrscht und die Metapher primär benutzt wird, um Gewalt gegen die »Frau« zu erklären.
187  Vgl. aaO. 58, 193.
188  AaO. 66.
189  AaO. 178.
190  AaO. 178.
191  AaO. 174. Otwell denkt an die Teilnahme am Opfermahl.
192  AaO. 100.
193  AaO. 108f.
194  AaO. 111. Otwell bezieht sich hier vor allem auf Spr 31,10–31.
195  AaO. 193. Vgl. aaO. 132–151 (Chapter 8: Freedom of Action).
196  AaO. 143.
197  AaO. 67–87 (Chapter 5: The subservience of woman)
198  Siehe aaO. 68: » A daughter's identity was defined to a significant degree by the role of her father.«

ten werde ausdrücklich gesagt, daß eine Tochter ihrem Vater Gehorsam schulde.[199] Väter konnten über ihre Töchter im Zusammenhang der Eheschließung bestimmmen. Als »außerordentlich widerliche Zeugnisse« für väterliche Verfügungsgewalt nennt Otwell Gen 19,4–8; Ri 19,22–24; Ri 11,35–36; er geht jedoch davon aus, daß hinter diesen Texten keine soziale Realität steht und sie daher auch keine Aussagen zur Vater-Tochter-Beziehung zulassen.[200] Töchter teilten den Segen und die Strafe, die ihre Familie traf.[201] Es gebe keine Beispiele dafür, daß ein Vater seine Tochter gegen ihren Willen verheiratet hat; daraus lasse sich schließen, daß Braut und Bräutigam bei der Eheschließung eine signifikante Rolle besaßen.[202]

Otwell kommt zu einer solch positiven Darstellung der Situation von Frauen im Alten Israel, indem er Spuren des Leides von Frauen in den alttestamentlichen Texten übergeht, relativiert oder umdeutet. Er löst Aussagen aus ihrem Zusammenhang oder stellt Hypothesen als Wahrheiten in den Raum, die sich vom biblischen Text her weder belegen noch widerlegen lassen.

*Leonard Swidler*s umfangreiche Publikation »Biblical Affirmations of Woman« beschäftigt sich 1979 nicht nur mit der Frau im Ersten Testament, sondern auch mit der hebräisch-jüdischen Tradition der nachbiblischen Periode und schließlich mit der Rolle der Frau in der christlichen Tradition.[203] Er will sich dem Sexismus-Vorwurf der Frauenbewegung gegen die jüdisch-christliche Tradition stellen.[204] Swidler widmet seine Aufmerksamkeit zuerst dem weiblichen Gottesbild, trägt anschließend die positiven Elemente zum Frauenbild in der hebräisch-jüdischen Tradition zusammen und wendet sich schließlich den »ambivalenten« Elementen und negativen Bildern dieser Tradition zu. Er will zeigen, daß es zwei Traditionen über Frauen in der hebräischen Nation gab, eine positive und eine negative, und daß im Laufe der Zeit die negative mehr und mehr dominierte.[205]

---

199  Ebd. Als Ausnahme nennt Otwell die nach-exilische Schrift Ester (aaO. 69). Vgl. *Gerstenberger* 1980, 79.
200  Ri 11 wird als Ätiologie erklärt (aaO. 70f), Ri 19 als Polemik der davidischen Geschichtsschreiber gegen die Saul Dynastie (aaO. 80).
201  AaO. 71.
202  AaO. 47. Genausowenig gibt es allerdings ein Textbeispiel, aus dem hervorgeht, daß ein Vater seine Tochter gefragt hat, ob sie den für sie bestimmten Ehemann heiraten will.
203  *Leonhard Swidler*, Biblical Affirmations of Woman, Philadelphia 1979.
204  AaO. 9.
205  Siehe aaO. 158.

Negativ habe sich u.a. »Women at the Disposal of Men«[206] ausgewirkt. Frauen seien erst unter die Kontrolle ihres Vaters gewesen und dann unter die Herrschaft ihres Ehemannes gekommen.[207] Töchter hätten in besonderer Weise unter der Verfügungsgewalt ihres Vaters gestanden.[208] Eine Frau sei finanziell vollkommen abhängig gewesen.[209] Sie war nicht Person, sondern Besitz; voreheliche Unkeuschheit und eheliche Untreue wurden hart bestraft.[210] Teilweise war sie vom Kult ausgeschlossen.[211] Swidler führt unter den negativen Elementen der hebräisch-jüdischen Tradition einiges an, was sonst vornehmlich in den Beschreibungen der sozialen und rechtlichen Situation der Frau zu finden ist. Positive, ambivalente und negative Traditionselemente werden nebeneinandergestellt, ohne deren Vergleichbarkeit oder Gewichtigkeit zu untersuchen. Sie dienen dazu, Jesus als Überwinder der negativen Traditionselemente hinzustellen. Hier erweist sich Swidlers Untersuchung als antijudaistisch.[212]

In der Studie von *Athalya Brenner* über die Stellung der Frau im Alten Israel (1985) liegt erstmals der Schwerpunkt auf einer Untersuchung der Frauenposition in der sozio-politischen Sphäre jenseits der traditionellen häuslichen Funktionen.[213] Die Autorin will deutlich machen, daß die Frau in Israel von der Möglichkeit ausgeschlossen war, in regulärer Weise in der Öffentlichkeit außerhalb des häuslichen Raumes zu wirken: Frauen, die auch politisch tätig sind, bilden wenige Ausnahmen und ihre Bedeutung bleibt letztlich marginal.[214] Athalya Brenner findet die Gründe hierfür in zwei in Israel gängigen Vorstellungen: einmal der Vorstellung, daß die Frau ihre Rolle im Haus zu spielen habe,[215] und weiter in

206   AaO. 139–141.
207   AaO. 139.
208   AaO. 140. Swidler verweist hier auf Ex 21,7; Gen 19,4–8; Ri 19,22–29.
209   AaO. 141: »complete financial dependence of women«.
210   AaO. 142.
211   AaO. 146.
212   Siehe *Heschel* 1988, 78f.
213   *Athalya Brenner*, The Israelite Women: social role and literary type in the biblical narrative, Sheffield 1985.
214   Vgl. Brenners Aussage zu Königinnen und Prophetinnen: »In short: the institution of queenship, although recognized in the Old Testament as valid for foreign lands, was considered unacceptable both in Israel and in Judah. The women whose activities have been discusses are the unfortunate exceptions to this rule« (aaO. 32); »Everything points to the conclusion that although prophetesses were accepted and acknowledged as such (in pre-monarchical as well as monarchical, post-exilic, and New Testament times), their significance – when compared to that of their male colleagues – was marginal« (aaO. 65).
215   AaO. 132.

der Ansicht, die Frau sollte unter männlicher Kontrolle (»surveillance«) stehen.[216] Frauen in Israel seien »das Zweite Geschlecht«: »second in importance, social standing, and civil rights«.[217] Die Tochter ist in der Untersuchung des sozio-politischen Bereiches nicht zu finden.[218]

*Carol Meyers* versucht konträr zu Athalya Brenner in ihrer Forschungsarbeit »Discovering Eve«[219] zu belegen, daß die Frau in der Frühzeit des Alten Israels (1200–1000 v.Chr.) gerade nicht das »Zweite Geschlecht« war: Anhand archäologischer Entdeckungen und alttestamentlicher Zeugnisse konstruiert sie eine altisraelitische Gesellschaft, in welcher der öffentliche und der häusliche Bereich nicht strikt voneinander getrennt waren und es keine Hierarchie zwischen den Geschlechtern gab: »When females as well as males serve as skilled managers in critical areas of economic life, as in household production systems, women as well as men are accorded prestige and experience self-esteem. Gender hierarchy in work roles is virtually nonexistent«.[220] Die Frauen hatten nach Meyers nicht weniger Macht als die Männer, vielleicht sogar mehr.[221] Die Autorin kann von einer egalitären Gesellschaft im frühen Israel sprechen.[222]

Carol Meyers übergeht in ihrer Untersuchung die alttestamentlichen Überlieferungen, in denen sich deutlich das Leiden der Frauen an ihrer Festlegung auf den Bereich der »production« und Gebärfähigkeit ausdrückt.[223] Gerade jene Texte, die nach Meyers Spu-

---

216 Siehe aaO. 132: »Woman is subordinate to man – not necessarily because she is less intelligent or less inspired than he is, but because she is considered irresponsible and in need of protection from herself.«
217 AaO. 136.
218 Wo Brenner später vereinzelt auf Tochtergestalten eingeht, geschieht dies nicht, um Aussagen über Töchter in Israel zu machen: Lots Töchter (Gen 19,31–36) kommen bei der Herausarbeitung der »weiblichen Typen« in den Abschnitten »The Matriarchs« und »Temptress« aaO. 94 und 108–111 vor. Darüber hinaus wird im Kapitel über die »fremden Frauen« die Racheaktion der Brüder auf Dinas Vergewaltigung erwähnt (aaO. 116). Brenner verwendet die Erzählung von Gen 34 dazu, die Angst vor einem Identitätsverlust des Clans durch das Eindringen von Fremden darzustellen.
219 *Carol Meyers*, Discovering Eve: Ancient Israelite Women in Context, Oxford 1988.
220 Ebd.
221 AaO. 176. Meyers findet Spuren dieser Macht in den Familienerzählungen der Genesis und im Hohelied.
222 AaO. 169.
223 Rahel glaubt sterben zu müssen, wenn sie Jakob keinen Sohn gebären kann (Gen 30,1), und auch Hanna ist untröstlich über ihre Unfruchtbarkeit (1Sam 1,1–16).

ren aus der Frühgeschichte Israels enthalten sollen, machen deutlich, daß eine Gesellschaft, in der der Wert einer Frau von der Zahl der Söhne abhängt, die sie ihrem Ehemann »schenkt«, Schmerz, verhängnisvolle Frauenrivalität und weitgehende Ausbeutungsverhältnisse hervorbringt.[224] Meines Erachtens kann eine Hochschätzung des weiblichen Tätigkeitsbereiches der »production« eine Frau nicht per se vor Sexismus und damit vor Erniedrigung und der Herrschaft von Männern schützen.[225]
Die Tochter ist bei Carol Meyers kein Thema.

5.5 Patriarchatsstrukturen und die Darstellung von Frauen: Einleitungen ins Alte Testament aus feministischer Perspektive

Während die Autorinnen und Autoren der bisher aufgeführten Publikationen sich vor allem auf die Darstellung von Frauen und ihrer sozialen, rechtlichen oder kultischen Situation in alttestamentlichen Texten konzentrieren, fragt *Alice L. Laffey* in ihrer feministischen Einleitung ins Alte Testament nach der patriarchalen Struktur, die sich in der Art ausdrückt, wie Frauen im Alten Testament vorkommen: »... why are women portrayes as they are in the Old Testament?«[226]
Aussagen, die Tochter und Vater betreffen, finden bei Alice L. Laffey ihren Ort vor allem unter den Ausführungen über Hierarchie und über Frauen als Besitz des Mannes; sie stehen dort neben und unter anderen Ausführungen über Frauen und Männer.[227] So hält sie z.B. über »Patriarchy and Hierarchy« im Pentateuch fest: »Father's daughters will be given to future husbands, and the function of these women as wives is clearly to bear children for their

---

224 Vgl. auch Sara und Hagar Gen 16; 21.
225 Ein schockierendes Beispiel aus unserer Gegenwart, wie auch in bäuerlichen Kulturen Frauen trotz ihrer tragenden ökonomischen Funktionen einer Gewalt ausgesetzt sein können, die patriarchalen Wertvorstellungen entspringend, ist Afrika. Hier werden rund 80 Millionen Frauen durch Klitorisbeschneidung sexuell verstümmelt (siehe *Hanny Lightfoot-Klein*, Das grausame Ritual: Sexuelle Verstümmelung afrikanischer Frauen, Frankfurt ²1993).
226 *Alice L. Laffey*, An Introduction to the Old Testament: A Feminist Perspective, Philadephia 1988, 222. – Eine ähnliche Fragestellung verfolgt *J. Cheryl Exum*, Fragmented Women: Feminist (Sub)versions of Biblical Narratives, Pennsylvania 1993. Exums Arbeit besteht aus detaillierten Interpretationen einzelner ausgewählter Erzählungen des Ersten Testaments.
227 Siehe im ersten Teil über den Pentateuch aaO. 10–11.16; im zweiten Teil über das Deuteronomistische Geschichtswerk aaO. 74–76, 80–82; im dritten Teil über die prophetischen Schriften aaO. 151–154, 158–160; im vierten Teil über die Weisheit aaO. 187–189, 193–196.

husband. Their activietes are, almost without exception, limited to the domestic realm.«[228] Viele Aussagen, die auch für Vater und Tochter relevant sein könnten, sind unter den Ausführungen über Frauen im Allgemeinen subsummiert, z.B.: »That women are men's possessions has several implications within the culture of ancient Israel: definition by men; dependence on men; primary role as mother; passivity; lack of participation in decision making; lack of personal choice; the possibility of having to share one's husband with other women; rape understood as violence against the man to whom a woman belongs; women, like silver and gold and cities, treated as things – acted on and controlled.«[229] Bei der Einzeluntersuchung von Texten beschränkt sich Laffey auf Erzählungen.[230]
Entsprechend dem Forschungsinteresse – dem Aufzeigen patriarchaler Ausdrucksformen, denen die Frauen im Alten Testament unterliegen – entsteht hier ein deutliches Bild von der Unterdrückung der Frau. Dieses Bild wird von Laffey in keiner Weise relativiert.
Eine andere Art feministischer Einleitung ins Alte (und Neue) Testament gibt die Publikation von *Carol A. Newsom / Sharon H. Ringe* (ed.), The Women's Bible Commentary, London 1992. Hier haben unterschiedliche Autorinnen und Autoren aus feministischer Perspektive einführende Aufsätze zu einzelnen biblischen Büchern verfaßt. Auf eine Einzeldarstellung möchte ich an dieser Stelle verzichten.

5.6 Verletzungen der Frauen:
Frauenschicksale aus feministischer Perspektive

Einige feministische Forschungsarbeiten legen den Schwerpunkt ihrer Untersuchungen auf Verletzungen, die Frauen in alttestamentlichen Texten erfahren. Sie verfolgen das Ziel, Auswirkungen der patriarchalen Struktur und die Schrecken, die für Frauen damit verbunden sind, deutlich werden zu lassen.

Die Veröffentlichung von *Phyllis Trible* zu »Texts of Terror« (1984) nimmt für sich in Anspruch, nicht *über* Frauen zu schrei-

---

228 AaO. 11.
229 AaO. 82.
230 Von den Tochter-Geschichten finden hier ihre Aufmerksamkeit: Gen 34: Dina (aaO. 41–44), Num 26; 27; 36: Zelofehads Töchter (aaO. 58–62), Ri 11: Jeftas Tochter (aaO. 97–99), 1Sam 19: Michal (aaO. 108–110), 2Sam 13: Tamar (aaO. 122–124).

ben, sondern sich mit ihnen zu solidarisieren.[231] Trible untersucht die Erzählungen über Hagar (Gen 16,1–16; 21,9–21), Tamar (2Sam 13,1–22), einer unbekannten Frau in Ri 19,1–30 und Jeftas Tochter (Ri 11,29–40), indem sie die narrative Struktur jeder einzelnen Erzählung sorgfältig herausarbeitet. Über den Zweck ihrer Untersuchungen sagt sie: »Die Geschichten der Gewalttätigkeit werden um der weiblichen Opfer willen interpretiert, um eine vernachlässigte Seite der Geschichte wieder ins Bewußtsein zu bringen, um sich einer Vergangenheit zu erinnern, die bis in die Gegenwart hineinreicht, und in dem inständigen Wunsch, daß sich diese Schrecken niemals wiederholen mögen. Wenn mit feministischer Hermeneutik diese traurigen Geschichten erzählt werden, so wird versucht, die Leiden jener Zeit wiedergutzumachen.«[232]
Die Tochter-Vater-Beziehung ist in dieser Untersuchung besonders in der Geschichte von der Vergewaltigung Tamars (2Sam 13) und der Opferung der Tochter Jeftas (Ri 11) von Interesse. Hierauf werde ich an gegebener Steller näher eingehen.[233]

*Hildegunde Wöller* stellt 1990 die Töchter ins Zentrum ihrer Publikation.[234] Ausgehend von der Vorstellung einer matrizentrischen Kultur der Frühzeit[235] erscheint ihr die Gewalt, die Töchter von ihren Vätern erleiden, als Auswirkung der patriarchalen Struktur, die die »alttestamentliche« Lebenswelt bestimmt. Nach Wöller sperrt die Verfügungsgewalt der altisraelitischen Väter ihre Töchter in ein patriarchales Gefängnis: Lots Töchter verdeutlichen das Ende der sexuellen Freiheit in Israel, Rebekka, Lea und Rahel das Ende der Freiheit, den Partner selbst zu wählen. Dina stehe für die rechtliche und Jeftas Tochter für die religiöse Entmündigung der Frauen. Als Beispiele für die patriarchale Fixierung der Tochter nennt die Autorin die Geschichten von Michal, Tamar, Ester und Judit.[236] Im Verhältnis zwischen JHWH und »Tochter Zion« in Ez 16 findet sie »alle Merkmale der inzestuösen Beziehung eines Vaters zu seiner Tochter«.[237]

---

231 *Phyllis Trible*, Mein Gott, warum hast du mich vergessen! Frauenschicksale im Alten Testament (Originalausgabe: Texts of Terror, 1984), Gütersloh 1990. Siehe dort das Vorwort der Herausgeberin Helen Schüngel-Straumann auf S. 10.
232 AaO. 18.
233 S. unten S. 106–110 und 121–126.
234 *Hildegunde Wöller*, Vom Vater verwundet: Töchter der Bibel, Reihe: Tabus des Christentums, Stuttgart 1991.
235 Siehe dazu aaO. 42.
236 Siehe aaO. 17–40.
237 AaO. 70.

Hildegunde Wöllers Buch bemüht sich polemisch um eine Demontage des Bildes vom »liebevollen Vater«. Sie betont dabei, daß die Rede von Gott-Vater von ihrem alttestamentlichen Kontext her inzestuöse Gewalt impliziere.[238] Dabei geht es ihr erklärtermaßen letztlich um die Wirkungsgeschichte des Alten Testaments in der protestantischen Tradition,[239] die sie vornehmlich an Märchen, Mythen und Romanen festmacht. Theologisch-exegetische Forschungsarbeiten berücksichtigt sie kaum.

5.7 »Vater« und »Tochter« in theologischen Wörterbüchern

Im »Theologischen Handwörterbuch zum Alten Testament« (1971) behandelt Ernst Jenni das Wort אב auf 17 Spalten. Das Wort בת ist im lexikalischen Teil nicht eigens aufgenommen. Es wird von J. Kühlewein im Abschnitt über den Sohn (בן) mitbetrachtet.

*Ernst Jenni*[240] versteht אב (»Vater«) primär als »Beziehungsbegriff innerhalb der Familie«: Die Korrelation zu Sohn/Tochter/Kind oder deren Plural sei immer bereits mitgesetzt.[241] In übertragener Verwendung des Wortes sei vor allem der Aspekt der »schützenden Fürsorge« hervorzuheben, aber auch der des Respekts.[242] Die Rolle des Vaters in der Familie wird von Jenni nicht ausgeführt.[243] Theologisch betrachtet Jenni den »Religionstypus des ›Vätergottes‹«.[244] In der Verwendung der Vaterbezeichnung für JHWH sei das »AT« sehr zurückhaltend: »Dies gilt in stärkstem Maße für die im AT im Vollsinn ausgeschlossenen Aussagen über eine physische Vaterschaft Gottes (a), aber auch für die Adoptionsvorstellung (b) und noch für den metaphorischen Gebrauch des Wortes (c).«[245] Gehe bei einer metaphorischen Verwendung die Blickrichtung vom Sohn (sic!) aus zum Vater, so liege im Vergleichsbild das Gewicht auf der autoritativen Stellung des pater familias und auf der Gehorsamspflicht ihm gegenüber.[246] Richte sich dagegen der

---

238 Vgl. Wöllers Schlußsatz: »Die Gedankenlosigkeit, mit der berufene Lehrer der Kirche kleine Mädchen ein Gottesbild lehren, das inzestuöse Gewalt impliziert, muß aber ein Ende haben« (aaO. 150).
239 AaO. 82.
240 *Ernst Jenni*, אב – Vater, in: THAT I, München (1971) ⁴1984, 1–17.
241 AaO. 1.
242 Siehe aaO. 6.
243 Lediglich im Abschnitt über das »Vaterhaus« findet sich der Hinweis, daß der Vater an der Spitze der Großfamilie steht (aaO. 7).
244 AaO. 9–11.
245 AaO. 14.
246 AaO. 16. Die Tochter hat Jenni offenbar nicht im Blick.

Blick vom Vater zum Kind (sic!), so werde mehr die Verbundenheit und Fürsorge betont.[247] In den verhältnismäßig seltenen Vergleichen JHWHs mit einem Vater bilde die Liebeszuwendung das Tertium comparationis, die sich im »Erbarmen« oder auch durch »Züchtigung« äußere.[248]
Der Tochter erscheint in diesem Artikel nur sehr vereinzelt und auch nur dann, wenn die Rede vom »Sohn« auf den Begriff »Kinder« ausgeweitet ist.

*J. Kühlewein* versteht in seinem Artikel über בן[249] die Tochter als »feminine Entsprechung zum Sohn«. Mit Ausnahme der zahlenmäßig aufgeschlüsselten Belegstellen zu בת macht er keine expliziten Aussagen zur Tochter.

Das »*Theologische Wörterbuch zum Alten Testament*« (1973) behandelt das Wort אב auf 19, das Wort בת auf sechs Spalten.

*Helmer Ringgren*[250] findet eine Verbindung zwischen אב (»Vater«) und den Bedeutungsfeldern »Ursprung«, »Beruf- und Lebensweise«, »Ehre«, »Rat« und »Schutz«.[251] Im theologischen Teil seiner Untersuchungen betont er besonders die Kontinuität, die in einer Gemeinschaft die Berufung auf den »Gott der Väter« schafft. Gott in der Rolle als »Vater des Eigentumsvolkes« habe keine zentrale Stellung im Glauben Israels eingenommen.[252] Die Vaterrolle Gottes sei verknüpft mit »Schutz«, »Erbarmen« (Ps 103,13), »Züchtigung« (Spr 3,12), »Fürsorge und Verantwortung« (Num 11,12), »Erziehung des Sohnes« (Hos 11,1f), »Liebe« (Jer 31,9) und schließlich »Autorität« (Jes 45,9–11 u.a.m.). »Der Hinweis auf JHWH als den Schöpfer und Urheber seines Volkes will seinen Anspruch auf Dankbarkeit begründen.«[253]
Die väterliche Schutzfunktion tritt in der Abhandlung zur Rolle des Vaters in der Familie vor den Ausführungen über die »fast unbegrenzte Autorität« des Vaters zurück: »Er ist der Herr des Hauses; die Kinder sollen ihn ehren und fürchten (Mal 1,6). Er

---

247 AaO. 17.
248 Ebd.
249 *J. Kühlewein*, בן – Sohn, in: THAT I, München (1971) ⁴1984, 316–325.
250 *Helmer Ringgren*, אב, in: ThWAT I, Stuttgart 1973, 1–19.
251 Siehe aaO. 7–8: Das Wort אב im Sprachgebrauch werde verwendet für den »leiblichen Vater«, den Vorfahr, den Begründer eines Berufs- oder einer Lebensweise, einem besonders zu ehrenden Mann, einen Beschützer, einen Ratgeber oder auch einen Urheber.
252 AaO. 19.
253 AaO. 17 mit Bezug auf Dtn 32,6.

verfügt über die Glieder der Familie wie der Töpfer über den Ton (Jes 64,7).«[254] Explizit ist von der Tochter nur an einer Stelle die Rede, nämlich dort, wo bei der Aufzählung der Rechte des Hausvaters auf Ex 21,7 verwiesen wird.[255]

*Herbert Haag* behandelt im gleichen Lexikon in seinem Artikel über בת[256] die »Stellung und Wertung der Tochter«. Er stellt den geringen Wert der Tochter im Vergleich zum Sohn heraus: »Wie gering die Tochter im AT im Vergleich zum Sohn geachtet wurde, zeigt sich schon darin, daß בן nahezu 10mal so häufig vorkommt wie בת.«[257] Söhne und Töchter gelten zwar gemeinsam als »Inbegriff der Segensfülle«, doch schlage sich diese in einer größeren Zahl von Söhnen als in Töchtern nieder.[258]
In einem Abschnitt über die »Verfügungsgewalt der Eltern« behandelt Haag nur die Verfügungsgewalt des Vaters.[259] Die Tochter sei für den Vater »gewinnbringende Arbeitskraft«, im Blick auf den Brautpreis »ein Vermögenswert«. Sie werde »gegeben« und »genommen« und könne auch als Sklavin verkauft werden.[260] In einem eigenen Absatz wird betont herausgestellt, daß es ein »großes Werk« des Vaters sei, die Tochter gut zu verheiraten.[261] Dafür müsse der Vater sie streng behüten und bewahren.[262] Lots Verhalten in Sodom (Gen 19,8; vgl. Ri 19,24) zeige jedoch, wie nahe gelegentlich Bewahrung und Preisgabe beieinander liegen können.
Zur Vater-Tochter-Beziehung hält Haag unter der Überschrift »Eigenrecht der Tochter« fest: »Das Vater-Tochter-Verhältnis entbehrt nicht der Herzlichkeit. Eindrucksvoll wird die Liebe zwichen Vater und Tochter z.B. in der Jephta-Erzählung (Ri 11,34–40) oder im Gleichnis von dem armen Mann, der sein einziges Schäflein wie eine Tochter hält (2Sam 12,3), geschildert.«[263] Die Tochter behalte neben der strengen Autorität des Vaters »ihre eigenen persönliche Sphäre«, was sich an der selbstbewußten Rebekka zeige (Gen 24,24). Töchter durften nach jüngerem Recht am Kult teilnehmen und waren u.U. erbberechtigt.[264] »Der Vater

---

254 AaO. 8.
255 Ebd.
256 *Herbert Haag*, בת, in: ThWAT I, Stuttgart 1973, 867–872.
257 AaO. 870.
258 Ebd.
259 AaO. 871: »Die Verfügungsgewalt über die Tochter steht beim Vater.«
260 Ebd.
261 Ebd. mit Verweis auf Sir 7,25.
262 Ebd. mit Verweis auf Sir 7,24; 42,9–12.
263 Ebd.
264 Ebd.

ist besorgt, daß seine verheirateten Töchter nicht durch weitere Frauen aus ihrer Stellung verdrängt werden (Gen 31,50).«[265] Eine »Gefährlichkeit« liege darin, daß die Tochter mehr als der Sohn mit sexuellen Tabus behaftet sei. »Ihr unsittliches Verhalten führt deshalb auch zu katastrophaleren Folgen.«[266] Außerdem dringen über die Töchter von Fremdvölkern Fremdkulte in Israel ein.[267]

## 5.8 Ergebnis

Mein forschungsgeschichtlicher Überblick zeigt, wie immer wieder Einzelaussagen ersttestamentlicher Texte herangezogen und zusammengestellt werden, um mit unterschiedlichen erkenntnisleitenden Interessen ein Bild von der Lebenswirklichkeit der Frauen im Alten Israel zu konstruieren. Obwohl fast alle Forscherinnen und Forscher den erzählenden Texten mehr Beachtung als den Gesetzen schenken und auch hier die Zahl der relevanten Texte recht gering ist, differieren die Ergebnisse der einzelnen Studien beträchtlich. Das ist eine Folge der stets neuen und andersartigen Gewichtungen und Wertungen der biblischen Aussagen. Leider werden die ideologischen Funktionen der Texte gerade in der deutschsprachigen Theologie trotz des Bemühens, möglichst »objektiv« Geschichte zu rekonstruieren, nur selten mitbedacht und offen kritisch reflektiert. Dadurch können Geschichtsbilder entstehen, die ihrerseits subtil ideologisch wirken.
Von den expliziten oder auch implizierten Wertungen der alttestamentlichen Frauenbilder bleiben Rollenvorstellung auch unserer heutigen Gesellschaft nicht unberührt. Die Forschungsergebnisse können dazu beitragen, den status quo zu stabilisieren oder ihn anzutasten. Aussagen der hebräischen Bibel, die nach unseren heutigen Wertmaßstäben anstößig erscheinen, können eine antijudaistische Stimmung fördern, wenn es uns nicht gelingt, diese Zeugnisse in einen ideologiekritischen Kontext zu stellen, der nicht das Judentum als Religion für die Frauenfeindlichkeit der Welt verantwortlich macht.
Töchter sind bisher in der Forschung weitgehend Randfiguren. Weibliche Gestalten des Ersten Testaments finden vor allem als Ehegattinnen die Aufmerksamkeit der Wissenschaftlerinnen und Wissenschaftler. Ich möchte in meiner Arbeit hier eine Akzentver-

---

265 Ebd.
266 Ebd.
267 Ebd.

schiebung vornehmen. Ich verspreche mir davon eine anschauliche Darstellung patriarchaler Wertvorstellungen und Denkmuster.

## 6   Vorgehen zur Ausführung meines Forschungsvorhabens

Die folgende Arbeit ist in drei Teile untergliedert:
Im *ersten Hauptteil* stehen die Tochtergestalten der erzählenden Texte des Alten Testaments im Mittelpunkt. Was wird hier im Blick auf die Abhängigkeit der Tochter von väterlicher Fürsorge und Schutz gesagt? Lassen die Erzähler Töchter auch unabhängig von ihren Vätern erscheinen, und wo agieren Töchter gegen ihre Väter? Dieser Erste Hauptteil ist der ausführlichste Teil meiner Arbeit, da mein primäres Interesse den Tochterbildern der ersttestamentlichen Texte gilt.
Um die Gefahr zu vermeiden, daß die im Alten Testament vergleichsweise vagen und wenigen Aussagen über Töchter hinter den detaillierteren und pointierteren Darstellungen ihre Väter verschwinden, gehe ich auf die Väter der Tochtergestalten aus den Erzählung erst im *zweiten Hauptteil* meiner Untersuchungen näher ein. Ich mute dadurch meinen Leserinnen und Lesern zwar einige Doppelungen zu, kann aber auf diese Weise die Vaterbilder der Texte in eine typisierende Ordnung bringen. Ich möchte hier herausarbeiten, was für ein Interesse Väter in den Geschichten der ersttestamentlichen Erzähler an ihren Töchtern haben. Anschließend untersuche ich alttestamentliche Rechtstexte, kultische Texte, ethische Ermahnungen und Aussagen der Weisheitstraditionen. Sie stellen durch ihre Normen gebende Wirkung in einer Gesellschaft Machtmittel dar, anhand derer ideologisch die Verfügungsgewalt der Väter über ihre Tochter aufrecht erhalten werden kann.
Im *dritten Hauptteil* widme ich mich jenen Metaphern, die von Städten und Ländern als »Töchter« sprechen. Nach einigen Vorbemerkungen zur Metaphertheorie gehe ich zunächst wieder der Frage nach, was für »Tochterbilder« in diesen Texten entworfen werden. Daraufhin werden JHWHs Rollen und Funktionen als Gegenüber jener metaphorischen Tochtergestalten zusammengestellt.

# Erster Hauptteil

# Die Tochter in Beziehung zum Vater

Ein Kind als solches ist in keinem einzigen alttestamentlichen Text die Zentralfigur. Kinder werden nur so weit erwähnt, wie sie für die Erwachsenenwelt Bedeutung haben oder später als Erwachsene von Bedeutung sind.[1] Notizen und Informationen über Töchter sind dabei noch weitaus marginaler als jene über Söhne.
Tochter und Vater begegnen sich in alttestamentlichen Geschichten ausnahmslos immer erst dann, wenn die Tochter im heiratsfähigen Alter ist oder aber als Sexualobjekt wahrgenommen wird. Das heißt: Über Kinderpflege und Kinderspiele verlieren die Schriften keine Silbe. Maximen für die Erziehung der Tochter finden sich nur in dem späten apokryphen Buch des Jesus Sirach. In keinem erzählenden Text tritt der Vater als Erzieher der Tochter in Erscheinung. Vielmehr lassen sich drei große Themenkreise feststellen, um die sich Tochter-Vater-Geschichten immer wieder bewegen: Sie betreffen die Sexualität bzw. Heirat der Tochter, ihre Schutzbedürftigkeit oder aber ihr Agieren gegen den Vater im Rahmen von Konflikten, in denen sie sich als Ehefrau ihrem Ehemann gegenüber loyal verhält. Zunächst soll den Fragen nachgegangen werden, inwieweit die Erzähler in solchen Texten Töchter von Vätern abhängig erscheinen lassen. Räumen sie den Töchtern auch Freiräume und Machtmittel ein, mittels derer die Mädchen bzw. Frauen eigenen Interessen nachgehen und sie durchsetzen können?

## 1 Abhängigkeit vom Vater

In einer patriachalen Ordnung läßt sich die Identität von Töchtern nicht von der ihrer Väter trennen. Äußerlich wird die Zuordnung einer Tochter zu ihrem Vater daran sichtbar, daß der väterliche Name bei der Nennung ihrer Person unumgänglich ist.

---

1 Vgl. *Gerstenberger* in: *ders./Schrage* 1980, 21.

## 1.1 Identitätszuweisung über den Vater

Es gibt verschwindend wenige Frauen in alttestamentlichen Texten, von denen wir nicht den Namen ihrer Väter wissen.[2]

*Kennzeichnung der Abstammung von Töchtern*
Unverheiratete Mädchen und Frauen werden in eine Erzählung gewöhnlich mit dem Namen des Vaters eingeführt: Rebekka tritt als Tochter Betuels in Erscheinung (Gen 24,15), Rahel und Lea als Töchter Labans (Gen 29,6.16), Zippora als Tochter des Midianiters Reguel (Ex 2,21), Achsa als Tochter Kalebs (Jos 15,16), Merab und Michal als Töchter Sauls (1Sam 14,49), Mahla, Noa, Hogla, Milka und Tirza als Töchter des Zelofehad (Num 26,33), Jemina, Kezia, Keren-Happuch als Töchter Hiobs (Hi 42,13), Ester als Adoptivtochter Mordechais (Est 2,7) und Sara im Buch Tobit als Tochter Raguels (Tob 3,7). Einige Töchter sind namenlos und werden nach ihren Vätern benannt: Das gilt für Lots Töchter (Gen 19,8.30), für Jeftas Tochter (Ri 11,34) und die »Tochter des Pharao«[3]. Weder der eigene Name noch der ihres Vaters ist uns überliefert bei den beiden Philistermädchen aus Timna (Ri 14,2; 15,5) und bei der Tochter des Gastgebers in Gibea (Ri 19). Letzteres läßt sich inhaltlich gut begründen: Die (väterlichen) Familien, aus der diese Töchter stammen, sind in der Geschichte Israels nicht von Bedeutung.[4]

Um so auffälliger ist es, daß Dina (Gen 34,1) und Tamar (2Sam 13,1) nicht über ihre berühmten Väter Jakob und David Eingang in die alttestamentliche Überlieferung finden. Dina wird ihrer Mutter Lea zugeordnet und Tamar ihrem Bruder Absalom. Bereits bei der Einführung dieser Erzählfiguren drücken die Autoren der Texte so eine Distanz zwischen Vater und Tochter aus, die sich im Verlauf ihrer Geschichten bestätigt.[5]

Die Identitätszuweisung der Töchter über ihre Väter ist im Ersten Testament ein unumkehrbarer Vorgang: Während eine Frau immer »Tochter des x (Name des Vaters)« ist, ist es offenbar unvor-

---

2  Zu den Ausnahmen gehören die Königin von Saba (1Kön 10,1–13) und Abischag von Schunem (1Kön 1,1–4; 2,17.22–23). Von Abijail (1Sam 25,3ff) und Hulda (2Kön 22,14) sind nur die Namen ihrer Ehemänner überliefert.
3  Bei der »Tochter des Pharao« ist der politische und der kulturelle Aspekt von Bedeutung, den diese Frauengestalt repräsentiert. Darüber hinaus besteht kein Interesse an der Tochter-Vater-Beziehung; der Vater tritt gewöhnlich nicht auf. Siehe Ex 2,1–10; 1Kön 3,1; 1Kön 7,8; vgl. 2Chr 8,11; 1Kön 9,16.24; 1Chr 4,18.
4  Siehe unten S. 62f und 111ff.
5  Siehe unten S. 98ff und 104f.

stellbar, Männer als »Vater der y (Name der Tochter)« zu bezeichnen.

*Kennzeichnung der Abstammung von Bräuten*
In Heiratsnotizen[6] wird meist neben dem Namen der Braut auch der Name des Brautvaters genannt,[7] bisweilen kann auch noch der Name des Bruders hinzugefügt werden (Rebekka: Gen 25,20; Elischeba: Ex 6,23). In Gen 28,9 (bei Mahalat, der Ehefrau Esaus) tritt außerdem noch der Name des Großvaters (Abraham) hinzu. Ex 6,25 enthält nicht den Namen der Braut, sondern nur den ihres Vaters.
Weibliche Verwandte der Braut werden in Heiratsnotizen nur selten erwähnt: Bei Milka ist zusätzlich zum Vater auch noch der Name der Schwester genannt (Gen 11,29). Die Hervorhebung des weiblichen Elements setzt sich bei der Nachkommenschaft Milkas und Nahors fort und kann damit erklärt werden, daß Milkas Enkeltochter Rebekka zur Ahnfrau Israels wird (vgl. Gen 22,20–14).[8] Darüber hinaus wird bei Mahalat die Geschlechterfolge der Familie sowohl auf den Urgroßvater väterlicherseits (David) wie mütterlicherseits (Isai) zurückgeführt (2Chr 11,18).

*Kennzeichnung der Abstammung von Ehefrauen, Müttern und Witwen*
Selbst wenn Frauen bereits Ehefrauen und Mütter sind, wird zu ihrem eigenen Namen häufig noch der Name ihres Vaters hinzugesetzt. Das gilt für Gebärnotizen[9] und dort, wo über die Eheverhältnisse von Männern informiert wird,[10] ebenso bei (Ehe-)Frauen, die in Erzählungen eine Rolle spielen.[11] Sogar bei Witwen kann der Name des Vaters überliefert sein.[12] In den Königs- und Chronikbüchern ist häufig der Vater der Königsmütter genannt,[13] an seine Stelle tritt öfters aber auch die Angabe des Ortes, aus der die jeweilige Königsmutter stammt,[14] oder die Angabe ihres Volks-

---

6 Heiratsnotizen folgen dem Schema: »x (Name des Bräutigams) nahm zur Frau y (Name der Braut) ...«
7 Gen 26,34; 36,2; 41,45.50; 1Kön 16,31; 1Chr 2,21.35; 11,20; Hos1,3.
8 Siehe dazu unten S. 51.
9 Siehe z.B. Num 26,59; 1Chr 2,3; 2Chr 2,21.
10 1Sam 14,50; 1Kön 4,11; Neh 6,18.
11 Num 25,15; 2Sam 3,7.13; 6,16.23; 11,3; 2Kön 11,2; 2Chr 22,11; Stücke zu Dan 1,2.29.
12 Judit 16,8; 2Sam 21,8.10.
13 1Kön 15,2.10; 22,42; 2Kön 8,26; 15,33; 18,2; 21,19; 22,1; 23,31.36; 24,8.18; 2Chr 13,2; 20,31; 22,2; 27,1; 29,1; vgl. Jes 52,1.
14 2Kön 12,2 (Beerscheba); 2Kön 14,2 (Jerusalem); 2Kön 15,2 (Jerusalem); 2Chr 24,1 (Beerscheba); 2Chr 25,1 (Jerusalem); 2Chr 26,3 (Jerusalem).

stammes[15]. In rein genealogischen Texten finden Mütter in der Regel nur einen Platz, wenn ein Mann mehr als zwei Frauen hat. Die väterliche Familie, aus der sie stammen, ist in diesem Fall nicht weiter von Interesse.[16] Eigenschaften, die mit dem Vater einer Frau verbunden sind, schreiben einige Autoren auch deren Töchter zu: Weil z.B. Omri Abgötterei betrieb, erscheint auch seine Tochter Atalja als Einfallstor für Abgötterei (2Kön 8,26; vgl. Ahabs namenlose Tochter in 2Chr 21,6).

*Zusammenfassung und Ergebnis*
Der Textbefund zeigt, daß der Name des Vaters eine Frau in den alttestamentlichen Texten ihr Leben lang begleitet. Unabhängig davon, ob sie unverheiratet ist, Mutter oder Witwe, ordnen die Erzähler sie immer wieder auch ihrem Vater zu. In einigen Fällen kann eine Frau neben dem Vater auch noch ihrem Bruder zugeschrieben werden, ganz gelegentlich kann auch der Bruder an die Stelle des Vaters treten, doch mit ihren Müttern oder anderen weiblichen Personen werden Frauen nur in sehr wenigen Ausnahmefällen in Verbindung gebracht. Verstehen wir solche Zuordnungen und Darstellungen als einen Indikator für die Abhängigkeit der Tochter vom Vater, so erscheint durch dieses Vorgehen der Erzähler die Abhängigkeit denkbar groß: Das, was bei der Wahrnehmung eines Mädchens oder einer Frau ihre Person ausmacht, ist durch die Person und Position ihres Vaters erheblich mitbestimmt. Die Identität der Frau wird so eng mit der ihres Vaters verbunden.
Den Töchtern ergeht es hier anders als den Söhnen: Zwar werden auch Männer in den alttestamentlichen Schriften den Leserinnen und Lesern oft über die Angabe des väterlichen Namens vorgestellt. Doch das geschieht, um ihren Platz in der patrilinearen Erbfolge deutlich zu machen, die Kontinuität in der Geschichte Gottes mit seinem Volk aufzuweisen und sie in diese Geschichte einzuordnen (z.B. Gen 25,12.19; Ex 6,14; Num 7,8.17; Jer 26,27). Der Name des Vaters ersetzt nicht den Namen des Sohnes. Wenn die Söhne in der Geschichte zu Männern werden, so machen sie sich selbst einen Namen.

15  1Kön 14,21.31 (Ammoniterinnen); 2Chr 12,13 (Ammoniterin).
16  Ausnahmen sind 2Sam 3,3 und 1Chr 3,2.5, wo zum Namen der Mutter auch der ihres Vaters hinzutritt. Hier geht es um Absaloms Abstammung aus königlichem Geblüt und um Salomos Genealogie. – Ganz außergewöhnlich ist 1Chr 1, 50: Hier wird nicht der Vater der Ehefrau, sondern ihre Mutter und ihre Urgroßmutter bzw. ihr Urgroßvater Me-Sahab genannt (es ist unklar, ob Me-Sahab ein männlicher oder weiblicher Name ist).

## 1.2 Väterliche Fürsorge

Als Vater einer Tochter treten Männer in alttestamentlichen Überlieferungen vor allem da auf, wo es gilt, die Tochter mit einem Ehemann zu versorgen. Wie wird in den Erzählungen hier die Tochter dargestellt? Unter welchen Gesichtspunkten betrachten die Erzähler sie, wieviel Raum gestehen sie ihr zu?

### 1.2.1 Die Sorge um den Ehemann

Die Erzählung über eine Eheschließung kann den Charakter einer Episode aus einer Familiengeschichte tragen. Der Akzent liegt dann auf dem familiären Szenario: Es geht um das Zusammenkommen der Brautleute und darum, den Fortbestand der Familie und das Weiterleben des Geschlechts zu sichern. Eine Hochzeit kann aber auch primär mit politischen Geschehnissen verbunden sein. Familiären Gegebenheiten schaffen dann oft nur noch den Rahmen zur Beschreibung der Situation.

#### 1.2.1.1 *Die Eheschließung erzählt als Teil der Familiengeschichte*

*Rebekka – die ideale Braut (Gen 24)*
Rebekka wird erstmals in einer Zeugungsnotiz Gen 22,23 erwähnt. In Gen 24,1–67 ist sie die für Isaak von Gott ausgesuchte Braut. Eingeführt wird sie in die Abraham- und Isaak-Erzählungen mittels einer Brunnenszene – ein literarisches Motiv, das häufig in Heiratsgeschichten begegnet. Frau, Braut und Quelle sind eng miteinander verwoben.[17] Die Beschreibung von Rebekkas Handlungen und ihrer Person sind darauf angelegt, ihre Qualitäten als Ehefrau in Szene zu setzen; Leserinnen und Leser können das Mädchen unter diesem Gesichtspunkt begutachten und einschätzen. Rebekka wird als idealtypische Braut dargestellt. Überall dort, wo sie in der Erzählung Subjekt ist (VV 15–16.18–20.24–25.28.58. 64–65), ist sie dies, um ihre in Männeraugen begehrenswerten Eigenschaften hervortreten zu lassen: Sie ist arbeitsam und eifrig dienstbereit (V 18–20), freundlich und gut erzogen im Sinne von höflicher Unterwürfigkeit (V 18.19)[18], sexuell unberührt (V 16),

---

17 Vgl. *Gerstenberger* in: ders./*Schrage* 1980, 35: »Frauen werden im AT oft mit Brunnen und Wasserquellen verglichen (vgl. Spr 5,15–18). Es ist ihre biologische Aufgabe, den Durst des Mannes nach sexueller Befriedigung und Nachkommen zu stillen.« Siehe auch Gen 29,1–4; Ex 2,15b–22.
18 Vgl. *Jacob* 1934, 520 zu Rebekkas Anrede an den Knecht, den sie mit »*mein Herr*« anspricht (Gen 24,18): »... diese Anrede wird nur gewährt, wo je-

bezaubernd schön (V 16). Sie erscheint so als anziehendes Objekt männlicher Wünsche.
Die Geschichte um Rebekkas Eheschließung ist mehr als eine reine Familienerzählung. Sie will die göttliche Führung bei der Einlösung der Nachkommensverheißung an Abraham verdeutlichen.[19] Die Brautwerbung durch Abrahams Knecht steht im Vordergrund. Gott ist der Akteur im Hintergrund, der ganz offensichtlich die Braut mit Isaak zusammenbringt. So erscheint es auch als etwas Selbstverständliches, wenn Rebekka nicht selbst darüber entscheidet, ob sie die Ehefrau Isaaks wird: Gott trifft diese Entscheidung, indem er sie dem Knecht Abrahams zuführt, und der Knecht trifft sie, indem er erkennt, daß Gott durch dieses Mädchen seiner Reise Gnade gegeben hat (V 22). Schließlich entscheiden Rebekkas Bruder und ihr Vater, indem sie Gottes Fügung anerkennen und der Verheiratung zustimmen. Ja, es ist anzunehmen, daß auch wir als Leserinnen und Leser zu dem Schluß kommen, Rebekka müsse Isaak heiraten, wenn wir aus der uns vorgegebenen Perspektive dieses Mädchen betrachten. Rebekka selbst wird in der Erzählung nicht um ihr Einverständnis zu dieser Heirat gefragt. Während der Verhandlungen über den Eheschluß ist sie eine Person, über die gesprochen wird, die aber nicht selber spricht (Gen 24,29–54). Es kann darüber spekuliert werden, ob sie bei dieser Szene überhaupt im Raum ist.
Bemerkenswerterweise überläßt der Erzähler es jedoch Rebekkas Entschluß, ob sie sofort oder erst nach einiger Zeit (oder damit doch vielleicht auch überhaupt nicht?) mit dem Brautwerber zu dem ihr unbekannten Isaak in das fremde Land zieht. Denn als der Knecht aufbrechen will und ihr Bruder und ihre Mutter sie (noch?) nicht gehen lassen wollen, sagen sie: »Wir wollen das Mädchen rufen und es selber fragen« (Gen 24,57). An diesem Punkt hängt es von Rebekkas Einwilligung ab, ob der Brautwerber mit ihr den Rückweg antreten kann oder nicht, und damit auch, ob seine Mission Erfolg hat oder scheitert.[20]
Offenbar reicht es nicht aus, daß Abrahams Knecht dank Gottes Führung eine Braut mit vorzüglichen Eigenschaften findet. Auch daß die Familie der Braut dieser Heirat zustimmt, ist nicht genug.

---

mand als durch Würde und Alter höherstehend anerkannt wird, also niemals gegenseitig. Nicht bloß an der Handlung, sondern auch an diesem Worte kann der Knecht die zu Zucht und Respekt erzogenen Tochter erkennen. Wenn sie schon ihn, den alten Diener, so respektiert, wie viel mehr den Herrn des Hauses und den Gemahl? Dies wird sowohl eine gute Schwiegertochter als auch Gattin werden.«
19   Zu Gen 24 als »Führungsgeschichte« siehe *Westermann* 1981, 469; *v. Rad* 1976, 222; *Zimmerli* 1976, 135.
20   Vgl. *Jeansonne* 1990, 60.

*Abhängigkeit vom Vater* 53

Dem Erzähler kommt es auch darauf an, daß die Frau freiwillig und gerne mitgeht, daß auch sie ihre Rolle als Stammutter Israels bejaht. Rebekkas Bereitschaft, Isaaks Ehefrau zu werden, rundet das Bild von der idealen Braut ab. Rebekka ist nicht nur jemand, die ständig für andere tätig erscheint, die den Durst der anderen stillt, den Gast meldet, eine »wohltuende Schönheit« – sie ist nicht zuletzt auch die Braut, die durch ihre klar zum Ausdruck gebrachte Bereitwilligkeit, sich verheiraten zu lassen, andere erfreut.[21]
Die vor Augen gestellte Bereitschaft Rebekkas entspricht bis heute dem Ideal einer Ehefrau in einer patriarchalen Gesellschaftsordnung: Die Frau soll »gerne« mit ihrem Mann verheiratet sein. Es geht beim Eheschluß nicht nur um ihren Körper und ihre Arbeitskraft, sondern auch um ihre Zustimmung, sich dem Mann zu überlassen. In Gen 24 wirbt der Knecht um Rebekka mit wertvollen Geschenken (V 22.53). Dieser Zug der Erzählung kann als großzügiger, frauenfreundlicher Akt gedeutet werden. Er muß allerdings nicht uneigennützig gedacht sein: Schließlich dient solche Art der Werbung auch dazu, ein Eheklima zu schaffen, in dem die Frau dem Mann freundlich gestimmt ist und ihn Autorität ausüben läßt.[22]
Der Abschiedssegen, den die Mutter und der Bruder über Rebekka sprechen, macht deutlich, welchen Aufgaben die Braut entgegengeht. Hier wird der Wunsch, daß Rebekka fruchtbar ist, mit dem politischen Wunsch verbunden, ihr Geschlecht möge erfolgreich die Herrschaft über andere ausüben (V 60).[23] Damit sind die Weichen für den Fortgang der Erzählung gestellt, in der Rebekka immer wieder neu eine bedeutende Handlungsträgerin ist. Während sie in der Geschichte von der »Preisgabe der Ahnfrau« noch einmal zum reinen Objekt der Männer wird (Gen 26), läßt der Erzähler ihr im übrigen eine äußerst aktive Rolle im Plan Gottes mit Abraham, Isaak und Jakob zukommen. Gott teilt Rebekka nicht nur seine Pläne mit ihren Söhnen mit (Gen 25,19–26), sondern diese Ahnmutter lenkt auch entscheidend die weitere Familiengeschichte und schaltet dabei trickreich den Willen ihres Ehemannes aus (Gen 27,1–17; 27,41–28,5). Sie tritt als selbstsichere und couragierte Frau auf und bleibt in ihrer Familie treibende

---

21 So *Jacob* 1934, 531.
22 Einige Exegeten nehmen an, die Szene Gen 24,58ff, gehe auf einen Brauch zurück, bei dem die Einwillung der Frau zur Eheschließung erforderlich war (so z.B. *Patai* 1962, 53; vgl. auch *Gerstenberger* in: *ders./Schrage* 1980, 35f). Allein aus dem Werben um die Zustimmung einer Frau kann jedoch noch nicht auf die Möglichkeit und das Recht von Frauen geschlossen werden, durch ein »Nein« eine geplante Ehe zu verhindern.
23 Vgl. *Westermann* 1981, 478.

Kraft.[24] Wir können hinter solchen Beschreibungen das Wissen um den Einfluß und die Macht sehen, die Frauen in der Familie ausüben. Sie können aber auch erzählerische Kunstgriffe sein, mit deren Hilfe Isaak und Jakob von Verantwortung für Ereignisse aus der Familiengeschichte entlastet werden, die diese beiden Patriarchen stark kompromittieren: Für die Durchbrechung der gültigen Erbfolge und damit die Schwächung des patriarchalen Status quo, dem zufolge der älteste Sohn den Segen des Vaters erhält, wird die Ahnmutter, nicht der Ahnvater verantwortlich gemacht (Gen 27).[25]

Der Vater Betuel spielt in Gen 24 bei der Verheiratung seiner Tochter keine aktive Rolle: Bei der »Brautwerbung der Rebekka« (Gen 24) wird der Brautvater Betuel zwar genannt (V 15.24.50), tritt jedoch ganz in den Schatten von Rebekkas Bruder Laban.

War Laban vielleicht in der Erzählung ursprünglich einmal der Vater und nicht der Bruder Rebekkas? Literarkritische Erwägungen und textkritische Beobachtungen legen die Vermutung nahe, daß Betuel nachträglich in den Text eingesetzt wurde, um die Erzählung mit der priesterschriftlichen Genealogie zu harmonisieren.[26] Sharon Pace Jeansonne hält es für möglich, daß der Erzähler durch das Auftreten Betuels der Gültigkeit des vereinbarten Eheschlusses besonderen Nachdruck verleihen wollte, und der Vater deshalb doch noch Eingang in die Geschichte fand.[27] Benno Jacob dagegen erklärt das seltene Erscheinen des Vaters aus einer Familiensituation heraus, nach der der Hausvater aus Altersschwäche seine Rolle und Verantwortung bereits an den Sohn abgetreten hat.[28]

Das über weite Strecken hin herrschende Schweigen der Erzählung über Rebekkas Vater Betuel wurde auch in der jüdischen Legendenbildung als eine Lücke wahrgenommen, die man durch phantasievolle Geschichten zu füllen suchte. Hier wird beispielsweise tradiert, »daß König Betuel in seiner Stadt gerade das Ius primae noctis, das Recht des Herrn auf die erste Nacht mit einer Jungfrau seines Gebietes vor deren Heirat eingeführt hatte. Seine Untertanen hatten es akzeptiert, doch unter der Bedingung, daß die Tochter des Königs keine Ausnahme sein dürfte. Am

---

24 Den Schwerpunkt auf die Interpretation ihrer Geschichte in diesem Sinne legt *Jeansonne* 1990, 53ff, die Rebekka mit »The Decisive Matriarch« betitelt.
25 Rebekka greift hier zum Mittel des Betruges. Siehe *Exum* 1993, 131: »The biblical narrators give the mothers credit for their son's successes, but, in the process, they make the women look bad«.
26 Zur Literarkritik siehe *v. Rad* 1976, 220; *Westermann* 1981, 473. Bei den Aussagen über Betuel wirkt außerdem irritierend, daß Laban als ein Sohn Nahors bezeichnet wird (Gen 19,5) und in Gen 29,45 der Knecht sagt, er habe in Rebekka die Tochter »*des Bruders seines Herrn*« gefunden (vgl. *v. Rad* 1976, 220). – Zur Textkritik: Einige Handschriften sehen in der Nennung Betuels in V 50 einen Zusatz oder setzen statt dessen »*seine Mutter*« oder »*sein Haus*«. *Westermann* 1981, 476 begründet: »... der Vater könnte nicht nach dem Sohn genannt sein und in V 53 ist nur die Mutter genannt«.
27 *Jeansonne* 1990, 61: »By including the response of the father (24:50), the narrator lends impact to the decree.«
28 *Jacob* 1934, 527 zu V 50.

Tage der Ankunft Eliesers sollte nun Rebekka von ihrem Vater entjungfert werden, und um ihr diese Schande zu ersparen, tötete Gott den Betuel.«[29] Der Aufschub des Aufbruchs, um den Bruder und die Mutter bitten, wird in der Legende mit einer Trauerzeit von zehn Tagen für Betuel in Verbindung gebracht.[30] Nach einer anderen Überlieferung hatte Laban ursprünglich geplant, Abrahams Knecht zu vergiften und ihn dann auszurauben. Gott aber habe es so eingerichtet, daß bei dem Mahl die vergiftete Speise vor Betuel stand. Der aß davon und starb. Aus diesem Grund trete er auch nach dem Mahl in Gen 24 nicht weiter in Erscheinung.[31]

Die Suche nach Erklärungen für die marginale Bedeutung Betuels in dieser Erzählung von der Verheiratung seiner Tochter zeigt, wie ungewöhnlich Interpretinnen und Interpreten dieser Sachverhalt erscheint. Rebekka antwortet ja sogar in ihrer Selbstvorstellung auf die Frage »Wessen Tochter bist du?« (V 23) nicht nur mit dem Namen des Vaters, sondern legt das Gewicht ihrer Worte auf Milka, die Großmutter väterlicherseits. Wir müssen hier allerdings beachten, daß ihre Großmutter nicht irgendeine Frau ist; durch sie (und nicht durch Betuel!) ist Rebekka eine Verwandte Abrahams! Die männliche Abstammungslinie, aus der Abraham stammt, ist bestimmend für die Identität Israels, während gleichzeitig die Bedeutung der Nachkommenschaft von der eigenen Mutter betont wird.[32] Die Heirat innerhalb der Sippe garantiert eine »reine Linie« der Nachkommenschaft.

*Lea und Rahel (Gen 29)*
Wie Rebekka wird auch Rahel mit dem für Verheiratungsgeschichten typischen Brunnenmotiv in die Erzählung eingeführt (Gen 29, 1–12): Rahel, deren Namen »Mutterschaf« bedeutet, kommt zum Tränken der Herden ihres Vaters.[33] Anders allerdings als in Gen 24 gilt das Interesse des Erzählers hier nicht der Braut, sondern vor allem dem Bräutigam Jakob, seinen Gefühlen und seinem Handeln. Rahel »rannte«, um ihren Vater von der Ankunft Jakobs zu erzählen (V 12) – ein Verhalten, daß sich als Ausdruck auch ihrer starken Gefühle deuten läßt –, doch darüber hinaus beschreibt oder charakterisiert der Erzähler sie nicht näher.[34] Genaueres über Rahel ist erst bei den geschäftlichen Verhandlungen zwischen Laban und Jakob zu erfahren. In diesem Zusammen-

---

29 *Bührer* 1993, 68. Von der gleichen rabbinischen Deutung spricht auch *Navè Levinson* 1993, 41.
30 *Bührer* 1993, 68.
31 Ebd.
32 *Exum* 1993, 110.
33 Nach *Jeansonne* 1990, 11 bedeutet Lea »Cow« und Rahel »Ewe« – »Two animals associated with fecondity«. Vgl. aaO. 71.
34 AaO. 71.

hang wird auch Lea erstmals erwähnt: »Laban aber hatte zwei Töchter; die ältere hieß Lea, die jüngere Rahel. Aber Leas Augen waren ohne Glanz, Rahel dagegen war schön von Gestalt und Angesicht« (Gen 29,16.17). Der Erzähler stellt Lea ihrer Schwester Rahel gegenüber und beschreibt Rahel nicht nur als die jüngere, sondern auch als die sexuell attraktivere.[35]

Gen 29 enthält keinen Hinweis, welche Gefühle Rahel und Lea ihrem Vater, ihrem Bräutigam und Ehemann oder auch einander entgegenbringen. Von Gen 29,13 an interessiert nur, was mit den Frauen geschieht.[36] Die Erzählung konzentriert sich auf Jakobs Gefühle gegenüber Rahel und auf Labans Bemühen, Jakob zu seinem Vorteil an sein Haus zu binden. Die Männer richten nicht ein einziges Mal das Wort an die Frauen. Und auch Rahel und Lea selbst läßt der Erzähler in der Geschichte ihrer Eheschließung nicht zu Worte kommen. Lea spricht erstmals als ungeliebte Ehefrau nach der Geburt des ersten Sohnes: »JHWH hat angesehen mein Elend; nun wird mein Mann mich liebhaben« (Gen 29,32). Ein erster Satz von Rahel findet sich in Gen 30,1, als sie nach schon einigen Ehejahren Jakob anfleht: »Schaffe mir Kinder, wenn nicht, so sterbe ich.«

Die Geschichten um Lea und Rahel werden als Teile der weiter gefaßten und geschlosseneren Geschichten ihrer Ehemänner und Söhne erzählt. Das, was uns als Frauengeschichte überliefert ist, bleibt unvollständig und bruchstückhaft. Viele Fragen, die die Perspektive der Frauen betreffen, bleiben offen: Ist Lea glücklich, durch den groben Betrug ihres Vaters trotz ihres wenig anziehenden Äußeren zu einem Ehemann gekommen zu sein? Oder ist sie verzweifelt, weil ihr Vater sie einem Mann gegeben hat, der sie nicht haben will? Wie geht es Rahel damit, sich mit der Rolle der zweiten Ehefrau begnügen zu müssen? Ist die Heirat mit Jakob für beide Frauen auch unter den gegeben Umständen akzeptabel, oder wird ihnen ein Leben aufgezwungen, das all ihre Wünsche und Lebenspläne zunichte macht?[37] Erscheinen beide Frauen – so wie Claus Westermann behauptet – als die um ihr Glück Betrogenen?[38] Wir können darüber nur spekulieren. Deutlich ist nur, daß

---

35 *V. Rad* 1976, 253: »Das Adjektiv, mit dem die Augen der Lea charakterisiert werden (רך), wird sonst in der Regel mit ›zart‹, ›schwach‹ übersetzt; gemeint ist offenbar das Matte und Glanzlose«. *Jacob* 1934, 589: »Den Orientalen bzw. Arabern gelten lebhafte, feurige, klare und ausdrucksvolle Augen als Hauptstück weiblicher Schönheit.«
36 Vgl. *Jeansonne* 1990, 74. Zu den Verhandlungen um die Eheschließungen siehe unten S. 161f.
37 Letzteres glaubt *Jeansonne* 1990, 74.
38 Vgl. *Westermann* 1981, 570.

im weiteren Verlauf der Erzählung die von Laban herbeigeführte Ehekonstellation zu Familienkonflikten führt: Der manipulierte Jakob zieht seine Rahel der Lea vor (Gen 29,30). Lea leidet darunter, daß ihr Ehemann sie nicht liebt (Gen 29,31ff). Die Schwestern stehen sich als Konkurrentinnen gegenüber; ihr Leben ist vom Kampf um die Liebe und Anerkennung des Ehemannes geprägt (Gen 30,1–24). Vom Vater wenden sich beide Frauen ab (Gen 31,14–16), Rahel bestiehlt ihn (Gen 31,19ff).

Benno Jacob und Gerhard von Rad sehen in Labans Betrug eine Nemesis: Jakob hatte sich verhüllt, um seinen Vater zu täuschen (Gen 27), nun verhüllt Laban die Braut und täuscht auf diese Weise Jakob.[39] Derselbe Zusammenhang wird auch in der jüdischen Legendenbildung hergestellt.[40] Indem Auslegungen den Blick in dieser Weise auf den Betrug an Jakob lenken, gehen sie – in Einklang mit dem Erzähler – über die Bedeutung hinweg, die der Betrug für Lea und Rahel hat. Die beiden Schwestern erscheinen als Werkzeuge in einem Vergeltungsakt, ohne daß sie an der Tat, die diese Vergeltung heraufbeschwor, auch nur den geringsten Anteil haben.

Bemerkenswert ist, daß der Erzähler beide Schwestern, die von ihrem Vater verheiratet werden und dabei nicht mitzureden haben, später als Ehefrauen durchaus in der Lage erscheinen läßt, über die Sexualität ihres Ehemannes Jakob zu bestimmen: In Gen 20, 15.16 handeln Lea und Rahel unter sich aus, mit welcher von ihnen Jakob schläft, und Jakob folgt ihren Anweisungen. Allerdings gesteht der Erzähler den Frauen auch hier nicht die Kontrolle über ihre Fruchtbarkeit zu: Die theologisierende Tendenz des Textes Gen 29,31–30,24 läßt Gott für das Empfangen und Gebären der Frauen verantwortlich erscheinen.[41] Die Frauen können zwar über Jakobs Sexualität bestimmen, doch alle Mittel, zu denen sie greifen, um Söhne zu bekommen – ob sie nun ihre Magd an ihre Stelle beschlafen lassen oder ihre Hoffnungen auf eine Fruchtbar-

---

39  *Jacob* 1934, 591; v. *Rad* 1976, 254.
40  In einer Legende beschuldigt Jakob am Morgen nach der Hochzeitsnacht Lea, sie habe ihn betrogen. Lea antwortet: »Als dein Vater dich Esau nannte, sagtest du da nicht: ›Hier bin ich!‹?« (*Bührer* 1993, 82)
41  Vgl. *Exum* 1993, 123: »The most important use to which the repeated theme of the sterile matriarch is put, as a patriarchal strategy, is to tansfer the control over their procreative power from the women to the deity.« Exum sieht in den biblischen Darstellungen der Ahnmütter als unfruchtbare Frauen eine erzähltechnische Möglichkeit, die Bedeutung dieser Frauen zu untergraben (aaO. 122). – Die Zeugungsfähigkeit von Männern wird in der Bibel nie in vergleichbarer Weise zum Problem. Als Beweis seiner Potenz erhält selbst Abraham im Alter von sechsundachtzig Jahren Ismael (Gen 16,16), er zeugt Isaak (Gen 21,2) und hat nach Saras Tod mit seiner neuen Frau Ketura weitere Söhne (Gen 25,2) (siehe aaO. 120f).

keit versprechende Pflanze setzen –, helfen ihnen nichts, sondern erniedrigen sie. Gott bestimmt, welche Frau wieviele Söhne gebiert, und Gott bevorzugt Lea. Der Kampf der Frauen um die Vorrangstellung in ihrer Ehe wird dadurch allerdings nicht entschieden. Trotz der vielen Söhne, die Lea Jakob gebiert, bevorzugt Jakob weiterhin Rahel. Der bis zum Tode Rahels führende Gebärstreit der Frauen wirkt sich zum Wohle Jakobs aus, der durch ihn zum Vater vieler Söhne wird und so Nutznießer im Konkurrenzkampf seiner Ehefrauen ist.

Weil der Erzähler vermittelt, daß Lea und Rahel sich nur unter dem Aspekt der Gebärfähigkeit wahrnehmen können und sich selbst auf diesen Aspekt reduzieren, erscheinen beide Ahnmütter letztlich auch dort zum Instrument des Söhne-Gebärens »verdinglicht«, wo sie zur Erreichung ihrer Ziele selbst aktiv sind und Macht ausüben.[42]

*Zippora (Ex 2,15ff)*
Die Erzählung in Ex 2,15ff, die in Moses Heirat mit der Tochter eines Midianiterpriesters und der Geburt seines ersten Sohnes ihren Zielpunkt findet (V 21b.22a), ähnelt jener in Gen 29,1–12.[43] Wie dort wird auch hier eine Brunnenszene in Interpretationen des Textes zur Charakterisierung der männlichen Hauptperson, in diesem Fall des Mose, herangezogen.[44] Einer näheren Charakterisierung der Braut dient die Szene nicht. Sie ist beträchtlich kürzer als jene in Gen 29.

---

42 So *Lerner* 1991, 125. – Anders deutet *Westermann* 1981, 582.
43 *Werner H. Schmidt* 1988, 84 betont: »Jakob wie Mose sind auf der Flucht, im fremden Land; beide helfen in Gegenwart fremder Hirten dem bzw. den Mädchen beim Tränken der Herde. Jeweils berichten die Töchter daheim ihr Erlebnis und bringen auf diese Weise den Ankömmling in das Haus ihres Vaters, so daß aus der zufälligen Begegnung am Brunnen eine dauerhafte Bindung entstehen kann.«
44 *Werner H. Schmidt* 1988, 98f trägt zusammen, welche Schlußfolgerungen einige Kommentatoren aus der Szene über den Charakter des Mose ziehen: »Die Szenen in Ägypten sowie am Brunnen in Midian führen plastisch vor Augen, wie sich Mose persönlich, selbst bei Lebensgefahr, für Notleidende einsetzt. Er ist hilfsbereit, aber in seinem Verhalten übertrieben; er ist nicht nur Hebräer, er fühlt auch wie sie und mit ihnen. Wie oft ist nicht aus dem ersten öffentlichen Auftreten des noch jungen Mose auf ›die wesentlichsten Charakterzüge des Mannes‹ geschlossen worden: Mut, ›heißt Liebe zu seinem Volke, starkes Gerechtigkeitsgefühl, energisches Eintreten für die Schwächeren und Unterdrückten, aber auch ungebändigter Jähzorn‹ (B. Baentsch)! ›In diesem Eifer gegen Knechtung und Unrecht ahnt man den künftigen Befreier und Gesetzgeber. Eine zweite Eigenschaft (...) ist sein leidenschaftliches Ungestüm‹, freilich nicht ohne ›eine gewisse Vorsicht‹ (H. Greßmann).« Werner H. Schmidt selbst weist Spekulationen solcher Art zurück. Hier werde kein Blick auf Moses Seele freigegeben.

*Abhängigkeit vom Vater* 59

Über Zippora, die der Midianiterpriester dem Mose zur Frau gibt (V 21), vermittelt der Text noch weit weniger Informationen als über Rahel. Am Brunnen trifft Mose nämlich nicht auf ein einzelnes Mädchen, sondern auf sieben. Keine von ihnen beschreibt der Erzähler näher, es ergreift auch keine das Wort. Wie Rebekka und Rahel werden die Frauen bei der Ausführung ihrer Arbeit geschildert. Zippora wird erst am Ende der Episode in V 21 vom Erzähler aus der Gruppe ihrer Schwestern herausgelöst: Der Mideaniterpriester, der hier den Namen Reguel trägt (V 18),[45] wählt unter seinen Töchtern eine für Mose aus, ohne daß eine Begründung gerade für diese Wahl genannt wird. Ob Mose bei dieser Wahl mitbeteiligt ist, ob die Tochter gefragt wurde, ist in der Überlieferung nicht von Interesse.[46] Es soll offenbar lediglich erklärt werden, wie Mose in die Familie des Priesters von Midian kam, und Zippora dient dazu, Mose in dieser Familie zu halten. Darüber hinaus enthält der Erzählabschnitt nur noch die Notiz, daß Zippora dem Mose einen Sohn gebiert, den er Gerschom nennt.

Die Töchter Reguels sind als tatkräftige Hirtinnen beschrieben (V 16), nehmen jedoch in der Erzählung eine unterlegene Position ein. Sie können sich gegen die in V 17 auftretenden Hirten nicht durchsetzen. Zippora spielt aber später in einer schwer zu deutenden Szene in Ex 4,24–26 eine sehr bedeutende Rolle: Sie rettet Mose aus Lebensgefahr.[47] Ebenso wie Rebekka, Rahel und Lea kann also auch sie aus der Rolle des Objekts, über das in der Geschichte ihrer Eheschließung lediglich verfügt wurde, im weiteren Verlauf der Geschichte punktuell heraustreten.

Zippora wird nach Ex 4,24–26 nur noch einmal erwähnt, nämlich im Zusammenhang des Besuches ihres Vaters bei Mose in Ex 18,1–12. Hier erfahren wir, daß Mose sie zu ihrem Vater zurückgesandt hatte und daß sie zwei, nicht nur einen Sohn mit Mose hat. Der Episode liegt vermutlich eine andere Erzähltradition als Ex 2,15ff und Ex 4,24f zugrunde.

45 Moses Schwiegervater heißt in Gen 3,1 Jitro. Nach Ri 4,11 gehört er nicht den Midianitern an, sondern den Kenitern. Solche Widersprüche werden als Hinweise auf unterschiedliche Erzähltraditionen gedeutet (siehe dazu aaO. 85f).
46 Um so mehr beschäftigen sich die Kommentare mit den Gefühlen des Mose. Siehe *Werner H. Schmidt* 1988, 94, der über Moses Beziehung zu seiner Ehefrau spekuliert: »A.B. Ehrlich weiß zwar: ›Mose ist nicht verliebt. Bei der ihm bevorstehenden großen Aufgabe darf Moses nicht verliebt sein. Er heiratet Zippora, weil er heiraten muß, um Kinder zu haben‹. Ob es aber stimmt? Daß der Vater die Tochter dem Mann ›gibt‹ (1Sam 18,17–27; 25,44 u.a.), braucht eine Zuneigung der Eheleute zueinander nicht auszuschließen (*R. de Vaux*, Lebensordnungen I, 60ff; vgl. THAT II, 123f).« Solche Spekulationen haben keine Anhaltspunkte im Text. Vielmehr sind hier persönlichen Anliegen der Interpretatoren spürbar.
47 So *Brenner* 1985, 71.

## Sara (Tob 3ff)

Das Buch Tobit enthält eine Lehrerzählung, in deren Verlauf die Heirat des Tobias mit Sara eines der zentralen Themen ist.[48] Sara wird in Tob 3,7 vorgestellt durch ihren Namen, durch die Nennung ihres Vaters Raguel und durch den Wohnort »Ekbatana«. Sie tritt mit einer Szene in die Erzählung ein, in der sie der Beschimpfung der Mägde des Vaters ausgesetzt ist (Tob 3,7–9). Ihr Vater hatte sie bereits sieben Ehemännern gegeben, doch alle waren gestorben.

Der Erzähler erklärt, daß der Tod der Männer durch den Dämon Aschmodai herbeigeführt wurde. Die Mägde unterstellen Sara, sie habe ihre sieben Männer erwürgt und habe keine Freude an Männern (Tob 3,8b–9).[49]

Sara drückt ihren Kummer über diese Demütigungen und ihre Not in Suizidgedanken (Tob 3,10) und einem Bittgebet an Gott aus (Tob 3,11–15). Sie beteuert, »von jeder Sünde an einem Mann« rein zu sein. Sie habe weder ihren eigenen Namen noch den Namen ihres Vaters »befleckt«. Auf diese Weise läßt der Erzähler Sara ihre moralische Integrität behaupten, die den rechten Umgang mit ihrem Körper, ihrer Gebärfähigkeit und Sexualität einschließt. Die Zukunft, die sie für sich von Gott erbittet, ist eine Zukunft, die sie für ihren Vater einklagt. Denn es geht ihr nach der Darstellung des Textes nicht um *ihr* Leben, sondern um ein Weiterleben des väterlichen Namens. Wenn sie dazu nicht beitragen könne, warum lebe sie dann (3,15)? Der Vater steht in dieser Erzählung im Zentrum des Lebens seiner Tochter.[50]

Gott erhört Saras Gebet und sorgt durch seinen Boten Rafael für die Durchführung eines Plans: Tobits Sohn Tobias soll Sara heiraten. Gottes rettendes Eingreifen wird im Dialog zwischen dem von Gott erwählten Bräutigam und seinem Boten Raffael damit begründet, daß es Tobias zustehe, Sara zu erben. Mit der Verzweiflung der Tochter wird hier und auch später nicht mehr argumentiert, wohl aber mit dem Endogamiegebot, das in den Kontext von Eigentumsregelungen gestellt ist.

Sara ist später noch einmal Handlungsträgerin: Sie kommt Tobias und Rafael vor dem Haus ihres Vaters entgegen, begrüßt sie und führt sie in das Haus hinein (7,1). Punktuell lehnt sich die Erzäh-

---

48 Die Textgeschichte zum Buch Tobit ist äußerst kompliziert. Ich benutze hier die griechische Fassung, die auch der Einheitsübersetzung zugrunde gelegt wurde.
49 Siehe Tob 3,8c nach der Übersetzung von *Deselaers* 1982, 88. Wird hier behauptet, Sara empfinde keine Lust am Beischlaf mit Männern?
50 Siehe dazu auch Tob 3,10: Allein der Gedanke an den Vater hält Sara von ihrem Selbstmord ab.

lung hier an die Geschichte von der Brautwerbung Rebekkas in Gen 24 an.[51] Die Tochter agiert aber selbständiger als Rebekka in Gen 24,15ff: Sie muß nicht erst ihren Vater holen, der die Ankömmlinge in das Haus führt. Sobald der Vater die Szene betritt, verschwindet Sara oder steht zumindest völlig im Hintergrund. Der Vater leitet die Verhandlungen um ihre Heirat. Seine Tochter ist nicht dabei, scheinbar nicht einmal im Raum.[52] Auch sie wird um ihre Zustimmung zu ihrer Heirat nicht gefragt. Entscheidend ist, daß Tobias in den Augen des Vaters einen berechtigten Anspruch auf die Tochter hat: »Iß und trink und sei guter Dinge, denn dir kommt es zu, mein Kind zur Frau zu nehmen!« (Tob 7, 10) War es bei Rebekka die offensichtliche Führung Gottes, die ihren Vormund zur Zustimmung veranlaßte, so ist es hier das Endogamiegebot, das den Ausschlag bei der Einwilung des Vater gibt. Der Vater ruft Sara herbei, nimmt sie bei der Hand und übergibt sie Tobias mit den Worten: »Siehe, nach dem Gesetz des Mose nimm sie und führe sie zu deinem Vater« (Tob 7,13). Die Heirat ist nicht nur dem Verwandtschaftsverhältnis angemessen, sie erscheint sogar als Pflicht.[53]

Sara erscheint angstbesetzt, trost- und hilfsbedürftig, nachdem ihr Vater sie aus seiner Hand gegeben und dem Tobias überlassen hat (Tob 7,16). Später in ihrer Hochzeitsnacht liegt ein wesentlicher Zug ihrer Erscheinung in ihrem passiv-zustimmenden Verhalten: Tobias bestimmt den Ablauf. Bei der Vertreibung ihres Dämons ist Sara nicht im Blick, und während des Gebetes in der Hochzeitsnacht kniet sie im Hintergrund und stimmt bekräftigend ein in Tobias »Amen«. Im gleichen Ausmaß aktiv wie ihr Ehemann ist sie im Geschlechtsakt (Tob 8,9: »Und beide schliefen die Nacht über miteinander«).

Während der Verabschiedung der frisch vermählten Eheleute ist wieder der Vater der Handelnde. Sara bleibt auch hier passiv. Anders als Rebekka wird sie nicht an der Entscheidung beteiligt, zum Haus des Schwiegervaters aufzubrechen. Bei den Abschiedsreden, die gesprochen werden, läßt der Erzähler sie nicht mehr zu Worte kommen. Wenn Tob 10,14 mitteilt, daß Tobias abreist, so ist dabei selbstverständlich und stillschweigend Sara mitgedacht. Sie ist hier völlig hinter der Person des Ehemanns verschwunden.

Insgesamt betrachtet erfahren wir vergleichsweise viel über Sara. Sie wird von Rafael, dem Boten Gottes, »schön und klug« genannt

---

51 Die Parallelen werden herausgearbeitet in: *Deselaers* 1982, 294–296.
52 Nachdem der Vater mit Tobias einig geworden ist (Tob 7,12), ruft er Sara herbei (Tob 7,13).
53 Vgl. *Deselaers* 1982, 140, Anm. 186.

(Tob 6,12).[54] Die Erzählung ist daran interessiert, ihre inneren Bewegungen und Gefühle zum Ausdruck zu bringen. Das geschieht auffälligerweise jedoch nur dort, wo Sara in einer bedrängenden, leidvollen Situation ist. Ihre Persönlichkeit erscheint dabei vollständig auf die Vaterinteressen und/oder dem Interesse an der Einhaltung des Gesetzes konzentriert. Sie geht in der Erfüllung der väterlichen Erwartungen und ihrer »Pflicht« auf. Im gesamten Buch Tobit spielt Sara ausschließlich als Braut und in ihrer Eigenschaft als Ehefrau des Tobias eine Rolle. Es wird keine Szene mehr geschildert, in der sie nach ihrer Heirat initiativ wird oder agiert.

### 1.2.1.2 Die Eheschließung erzählt als Teil der politischen Geschichte

*Das Philistermädchen aus Timna und seine jüngere Schwester (Ri 14; 15)*
Ri 14 erzählt von Simsons Hochzeit mit einer Philisterin, einem Mädchen aus Timna. Laut Aussage des Textes steht hinter dieser Heirat Gottes Plan. Anders jedoch als in der Führungsgeschichte Gen 24 geht es Gott hier nicht darum, zwei Menschen zusammenzubringen, damit sie eine Familie gründen, sondern JHWH will – so die Information des Erzählers – einen Anlaß schaffen, um gegen die Philister loszuschlagen (Ri 14,4).
In dieser Erzählung wirbt nicht der Bräutigam selbst um die Tochter, sondern Simson bittet seinen Vater, das für ihn zu tun (Ri 14, 3).[55] Die Braut wird nicht in das Haus ihres zukünftigen Ehemann-

---

54 Dazu aaO. 125, Anm. 157: »Daß Mädchen schön (...) sind, dient zu ihrer Charakterisierung als äußerliche Wertung (s. Gen 24,16; 26,7; 2Sam 11,2; Est 2,2.3.7). Durch diese Kennzeichnung wird Sara in die Reihe der ›schönen‹ Stammütter aufgenommen (vgl. Gen 12,11.14; 24,16; 26,7; 29,7; s. neben Est 2,2. 3.7; Jdt 8,7; 10,4 u.ö. auch Dan 1,4). Daß sie auch klug (...) im Sinne von Geschicklichkeit und beruflichem Können sind bzw. sein können, wird so direkt nur noch Sir 22,4 erwähnt (vgl. die sehr spezielle Kennzeichnung in Jer 9,16f). Die Verbindung von beiden Eigenschaften in Tob ist singulär.«
55 In der Erzählung um Simsons Heirat Ri 14 werden Vater und Mutter meist zusammen gesehen (V 2–9; 16). Jedoch richtet Simson die direkte Bitte, für ihn diese Frau zu nehmen, *ausschließlich* an den Vater (V 3). – Cheryl Exum sieht in Simsons Mutter, einer Israelitin, ein Gegenbild zu den fremden Frauen, die Simson verführen: »Woman as mother is on a pedestal; in her non-sexual role she is idealized. Woman as object of sexual desire is dangerous« (*Exum* 1993, 68). Der Erzähler läßt die Mutter einen wichtigen Platz einnehmen: An sie geht Gottes Verheißung, und sie weiß sie auch richtig zu deuten (Ri 13). Da die Bedeutung von Simsons Mutter *ausschließlich* in ihrer Rolle als Mutter liegt, hat sie keinen Namen (siehe aaO. 67).

nes gebracht, um die Hochzeit zu feiern, sondern der Bräutigam und seine Eltern gehen zum Haus ihrer Eltern. Die Attraktivität des Mädchen aus Timna zieht Simson an: Er will sie als Braut zugeführt bekommen, weil sie »seinen Augen gefällt« (siehe Ri 14,3). Ein Name des Mädchens ist nicht überliefert, und mehr als der Umstand, daß Simson sie begehrt, ist über sie zunächst auch nicht zu erfahren. Das Philistermädchen tritt bis zu den Hochzeitsfeierlichkeiten an keiner Stelle in Erscheinung. Auch die Eltern der Braut spielen im Text keine Rolle. Vergeblich wird nach einer Szene gesucht, in der der Vater des Mädchens um die Einwilligung zu der Heirat gefragt wird oder die Tochter ihrer neuen Familie übergeben wird. Stattdessen ist wichtig, daß Simsons Braut bei der Hochzeitsfeier die Loyalität gegenüber ihrem Ehemann aufgibt: Als alle Männer sie und ihre Eltern mit dem Tode bedrohen, verschafft sie ihnen die Lösung des Rätsels, das ihr Bräutigam den Hochzeitsgästen gestellt hat (V 15–17):[56] Sie wirft Simson vor, er sei ihrer überdrüssig und habe sie nicht lieb, und sie weint fortwährend (Ri 14,16.17). Die Wirkung des attraktiven Mädchens auf Simson bestimmt die gesamte Handlung. Ihre Attraktivität ist von entscheidender Bedeutung: Als die Männer Simson schließlich die Lösung seines Rätsels mitteilen, schimpft er: »Ihr habt mit meinem Kalb gepflügt« (Ri 14,18) – eine Aussage, die metaphorisch den Kontakt der Philister zu seiner Braut auf die Ebene des sexuellen Kontakts hebt.[57]
Der Erzähler schildert nun einen Wutausbruch Simsons, der dreißig Männern im benachbarten Askalon das Leben kostet (V 19). Die Episode endet mit der Notiz, daß Simsons Braut seinem Brautführer gegeben wird (V 20). An dieser Stelle ist das Mädchen aus Timna wieder ganz passiv. Wer sie dem Brautführer zur Frau gibt, wird hier nicht gesagt.
Die endgültige Eskalation des entstandenen Konfliktes führt nun allerdings der Vater des Mädchens herbei. Als Simson nach einigen Tagen die Philisterin, die er sich als seine Braut ausgesucht hatte, besuchen will, läßt ihn dieser nicht zu ihr eingehen (Ri 15,

---

56 *Brenner* 1985, 113 führt das Mädchen von Timna unter den Verführerinnen auf, die ein negatives Image haben. Die Aufkündigung der Loyalität gegenüber den Ehemann gefährde die soziale Ordnung.
57 Eine detaillierte Aufschlüsselung der hier zum Tragen kommenden Metaphorik findet sich bei *Crenshaw* 1994, 393f, der eingehend die Sexualsymbolik in der Simsonsage untersucht. Crenshaw stützt sich auf *L. Levy*, Sexualsymbolik der Bibel, Zeitschrift für Sexualwissenschaft 3 (1916), 438–440. Ebenso Exum 1993, 71. – Cheryl Exum geht außerdem davon aus, daß die Ehe zwischen Simson und dem Philistermädchen von Timna nicht vollzogen wurde, weil die Zeremonie noch nicht beendet war (*Exum* 1993, 68, Anm. 19).

1).[58] Vor Simson erklärt er: »Ich glaubte, du bist ihrer ganz überdrüssig geworden, und ich habe sie deinem Gesellen gegeben«. Der Vater argumentiert, er habe davon ausgehen müssen, nicht gegen Simsons Interesse zu handeln, wenn er seine Tochter an einen anderen gab. Und er macht Simson ein Angebot: Er ist bereit, den Verlust der Frau mit seiner jüngeren Tochter zu kompensieren, die er besonders anpreist: »die ist schöner als sie; die nimm an ihrer Stelle« (Ri 15,2). Was dies für jene Tochter bedeuten würde, wird nicht gesagt. Ebenso wie ihre Schwester ist sie hier reines Verhandlungsobjekt unter Männern. Ihre Wünschen und Vorstellungen sind nicht von Bedeutung. Über sie wird an dieser Stelle nicht anders geredet, wie auch über ein Stück Vieh oder sonstiges Eigentum verhandelt werden könnte.

Während die Attraktivität der älteren Tochter Simson in den Bann ziehen konnte, können es die Worte des »Vaters aus Timna« nicht. Sie bereiten der Familie den Untergang. Die Erzählung findet ihr endgültiges Ende mit neuen kämpferischen Auseinandersetzungen. Ein von Simson gelegtes Feuer verwüstet die Felder der Philister, und die Philister verbrennen zornig das Mädchen von Timna und ihre ganze Familie (15,4–6).

*Merab und Michal (1Sam 14,49; 17,25; 18,17–29)*
Von Merab und Michal wird in unterschiedlichen Erzähltraditionen berichtet. Erstmals sind beide Schwestern in einer genealogischen Notiz über die Kinder Sauls 1Sam 14,49 nach ihren drei Brüdern namentlich erwähnt. Diese Genealogie ist umrahmt von einer Aufzählung der militärischen Erfolge Sauls. Vermutlich ist die politische Bedeutung, die Merab und vor allem Michal einmal haben werden, der Grund, weshalb ihnen hier in der Genealogie ein Platz eingeräumt wurde.[59]

1Sam 17,25 sprechen die Männer Israels davon, der König werde demjenigen, der den Philister Goliat besiegen kann, seine Tochter zur Frau geben. Namentlich wird hier keine Tochter genannt, und auf diese Ankündigung des Königs wird nach Davids Sieg über Goliat kein Bezug genommen. Saul setzt auch nach der Davidund-Goliat-Episode weiterhin seine Töchter als Siegestrophäe für eine Heldentat aus: Er will dem David seine älteste Tochter Merab zur Frau geben, wenn dieser als Gegenleistung Krieg mit den Philistern führt (1Sam 18,17). »Als aber die Zeit kam, daß Merab, die

---

58  Gemeint ist hier, daß der Vater Simson den Geschlechtsverkehr mit seiner Tochter verbietet. Zur Wendung ולא נתנו אביה לבוא siehe aaO. 78.
59  *Stolz* 1981, 97 weist dann auch schon an dieser Stelle seines Kommentars auf diese Bedeutung der Schwestern hin.

Tochter Sauls, David gegeben werden sollte, wurde sie dem Adriel von Mehola zur Frau gegeben« (1Sam 18,19). Die Situation und die Wünsche der Tochter, ja sogar ihre Eigenschaften, ihre Schönheit oder auch Fruchtbarkeit, sind in der Erzählung nicht von Interesse. Merab hat ihren Wert, weil sie Zugang zur Königsmacht verschafft. Über ihre Person ist nichts zu erfahren. Hier geht es nicht mehr um Familiengeschichte, sondern um politisches Kalkül.[60]

Weniger profillos als Merab erscheint Sauls jüngere Tochter. An die Notiz von der Verheiratung Merabs schließt der Erzähler die Bemerkung an: »Aber Michal, Sauls Tochter, hatte David lieb« (1Sam 18,20; vgl V 28). Damit tritt Michal unvermittelt in den Machtkampf zwischen Saul und David ein: »Michal leaps out of the void as a name, a significant relation (Saul's daughter), and an emotion (her love for David).«[61] Die Beachtung, die ihr Gefühl für David in der Erzählung erfährt, ist um so bemerkenswerter, als – außer im Text des Hoheliedes – an keiner anderen Stelle im Alten Testament berichtet wird, daß eine Frau den Mann liebt.[62] Ein Motiv für Michals Liebe wird nicht genannt. Während der Erzähler genau sagt, was Saul gegenüber David fühlt und warum er ihn fürchtet (1Sam 18,29), bleiben Michals Gefühle unerklärt.[63] Cheryl Exum bemerkt hierzu: »The situation is one in which the men's political considerations are paramount, while regarding the woman, we hear only that she loves. Already the text perpetuates a familiar stereotype: men are motivated by ambition, whereas women respond on a personal level.«[64]

Interpretinnen und Interpreten von 1Sam 18,20 gehen meist davon aus, Michal ergreife die Initiative, um David als Bräutigam zu bekommen.[65] Der Text macht dazu keine Aussage. Der Erzähler benutzt Michals Liebe lediglich, um die weiteren Geschehnisse im

---

60 Das demjenigen, der das Land aus der Gefahr rettet, die Königstochter zur Frau versprochen wird, ist ein verbreitetes Märchenmotiv. Im Alten Testament wiederholt es sich in Jos 15,16.17: Kaleb bietet hier als Siegespreis für den, der Kirjat-Sefer bezwingt, seine Tochter Achsa. Kalebs Bruder Otniel nimmt die Stadt ein und erhält die Tochter zur Ehefrau (siehe unten S. 168). Jos 15,16.17 steht in einem Zusammenhang, in dem es ausschließlich um die Klärung von Besitzverhältnissen geht. Die Tochter Achsa wird ebenso wie Merab von dem Erzähler nicht näher beschrieben. Anders als Merab tritt sie jedoch nach ihrer Hochzeit in der Erzählung noch einmal auf (zu Achsa siehe unten S. 74ff).
61 *Alter* 1991, 67f.
62 *Bechmann* 1988, 74f.
63 *Alter* 1991, 67f.
64 *Exum* 1991, 182.
65 *Hertzberg* 1965, 129; *Stolz* 1981, 126. *Bechmann* 1988, 75 spricht von der »aktiven Liebe« Michals.

Ablauf der Erzählung anzustoßen. In ihnen erscheint Saul als Handelnder: Saul befiehlt »seinen Großen«, David zu der Heirat zuzureden (1Sam 18,22–26). Die Werbungsgespräche, die in diesem Fall vom Brautvater ausgehen, beschäftigen sich mit dem Brautpreis, nicht mit der Braut. Die Erzählung in ihrer jetzigen Form macht von Anfang an deutlich, daß Saul dabei nicht die Interessen seiner Tochter vertreten will: Er möchte David gar nicht als Schwiegersohn haben, sondern wünscht seinen Tod (V 21).[66] David erwirbt sich trotzdem durch »Heldentaten« die Braut (1Sam 18,27). Ob er auch Michal liebt oder ob er sie nur als Sprungbrett zur Macht benutzt, bleibt im Text offen.

Michals Liebe wird mehrfach instrumentalisiert: Saul verwendet sie in der Hoffnung, David loswerden zu können und damit die Gefährdung seiner Macht zu beenden (1Sam 18,20b.21). David kann diese Liebe benutzen, um in die Königsfamilie einzuheiraten. So wird dann auch Michals Liebe in der theologischen Kommentarliteratur im Kontext der politischen Entwicklung betrachtet, die sich in den Saul-David-Geschichten vollzieht: Michal erscheint als Marionette in Gottes Plan, als Opfer von Davids unwiderstehlichem Charme oder aber auch als Mittel, durch das Gott dem David seine Zuwendung zuteil werden läßt.[67] Solche Deutungen lassen sich mit der Aussage des Textes stützen, daß Saul sich fürchte als er merkte, »daß JHWH mit David war und daß seine Tochter Michal David liebhatte« (1Sam 18,28.29). Saul macht Michals Liebe Angst, denn sie signalisiert ihm, daß Gott sich von ihm abgewendet hat.

Der Erzähler erwähnt Michal auch später immer dort, wo Davids Stern steigt und der Stern Sauls fällt. Sie verhilft David zur Flucht (1Sam 19,8–17) und ermöglicht ihm dadurch, sich ein eigenes Heer aufzubauen (1Sam 22). Als David Abi-

---

66  Die Begebenheit, daß ein Vater hinterlistig versucht, den Bräutigam seiner Tochter zu Tode zu bringen, indem er ihm eine unlösbar erscheinende Aufgabe stellt, findet sich ebenfalls in Märchen wieder: Siehe »Der Teufel mit den drei goldenen Haaren« in: *Brüder Grimm* 1988, 111–117.
67  Siehe *Hertzberg* 1965, 117: »Gott hat es so gefügt, daß David, der kleine Mann, auf den Weg gerät, auf dem er ein großer Mann geworden ist: vom König geschätzt und berufen, vom Kronprinzen feierlich zum Freund und Bruder erkoren, für die Prinzessin infolge seiner Tapferkeit als Ehemann vorgesehen, wirkt David hier wie der gegebene künftige König.« – AaO 129: »Alle nacheinander verfallen der unwiderstehlichen Erscheinung des jungen David, der Vater und der Sohn, der Hof und die Truppe. Wie sollte die Königstochter davon ausgenommen sein?« – *McCarter* 1984, 317: »Michal's love foreshadows that of her brother Jonathan: not even the king's family is immune to David's personal appeal!« – *Stolz* 1981, 127: »Sauls Tochter ist nun, wie schon der Kronprinz Jonathan (V 28), David zugetan; und die menschliche Zuwendung, die David erfährt, ist andererseits nur Folge davon, daß Jahwe sich ihm zuwendet.«

*Abhängigkeit vom Vater* 67

gail zur Frau nimmt, verheiratet Saul Michal erneut (1Sam 25,44).[68] Michals Gefühle, ihre Wünsche und Interessen werden jetzt in der Erzählung mit keiner Silbe gestreift. Vielmehr soll der Bruch zwischen Saul und David deutlich werden: Saul will Davids Einfluß schwächen, ihm mit der Tochter auch jede Legitimität auf den Thron entziehen.[69] Michal ist nur eine Figur im politischen Spiel, die hin und her geschoben wird. Wenn David sie später als Ehefrau zurückfordert, ist sie Verhandlungsobjekt des Regenten und seines Feldherrn Abner (2Sam 3,13–16).[70] Als Erzählfigur dient Michal dort lediglich dazu, Machtinteressen deutlich werden zu lassen. Sie selbst wirkt innerhalb dieser Machtverhältnisse ohnmächtig. In 2Sam 6,20 stellt sie sich ihrem Ehemann entgegen, kritisiert seine Ursupation der Königsmacht.[71] Protestierend spricht sie nach dem Tanz Davids vor der Bundeslade zu dem König als Tochter Sauls, als Repräsentantin des Hauses ihres Vaters. An dieser Stelle erfahren die Leserin und der Leser noch einmal etwas über ihre Gefühle gegenüber David: Sie verachtet ihn in ihrem Herzen (2Sam 6,16). »Michal and David engage in a battle of words in which David has the last word because he holds the power. These are the only word he ever speaks to her, word of rebuke, and they have the effect of critically wounding their victim.«[72] Mit ihrer Kritik an David verwirkt Michal ihre Rolle in seinem Hause. Ihre Geschichte abschließend notiert 2Sam 6,23, daß sie bis an den Tag ihres Todes kein Kind hatte. Ein Kind zwischen David und Michal hätte die Einheit von zwei Königshäusern symbolisiert. Da Saul jedoch in 1Sam 15 von JHWH verworfen wurde, muß diese Möglichkeit aus theologischen Gründen ausgeschlossen werden.[73] Für Cheryl Exum findet die Feindschaft zwischen dem Haus Sauls und dem Davids auch in 2Sam 6 symbolisch im Ehekonflikt von Michal und David ihren Ausdruck.[74] Daß Michal Kinder vorenthalten werden, beinhalte eine symbolische Art des Tötens ihrer Person.[75] Der Erzähler weise ihr damit eine Rolle zu,

---

68  Dazu *Alter* 1991, 9: »Michal, last observed as a forceful initiator of action, now stands in contrast to the energetically active Abigail as an object acted upon, passed by her father from one man to another.«
69  So *Exum* 1991, 183; *McCarter* 400.
70  Auch David sieht sie in diesen Verhandlungen als seinen Besitz an. »Er erinnert daran, um wie viele Philistervorhäute er sie einst erworben hatte« (*Wöller* 1991, 46). Siehe Bechmann 1988, 77f: »Michal erscheint als stummes Objekt eines strategischen Plans Davids, der sich über sie seinen Anspruch auf einen Anteil an der Dynastie Sauls und damit auf das Nordreich sichert. Abner gegenüber bezeichnet David Michal als ›Tochter Sauls‹ und unterstreicht damit den dynastischen Aspekt seiner Forderung. Ischbaal gegenüber bezeichnet er sie als ›meine Frau‹ und legitimiert dadurch seine Forderung. Auch mit der Benennung wird Michal vereinnahmt.«
71  *Exum* 1991, 186.
72  AaO. 187.
73  Vgl. aaO. 185.
74  Vgl. aaO. 186.
75  AaO. 188. Michal wird noch einmal in 2Sam 21,8 genannt. Im Widerspruch zu 2Sam 6 hat sie hier fünf Söhne. Gewöhnlich wird an dieser Stelle statt Michal jedoch »Merab« gelesen; auch alte Handschriften bezeugen den Namen »Merab«. Exum spekuliert darüber, wie »Michal« hier in den Text gekommen sein mag: »Is this a simple case of conflusion of women (who are notoriously hard to tell apart): Saul's descendants are killed off, so what difference does the mother's identity make? Or is it a Freudian slip that convicts the biblical narrator, an aporia we can read as Michal's refusal to be written out of the narrative? If

von der eine andere männliche Erzählfiguren, nämlich Sauls Sohn Jonathan erheblich profitiere: »Michal replaces Jonathan as object of David's hostility. Where conflict logically should have taken place – between David and the rightful ›heir‹ to the throne – there is harmony. The conflict arises between David and his wife from the royal line (...) the daughter of Saul is sacrificed that the son may be honored.«[76]

Der Erzähler setzt Michal stets in Beziehung zu Männern: Ihrem Namen wird entweder das Attribut »Tochter Sauls« oder »Frau Davids« hinzugefügt, gelegentlich kann sie auch beiden Männern gleichzeitig zugeordnet werden.[77] Sie erscheint dadurch niemals im Text als eigenständige Person.

*1Mak 10,51–58; 11,8–12: Kleopatra*
Ähnlich wie Michal wird auch im ersten Makkabäerbuch eine Frau zum Instrument der politischen Interessen ihres Vaters: Kleopatra, Tochter des Ptolemäus VI Philomator. Ihr Vater verheiratet sie mit König Alexander und besiegelt auf diese Weise eine politische Allianz mit ihm (1Mak 10,54f). Als sich später die Machtverhältnisse verändern, nimmt Ptolomäus VI die Tochter dem Ehemann wieder weg und gibt sie einem anderen zur Frau, an dessen Gunst ihm nun gelegen ist (1Mak 11,8–12).
Über die Braut ist aus den Texten rein gar nichts zu entnehmen. Anders als Michal gibt ihr der Erzähler weder hier noch an einer anderen Stelle irgendein Eigenleben.

*Ester (Buch Ester)*
Ester/Hadessa[78] wird über ihren Pflegevater Mordechai in das nach ihr benannte biblische Buch eingeführt. Wir erfahren, daß ihre Eltern verstorben sind und Mordechai sie als Tochter angenommen hat. Schon bei der ersten Erwähnung von Esters Namen wird herausgestellt: »Und das Mädchen war von schöner Gestalt und guten Aussehen ...« (Est 2,7)

Esters leiblicher Vater heißt Abihajil. Sein Name fällt bei Esters erstem Auftritt als Königin vor König Ahasveros (Est 2,15) und später bei Esters Bestätigung

---

so, the narrative still has the last, cruel word: it gives her children only to take them away again« (aaO. 196).
76 *Exum* 1993, 56. – Siehe unten auf S. 144ff die vergleichende Darstellung von Jonatan und Michal in der Davidgeschichte.
77 *Exum* 1991, 176.
78 Der persische Name »Hadessa« wird mit der Bedeutung »Myrte« wiedergegeben, der jüdische Name »Ester« meint »die Verborgene«, oder auch »die, die verbirgt«. Letzteres verbindet die Legende damit, daß Ester ihre Religion vor ihrem Ehemann lange geheim hielt (Est 2,10). *Bührer* 1993, 230.

der Purimverordnung Mordechais (Est 9,29). Beidemale kommt Ester hier in der Erzählung in ihrer Rolle als Königin Autorität zu und die Beziehung zum Pflegevater ist nicht von Bedeutung. Es ist naheliegend, daß die Angabe des leiblichen Vaters an diesen Stellen der genealogischen Einordnung dient.

Als König Ahasveros nach einer neuen Frau für sich suchen läßt, wird Ester ihrer schönen Figur wegen in seinen Palast geholt (Est 2,7.8). Es bleibt offen, wie das Mädchen dorthin kommt, ob ihr Pflegevater Mordechai oder aber andere sie schicken oder bringen. Der Pflegevater spielt bei der Einführung in den Königspalast und auch bei der Heirat Esters keine Rolle. Er tritt hier nicht auf, sondern bleibt ganz im Hintergrund. Weder wird er um seine Einwilligung zur Ehe der Pflegetochter gebeten noch gibt er einen Segen.

Zwar hören wir, daß Mordechai sich immer wieder nach Esters Wohlbefinden erkundigt (Est 2,12), die Leserin und der Leser erfahren jedoch nicht, wie es Ester geht. Der Text enthält keine Andeutung, ob sie freiwillig in den Palast gekommen ist, ob sie eine der Haremsfrauen des Königs sein will, ob ihr Gehorsam gegenüber Mordechai (2,10) als Zustimmung zu verstehen ist. Es wird lediglich beschrieben, was zur Vorbereitung ihrer Begegnung mit dem König mit ihr geschieht. Ausführlich schildert der Erzähler eine einjährige kosmetische Vorbereitung mit Myrrhenöl, Balsam und Eselinnenmilch (Est 2,9ff).[79] Im Zusammenhang mit ihrer Heirat bleibt ausschließlich Esters sexuelle Attraktivität und ihr gewinnendes Wesen für den Verlauf des Geschehens von Interesse. Alle Beschreibungen ihrer Person legen hierauf den Schwerpunkt (2,7.9.15.17). Ihre Gefühle und ihr Wille sind nicht von Bedeutung.

Nach der Heirat stützt sich die königliche Macht Esters auf ihre Schönheit, Bescheidenheit und Unterwürfigkeit – Eigenschaften, die ihr die Gunst des Ahasveros erhalten. Esters Handeln erscheint ausschließlich an den Interessen anderer orientiert. Zwar kann sie ihrem Pflegevater gegenüber als Königin auftreten (siehe Est 4,1–17),[80] bleibt aber ihm gegenüber loyal und stets, wenn zum Teil auch widerstrebend (4,11), gehorsam (2,10.20.22; 4,16f).

### 1.2.1.3 Zusammenfassung

Töchter können bei der Schilderung von Eheschlüssen sehr unterschiedlich dargestellt werden: Es kann ihr Aussehen beschrieben sein (so bei Rebekka, Lea, Rahel, dem Philistermädchen aus Timna und Ester) und es können Charakterzüge angedeutet wer-

---

79 Für *Bührer* 1993, 225 drückt sich so der »Humor des Erzählers« aus, nach *Lacocque* 1990, 51 handelt es sich hier um eine Satire.
80 Zu dieser Episode siehe unten S. 147ff.

den (so bei Rebekka, Sara und Ester). In einigen Texten fehlt aber auch jede Aussage zu ihrer Person (so bei Zippora, Merab, Kleopatra). Vom Philistermädchen aus Timna und ihrer Schwester ist noch nicht einmal der Name überliefert. Auch halten es im Duktus der Schilderungen die Erzähler nicht immer für nötig, beim Eheschluß der Tochter auch ihren Vater auftreten zu lassen: Beim Mädchen von Timna und auch bei Ester erscheint er an dieser Stelle nicht, bei Rebekka ist er von marginaler Bedeutung. Die Überlieferungen können Eheverhandlungen tradieren, in denen der Vater der Braut oder dessen Stellvertreter Bedingungen an die Heirat seiner Tochter knüpft (das geschieht bei Lea, Rahel und Michal), ein Vater kann seine Tochter als Siegestrophäe im Kampf aussetzen (Sauls Töchter, Merab, Kleopatra)[81]. Aber es gibt auch Erzählungen, in denen der Rechtsakt der Heirat, Brautpreis oder Ersatzleistungen für die Tochter keine Rolle spielen (Rebekka, Zippora, Sara, das Philistermädchen aus Timna, Ester). Fast immer ist im Text ein Motiv für den Eheschluß gegeben: Die Tochter erscheint als die von Gott oder dem Gesetz für den Bräutigam bestimmte Frau (Rebekka, Sara), ihre Attraktivität zieht den Bräutigam an (Rahel, das Philistermädchen aus Timna, Ester), oder aber der Vater der Braut verfolgt mit dem Eheschluß bestimmte Interessen (Lea, Merab, Michal, Kleopatra). Lediglich für die Heirat des Mose mit Zippora wird im Text explizit kein Motiv genannt.

Bei aller Variationsbreite in der Darstellung ist den uns überlieferten Geschichten eines gemeinsam: An keiner Stelle wird festgehalten, daß jemand die Tochter um ihre Zustimmung zur Heirat fragt. In der Erzählung von der Brautwerbung um Rebekka (Gen 24) zeigt zwar das Bemühen um die Einwilligung der Tochter, daß zum Bild einer mit idealtypischen Zügen gezeichneten Braut die Bereitschaft gehört, sich gern und freiwillig in eine Ehe geben zu lassen, aber die vorangehende Eheverhandlung erfolgt ohne sie. Alle Töchter *werden* verheiratet, sie nehmen sich nicht selbst einen Ehemann. Dort, wo Verhandlungen über den Eheschluß und der Rechtsakt der Eheschließung geschildert werden, ist noch nicht einmal ihre Anwesenheit erforderlich. Bemerkenswerterweise sind selbst jene Tochtergestalten hier in einer gänzlich passiven Rolle, die später im weiteren Verlauf der Geschichten als Handlungsträgerinnen das Geschehen aktiv bestimmen, die selbstbewußt, mächtig oder einflußreich auftreten (Rebekka und in bestimmten Szenen auch Lea, Rahel, Michal und Ester). Der in unserem westeuropäischen Kulturkreis wichtige Gedanke, eine Frau

---

81  Ebenso Achsa (Jos 15,16–17); siehe dazu oben S. 65, Anm. 60 und unten S. 74.

müsse mitbestimmen dürfen, wen sie heiratet, ist im Blick auf das Alte Testament ein Anachronismus. Auch unsere neuzeitlich romantische Wunschvorstellung, die Ehe solle auf der Liebe zweier Menschen aufgebaut werden und entscheidend sei in ihr das Eheglück, finden sich in den Erzählungen nicht wieder. Nirgendwo kommt zum Ausdruck, daß ein Vater bei der Entscheidung über seinen Schwiegersohn sich von der Suche nach dem Glück der Tochter leiten läßt. Vielmehr beschwören Väter gelegentlich durch ihre Heiratsentscheidungen ein Disaster herauf: Lea und Rahel werden von Laban in eine eheliche Beziehung hineingegeben, die ständige Konflikte mit sich bringt, und der Philister, der mit Simson in Verhandlung um seine jüngere Tochter tritt, führt durch diese Verhandlungen den Untergang der Familie herbei. Das Philistermädchen, das Simson geheiratet hatte, Michal und auch Kleopatra werden von ihren Vätern dem Ehemann einfach weggenommen und einem anderen gegeben, als das politisch angebracht erscheint. Über ein Eheglück oder -unglück von Rebekka,[82] Zippora, Sara, Merab und Ester schweigen die Texte.

Die patriarchale Sichtweise von Geschehnissen blendet die Perspektive der Frauen weitgehend aus. Es zählen die Interessen der Männer, ihre Motive, ihre Zufriedenheit. Um so auffälliger ist es, daß die Liebe einer Frau zu einem Mann einzig bei einer politischen Heirat, der Heirat Michals, in einer Erzählung von Bedeutung ist. Sie hat diese Bedeutung jedoch nur, weil sie sich in der Darstellung des Aufstiegs Davids und Abstieg Saul instrumentalisieren läßt. Auch hier geht es letztlich um alles andere als um die Tochter; es geht um die Verwertbarkeit ihrer Gefühle im Konflikt der Männer.

Was aber ist den Erzählern hinsichtlich der Töchter letztlich wichtig? Häufig lassen die Erzählungen Blicke auf sie zu, die die Bilder, Vorstellungen und Phantasien von der Attraktivität der Frauen anregen. So werden durch das Brunnenmotiv, das sich mit Ausnahme der apokryphen Schrift Tobit zum Auftakt aller Heiratsgeschichten findet, sexuelle Assoziationen geweckt. Schönheit der Mädchen und die Darstellung ihrer Tatkraft gehören hier zusammen. In der späten Schrift Tobit legt der Erzähler mehr Wert auf die innere Bewegung seiner Figuren. Sara ist nicht nur schön, sie ist auch klug (Tob 6,12). Ihre Attraktivität macht sich neben ihrer schönen Gestalt nicht an ihrer Arbeit und Tüchtigkeit fest, sondern an ihrer Gesinnung. Ähnliches gilt für die ebenfalls späte Schrift

---

82 Gen 24,67 hält es lediglich für erwähnenswert, daß Isaak Rebekka lieb gewann. Über eine Liebe Rebekkas zu Isaak wird nichts gesagt.

Ester. Esters körperliche Reize stehen zwar im Vordergrund; ihnen verdankt sie schließlich ihren politischen Aufstieg und ihre Macht als Königin. Doch nicht allein ihre unvergleichliche Schönheit, sondern auch ihre innere Einstellung prägen das Bild, das von ihr gezeichnet wird.

Die sexuelle Attraktivität der Frauen kann bei den Eheschließungen, die als Teil einer politischen Geschichte erzählt werden, zum Instrument in dieser Geschichte werden. Bei politischen Heiraten muß aber nicht der Körper eine Frau attraktiv machen. Bei Kleopatra zählt einzig die mit ihrer Person verbundene Gewinnung von Eigentum und politischem Einfluß. Ebensowenig enthält der Text bei Merab oder Michal einen Hinweis darauf, ob sie schön sind oder nicht. Die Anziehung, die von ihnen ausgeht, liegt in der politischen Macht, die der Ehemann bei einer Heirat mit ihnen erhält.

In den hier betrachteten Geschichten von Eheschließungen ist von der Jungfräulichkeit der Töchter dort ausdrücklich die Rede, wo Frauen eine idealtypische Darstellung als Braut erfahren, d.h. bei Rebekka (Gen 24,16)[83] und später bei Ester (Est 2,3.8). Die sexuelle Unberührtheit der Braut mag zwar ein gewichter Wert an sich gewesen sein, muß deshalb jedoch nicht zwangsläufig in jeder Erzählung erwähnt werden. Auch hier gilt: Die Beschreibungen der Tochtergestalten, die bei der Rezeption der Texte bestimmte Vorstellungen hervorrufen, sind der Erzählabsicht unterworfen. An einem Porträt der Tochter sind die Erzähler – wenn überhaupt – dann nur in dem Rahmen interessiert, wie diese Absicht vorangetrieben wird.

### 1.2.2 Die Versorgung mit Gaben, die Töchter in die Ehe mitnehmen

Im Alten Testament sprechen nur wenige Geschichten von Gaben, die Töchter mit in die Ehe bringen. Werden solche Gaben jedoch erwähnt, so geschieht das gewöhnlich in kurzen Notizen. Lediglich ein einziges Mal wird in der Hebräischen Bibel die Gabe des Vaters bei der Eheschließung zum zentralen Thema einer Erzählung, nämlich bei der Bitte der Achsa um Wasserquellen. Diese Begebenheit ist sogar zweimal überliefert (Jos 15,13–19; par Ri 1, 11–15).

---

83 *Engelken* 1990, 6 weist darauf hin, daß Gen 24,16 den einzigen Beleg in der erzählenden Literatur des Pentateuch für den Begriff der בתולה darstellt. In Gen 19,8 wird die sexuelle Unberührtheit der Tochter mit der Wendung »sie haben noch keinen Mann erkannt« (לא־ידעו איש) ausgedrückt.

*Die Amme und die Mägde der Rebekka (Gen 24,59.61)*
Rebekka bricht zusammen mit ihrer Amme (Gen 24,59) und »ihren Mägden« (Gen 24,61) vom Haus ihrer Mutter zum Haus ihres Bräutigams Isaak auf, um die vereinbarte Ehe zu vollziehen. Es bleibt offen, ob jemand diese Frauen der Rebekka mitgegeben hat oder sie sie einfach mitnehmen konnte, weil sie zu ihr gehörten. Der Erzähler zeigt sich hier ebenso wie an anderen Stellen der Brautwerbungsgeschichte Gen 24 nicht an Rechts- und Eigentumsverhältnissen interessiert.

*Silpa und Bilha, die Leibmägde von Lea und Rahel (Gen 29,24. 29)*
Laban gibt seiner Tochter Lea seine (!) Magd Silpa zur Leibmagd (Gen 29,24), Rahel erhält von ihm seine (!) Magd Bilha (Gen 29, 29).[84] Hier erscheint der Vater als derjenige, der die Mägde den Töchtern zuteilt, Silpa und Bilha werden sprachlich als sein Eigentum gekennzeichnet.
Die beiden Mägde spielen später als Nebenfrauen Jakobs eine Rolle. Das erklärt, warum sie sogar namentlich aufgeführt werden. In der Erzählung über den »Gebärstreit« der Frauen Jakobs wird vorausgesetzt, daß Lea und Rahel nicht nur über die Arbeitskraft dieser Frauen, sondern auch über deren Körper und Sexualität verfügen können (Gen 30,3.4.9).[85]

*Der Ort Geser als Geschenk des ägyptischen Pharao an seine namenlose Tochter (1Kön 9,16)*
Laut 1Kön 9,16 macht der ägyptische Pharao den Ort Geser, den er eingenommen und gebrandtschatzt hatte, seiner Tochter zum Geschenk. Die Tochter bleibt in der Überlieferung namenlos, sie ist eine der Frauen von Salomo.
Die Notiz über das Verschenken des Ortes Geser steht im Zusammenhang mit den Regierungsmaßnahmen Salomos; Salomo baute nämlich Geser wieder auf (1Kön 9,17). Ist hier von einer Art Mitgift die Rede, die ein ägyptischer Vater an seine ins Ausland verheiratete Tochter gibt? Da die Notiz nicht im Rahmen der Geschichte einer Eheschließung eingefügt ist, läßt sich diese Frage nicht eindeutig beantworten.

---

84 Die Mitgabe von nur einer Magd wird in Kommentaren häufig auch als ein Zeichen des Geizes Labans gedeutet (siehe *v. Rad* 1976, 256).
85 Laban hält trotz der Verheiratung seiner Töchter seinen Besitzspruch auf Lea und Rahel, Silpa und Bilha und selbst auf deren Kinder aufrecht (Gen 31,43) Siehe dazu unten S. 164.

*Die Hälfte des väterlichen Vermögens als Geschenk für den Schwiegersohn (Tob 10,10)*
Nach Tob 10,10 gibt Raguel seinem Schwiegersohn Tobias »die Hälfte seines Vermögens: Sklaven, Vieh und Geld«. Dies ist die mit Abstand großzügigste Gabe eines Brautvaters bei dem Eheschluß seiner Tochter, die uns die Texte des Alten Testaments einschließlich der apokryphen Schriften überliefern. Ausschlaggebend für das Handeln des Vaters scheint hier, daß seine Tochter Sara sein einziges Kind ist. Allerdings erhält die Tochter nicht selbst das Vermögen, sondern ihr Ehemann. Aus dem Buch Tobit läßt sich nicht schließen, ob Sara überhaupt selbst Eigentum besitzt und ob sie über das vom Vater dem Schwiegersohn in die Ehe Mitgegebene ebenfalls verfügen kann.

*Die Wasserquellen für Achsa (Jos 15,13–19; par Ri 1,11–15)*
Nach Jos 15,16 verspricht Kaleb demjenigen, der Debir (Kirjat-Sefer) bezwingt, seine Tochter als Ehefrau. Auf diese Weise wird Kalebs Tochter Achsa von Otniel erworben (V 17). Nach dem masoretischen Text ergreift in der sich nun anschließenden Szene Achsa die Initiative: Sie bedrängt ihrem Mann, Land von ihrem Vater zu verlangen (V 18). Die heutigen Übersetzungen folgen in der Regel der Septuaginta und Vulgata, nach der Otniel seine Frau aufforderte, das Land zu verlangen. In der Wiedergabe des weiteren Verlaufs der Geschichte zeigen sich die Quellen einig: Achsa fordert von ihrem Vater: »Gib mir ein Geschenk als Zeichen des Segens! Wenn du mich schon ins Trockenland schickst, dann gib mir auch Wasserstellen«. Kaleb gibt ihr daraufhin die obere und untere Wasserquelle (V 19).
Boling vermutet in seinem Kommentar, daß nach dem masoretischen Text Achsa die Initiative ergreift, um ihren Ehemann Otniel von dem Vorwurf der Besitzgier zu entlasten: Otniel, der erste Richter Israels, soll nicht derart habgierig erscheinen, daß er von seinem Schwiegervater zur Tochter auch noch Land verlangt.[86]
Hat Boling recht, so ist und bleibt die Tochter im ganzen Kapitel Jos 15 instrumentalisiert: Nicht nur, daß ihr Vater Kaleb sie als Siegestrophäe benutzt, um die Feinde in Debir zu vernichten, und daß es Otniel um den Besitz dieser Ehefrau und damit wertvollen Landes geht, der Erzähler würde dann die Erzählfigur Achsa auch zum Instrument machen, mit dessen Hilfe er Otniel in einem günstigen Licht erscheinen lassen kann. Das aber hieße, daß Achsa als Person mit eigenen Wünschen und Interessen ganz hinter männlichen Interessen verschwindet.

86 *Boling* 1982, 374.

*Abhängigkeit vom Vater* 75

In den Kommentaren wird Jos 15,13–19 gewöhnlich als Einzelerzählung verstanden, die Eigentumsverhältnisse in der Nähe von Hebron ätiologisch begründet.[87] Sie erklärt die Besitzrechte an Wasserstellen, die von der Sippe Kaleb an die Sippe Othniel übergegangen waren.[88]
Nach Hertzberg intendiert die Erzählung dabei die Ehrung von Kaleb und Achsa. Die Schilderung rühme »ritterliche Tugenden«[89]: »Daß (...) die Wasserstellen dem Besitz Othniels zugeschlagen wurden, wird zum Lobe der jungen Frau, die, wie es sich gehört, mit Leib und Seele ins Lager der Mannessippe übergegangen ist, aber auch zum Lobe des Kaleb erzählt, der sich nicht lumpen läßt und, entgegen der Sitte, dem Schwiegersohn etwas gibt, statt zu nehmen.«[90] Ähnlich schreibt Gutbrod: »Anschaulich und reizvoll wird dargestellt, wie erst der Mann seine junge Frau anstiftet, von Vater Kaleb Grund und Boden zu erbitten; wie die junge Frau Feuer und Flamme ist für die Sippe, der sie jetzt zugehört, und von Kaleb mit Charme und Witz Wasserquellen erbittet, die sie im trockenen Südland, dem Negeb, besonders nötig hätten. Reizvoll ist ebenso, wie der Vater großzügig das erbetene hohe Gut im Bergland – *Wasserquellen* – verschenkt; auch das ist nicht jedermanns Ding in bodenständigen Volksschichten und grundbesitzenden Familien!«[91]
Diese Kommentare stellen das Engagement Achsas für ihren Ehemann als besonders vorbildlich heraus, sie finden Achsas Persönlichkeit gerade in ihrem Einsatz für Otniel wieder. Der Text selbst macht jedoch keine Aussage, mit der Achsas Verhalten oder auch das Kalebs besonders wertgeschätzt werden.

Wer oder was nun aber auch immer hinter Achsas Auftreten stehen mag, der Erzähler läßt ihr als Vermittlerin eine bedeutende Rolle zukommen. Die Szene, in der sie sich für die Wasserquellen einsetzt, wird ausführlich beschrieben, die Aktivität der Tochter dabei unterstrichen: Achsa springt vor ihrem Vater von ihrem Esel und bezeugt ihm damit nicht nur ihre Ehrfurcht, sondern bringt erzählerisch auch die entscheidende Bewegung in das Geschehen (V 18).[92] Zwischen Achsa und Kaleb findet einer der ganz wenigen Dialoge zwischen Vater und Tochter statt. Achsas Forderung ist gut begründet und erscheint logisch; sie kann als Appell an den Vater gedeutet werden, sie nicht in eine unwirtliche Gegend wegzuschicken.
Nichtsdestoweniger bleibt die Bitte Achsas um derart wertvolles Land als Brautgabe höchst ungewöhnlich: Es gibt in den alttestamentlichen Schriften keinen anderen Text, in dem eine Tochter

---

87 Vgl. *Hertzberg* 1953, 97.
88 Ebd.
89 Ebd.
90 Ebd.
91 *Gutbrod* 1985, 132. Hervorhebung durch den Verfasser.
92 Vgl. *Keil* 1974, 123: »צנח außer hier und der Parallele Jud. 1,14 nur noch Jud. 4,21 vorkommend, hängt schwerlich mit צנע niedrig, demütig sein (Ges.) zusammen, sondern die Grundbedeutung ist nach Fürst: sich drängen, weg-/weiter drängen, wonach es hier das rasche Herabspringen vom Reittiere ausdrückt, ähnlich wie נפל Gen 24,64.«

mit solch einer weitgehenden Forderung an den Vater herantritt. Noch weniger findet sich eine Überlieferung, nach der wir einer Tochter so viel Ansehen und soviel Einfluß auf ihren Vater zutrauen können, daß er solch einem Anspruch nachgibt. Achsas starke Rolle steht im Kontrast zu der schwachen Position, die sie zu Beginn der Erzählung hat, wo sie lediglich als Siegestrophäe behandelt wird. Um so bemerkenswerter ist es, daß der Erzähler eine Tochter derart mit Einfluß ausstatten kann, ohne dafür den Leserinnen und Lesern irgendeine Erklärung zu geben.

Steht hinter diesem erzählerischen Vorgehen eine Realität, nach der Töchter weitaus mehr Macht besitzen konnten, als die meisten Texte des Alten Testaments es vermuten lassen? Oder hatte der Erzähler es schlichtweg nicht nötig, sich bei der Schaffung dieser weiblicher Erzählfiguren an der Realität zu orientieren? Schließlich ist die Möglichkeit nicht von der Hand zu weisen, daß er mit männlicher Definitionsmacht Wirklichkeit in der Weise glätten konnte, die für seine (männlichen) Helden vorteilhaft erschien ... Die Frage läßt sich anhand des Textes nicht beantworten.

*Zusammenfassung*

Gaben und Geschenke, die Töchter von ihren Vätern erhalten, finden in den alttestamentlichen Erzählungen dann einen Platz, wenn sie Bedeutung für die Ausgestaltung einer Szene haben (Gen 24, 59–60), im weiteren Verlauf der Familiengeschichte wichtig werden (Gen 29,24.29) oder Erklärungen für Maßnahmen und Besitzverhältnisse bieten (1Kön 9,16; Jos 15,19). Was die väterlichen Gaben für Töchter bedeuten und ob sie auf die Versorgung der Tochter abzielen, wird in den Texten jedoch nicht deutlich. Faktisch kommen in den Geschichten die Gaben eher den Ehemännern als den Frauen zugute: Die Leibmägde der Lea und Silpa gebären nicht nur für ihre Herrinnen Kinder, sondern vor allem auch für Jakob (Gen 30), der Ort, den die Tochter des Pharao geschenkt erhält, wird zu Salomos Besitz gerechnet (1Kön 9,16), der Ehemann Tobias ist Eigentümer des Vermögens aus seiner Heirat mit Sara (Tob 10,10), und auch die Wasserquellen, die Achsa erhält, werden zum Besitz Otniels gezählt (Jos 15,13–19; par Ri 1, 11–15).

Inwieweit dies auf die androzentrische Perspektive der Texte oder aber auf sozialgeschichtliche Realitäten zurückzuführen ist, kann hier nicht geklärt werden. Immerhin vermittelt die Erzählung von Achsas Bitte an ihren Vater, ihr Wasserquellen zu geben, den Eindruck, daß eine Tochter sehr fordernd und selbstbewußt an ihren Vater herantreten kann und von ihm daraufhin reich bedacht wird (Jos 15,13–19). Solch ein Verhalten erscheint aber als ungewöhnlicher Ausnahmefall.

## 1.2.3 Die Versorgung mit einem Erbe

Von einem Erbe für Töchter ist noch seltener als von väterlichen Geschenken die Rede. Der Erhalt des Erbes ist mit der Vorstellung verbunden, daß die Töchter die Geschlechterfolge der väterliche Linie weiterführen.

*Mahla, Noa, Hogla, Milka und Tirza (Num 26,33; 27,1–11; 36, 1–13; Jos 17,3–6)*
Mahla, Noa, Hogla, Milka und Tirza sind erstmals in einer Liste erwähnt, die das Ergebnis einer Volkszählung der Stämme Israels wiedergeben will; hier werden sie namentlich als die »Töchter des Zelofehad« aufgeführt (Num 26,33). Da Töchter sonst in solchen Listen nicht erscheinen,[93] ist eine solche Aufführung höchst ungewöhnlich. Sie erfolgt vermutlich im Hinblick auf die in Num 27,1–11 erzählte Episode,[94] in der die fünf Frauen vor die Führer des Volkes treten und Grundbesitz verlangen:
Zunächst wird in Num 27,1 Zelofehads Stammbaum detailliert bis ins fünfte Glied (!) auf Jakobs Sohn Josef zurückgeführt. Mahla, Noa, Hogla, Milka und Tirza sind von vornehmer Abstammung.[95] Der Erzähler berichtet, daß sie das Gespräch mit den ranghöchsten Männern Israels suchen. Sie sprechen mit ihnen am Tor der Stifthütte, also an der Pforte des heiligsten Ortes im Lager (Num 27,2). Die Frauen bringen vor, daß ihr Vater gestorben ist, ohne eine besondere Schuld auf sich geladen zu haben (27,3).[96] Sie fragen: »Warum soll nun der Name unseres Vaters aus der Kreise seiner Sippe ausgeschieden werden, weil kein Sohn von ihm da ist? Gebt uns also Grundbesitz im Kreise der Brüder unseres Vaters!« (27,4)
In den Worten der Töchter geht es um das Weiterleben des »Namens« ihres Vaters. Im Text erscheint es als selbstverständlich, daß der »Name« eines Mannes, dessen Weiterleben wichtig und ernst genommen wird, nur in Verbindung mit einem Grundbesitzanteil seiner Nachkommen erhalten bleibt.[97] Die Schwestern argumentieren hier explizit mit dem Interesse ihres verstorbenen Vaters, sprechen nicht von ihrem eigenen Interesse. Ankie Sterring sieht darin einen geschickten Schachzug der Frauen: »The way they present their argumentation can be regarded as an appropriate ex-

---

93 Siehe unten S. 158.
94 Siehe *Laffey* 1988, 58.
95 AaO. 59.
96 Vgl. *Noth* 1966, 183.
97 AaO. 184; *Budd* 1984, 301.

ample of indirect female strategy. Nowhere do they mention their own investment in this situation, although, for them, much is at stake.«[98] Genausogut ist jedoch auch denkbar, daß der Verfasser des Textes schlichtweg an den Interessen der Frauen nicht interessiert ist. Für ihn zählt der Vater, und nicht die Töchter.
In der erzählten Episode bringt Mose den Rechtsfall vor JHWH (Num 27,5), und JHWH bestätigt die Frauen in der Rechtmäßigkeit ihrer Forderung (Num 27,7a). Er beauftragt Mose, ihnen eigenen Grund und Boden als Erbbesitz bei den Brüdern ihres Vaters zu geben, d.h. sie als Erbtöchter anzuerkennen (Num 27,7b).[99]
Die in Num 27,1-11 geschilderte Episode wird verkürzt und mit geringfügigen Veränderungen noch einmal in Jos 17,3-6 erzählt. Jos 17,4 hält ausdrücklich fest, daß die Töchter ihren Erbteil tatsächlich erhalten; dies deutet auf das Ungewöhnliche des Vorganges hin. Jos 17,6 führt die dadurch für den Stamm Manasse entstanden Besitzverhältnisse auf.
Nun können Töchter nur dann den Namen des Vaters weiterleben lassen, wenn ihr Erbe bei einer Heirat in ihrem Besitz bleibt und gleichsam von ihnen für den Vater weitergeführt werden kann. Wie jedoch aus Num 36,1-13 hervorgeht, ist das offenbar nicht der Fall.[100] Dieser Nachtrag nimmt die mit Num 27,1-11 gegebene Regelung auf und knüpft auch erzählerisch hier an: »Die Stammesbrüder der Töchter Zelofehads fürchten, daß infolge des in 27,1-11 geregelten Erbrechts der Erbtöchter durch Verheiratung mit Männern anderer Stämme dem Herkunftsstamm der Erbbesitz des ohne Söhne Verstorbenen verlorengeht.«[101] Nun sind sie es, die vor Mose treten und ihm ihre Befürchtungen in Form einer Beschwerde vortragen (Num 36,1-4). Mose fügt daraufhin der Bestimmung zum Erbrecht der Töchter im Namen JHWHs eine Ergänzung hinzu: »Laßt sie heiraten, wie es ihnen gefällt; nur sollen sie heiraten in ein Geschlecht aus dem Stamm ihres Vaters, damit nicht die Erbteile der Israeliten von einem Stamm an den anderen fallen; denn ein jeder unter den Israeliten soll festhalten an dem Erbe des Stammes seiner Väter« (Num 36,6.7). Num 36,8.9 wiederholt diese Klausel noch einmal mit anderen Worten. Der Erzähler schließt seinen Bericht mit der Notiz, daß die Töchter Zelofehads tun, wie Mose es ihnen befohlen hat (Num 36,10-12).
Welche Bedeutung Num 36,6-9 letztlich für Zelofehads Töchter hat, bleibt unklar: »In the matter of their choice of partner, did the

---

98 *Sterring* 1994, 91.
99 Zum Erbrecht siehe unten S. 209f.
100 *Laffey* 1988, 60.
101 *Scharbert* 1992, 138.

authorization to inherit mean an improvement of their lot or, on the contrary, a deterioration in status? Would they have been able to choose their partners freely had they not been heiresses?«[102] Sprachlich ist Num 36,1–7 jedenfalls so angelegt, daß die starke Position der Töchter aus Num 27 abgeschwächt wird: Die Männer ihrer Sippe geben hier den Ton an, die Töchter kommen nicht mehr zu Wort. Von dem Selbstbewußtsein und der Selbstständigkeit der Mahla, Noa, Hogla, Milka und Tirza aus Num 27,1–11 ist in Num 36,1–12 nichts mehr zu spüren. Ankie Sterring deutet Num 36,5– 9 als ein »backlash of women's acheivement«[103] und ein »gentlemen's agreement«[104]: »Such a reaction-formation to a acheivement of women's rights is typical of patriarchal society. Whenever menfolk feel threatened and fear that their safety is undermined one way or the other, they try to minimize the imagined damage as much as they can by way of instituting countermeasures.«[105]

Die drei aufgeführten Abschnitte Num 27,1–11; Num 36,1–12 und Jos 17,1–6 entstammen unterschiedlichen historischen Kontexten. Num 27,1–7 wird häufig den Texten der Priesterschrift zugeordnet, weil er von »Führern«, der »Gemeinde« und der »Tür der Stiftshütte« spricht.[106] Num 36,1–12 versteht Budd als Ergänzung oder Anhang zum bereits vollständigen Buch Numeri:[107] Jos 17 führt Görg auf nachdeuteronomistische priesterliche Kreise zurück. Indem hier ebenso wie in Num 27 der Priester Eleasar auftritt, werde das Interesse »am Zusammenhang von Kultordnung und Landverteilung« deutlich.[108]

Sachlich weicht ein Erbrecht für weibliche Familienmitglieder so weit von dem uns überlieferten patrilinearen Denken der alttestamentlichen Schriften ab, daß es – so Noth –[109] hier deshalb einer besonderen göttlichen Entscheidung bedurfte. Möglicherweise will der Erzähler mit den Namen, die Zelofehads Töchter zugeschrieben werden, die Frauen in der Rolle als Erbinnen des Landes ihres Vaters bestätigen: Drei Töchter tragen Namen von Städten aus dem Westjordanland: Noa in Zebulon (Jos 19,13), Hogla in Juda (Jos 15,6), und Tirza in Manasse (Jos 12,24; 1Kön 15,21). Es ist denkbar, daß auch Mahla und Milka Städtenamen sind. Sie sind jedoch nicht bezeugt.[110]

102 *Sterring* 1994, 95.
103 AaO. 98.
104 AaO. 94.
105 Ebd.
106 Siehe *Budd* 1984, 300.
107 AaO. 389.
108 *Görg* 1991, 79 mit Verweis auf Jos 14,1.
109 *Noth* 1966, 184.
110 *Budd* 1984, 300.

Die fünf Töchter des Zelofehad sind die einzigen, von denen uns im Alten Testament überliefert wird, daß sie nach der angegebenen Erbrechtsregelung tatsächlich Landbesitz ihres Vater erhalten. 1Chr 2,34.35 notiert bei der Auflistung der Geschlechter Judas noch einmal den Fall, daß ein Mann nur Töchter hat und keine Söhne. Der Mann heißt Scheschan, seine Töchter werden nicht namentlich genannt. Die Genealogie Scheschans wird weitergeführt über seinen ägyptischen Knecht Jarha, dem Scheschan eine Tochter zur Frau gibt. Die Liste erweckt den Eindruck, als gingen Nachfolge und Eigentum des Vaters samt Tochter direkt an den Knecht über. Der Knecht erscheint als Instrument, der das Auslöschen des Geschlechtes verhindert. Das patrilineare Prinzip ist zwar auch hier durchbrochen. Trotzdem spielt Scheschans Tochter in dieser genealogischen Notiz eine völlig marginale Rolle. Während der Name des Knechts noch überliefert ist, ist ihr Name nicht festgehalten.

Darüber hinaus geht aus Esr 2,61 (Parallele: Neh 7,63) hervor, daß der Name eines Mannes, nämlich des Gileaditers Barsillai, über seine Tochter weiterlebt. Hier handelt es sich um genealogische Notizen, die sich nicht mit der Erbschaftsproblematik befassen. Der Name der Tochter ist nicht überliefert.

*Jemina, Kezia, Keren-Happuch (Hi 42,13–15)*
Jemina, Kezia und Keren-Happuch werden von ihrem Vater Hiob als Erbinnen eingesetzt. Entgegen der Bestimmungen von Num 11,8–11 erhalten sie wie ihre Brüder ein Erbteil, obwohl Hiob auch sieben Söhne hat.[111]

Diese Überlieferung gehört zur Rahmenerzählung des Hiobbuches, die von einem »märchenhaft Stil«[112] geprägt ist. Die Kinder Hiobs bekommen von dem Erzähler kein Eigenleben in dem Sinne, daß sie selbst als handelnde oder denkende Personen in Erscheinung treten. Der hohe Wert, den gerade die Töchter für ihren Vater haben, wird herausgestellt, um Hiobs Segnungen nach bestandener Probe zu beschreiben. Das ist um so bemerkenswerter, weil dadurch die Söhne ganz in den Hintergrund treten. Anders als ihre Brüder werden nämlich die Töchter namentlich genannt, ihre unvergleichliche Schönheit wird gepriesen und über ihre Erbberechtigung ausdrücklich berichtet. Hiob selbst gibt den Mädchen Namen, die Schönheit und Erotik assoziieren lassen: Jemina heißt »Täubchen«, Kezia »Zimmetblüte« und Keren-Happuch »Salbhörnchen« (Hi 42,14). Die Aussage, es habe keine so schöne Frauen im ganzen Lande gegeben wie eben die Töchter Hiobs (Hi 42,15), unterstreicht noch einmal, wie begnadet Hiob ist: Er kann sich glücklich schätzen, solche Töchter zu haben. Daß Hiob sich wahrhaftig glücklich schätzt, kommt durch die Mitein-

---

111 Hi 42,15 widerspricht auch Dtn 21,15–17. Dieses Gesetz redet ausschließlich vom Recht des erstgeborenen *Sohnes* auf das Erbe.
112 Weiser 1963, 26. Vgl. *Fohrer* 1963, 71: »Hiob soll nicht als zeitgebundene und -bedingte Person erscheinen, sondern als Beispiel und Symbol des leidenden Menschen, wo und wann auch immer er lebt.«

setzung der Töchter als Erbinnen zum Ausdruck. Wie und warum das auf einmal möglich ist, wird nicht erklärt. Höltscher und Fohrer verbinden in ihren Kommentaren den Erbbesitz der Töchter Hiobs mit Bemerkungen über die Chancen dieser Mädchen auf dem Heiratsmarkt.[113] Im Text selbst geht es lediglich um den hohen Wert, den die Töchter für den Vater haben, und nicht um den Wert, den sie für die (künftigen) Schwiegersöhne besitzen. Auffällig ist, daß der Erzähler den Wert der Töchter für ihren Vater eng mit der sexuellen Attraktivität der Mädchen verknüpft. Der Umstand, daß die Töchter neben ihren Brüdern als erbberechtigt erscheinen, führt jedoch aus solch einer androzentrischen Perspektive wieder heraus.

*Sara und Tobias (Tob 8,21)*
Raguel, der Vater Saras im Buch Tobit, kündigt an, sein Schwiegersohn Tobias solle seinen Besitz erhalten, wenn er und seine Frau tot sind (Tob 8,21). Dem Text scheint der Gedanke fremd, daß Sara als einzige Tochter selbst den väterlichen Besitz bekommen könnte. Die Verwaltung finanzieller Ressourcen liegt in dieser späten Erzählung im Bereich des Mannes und ist Verhandlungsgegenstand unter Männern (vgl. Tob 10,10), die Frau wird damit nicht unmittelbar in Verbindung gebracht.

*Zusammenfassung*
In der alttestamentlichen Überlieferung wird die Versorgung der Tochter mit einem Erbe nur in Ausnahmefällen thematisiert. Im Buch Tobit geschieht dies in einer Verhandlungsszene unter Männern, in denen die Tochter nicht anwesend ist (Tob 8,21). Dort, wo die Erzähler Töchter als Erbinnen in Szene setzen, geht es ihnen nicht um die Lebenssituation der Tochter. Das Motiv für die Überlieferung vom Erbrecht der Töchter des Zelofehad ist die Autorisierung einer Regel, die verhindern will, daß Männern einer Sippe Eigentum verlorengeht (Num 27,1–11; 36,1–13), und die Notiz über das Erbe der Töchter Hiobs (Hi 42,13–15) will den Wert der Töchter für den Vater zum Ausdruck bringen.
Über die Bedeutung, die die Erbberechtigung für die Töchter selbst hat, geben die Texte des Alten Testamentes keine Auskunft. Die androzentrische Perspektive der Erzählungen übergeht diesen Punkt. Die Frage, inwiefern die als Ausnahmefall überlieferte Erbberechtigung von Töchtern soziale Implikationen enthält, die Frauen zugute kommen können, muß im Rahmen meiner Untersuchung offenbleiben. Immerhin ist Num 27 ein Indiz dafür, daß

---

113 *Höltscher* 1937, 99; *Fohrer* 1963, 555.

patrilineares Denken nicht widerspruchslos tradiert wird, wo es zum Auslöschen eines männlichen Namens führen muß.

### 1.2.4 Mangelnde Versorgung mit einem Ehemann: Ein vorgegebenes Motiv für sexuellen Kontakt mit der Tochter

Die Gegebenheit, daß Frauen nicht mit einem Ehemann versorgt sind, wird zum erzählerischen Ausgangspunkt für Geschichten, in denen die Frauen initiativ werden: In Gen 19,30–38 gehen die namenlosen Töchter Lots eine inzestuöse Beziehung zu ihrem Vater ein, in Gen 38 »verführt« Tamar ihren Schwiegervater, und in Rut 3 sucht Rut den sexuellen Kontakt zu Boas, einer Vaterfigur.

*Die inzestuöse Beziehung zwischen Lot und seinen beiden Töchtern (Gen 19,30–38)*
Lots Töchter sind in der Überlieferung namenlos. Sie werden erstmals in Gen 19,8 erwähnt: Hier macht Lot den Männern von Sodom das Angebot, ihnen seine beiden Töchter zur Vergewaltigung zuzuführen, wenn die Sodomiter im Gegenzug seine Gäste nicht anrühren. Den Töchtern bleibt diese brutale Gewalttat jedoch erspart. Als Töchter Lots werden sie schließlich aus Sodom gerettet, bevor die Stadt von Gott vernichtet wird (V 9–23).[114] Lots Schwiegersöhne allerdings überleben den Untergang Sodoms nicht (V 14),[115] und auch Lots Frau erstarrt auf der Flucht zur Salzsäule (V 26). Der Vater sucht mit seinen Kindern in der Stadt Zoar Zuflucht. Gott verschont mit Rücksicht auf Lot diesen Ort (V 22).
Diese Geschehnisse beim Untergang von Sodom und Gomorra schaffen die Ausgangssituation für eine sich nun anschließende Inzestgeschichte, die eine Atmosphäre der Angst und die Isolation der jungfräulichen Töchtern durch den Vater voraussetzt. Lot fürchtet sich, in der Stadt Zoar zu bleiben, und zieht mit seinen Töchtern ins Gebirge, in eine Höhle (V 30). Die beiden Töchter werden jetzt in den Mittelpunkt der Erzählung gerückt: Die ältere Tochter kommt selbst zu Wort und schildert einen Plan, wie sie und ihre Schwester den Vater verführen können (V 31.32). Anschließend wird die Ausführung dieses Vorhabens bis ins Detail wiedergegeben (V 33–35). Schwanger von ihrem Vater, machen die beiden Frauen Lot zum Stammvater zweier Völker, dem Volk der Moabiter und der Ammoniter (V 36–38).

---

114 Siehe unten S. 118f.
115 Wenn Gen 19,12–14 von Schwiegersöhnen Lots spricht, so ist unklar, wie diese Lots Familie zuzuordnen sind: Sind es Männer, die seine Töchter heiraten sollten/wollten oder aber Männer, die seine Töchter geheiratet hatten?

Die Erzählung selbst enthält keine moralischen Wertungen. Die meisten Kommentare und Interpretationen stellen die Zeugung von Nachkommen ins Zentrum ihrer Ausführungen.[116] Gen 19, 30–38 wird gedeutet als Stammesätiologie der Völker Moab und Ammon,[117] als Ausdruck des starken Kinderwunsches der Frauen, der sich auf diese Weise einen Weg bahnt,[118] oder als Umgestaltung des »Mythos von der Neuschöpfung der Menschheit nach dem Vernichtungsgericht«[119]. Dabei betonen die Interpretinnen und Interpreten der Erzählung häufig, daß Lot und seine Töchter sich in einer Ausnahmesituation befinden: Das abgeschiedene Leben in der Höhle mache es den Frauen unmöglich, auf andere Weise zu Kinder zu kommen. Die Töchter handeln von der (falschen) Annahme ausgehend, sie seien ähnlich wie Noah und seine Familie nach der Sintflut mit ihrem Vater nun die letzten Überlebenden auf der Erde. Die Gedanken vieler Exegetinnen und Exegeten bewegen sich um die Frage, ob und inwieweit hier der Zweck – die Kinder – das Mittel – den Inzest – heilige, da das Handeln der Frauen ja letztlich dazu führe, daß Lots Geschlecht nicht aussterben muß.[120] Athalya Brenner ordnet Lots Töchter sowohl den »positiv« wie den »negativ« zu beurteilenden »Verführerinnen« des Alten Testaments zu: Während den Frauen positiv anzurechnen sei, daß sie im guten Glauben handeln und nach der Erreichung ihres ehrenwerten Ziels, der Zeugung von Nachkommen für das väterliche Geschlecht, den Inzest beenden,[121] so stimme doch die Voraussetzung nicht, von der sie ausgehen, nämlich daß von ihnen nun das Schicksal der Menschheit abhänge. »Their assumption (...) is arrogant and ridiculous. The stupid error of judgment on their part, this impatience to wait and see how God, who has previously guided their own and their father's escape, will

---

116 Eine ausführliche Beschreibung der Aufnahme von Gen 19,30f in den Kommentaren und Interpretationen siehe in: *Seifert* 1994, 52–55.
117 *Jacob* 1934, 463; *v. Rad* 1976, 176; *Zimmerli* 1976, 94.
118 *Westermann* 1981, 382 und 384f; *Jacob* 1934, 464.
119 *Gunkel* 1964, 219; *Burrichter* 1989, 24; *Kessler* 1989, 24f; *Wöller* 1991, 23.
120 Einen alternativen Weg der moralischen Beurteilung des Geschehens geht Gerhard v. Rad, der sich in seinem Kommentar weniger für Lots Töchter als für Lot interessiert. Seines Erachtens dient Gen 19,30ff der negativen Charakterisierung Lots (*v. Rad* 1976, 177). Im Hintergrund der Sicht des Vater-Tochter-Inzest bei v. Rad steht das Bild, der Vater (Täter) müsse irgendwie »gestört« sein, um solch eine Tat zu verüben.
121 *Brenner* 1985, 109: »(...) ... their interest in incestuous relations is limited to the perservation of mankind. Once they think that they have done their duty, they stop. One feels like asking: are they very different from Tamar and Ruth?«

instruct them, marks them as misguided women rather than heroinnes.«[122]

Einige feministische Forschungsarbeiten zu Vater-Tochter-Inzest weisen darauf hin, daß Gen 19,30–38 das »typische Szenario« enthält, das bis in die Gegenwart zur Rechtfertigung sexueller Gewalt von Vätern gegen ihre Töchter herangezogen wird: »erotische Atmosphäre, verführerische Töchter, argloser, sich keiner Schuld bewußter Vater, abwesende Mutter.«[123] Bereits Lots Angebot in der Sodomgeschichte, seine Töchter zur Vergewaltigung auszuliefern (Gen 19,8), setzt eine Sicht der Vater-Tochter-Beziehung voraus, die diese Beziehung allein unter den Aspekt des Besitzverhältnis betrachtet. Theorien der Inzestforschung zeigen, daß eine solche Sicht der Eltern-Kind-Beziehung häufig die Basis für Vater-Tochter-Vergewaltigungen bildet.[124] Indem der Erzähler in Gen 19,31 ein Bild von Wirklichkeit zeichnet, dem folgend der sexuelle Kontakt des Vaters eindeutig auf den Wunsch der beiden Töchter zurückgeht, handelt er ebenso wie jene zahlreichen Väter, die heute ihre sexuelle Gewalt gegen ihre Töchter mit der Behauptung rechtfertigen, ihre Kinder hätten den sexuellen Kontakt zu ihnen gesucht.[125] Solch eine Darstellung des Vater-Tochter-Inzest

---

122  AaO. 110.
123  *Rijnaarts* 1988, 25. Für Rijnaarts ist dieses Szenario derart typisch, daß sie ihre Publikation über den Vater-Tochter-Inzest mit dem Titel »Lots Töchter« herausbrachte. Vgl. *Wirtz* 1989, 51. – *Elisabeth George* benutzt in dem Kriminalroman »Gott schütze dieses Haus«, Berlin 1989, Gen 19,30ff als eine Lehrgeschichte, die ein Vater gegenüber seiner Tochter einsetzt, damit sie willig seine sexuelle Gewalt über sich ergehen läßt. – Vgl. Elga Sorges Behauptung zu Gen 19,30f: »Das kann doch nur so gewesen sein, daß der schon alte Vater seinen Töchtern Wein gab und sie vergewaltigt hat, um aus seinem Samen Nachkommen hervorgehen zu lassen, was ja ein dauerndes Männerproblem ist im Alten Testament. Daß die Töchter ihren Vater betrunken gemacht haben und daß ein alter, betrunkener Mann zwei Frauen schwängert, halte ich mit Shakespeare für ausgeschlossen (›alcohol provoques the desire but disturbs the performance‹)« (*Kuckuck* 1988, 115).
124  *Wirtz* 1989, 25ff. *Rank* 1974, 338f spricht vom »Motiv der Besitzerhaltung« beim Inzest.
125  Siehe *Rijnaarts* 1988, 26f: »Die Leute sagen: ›Lots Töchter waren doch selbst schuld; sie haben doch die Initiative ergriffen!‹ Ja, so steht es im Alten Testament. Aber wer sagt, daß es wirklich so war? Die meisten inzestuösen Väter behaupten, ihre Tochter haben den sexuellen Kontakt selbst gewollt. Und die meisten Töchter erzählen ganz etwas anderes.« – Vgl. *Rank* 1974, 337: »Auch aus den wenigen mythischen Überlieferungen, in denen die Liebesleidenschaft von der Tochter auszugehen scheint, gewinnt man den Eindruck, daß dies nur eine Rechtfertigung für die anstößigen Begierden des Vaters darstellt, der so die Schuld der Verführung auf die Tochter abzuwälzen sucht.« *Rank* 1974, 345 spricht explizit in bezug auf Gen 19,30ff von der »Rechtfertigung der väterlichen Gelüste in der Berauschung und Verführung durch die Tochter«.

steht im Widerspruch zu dem Machtungleichgewicht zwischen Vater und Tochter, das sich in Gen 19,8 bereits so drastisch in Lots Angebot an die Sodomiter zeigte: Lots Töchter haben dort nicht die Macht, über ihre Sexualität selbst zu bestimmen, und sie haben keine Position, in der ihre Stimme gehört oder gar respektiert würde. Um so auffälliger ist es, daß diese Machtverhältnisse lediglich für kurze Zeit in Gen 19,31–35 umgekehrt werden: Während wir erwarten könnten, daß die Abgeschiedenheit der Höhle im Gebirge die väterliche Verfügungsgewalt Lots über seine Töchter noch steigert, gewinnen nun überraschend die Kinder Macht über ihn. Der Erzähler läßt sie als Täterinnen auftreten, die sogar den Willen des Vaters ausschalten können, um an ihr Ziel zu kommen. Die Töchter nehmen den Inzest in Kauf, um ihre Wünsche nach (sexuellem Kontakt und/oder) Kindern erfüllt zu bekommen. Sie übernehmen die Rolle ihrer zur Salzsäule erstarrten Mutter: Sie sind an der Seite des Vaters, befriedigen seine Bedürfnisse, gebären ihm Nachkommen und steigen so zu »Retterinnen der Familie« auf. Unter solchen Umständen erscheint Vater-Tochter-Inzest nicht mehr als ein Machtmißbrauch des Vaters und Vergewaltigung, die bei den Töchtern tiefe Wunden hinterläßt, sondern als etwas durchaus Akzeptables, das positive Konsequenzen haben kann. Eine Schuld des Vaters am Inzest gibt es in dieser Darstellung des Tathergangs nicht.

Auch andere Beobachtungen können den Eindruck vertiefen, hier handle es sich um eine Erzählung, die der Befriedigung und Rechtfertigung männlicher Sexualvorstellungen dient: Bereits die Forderung der Sodomiter, Gottes Boten zu sexuellen Übergriffen ausgeliefert zu bekommen (Gen 19,5) und Lots Angebot, ihnen seine Töchter zur Vergewaltigung zu übergeben (V 8) haben sexualisierte Gewalt zum Thema. In Gen 19,30f ist die Lust des Erzählers an den intimen Beziehungen zwischen Vater und Tochter unverkennbar: »Was die Breite der Erzählung und den Blick des Erzählers betrifft, so liegt das Interesse eindeutig nicht bei den Kindern, deren Zeugung schließlich als Ziel und Zweck der Erzählung erscheinen, sondern bei dem Erotik beinhaltenden Verführungsakt (den Vater berauschen – sich zu ihm legen – seinen Samen lebendig machen). Die gewählten Worte halten fest, daß dem Geschlechtsakt etwas Gewaltsames innewohnt.«[126]

Lots Söhne, um deretwillen die Töchter nach dem Skopus der Erzählung den sexuellen Kontakt mit dem Vater suchen, tragen Namen, die auf den Inzest verweisen. Sie halten die Erinnerung an die inzestuöse Tat und nicht an das Motiv dieser Tat, das Weiterle-

---

[126] *Seifert* 1994, 60.

ben von Lots Geschlecht, im Gedächtnis.[127] Die Macht, die Lots Töchter nach dem Willen des Erzählers in Gen 19,31–35 haben, verlieren sie mit der Schwangerschaft wieder: Lot wird durch Moab und Ammon zum Stammvater zweier großer Völker, wogegen seine Töchter namenlose Ahnmütter bleiben. Am Ende von Gen 19 erscheint die alte Familienhierarchie wieder gefestigt.

*Die sexuelle Beziehung zwischen Tamar und ihrem Schwiegervater (Gen 38)*
Tamars Name fällt erstmals in Gen 38,6. Mit Ausnahme dieses Namens, »Dattelpalme« – ein Wort, das Fruchtbarkeit ausdrückt –, ist vorerst nichts über diese Frau zu erfahren. Sogar der Name ihres Vaters ist nicht überliefert. Einige Kommentare gehen davon aus, daß Tamar eine Kanaaniterin ist, weil Juda unter den Kanaanitern lebte und auch sich selbst eine Kanaaniterin zur Frau nahm.[128] Dies könnte die fehlenden genealogischen Angaben erklären. Der Erzähler vermerkt nichts über die Volks- oder Familienzugehörigkeit dieser Frau. Das Gegenüber Tamars ist ihr Schwiegervater.
Zunächst handelt Tamar in der Erzählung nicht selbst, sondern es wird an ihr gehandelt: Juda, Vater dreier Söhne, nimmt sie für seinen ältesten Sohn, und nachdem dieser verstirbt, gibt er sie nach Leviratsrecht dem jüngeren, Onan (Gen 38,6–8).[129] Onan versucht, durch coitus interruptus eine Schwangerschaft Tamars zu verhindern und stirbt ebenfalls (V 9.10). Juda verheiratet Tamar nun nicht mehr mit seinem jüngsten Sohn, sondern schickt sie ins Haus ihres Vaters zurück (V 11).
Alle diese Entscheidungen über Tamars Leben werden in der Erzählung von ihrem Schwiegervater Juda allein getroffen. Sie selbst wird nicht gefragt, und sie kommt hier auch nirgendwo zu

---

127 Claus Westermann hat dies so irritiert, daß er davon ausgeht, die Namen der Kinder müßten ursprünglich anders gelautet haben. Lots Söhne hätten doch sicher von ihren Müttern Namen erhalten, die nicht auf die Abstammung vom Vater zu deuten gewesen seien, sondern auf »das, warum die verzweifelte Tat geschah, das Weiterleben des Geschlechts. Das eigentliche Ziel der Tat wird durch die jetzige Namensgebung gerade abgebogen« (*Westermann* 1981, 383).
128 *Jacob* 1934, 722.
129 »Nach dem Midrasch wollte Er keine Kinder zeugen, damit die Schönheit seiner Frau nicht durch Schwangerschaft entstellt werde« (Jacob 1934, 713 zu V 6). – Von einer besonderen Schönheit Tamars spricht der Erzähler nicht. Was für ihn zählt, ist Tamars Gebärfähigkeit. Wie die von Jakob aufgenommene Bemerkung des Midrasch jedoch beispielhaft zeigt, ranken sich um die sexuelle Attraktivität Tamars in der Wirkungsgeschichte von Gen 38 weitgehende Spekulationen. – Zum Leviratsrecht siehe Dtn 25,5–10 und die Ausführungen bei *Richter* 1978, 86f.

Wort. Tamar erfährt immer wieder von neuem Erniedrigungen: Die Statusveränderung von der Ehefrau zur Witwe bedeutet einen sozialen Abstieg, und Onan, der Bruder ihres verstorbenen Mannes, demütigt sie durch die Art, wie er ihre Mutterschaft verhindern will. Juda schließlich bürdet Tamar zu Unrecht die Schuld am Tode seiner Söhne auf (V 11).[130] Weil er sie nicht mit seinem jüngsten Sohn verheiratet, macht er für sie jede Möglichkeit zunichte, auf legalem Weg doch noch Kinder zu bekommen. Und indem er sie aus seinem Haus entfernt und ins Haus ihres Vater zurückschickt, verweigert er ihr einen Platz in seiner Familie.[131] »Rechtlich und sozial gesehen, war die Lage der kinderlosen, also unnützen Witwe, die an den ursprünglichen Besitzer, den Vater, zurückfiel, das Schlimmste, was einer Frau zustoßen konnte.«[132]

Das »Haus des Vaters« ist in dieser Erzählung für die Tochter ein Ort des sozialen Abstiegs, ihr Aufenthalt dort bedeutet die Vorenthaltung von Möglichkeiten. Tamars Vater unternimmt nichts, um die aussichtslose Situation seiner Tochter zu verbessern.[133] Die Tochter wandelt deshalb selbst ihre machtlose Position in eine mächtige um: Als die Frau Judas verstorben ist und Juda »zum Scheren der Schafe« geht, wird sie aktiv und versucht, sich doch noch einen Platz in der Familie ihres Schwiegervaters zu sichern. Tamar nimmt dafür sogar einen Verstoß gegen die Sitte in Kauf, überschreitet »die Grenze, die das Patriarchat ihr gesetzt hat«[134]: Sie zieht das ihr vom Schwiegervater zugewiesene Witwenkleid aus und legt den Schleier einer »Geweihten« (קדשה) an.[135] Die erotisch aufgeladene Atmosphäre, die Judas Gang »zum Scheren der

---

130 Die Ansicht, daß die Ehefrau schuld am (frühen) Tod des Mannes sei, ist eine frauenfeindliche Vorstellung, die sich offenbar quer durch Kulturen und Zeiten zieht. Diese Schuldzuweisung an die Frau bildet bis heute den ideologischen Hintergrund für das noch alltägliche Hindu-Ritual des Sati (der Witwenverbrennung). Dem Hindu-Glauben folgend führen die Sünden der Ehefrau in einer früheren oder in ihrer gegenwärtigen Inkarnation den Tod des Mannes herbei (vgl. *Daly* 1991, 135f).
131 Vgl. *Jeansonne* 1990, 101f.
132 *Bührer* 1993, 91. Dorothee Sölle findet in dieser Verstoßung Tamars durch Juda einen Hinweis auf die Macht der Frau: »Tamar ist zwar nur das nicht-gefragte Objekt dieser Machenschaften, muß aber immerhin so viel Macht besitzen, daß ihr Schwiegervater sie lossein will« (ebd.). Näher liegt m.E. der Gedanke, daß Juda sie lossein möchte, damit er sie in seinem Haus nicht mehr versorgen muß.
133 Siehe *Bal* 1988, 68.
134 AaO. 67.
135 Früher wurden Qedeschen als »Kultprostituierte« verstanden, d.h. als Frauen, die sakraler Prostitution nachgingen. In der religionsgeschichtlichen Forschung ist mittlerweile das Phänomen der Tempelprostitution umstritten. Einen guten Abriß und eine Darstellung des derzeitigen Diskussionsstandes gibt *Wakker* 1992, 49–60. Siehe auch *Schulte* 1992 und *Jost* 1993.

Schafe« bereits in die Erzählung hineintrug – nach Bal beinhaltet das »Scheren der Schafe« eine sexuelle Konnotation –, wird durch diese Handlung noch einmal beträchtlich gesteigert.[136] Juda läßt sich von ihr »verführen«. Tamar beherrscht in diesem Teil der Erzählung ganz die Situation: Sie versteht es, Juda zu täuschen und zum Beischlaf zu bewegen, und in einem Wortwechsel mit ihm stellt sie auch die Bedingungen für ihre Bezahlung. Als Pfand verlangt sie seinen Siegelring, seine Schnur und seinen Stab, unverwechselbare Zeichen der Würde seiner Person.[137] Wie bald deutlich wird, sollen sie diese Zeichen später schützen.
Schwanger von ihrem Schwiegervater, nimmt Tamar den ihr zugewiesenen Platz sofort wieder ein. Sie legt den Schleier der Qedesche ab und zieht die Witwenkleidung wieder an (V 19). Verschwunden, beherrscht sie noch in V 20–23 die Situation:[138] Judas Gefährte kann sie nicht finden, um das Pfand einzulösen, Juda läßt die Sache auf sich beruhen (V 23).
Als Juda von der Schwangerschaft Tamars erfährt, übernimmt er sofort die Rolle des entschlossenen Richters. Er verurteilt die Schwiegertochter ohne Zögern zum Tod durch Verbrennen – ein Urteil von außerordentlicher Härte. Tamar soll die Strafe erleiden, die das (vermutlich spätere als Gen 38 formulierte) Heiligkeitsgesetz eigentlich nur für die Tochter eines Priesters vorsieht, die Prostitution betreibt (Lev 21,9).[139]
Tamar läßt sich aber von ihrem Schwiegervater nicht erneut zum Objekt machen. Während man sie schon hinausführt, wird sie wieder aktiv: Sie schickt ihm sein Pfand zu. Es gelingt ihr damit, ihre eigene Rechtschaffenheit erfolgreich öffentlich zu machen. Obwohl Juda Tamar ablehnte, hat er ohne sein Wissen Dank der Initiative seiner Schwiegertochter seine beiden Ziele erreicht: Nachkommen für seine ältesten Söhne und Schutz für seinen jüngsten Sohn.[140]. Wenn Juda Tamar verbrennen würde, würde er auch seine eigenen Nachkommen verbrennen.[141]

---

136 *Bal* 1988, 66.
137 Vgl. aaO. 71.
138 Vgl. aaO. 69.
139 Die Legendenbildung sieht in Tamar die Tochter des Hohepriesters Sem oder auch die Tochter von dessen Sohn Aram (*Bührer* 1993, 92). – Tod durch Verbrennen ist im Heiligkeitsgesetz außerdem für den Fall gefordert, daß ein Mann eine Frau und zugleich deren Mutter zur Frau nimmt; dann allerdings sollen der Mann und die Frauen verbrannt werden (Lev 20,14). – Nach Lev 20,10 und Dtn 22,22f steht auf Ehebruch die Todesstrafe; Dtn 22,22f bestimmt die Steinigung als Todesart für die ehebrecherische Frau und den am Ehebruch beteiligten Mann.
140 *Bal* 1988, 68.
141 AaO. 71.

Juda gibt Tamar recht. Sie bleibt am Leben und bringt die Zwillinge Perez und Serach zur Welt – ein Sohn also für jeden verstorbenen Sohn Judas. Damit hat sie allerdings aber auch ihre Rolle in der Erzählung ausgespielt. Tamar konnte zwar durch die Überlistung ihres Schwiegervaters Grenzen, die ihr die patriarchale Ordnung setzen, für kurze Zeit überschreiten. Aber: »Es sind die Söhne, die die Geschichte fortsetzen.«[142]
Einige Kommentare spekulieren darüber, ob Tamars Handlungsmotivation lediglich in dem Wunsch nach Mutterschaft im allgemeinen liege oder aber Tamar unbedingt männliche Nachkommen für den Stamm Juda schaffen wollte. Benno Jacob[143] und Gerhard v. Rad[144] neigen zu letztgenanntem Motiv. Es beinhaltet für sie eine Aufwertung der Person Tamars. Diese Frau handele in einem höherem Interesse, nicht in ihrem eigene. Für den Erzähler ist die Frage nach Tamars Motiven nicht von Belang. Er gibt der Leserin und dem Leser nur für das Handeln Judas Erklärungen an die Hand. Nicht Tamars Person, sondern ihr Schwiegervater steht im Zentrum dieses Kapitels.

In der jüdischen Auslegung und Legendenbildung wurde Gen 38 dergestalt ausgeschmückt, daß positive Züge im Bild von Tamar und Juda verstärkt wurden und zugleich die Sittsamkeit beider herausgestrichen werden konnte: »Als sie (sc. Juda und Tamar) sich auf dem Weg nach Timna trafen, soll Juda zunächst achtlos an Tamar vorübergegangen sein, aber sie betete, und ein Engel zwang Juda, zu ihr zurückzukehren. – Juda hatte ihr (sc. Tamars) Antlitz nie gesehen, da Tamar sich sittsamerweise immer verhüllt hielt. Daher erkannte er sie nicht, als sie sich ihm anbot. Für solche Sittsamkeit wurde sie belohnt, indem sie die Ahnin nicht nur Davids, sondern auch der Propheten Jesaja und Amos wurde.«[145] Auf diese Weise verliert der Vater-Schwiegertochter-Inzest jede Anstößigkeit.
Insgesamt gesehen erfährt Tamar in fast allen Kommentaren eine positive Wertung. Nach Benno Jacob zeigt sie sich empfänglich für die »erhabene Mission, die Stammmutter des Messias zu werden. Adliger Sinn löscht unedle Abkunft aus, und Tamars Gestalt ist ein Triumph des Geistes über das ›Blut‹, der werbenden Kraft der national-religiösen Idee Israels und seines Glaubens.«[146] Für Gerhard v. Rad entfaltet sich in Gen 38 ein »verwickeltes Geschehen«. Der Erzähler zeige

---

142 AaO. 70.
143 *Jacob* 1934, 722: »Die Triebfeder von alledem kann nicht gewesen sein, daß sie durchaus ein Kind für sich haben wollte, denn dazu hätte sie auch kommen können, wenn sie irgendeinen andern Mann geheiratet hätte. Sondern sie ist sich der hohen Bestimmung bewußt, die sie erfüllen sollte, indem sie in Judas Familie heiratete.«
144 *V. Rad* 1976, 296: »Die Frage, ob es nicht vielmehr ihr Wunsch nach einem Kind war als ihre Witwentreue, wirft die Geschichte nicht auf; in jedem Fall hat sie erreicht, was im Sinne ihres Mannes und überhaupt des Geschlechtes war.«
145 *Bührer* 1993, 92.
146 *Jacob* 1934, 723.

eine »wundervolle Aufgeschlossenheit dem Menschlichen gegenüber: Leidenschaft, Schuld, väterliche Sorge, Liebe, Ehre, Ritterlichkeit – und das alles in labyrinthischer Verschlingung den engen Kreis einer Familie aufwühlend!«[147] Besonders die »erstaunliche Menschlichkeit einer Frau« habe den Autor »gefesselt«[148]. Claus Westermann interpretiert Gen 38 von dem Gedanken ausgehend, eine Frau wolle sich hier ihr Recht verschaffen. In dem Wort Judas, das Tamar Recht gibt, liege das Ziel der Erzählung.[149] Beim Beweis von Tamars Unschuld nähere sich die Darstellung der »Heldensage, die für die Richterzeit charakteristisch ist«[150].

Feministische Interpretationen legen ähnliche Schwerpunkte wie Westermann. Jeansonne überschreibt ihre Auslegung zu Gen 38 mit der den Worten »The Woman Who Demanded Justice«.[151] Sie sieht zwar Tamar auch nach der Geburt der Kinder in einer Opferrolle,[152] aber ihre Person sei auch ein »model of courage in the fact of terrible odds«.[153] Ähnlich stellt Dorothee Sölle in den Mittelpunkt ihrer Auslegung, daß in Gen 38 eine Frau die Macht der familiären Ordnung unterwandert, die für sie keine Hoffnung mehr übrig hat. »Tamars Bewußtheit und ihr planvolles Handeln widerlegen einen der ältesten frauenfeindlichen Mythen, den Glauben an die von ihren Trieben überwältigte hirnlose Frau. Die angebliche Verführerin erweist sich als Werkzeug des Heilsplans des Gottes, der auch auf krummen Linien gerade schreibt. Es ist kein Zufall, daß Juda in der Anerkenntnis einer Vaterschaft das Wort ›Gerechtigkeit‹ gebraucht. ›Sie ist im Recht gegen mich‹ (Gen 38,26).«[154] Mieke Bal versteht Tamars und Judas Geschichte als Midrasch zu 2Sam 13, »als eine Rehabilitation der Tamar, die zu der Grenze des Patriarchats verurteilt wird, an der Frauen vollkommen machtlos sind: (als Opfer von) Vergewaltigung.«[155] Die Tamar in Gen 38 »schlägt die patriarchalen Machtverhältnisse, die nur aufgrund von Verschleierung existieren, mit deren eigenen Waffen. (...) Wie in einem Vexierspiegel treten die Personen (aus 2Sam 13) von neuem auf. Der Vater wird letztendlich zur Einsicht gebracht. Dem Opfer geschieht Recht.«[156]

Tamars Person erfährt in Gen 38 von dem Erzähler mehr Beachtung als die der Töchter Lots in Gen 19. Während ihr Name überliefert ist, bleiben Lots Töchter namenlos. Tochter und Schwiegervater werden in Gen 38 kontrastierend einander gegenübergestellt und gewinnen beide dadurch an Profil. Zu Tamars Handeln gehört Intelligenz, Mut und Risikobereitschaft, zu Juda das Streben nach sexueller Befriedigung und zugleich die Täuschung, der er unterliegt. Lots Töchter aber haben kein Gegenüber, sondern nur

147 *V. Rad* 1976, 296.
148 AaO. 296.
149 *Westermann* 1982, 46; vgl. auch 47.
150 AaO. 49.
151 *Jeansonne* 1990, 98.
152 AaO. 105f: »Although Tamar will no longer be a childless widow, she remains a widow denied the right of the levirate marriage.«
153 AaO. 106.
154 *Sölle* in: *Bührer* 1993, 91.
155 *Bal* 1988, 53.
156 AaO. 73 und 74.

den betrunkenen Vater als Objekt. Sie treten als Personen hinter ihren Plänen und Handlungen weitaus stärker zurück als Tamar. Ihre Tat wird weder von ihnen selbst noch von Lot oder vom Erzähler wertend kommentiert, während in Gen 38,26 Juda das Verhalten seiner Schwiegertochter ausdrücklich als gerecht erklärt. Tamar wird damit öffentlich rehabilitiert. Die Geburtsgeschichte von Perez und Serach macht ihren Körper zum Schauplatz für Ereignisse, die die Zukunft bestimmen werden. Über den Sohn Perez findet sie einen Platz in der Genealogie Davids. Tamars Name wird in den genealogischen Angaben von 1Chr 2,4 und Rut 4, 12 aufgenommen, nicht jedoch in Gen 46,12 und Num 26,20.[157]

*Rut und Boas – ein weiterer sexueller Kontakt zwischen einer Tochter und einer Vaterfigur (Rut 3)*
Rut und Boas stehen in einer Reihe mit Lot und seinen Töchtern und mit Tamar und Juda: Allen drei Beziehungen ist gemeinsam, daß sie der Genealogie König Davids zugrunde liegen;[158] jedesmal wird vom Erzähler eine Situation vorausgesetzt, in der die männlichen Nachkommen fehlen und die Frauen deshalb aktiv werden.
Athalya Brenner zählt auch Rut 3 unter die Inzestgeschichten des Alten Testaments, da Boas, den Rut als Ehemann für sich zu gewinnen versucht, Ruts Verwandter ist. Mir gibt nicht der Verwandtschaftgrad, sondern das Machtungleichgewicht zwischen Rut und Boas Veranlassung, darüber nachzudenken, ob auch in der Erzählung des Buches Rut zwischen Mann und Frau eine Beziehungsstruktur abgebildet wird, die vom feministischen Standpunkt kritisch betrachtet werden muß, weil sie den Kern einer Gewaltbeziehung in sich trägt. Als Rut Boas auf der Tenne verführen will, redet dieser sie bezeichnenderweise gleich zweimal mit den Worten »meine Tochter« (בתי) an: Er segnet sie als »seine Tochter«, weil sie nicht den jungen Männern nachgegangen ist, sondern zu ihm kommt, und er versichert ihr, daß er sie schützen wird (Rut 3,10.11). Rut wird so in Boas Worten zur Tochtergestalt, er selbst ergreift die Rolle einer Vaterfigur. Im Text erscheint dies nicht als anstößig, obwohl Boas der Bräutigam von Rut ist. Es ist Ruts Entscheidung, eine sexuelle Beziehung zu diesem Mann einzugehen, der ihr Vater sein könnte und in ihr eine Tochter sieht. Dieser Schritt erscheint als sinnvoll und heilbringend.

---

157 Hier wird nur Juda als Vater von Serach und Perez benannt.
158 *Brenner* 1994, 117. Rut ist Moabiterin (Rut 1,4) und stammt als solche von Lot ab (siehe Gen 19,37). David ist ein Enkel von Obed, dem Sohnes von Rut und Boas (Rut 4,22).

Wir können nur darüber spekulieren, ob Rut in der Fremde, nachdem sie die Versorgung ihrer Schwiegermutter auf sich genommen hatte, überhaupt eine andere Wahl blieb, als sich in diese Ehe zu begeben. Nach der Darstellung des Textes brauchen Rut und ihre Schwiegermutter Noomi Boas, um überleben zu können. Alle Stärke, die die literarische Figur Rut in der nach ihr genannten Erzählung zeigt, stößt in der Beziehung zu Boas an Grenzen, die ihr wieder eine vom Mann abhängige Position in der patriarchalen Gesellschaft zuweisen.

*Zusammenfassung*
Mangelnde Versorgung einer »Tochter« mit einem Ehemann wird im Alten Testament gerne als erzählerischer Ausgangspunkt genutzt, um ein Inzestgeschehen zu schildern.[159] Dabei lassen sich zwischen dem Vater-Tochter-Inzest in Gen 19,30f, dem Vater-Schwiegertochter-Inzest in Gen 38 und der sexuellen Beziehung zwischen Rut und ihrem »väterlichen« Verwandten Boas (Rut 3) Parallelen in der Darstellung und in der Auslegungsgeschichte feststellen. Lots Töchter und Tamar erfahren von ihrem Vater bzw. Schwiegervater eine schlechte Behandlung: Lot will den Männern von Sodom seine Töchter zur Vergewaltigung ausliefern, und Juda schließt Tamar aus seiner Familie aus; beide Frauen müssen infolge der Entscheidungen ihres Vaters bzw. Schwiegervaters in der Isolation leben. Auch Rut ist eine Außenseiterin; bei ihr ist es allerdings das Fremdsein, das sie in diese Position bringt. Lots Töchter Tamar und Rut werden zu »Verführerinnen«: Sie führen geplant eine sexuelle Beziehung herbei. Die Art und Weise, wie der Vater, Schwiegervater bzw. der Verwandte überlistet werden, ist erzählerisch stets von höchstem Interesse und wird breit geschildert. Die Unschuld der Männer wird mehrfach betont (Gen 19,33c.35c; 38, 16b.26c; Rut 3,8.9). Die Texte vermitteln den Eindruck, daß der Vater bzw. Schwiegervater »wissend« niemals diese Beziehung eingegangen wäre; Boas, der eine Vaterfigur darstellt, scheint von selbst gar nicht auf den Gedanken gekommen zu sein, zu Rut, in der er eine Tochter sieht, sexuelle Kontakte aufzunehmen.
In der Genesis erfahren Lots Töchter und Tamar durch die Geburt der Söhne zwar eine gewisse Rehabilitation, haben jedoch nach der Erfüllung der Funktion als Gebärerin männlicher Nach-

---

159 In den Texten des Alten Testaments finden sich nur noch zwei weitere Tochtergestalten, die von ihrem Vater keinen Ehemann erhalten: Dina (Gen 34) und Tamar, die Tochter Davids (2Sam 13). Ihr Leben als unverheiratete Frauen steht am Ende ihrer Geschichten, die Vergewaltigungsgeschichten sind. Siehe unten S. 98ff und S. 104ff.

kommen ihre Rollen in der Geschichte ausgespielt. Die Aufmerksamkeit richtet sich nun auf ihre Kinder. Deren Geburt macht die Frauen zu »Retterinnen der Familie«: Lots Töchter zeigen sich auf diese Weise ihrem Vater gegenüber loyal, Tamar erweist ihren verstorbenen Ehemännern ihre Loyalität. Denn obwohl die Männer in der Erzählung als die Getäuschten und Opfer der Frauen erscheinen, liegt doch der sexuelle Kontakt zu ihnen letztlich in ihrem Interesse: das Aussterben ihres Geschlechts wird verhindert. Im Buch Rut stellt sich die Situation etwas anders dar: Hier erfährt vor allem die Schwiegermutter Ruts, Noomi, durch die Geburt des Kindes eine Rehabilitation, ihr gilt die Loyalität Ruts und die Aufmerksamkeit des Erzählers bzw. der Erzählerin.

Indem das Interesse, das die Männer am sexuellen Verkehr mit den »Töchtern« haben, als Interesse der Frauen dargestellt wird, und für *alle* Beteiligten, auch für die Frauen, positive Konsequenzen des inzestuösen Verkehrs behauptet werden, konstruiert der Text eine Wirklichkeit, die Frauenerfahrung widerspricht. Die Gewalt, auf welcher der Inzest beruht, und das Trauma, das Inzest für Frauen bedeutet, bleibt in solchen androzentrischen Darstellungen unsichtbar. Die Tatsache wird geleugnet, daß Töchter keinen sexuellen Kontakt zu ihren Vätern wünschen, sexuelle Übergriffe in aller Regel von Schwiegervätern und nicht von Schwiegertöchtern ausgehen. Rut 3 schweigt über das Gefühl der Erniedrigung, das in Frauen entsteht, wenn ökonomische Not sie dazu zwingt, sich und ihren Körper gutsituierten, väterlichen Männern zu »überlassen«. Die biblischen Darstellungen suggeriert, daß Inzest – zumindest unter bestimmten Umständen und zu bestimmten Zeiten – etwas Positives sein kann und nichts mit Vergewaltigung zutun hat. Dadurch glättet sie empirische Wirklichkeit in einer Weise, die für Männer sehr vorteilhaft ist und auf die Zustimmung zu patriarchalen Grundmustern hinwirkt.

*Exkurs: Frauen als »Verführerinnen« in alttestamentlichen Erzählungen*
Verführerinnen können in den Texten des Alten Testament positiv oder negativ dargestellt werden. Athalya Brenner hat Charakteristica für entsprechende Typologien zusammengetragen:[160] Die »positiven Verführerinnen« haben keinen Ehemann und sind Fremde. Ihre Handlungen sind von dem Wunsch motiviert, männliche Nachkommen zu erhalten. Um dieses Ziel zu erreichen, setzen sie ihre Sexualität ein und manipulieren erfolgreich ihr männliches Opfer. »Positive Verführerinnen« sind nach dieser Be-

---

160 Brenner 1985, 113f.

schreibung Tamar (Gen 38) und Rut (Buch Rut). Eventuell sei hier auch Jael hinzuzurechnen, mit Einschränkungen Lots Töchter (Gen 19).[161] Zu den »negativen Verführerinnen« zählt Athalya Brenner Potifars Frau (Gen 39), Simsons Frauen (Ri 14–16), und die Fremde Frau im Proverbienbuch (Spr 1–9).[162] Die »negativen Verführerinnen« sind ebenfalls Fremde. Sie sind verheiratet und Ehebrecherinnen. Motive für ihr Handeln sind sexuelle Lust oder fremde Fruchtbarkeitskultpraktiken. Sie setzen zur Erreichung ihres Ziels nicht nur ihre sexuelle Attraktivität, sondern auch ihre Überredungskunst ein. Sie sind jedoch nicht immer erfolgreich.

Wirkungsgeschichtlich hat als Prototyp der Verführerin vor allem Potifars Frau Aufmerksamkeit gefunden (Gen 39).[163] Das mag einen Grund darin haben, daß der Erzähler ihr nur die Rolle eines »sexual stereotype« zukommen läßt, neben dem andere Aspekte keinen Raum erhalten. Potifars Frau wird als lüsterne, aggressive Frau geschildert,[164] die aus Wut darüber, daß sich Josef von ihr nicht verführen ließ, den armen Mann fälschlich der Vergewaltigung beschuldigt. Sie dient in der Erzählung dazu, Josef ins Gefängnis zu bringen. Danach hat sie ihre Rolle ausgespielt.

Feministische Autorinnen machen darauf aufmerksam, daß die Geschichte von Potifars Frau einen Mythos[165] weitergebe, der männliche Gewalt unsichtbar werden läßt und zugleich Stoff für eine Schuldzuweisung an Frauen bietet, die Opfer dieser Gewalt wurden. Denn aus der Geschichte von Potifars Frau werde verallgemeinert, »Frauen, die Männer der Vergewaltigung beschuldigen, lügen, um sich an ihnen zu rächen«.[166]

---

161  AaO. 114. Ausführlich werden Tamar und Rut als »positive Verführerinnen« behandelt aaO. 106f, »Lots Töchter als Verführerinnen« aaO. 108.
162  Siehe aaO. 111f und 121f.
163  Siehe *Fortune* 1983, 46.
164  Die Intensität der Lust, die Potifars Frau für Josef empfunden haben soll, wurde später immer wieder von Exegetinnen und Exegeten spekulativ begründet und herausgestrichen: So wird z.B. vermutet, daß Potifar ein Eunuch ist, der die sexuellen Bedürfnisse seiner Frau nicht befriedigen konnte (vgl. *Jeansonne* 1990, 109; *Kirchberger* in: *Bührer* 1993, 98). Der biblische Text macht dazu keine Aussage. – Meines Erachtens kann diese Mutmaßung vor allem die sexuellen Phantasien der Leser und Leserinnen anregen, indem sie das Bild von einer »Frau im sexuellen Notstand« beschwört.
165  Mythos gebrauche ich hier im Sinne von »Vorurteil«, »Klischee«. Ein Mythos ist eine stereotype Konstruktion von Wirklichkeit, die nicht mit der Empirie in Einklang stehen muß.
166  *Wirtz* 1989, 50. – Susan Brownmiller sieht in Gen 39 die wichtigste Bibelstelle zur Problematik der Vergewaltigung: »Die berühmte Geschichte von Potiphars Weib stellt für Juden, Christen und Moslems gleichermaßen eine wichtige moralische Lektion dar, als Ausdruck der wahren Befürchtung, die der

Die Geschichte von Potifars Weib gehört in der einen oder anderen Form zum Sagenschatz vieler alter Kulturen.[167] Ebenso wie den »Verführungsszenen« von den Töchtern Lots in Gen 19 und von Tamar in Gen 38 liegt ihr ein Muster zugrunde, in dem die Frau einen Übergriff auf die Sexualität und moralische Integrität des Mannes verübt und der Mann in der Rolle des Opfers erscheint.

In Gen 39 ist beachtenswert, warum Josef sich Potifars Frau nach dem Willen des Erzählers verweigert: Josef will das Vertrauen, das sein Herr in ihn gesetzt hat, nicht enttäuschen (Gen 39,9). Der Versuch der verheirateten Frau, Josef zu ihrem Geliebten zu machen, tangiert vor allem den Ehrenkodex unter Männern, der nicht gebrochen werden darf, und stellt erst in zweiter Linie – wenn überhaupt – einen Angriff auf die physische Integrität eines Mannes dar.

Potifars Frau besitzt nach der Darstellung des Erzählers nicht genügend Macht, um ihr Ziel, nämlich die Befriedigung ihrer Lust, zu verwirklichen: Ihre Überredungskunst, ihr Charme oder auch ihr Versuch, Josef mit Händen zu greifen, reichen nicht aus, um über ihn zu herrschen. Dennoch erscheint sie gefährlich mächtig, der Mann kann ihr als Opfer nicht entkommen. Um so auffälliger ist es, daß auch in Gen 39 der Name dieser »machtvollen Frau« nicht überliefert ist. Sie bleibt namenlos, so wie es sonst meist die Opfer von Gewalt sind.[168]

---

egozentrische, gewalttätige Mann die gesamte Geschichte hindurch gehegt hat: Was kann einem anständigen Mann nicht alles widerfahren, wenn eine *Frau* behauptet, vergewaltigt worden zu sein, weil sie sich an ihm *rächen* will (...) Und die Moral von der Geschicht: Verschmähe eine Dame nicht, denn eine verletzte Frau, besonders wenn sie eine Heidin ist, kann einen Mann in Teufels Küche bringen, wenn sie behauptet, von ihm vergewaltigt worden zu sein« (*Brownmiller* 1987, 28f; Hervorhebung von der Verfasserin).
167  AaO. 29.
168  Vgl. *Sölle* in: *Bührer* 1993, 97. – Die negative Rolle, die Potifars Frau im Leben des Josef spielt, hat Exegetinnen und Exegeten nicht davon abhalten können, über eine spätere Wiederversöhnung zwischen Potifar und Josef mittels dieser Frau zu spekulieren: Nach Gen 41,50–52 heiratet Josef nämlich Asenat, »die Tochter Potiferas, des Priesters von On«, die ihm die Söhne Ephraim und Manasse gebiert (vgl. Gen 46,20). Die Ähnlichkeit des Namens »Potifera« und »Potifar« ist frappierend groß, auch wenn in der Erzählung beide Personen nirgendwo explizit als ein und dieselbe identifiziert werden. Ist Asenats Vater mit Potifar identisch (vgl. *Kirchberger* in: *Bührer* 1993, 101)? Die ähnlich klingenden Namen haben Jeansonne zur Vermutung veranlaßt, daß Josef durchaus eine Frau in Potifars Haus begehrte, und daß er schließlich mit Potifar darüber auch zu einer Einigung kommen konnte. Mit seinem Aufstieg sei er der Rolle des schönen Knaben entstiegen, der in diesem Haus Lustobjekt ist (Gen 39,6), und zum Eheherrn avanciert (*Jeansonne* 1990, 113).

Die Darstellung der Geschlechterbeziehung in den Geschichten mit »Verführerinnen« widerspricht den Machtverhältnissen in einer patriarchalen Ordnung, in der in der Regel Gewalt von Männern gegen Frauen ausgeübt wird. Indem die Erzähler Männern suggerieren, daß gerade die Sexualität der Frauen ihnen gefährlich werden könne, unterstreichen sie die Notwendigkeit, die weibliche Sexualität zu kontrollieren und zu beherrschen. Dabei – auch das verdeutlicht die Geschichte von Josef in Potifars Haus – erscheinen Männer in anderer Weise gefährdet als Frauen: Während es bei Männern um ihre Ehre und Männlichkeit geht, geht es bei Frauen häufig um einen unmittelbaren Angriff auf ihre physische Integrität und um einen dauerhaften Angriff auf ihr Selbstvertrauen und ihre Selbstbestimmung.

### 1.2.5 Ergebnis

Wird in erzählenden alttestamentlichen Texten nach Tochterfiguren gesucht, denen die Fürsorge ihres Vaters zuteil wird, so stoßen wir vor allem auf eine große Zahl von Episoden, die von der Eheschließung der Tochter erzählen. Darüber hinaus ist über eine ökonomische Absicherung oder wenigstens Unterstützung der Tochter durch den Vater kaum etwas zu finden. Die Themen »väterliche Gaben an die Tochter« oder »Anteil der Tochter am väterlichen Erbe« sind nur selten aufgegriffen, und die wenigen Überlieferungen, die wir darüber haben, erscheinen als spärliche Notizen von Ausnahmefällen. Dadurch entsteht der Eindruck, daß die Versorgung der Tochter mit einem Ehemann der entscheidende Punkt im Leben einer Frau ist, an dem für sie ihr Vater, sein Wille und seine Entscheidung von existenzieller Bedeutung sind. Bei der Eheschließung verfügt der Vater über seine Tochter genauso wie über andere Dinge, die zu seinem Besitz zählen. Er muß sie nicht nach ihrer Meinung und um ihre Einwilligung fragen. In den Texten gehört es zu einer idealen Tochter und Braut, daß sie sich bereitwillig und gerne ihrem Ehemann zuführen läßt.
Der Eindruck, daß ein Vater vor allem bei der Eheschließung für die Tochter von Bedeutung ist, ist eine Folge der androzentrischen Perspektive, aus der heraus die Texte erzählt werden. Unter dem Blick des Erzählers werden Töchter hauptsächlich und vor allem unter dem Aspekt wahrgenommen, daß sie sich zu Frauen entwickeln, die Männer sexuell befriedigen, Kinder gebären und Frauenarbeit verrichten.[169]

---

169 Folgerichtig wird in den Texten des Ersten Testaments gerne dort von »Töchtern« statt von »Frauen« gesprochen, wo Frauen als Sexualobjekte und

Solange Frauen nur Töchter sind, hält sich in der Regel keine Erzählerin und kein Erzähler damit auf, sie als Persönlichkeiten in Szene zu setzen. Einzige Ausnahme ist Sara im Buch Tobit; dabei ist allerdings zu bedenken, daß es sich hier um eine apokryphe Schrift handelt.[170] Mehr über die Frauen ist oft erst zu erfahren, wenn sie in den Überlieferungen als Ehefrauen agieren. In den Geschichten über Eheschließungen verhalten sich Töchter an den entscheidenden Punkten stets passiv, ihr Vater bestimmt die Szene. Ist der Vater später nicht mehr als Erzählfigur da, so können die ehemals passiven Töchter jedoch durchaus zu Handlungsträgerinnen werden.

Von einer Auflehnung der Töchter gegen die bestehende Ordnung sprechen die Texte kaum. Lediglich Zelofehads Töchter – Mahla, Noa, Hogla, Milka und Tirza – kritisieren eine Ordnung, die sie als Erbinnen ausschließt (Num 27,1–11; Jos 17,3–6). Die Erzähler lassen hier die Frauen aber so argumentieren, daß ihr Anliegen vor allem als Interesse ihres verstorbenen Vaters erscheint. Achsa fordert von ihrem Vater Wasserquellen (Jos 15,13–19; par Ri 1, 11–15). Doch auch bei ihr gilt: Dort, wo Töchter etwas fordern, kommt der Erfolg letztlich nicht ihnen, sondern Männern zugute. Insgesamt betrachtet vermitteln die Texte Frauenbilder, die in aller Regel die patriarchale Ordnung stützen. Lea und Rahel beuten ihre Mägde Bilha und Silpa selbst sexuell aus, weil ihnen ihre eigene Gebärfähigkeit nicht ausreichend erscheint. Frauensolidarität ist hier im Kampf um die Anerkennung durch den Mann aufgekündigt, Konkurrenz und Instrumentalisierung der Schwächeren, der Sklavin, bestimmen die Handlungen der Töchter, die in der sozialen Rangfolge zur Ehefrau aufgestiegenen sind.

Aus feministischer Perspektive muß die Reduzierung der weiblichen Erzählfiguren auf die Aspekte Sexualität und Gebärfähigkeit kritisiert werden. Problematisch ist für uns heute auch das verzerrte Bild, das hier von weiblicher Lebenswirklichkeit entworfen wird. Formen sexueller Gewalt wie der Inzest werden nicht als frauenverletzende und zerstörende Wirklichkeit wahrgenommen, und sexuelle Ausbeutung von Töchtern und Frauen erscheint unwidersprochen als männliches Recht. Darüber hinaus macht die Beobachtung, daß der Gedanke von sexueller Selbstbestimmung der Frau im Alten Testament ein Anachronismus zu sein scheint, es drin-

---

potentielle Ehefrauen im Blick sind. Siehe Ri 14,2; Gen 6,1.2.4; 28,8; 34,9.16. 21; 36,2; Ex 34,16; Ri 14,3; 21,21; Esr 9,2; Neh 10,31; 13,25; Sir 36,23.
170  Die Fassung des Buches Tobit, das im hebräischen Kanon Aufnahme fand, schenkt Sara etwas weniger Aufmerksamkeit als die der Septuaginta, die ich meiner Untersuchung zugrunde gelegt habe.

gend erforderlich, die vermittelten Wertvorstellungen und Normen der ersttestamentlichen Erzählungen sehr kritisch zu rezipieren.

## 1.3 Väterlicher Schutz

Väterliche Fürsorge ist eng mit einer Schutzfunktion verknüpft: Innerhalb einer patriarchalen Ordnung gehört es zu den Pflichten des Vaters, seine Tochter vor anderen Männern zu schützen.[171] Dem entsprechend ist für die Tochter der Vater die zuständige Person, wenn sie sich von männlicher Gewalt bedroht fühlt – zumindest solange, bis der Ehemann diese Schutzfunktion übernimmt.

Wenn wir uns auf die Suche nach alttestamentlichen Erzählungen begeben, in denen Töchter in einer bedrohlichen Situation Schutz von ihren Vätern erfahren, so kommen wir zu einer Defizitanzeige: Der Gedanke, daß Väter die Jungfräulichkeit ihrer Töchter zu schützen haben, spiegelt sich mit Ausnahme von Gen 31,50[172] nur in Gesetzestexten und bei Jesus Sirach wieder.[173] Erscheint das Leben der weiblichen Erzählfiguren so sicher und geborgen, daß die Schutzfunktion des Vaters in ihnen nicht eigens thematisiert werden muß? Oder haben auch bedrohliche Situationen im Leben von Töchtern in den Erzählungen des Alten Testaments Eingang gefunden? Suchen Tochtergestalten überhaupt in den Texten den väterlichen Schutz? Und wo ent-täuschen die Väter in den Geschichten als Beschützer?

### 1.3.1 Fehlender Schutz vor sexueller Gewalt

Zwei Erzählungen sind uns überliefert, in denen Väter ihren Töchtern keine Sicherheit vor sexueller Gewalt bieten. Ausgerechnet die Töchter von Männern, die in der biblischen Überlieferung Prototypen für Vaterfiguren darstellen, werden vergewaltigt: Dina, Jakobs Tochter, wird Opfer des Hiwwiterprinzen Sichem (Gen 34), und Tamar, Tochter Davids (2Sam 13), wird von ihrem Stiefbruder Ammon mit Gewalt zum Geschlechtsverkehr gezwungen.

*Dina (Gen 34)*

Dina wird erstmals in einer Gebärnotiz in Gen 30,21 als Tochter Leas (und Jakobs) erwähnt.[174] Anders als bei der Schilderung der Zeugung und Geburt der Söhne Jakobs (Gen 29,31f) erfährt Dinas Name keine Deutung oder Erklärung. In der

---

171 Siehe dazu oben S. 16.
172 Siehe unten S. 164.
173 Siehe dazu unten S. 197ff und S. 228ff.
174 Vgl. unten S. 157.

*Abhängigkeit vom Vater* 99

historisch-kritischen Forschung wird daraus geschlossen, daß Gen 30,21 nachträglich in den Text eingefügt wurde.[175] Ist dies richtig, so kann auch die Form des Einschubs als ein Zeichen der Geringschätzung ihrer Person gedeutet werden: Der Redakteur, der für die Ergänzung verantwortlich ist, machte sich nicht die Mühe, seinen ergänzenden Zusatz dem übrigen Text genauer anzupassen.
Dinas Name fehlt in Gen 32,23, als Jakob sich für den Kampf am Jabbok rüstet. Dort wird gesagt, daß Jakob seine Frauen, Nebenfrauen und elf Söhne über den Fluß führt; von einer Tochter ist nicht die Rede.

Nachdem Jakob sich bei Sichem angesiedelt hatte (Gen 33,1f) geht Dina aus, um die »Töchter des Landes« zu sehen (Gen 34,1). Sie wird als »Tochter Leas« bezeichnet, d.h. als Tochter jener ungeliebten Frau, die Jakob aufgedrängt wurde (Gen 29,23f).
Mehr als das ist über Dina nicht zu erfahren. Der Erzähler läßt ihr nur in diesem ersten Vers der Geschichte über die Begebenheiten in Sichem die Rolle des Subjekts. Ihre Person ist nirgendwo näher beschrieben, jedoch das Interesse klar genannt, mit dem sie aus dem Kreis ihrer Familie herausgeht: Es gilt den Frauen, die in Sichem wohnen.[176] Dina bewegt sich im Rahmen der weiblichen Lebenswelt.
Wie die Geschichte weiter zeigt, bietet ihr das aber keinen Schutz vor männlichen Übergriffen: »Noch bevor Dina die Töchter des Landes sieht, *wird* sie gesehen«[177], nämlich von Sichem, dem Sohn des Landesherrn. Er nimmt sie, legt sich zu ihr und vergewaltigt sie (V 2).[178] Die Tat wird in einer kurzen Abfolge von Verben geschildert. Das Verbum ענה (erniedrigen, vergewaltigen) unterstreicht, daß Dina durch die Handlungen einen massiven Statusverlust erfährt.[179]

175 Siehe dazu *Fischer* 1993, 16. – *Diebner* 1984, 70 leitet den Namen »Dina« von דין her ab: »Die Bedeutung mag irgendwo zwischen ›Rechtsstreit‹ (Noth) und ›die Gerichtete‹ (pt. Pass. q.) liegen. Auf jeden Fall scheint mir der Name auf die Erzählung anzuspielen, in der es um eine Auseinandersetzung und um eine Strafsache geht.« – *Hooysma* 1986, 34f bringt wie der Midrasch Dinas Namen in Verbindung mit dem Kampf der beiden Schwestern Lea und Rahel (Gen 29,1–30,24).
176 Vgl. *Jeansonne* 1990, 91. Siehe dazu auch unten S. 130f.
177 *Hooysma* 1986, 37.
178 Hooysma weist darauf hin, daß die Kombination »Fürst/sehen« und »Frau/genommen« werden u.a. auch in den Erzählungen über die sog. Preisgabe der Ahnfrau (Gen 12,7–13,4; 20,1–18; 26,1–11, vgl. auch 2Sam 11,2) begegnet: »Da hieß es: Was die Pharaonen und Könige *sehen*, wollen sie auch haben« (aaO. 37; Hervorhebung von der Verfasserin).
179 ענה pi. ist Terminus technicus für eine Handlung, bei der unter Anwendung von physischer und psychischer Gewalt der Status eines Menschen zum Negativen hin verändert wird. Gerstenberger belegt, daß dort, wo ענה mit »vergewaltigen« übersetzt werden muß, nicht »in erster Linie die rohe Gewaltanwendung, sondern die öffentlich rechtliche Ehrverletzung und damit der Statusverlust ge-

Die folgenden Verse beschreiben Reaktionen auf die Tat. Über eine Reaktion Dinas allerdings wird hier und auch später nichts gesagt. Wir erfahren vielmehr, daß der Vergewaltiger Dina lieb gewinnt und heiraten möchte. Er redet freundlich mit ihr (V 3). Seine Worte an sie gibt der Erzähler nicht wieder, wohl jedoch die Worte, mit denen er seinen Vater Hamor bittet, um Dina zu werben (V 4). Als Jakob von der Gewalttat an seiner Tochter hört, schweigt er (V 5). Dinas Brüder entrüsten sich (V 7). Zum Schein (V 13) lassen sie sich auf Verhandlungen mit Sichem und dessen Vater Hamor ein. Simeon und Levi fallen schließlich jedoch über die friedliche Stadt her, erschlagen alle Männer, nehmen ihre Schwester Dina und gehen davon (V 25–26). Die Söhne Jakobs plündern nun die Stadt und nehmen alle Kinder und Frauen gefangen (V 27–27). Jakob tadelt Simeon und Levi für ihre Tat, da sie seine Familie in Gefahr gebracht haben (V 30). Sie aber weisen den Vorwurf mit den Worten zurück: »Durfte er denn an unserer Schwester wie an einer Hure handeln?« (V 40).

Bei der Interpretation dieser Geschichte tun sich eine Reihe von Schwierigkeiten auf: Die Gewalt steigert sich sehr rasch von der Vergewaltigung zum Massenmord. In der Verhandlung mit Hamor und Sichem ist unklar, welche Rolle Jakob spielt und welche seine Söhne. Jener Zug der Erzählung, nach der Simeon und Levi allein der Überfall auf die Stadt gelingt, scheint sehr unwahrscheinlich. Bedeutet Jakobs Tadel in V 30, daß er von dem Überfall auf die Stadt erst nichts gewußt hat? Wenn ja, wie ist das denkbar? Überhaupt läßt sich das Verhalten Jakobs nicht ohne Schwierigkeiten deuten. Wie ist es zu verstehen, daß er als Familienoberhaupt das Handeln allein den Söhnen überläßt?
Die historisch-kritische Forschung hat versucht, einige der Probleme des Textes auf literarkritischen Weg zu lösen. Jedoch herrscht hier unter Exegetinnen und Exegeten keine Einigkeit.[180]

Die Perspektive des Opfers, Dina, wird zu keinem Zeitpunkt in die Erzählung aufgenommen. Weder ihre Motive noch ihre Gefühle werden reflektiert, sie kommt in der gesamten Erzählung nirgendwo zu Wort. Von dem Moment an, wo Sichem sie erblickt, ist und bleibt Dina Objekt der Männer: Objekt männlicher sexueller Gewalt/Lust (V 2.3.8.19), Kauf- und Handelsobjekt (V 4.8.12.14.17. 31), Objekt in kämpferischen Auseinandersetzungen (V 24).[181]

meint ist« (*Gerstenberger* 1989, 254). Das Verb beschreibt damit Vergewaltigung aus einer typischen Männerperspektive: Die Frage der Gewalt und die Frage, ob die Frau den Geschlechtsverkehr ablehnt, tritt in den Hintergrund, statt dessen sind die gesellschaftlichen Konsequenzen für die Frau von Bedeutung. ענה findet sich u.a. auch in Ri 19,24; 20,5; 2Sam 13,12.14.22; Dtn 21,14; Dtn 22, 24.49.
180   Siehe *Westermann* 1981, 653f.
181   Vgl. *Hooysma* 1986, 38.

So, wie Sichem sie sich in V 2 einfach genommen hat, so »nehmen« die Brüder sie in V 26 und bringen sie wieder in ihr Haus. Es scheint, als würde Dina sich seit ihrer Vergewaltigung nicht mehr von selbst bewegen.
Gen 34,5 gibt das, was durch die Gewalttat mit Dina geschehen ist, mit den Ausdruck »bemakelt« (טמא) wieder. Dieser Begriff hat etwas zu tun mit Unrein-Sein, aus der Gemeinschaft des Bundes Ausgeschlossen- bzw. Ausgestoßen-Sein.[182] In der Notiz, die zusammenfassend mitteilen will, was dem Vater Jakob über die Gewalttat hinterbracht wird, wird der Täter nicht beim Namen genannt, er verschindet in einer unpersönlichen Satzkonstruktion: »*Man* hat Dina bemakelt«. Johanna Hooysma beobachtet: »Dieses Verschwindenlassen des Gewalttäters setzt sich in der Erzählung fort. In Chamors Rede wird Sichem nur als Liebhaber vorgestellt. Für die Söhne fungiert er als ›Vorhäutiger‹, in ihren Reden wird Dinas Erniedrigung nicht mehr erwähnt. Die Problematik verschiebt sich, indem die Thematik Reinheit/Unreinheit in den Mittelpunkt kommt.«[183] Gen 34,7 bezeichnet die Vergewaltigung Dinas als נבלה, als »Schandtat«. Auch dieses Wort macht deutlich, daß die Tat von den Brüdern des Opfers als ein schweres religiös-kultisches Vergehen angesehen wird.[184]
Simeon und Levi betonen mit ihrer Frage an Jakob, ob Sichem etwa das Recht habe, an ihrer Schwester »wie an einer Hure« (הכזונה) zu handeln (Gen 34,31), die Entwertung und den Statusverlust, den die Gewalttat an ihrer Schwester bedeutet. Ihre Sicht der Dinge stellt Dina auf eine Ebene mit einer Prostituierten.[185] Allein durch die Rache an Sichem scheint ihnen ihre Ehrenrettung möglich. Das Vergehen Sichems besteht ihren Worten nach darin, daß Sichem sich »zu Dina legte,« d.h. sexuellen Kontakt mit ihr hatte, und nicht etwa darin, daß er ihr Gewalt antat.[186] Hier wie in den übrigen Wortwechseln über die Tat sind die physischen und die psychischen Verletzungen, die Dina zugefügt wurden, nicht von Belang.

---

182 Siehe aaO. 39.
183 AaO. 39.
184 Siehe dazu v. *Rad* 1976, 290: »Das Wort von der begangenen ›Schandtat‹ (נבלה) ist ein uralter Ausdruck für schwersten sexuellen Frevel; die Belege – sonderlich Ri 19,23f; 20,6 (2. Mose 22,2) – lassen erkennen, daß um dieses Wort geradezu der Schauder eines Sakrilegs lag, das die ganze Kultgemeinde vor Gott belastete. Auch der Satz ›so tut man nicht‹ (in Israel) war ebenfalls eine alte Formel, in der sich die Bindung an unverbrüchliche göttliche Normen aussprach (2. Sam. 13,12).« Vgl. *Diebner* 1984, 71.
185 Vgl. *Fewell/Gunn* 1991, 207.
186 *Fortune* 1983, 50.

Namhafte Kommentare sind sich darin einig, daß es in Gen 34 letztlich gar nicht um die Vergewaltigung einer Frau geht. Nach Gerhard v. Rad ist es die Absicht der Erzählung, den »vorgeschichtlichen Konflikt Simeons und Levis« darzustellen und so in Verbindung mit Gen 49,5–7 zu erklären, warum die Stämme aus dem Raum Sichems verdrängt wurden.[187] Für Claus Westermann will Gen 34 verdeutlichen, daß die Israeliten sich nicht mit Unbeschnittenen verschwägern sollten.[188] Diesen Gedanken aufnehmend glaubt Bernd Jorg Diebner, daß Gen 34 für die Juden der Jerusalemer Orthodoxie im 2. Jh. v.Chr. das besondere Verhältnis zu den samaritanischen Juden widerspiegele.[189] Johanna Hooysma geht in ihrer feministischen Interpretation davon aus, daß in der Erzählung über Dina (ebenso wie in der Erzählung von der »Preisgabe der Ahnfrau« Gen 26) vom Verhältnis Israel – Kanaan die Rede ist.[190] Die Auseinandersetzung zwischen Jakob und seinen Söhnen spiegele die Auseinandersetzungen im *früh-nachexilischen Juda* darüber, ob das Konnubium (und Kommerzium; vgl. Neh 13,15–31) mit den umliegenden Völkern den Fortbestand des Volkes sichere oder ob, in der aktuellen Minderheitssituation, die Abgrenzung vollzogen werden muß.[191]

Was auch immer letztlich das Thema in Gen 34 ist, die Frage bleibt, warum dieses Thema gerade in einer Geschichte von Vergewaltigung und sexueller Moral entfaltet wird. Ihr kann an dieser Stelle leider nicht weiter nachgegangen werden.[192] Entscheidend ist, daß auch der Erzähler Dina in Gen 34 verobjektiviert, wenn er anhand ihrer Person etwas darstellt, das mit ihr erst mal überhaupt nichts zu tun hat.

Wo aber ist nun der Vater Dinas, Jakob, in dieser Geschichte? Derselbe Jakob, von dem bei der Nachricht über den Tod seines Sohnes Josef mit ausdrucksvollen Worten erzählt wird, wie untröstlich betrübt er über diesen Verlust ist,[193] drückt weder Schmerz noch Empörung oder Betroffenheit aus, als er von der »Bemakelung« seiner Tochter hört, sondern schweigt.[194] Ist das als Desin-

---

187 *V. Rad* 1976, 292.
188 Siehe *Westermann* 1981, 663 in seiner Beschreibung des Zieles von Gen 34.
189 *Diebner* 1984, 67.
190 *Hooysma* 1986, 31.
191 AaO. 44.
192 *Diebner* 1984, 70 macht dazu folgende Aussage: »Vordergründig (und nicht ganz ohne Recht) mag man annehmen, daß sich eine Frau auf Grund ihrer rechtlichen Minderstellung im Alten Orient sowie im AT (und nicht nur dort) vortrefflich als ›Objekt‹ eigne. (...) Eine Frau ist aus erzählungstechnischen Erfordernissen und um der Sache willen hier ›nötig‹. Um der Sache willen: denn die von Dina geborenen Kinder Sichems wären nach jüdischem religiösem Recht ›Israel‹. Daß dies nicht sein darf, soll gezeigt werden. Um der Erzählung willen ist die Frau nötig: denn ein Mann, der in das Haus Sichems ginge, um dort die Töchter des Hauses zu vergewaltigen, fiele der Rechtssprechung Sichems zum Opfer. Nur wenn eine sich im Gebiet Sichems bewegende Tochter Jakobs vergewaltigt wird, kann sich Jakob einschalten und ›Recht‹ fordern.«
193 Siehe Gen 37,34f. Zum Vergleich von Gen 37,34f mit Jakobs Verhalten in Gen 34 siehe Hooysma 1986, 39.
194 Für *v. Rad* 1976, 290 ist dies so merkwürdig, daß er überlegt, literarkritisch die Person Jakobs ganz auszuscheiden. – Benno Jacob hält es für selbstver-

teresse an der Tochter zu deuten? Steht hinter seiner mangelnden Bestürzung eine Ablehnung Dinas, weil sie nur die Tochter der ungeliebten Frau Lea ist?[195] Hat Jakob Angst vor einer Eskalation des Konflikts? Läßt sich sein Zögern aus der besonderen politischen Situation erklären? Die Erzählung gibt auf diese Fragen keine Antwort.[196] In Gen 34,8–10 richtet Hamor das Wort an Jakob, V 11 redet Sichem ihn und seine Söhne an. Aber wieder schweigt Jakob. Es antworten nur Dinas Brüder, gerade so, als wäre der Vater gar nicht da. Erst in Gen 34,30 ergreift der Vater das Wort: Hier tadelt er seine Söhne wegen des Raubzuges gegen die Stadt. Dina erwähnt er dabei mit keiner Silbe.

Faktisch fördert das Schweigen Jakobs in Gen 34 die Aktivitäten von Hamor und Sichem ebenso wie die Aktionen von Dinas Brüder. Es ist möglich, daß Jakob das Konnubium mit den Städtern für guthieß. Die Frage, inwieweit Jakob mit seinem Schweigen in irgendeiner Weise die Interessen Dinas vertreten haben könnte, verbietet sich jedoch vom Text her. Der Erzähler ist an den Interessen Dinas nicht interessiert.

Ebensowenig wie Dinas Vater ist Gott am Werk, um angesichts der Gewalttat einzugreifen. Nach Claus Westermann ist Gen 34 eine »profane Erzählung«.[197] Erst in Gen 35,5 wird vermutlich im Zusammenhang mit den Ereignissen, die sich in Sichem abspielten,

---

ständlich, daß auch Dinas Vater über die Vergewaltigung seiner Tochter sehr empört ist (*Jacob* 1934, 650).
195    Eine Auslegung, die eine Verbindung zwischen der Ablehnung von Dinas Mutter Lea (vgl. Gen 29,31ff) und der Vergewaltigung Dinas zieht, findet sich bei Jeansonne 1990, 92. Sie läßt sich gut mit Forschungsergebnissen von Brockhaus/Kohlshorn über sexuelle Gewalt gegen Mädchen und Jungen stützen. Dort wird gezeigt, daß eine konflikthafte Familiensituation es Männern erleichtert, ein Kind zu vergewaltigen: »Ein Kind, welches eine schlechte Beziehung zu den Eltern hat oder unglücklich in ihrer bzw. seiner Familie ist, sucht oft nach Anerkennung und Zuwendung und hat weniger Möglichkeiten, ein positives Selbstwertgefühl und Selbstbewußtsein zu entwickeln. Die Kinder sind zudem häufig weniger gut beaufsichtigt und erleben größere Verlassenheitsängste« (*Brockhaus/Kohlshorn* 1993, 111). Täter können solch ein Kind vergleichsweise leicht »ködern«, und ein effektiver Widerstand gegen sexuelle Gewalt ist solchen Kindern erheblich erschwert.
196    Ähnliche Fragen werden auch gestellt in: *Jeansonne* 1990, 92.
197    *Westermann* 1981, 664. – Gerhard v. Rad trägt Gott in Gen 34 hinein, indem er das Anstößige der Geschichte theologisch resumierend in einen Plan Gottes einordnet und dort aufgehoben glaubt: »Darin ist aber unsere Erzählung den übrigen ähnlich, daß sie ›eine Verknäulung von Gutem und Bösem‹ (Delitsch) zeigt, die den Leser recht ratlos machen könnte, wenn er nicht wissen dürfte, daß auch dieses Ereignis zu einem Geschichtslauf gehört, über dem besondere Pläne Gottes stehen.« (*v. Rad* 1976, 293) Hier ist kritisch zu fragen, für wen solche Gedanken wirklich einen Trost bedeuten oder ob in ihnen nicht Gott mißbraucht wird, um eine Gewalttat zu legitimieren.

von einem Wirken Gottes gesprochen. Es kommt allerdings nicht Dina zugute, sondern schützt die Söhne Jakobs: Als sie nach dem Überfall auf Sichem mit ihrer Beute abziehen, werden sie durch den »Gottesschrecken« vor der Rache der Gegner bewahrt. Über Dinas Schicksal, nachdem ihre Brüder sie aus dem Haus Sichems genommen haben, ist nichts zu erfahren. So wie sie schon vor ihrer Vergewaltigung nur gelegentlich und wenn, dann vermutlich nachträglich, bei der Aufführung der Kinder Jakobs genannt wird, findet sie auch nach Gen 34 in der biblischen Überlieferung keinen Platz: Im Stammbaum Jakobs und seiner Frauen in Gen 35, 22b–26 wird sie nicht aufgeführt. In Gen 46 ist sie in der Liste der Nachkommen Jakobs zwar genannt (Gen 46,15), jedoch bei den Zahlenangaben zu den Personen, die mit Jakob nach Ägypten ziehen, offensichtlich nicht mitgezählt. Auch hier handelt es sich vermutlich um einen späteren Einschub in die ursprüngliche Liste.[198] Eine genuine Überlieferung zur Jakobstochter wird daher von vielen bezweifelt.[199] Benno Jakob faßt den Eindruck, der für ihn aus der Nichterwähnung Dinas entsteht, mit den Worte zusammen: »Es ist, als wenn die Familie, die sich der Mißbrauchten schämt, sie nicht zeigen will.«[200] Auch wenn Scham vielleicht nicht das Motiv ist, weshalb Dina in der Geschichte von Jakob und seinen Kindern so wenig Aufnahme fand, so kann die Erzählung in Gen 34 doch auch als Beispiel für die Tabuisierung männlicher Gewalt gelesen werden: Das Unrecht, das an der Frau geschieht, wird unter den Männerkonflikten zugedeckt. Die Verobjektivierung Dinas in den Texten ist konsequent, ihr Opferbild total. »Nach einer direkten Spur des Protestes oder der Durchbrechung in diesem patriarchalischen Verhältnis werden wir vergeblich suchen.«[201]

*Tamar (2Sam 13)*
Tamar wird 2Sam 13,1 über ihren Bruder Absalom in die Erzählung eingeführt: Es heißt dort, Absalom, der Sohn Davids, habe eine »schöne Schwester« mit Namen Tamar, und Amnon, ebenfalls Sohn Davids, gewann Tamar lieb. Wie aus 2Sam 3,2.3 hervorgeht, haben Absalom und Amnon unterschiedliche Mütter. Da Absalom der »Vollbruder« Tamars ist, ist Amnon ihr Halbbruder.

---

198 Siehe dazu *Fischer* 1993, 20f. – Nach aaO. 16, Anm. 34 ist es bezeichnend, »daß ein eventuell späterer Nachtrag eines zusätzlichen Jakobkindes nicht konsequent durchgehalten ist. Dies muß wohl am Geschlecht des Kindes hängen, da man einen Sohn sicher in sämtliche Listen hineingeschrieben hätte!«
199 AaO. 16, Anm. 34.
200 *Jacob* 1934, 31.
201 *Hooysma* 1986, 38.

Tamar ist Objekt der Begierde Amnons (V 2f). Sie ist »Jungfrau« und deshalb für ihren Halbbruder nur schwer erreichbar (V 2). Auf den Rat eines Freundes hin stellt sich Amnon krank. Er bittet seinen Vater David, der ihn besorgt besucht, ihm die Schwester Tamar zu schicken, damit sie ihm eine Krankenspeise bereite (V 6). David kommt diesem Wunsch nach und Tamar gehorcht (V 7.8). Als die Schwester in seinem Haus ist, schickt Amnon die Diener fort (V 9) und vergewaltigt[202] sie in seiner Kammer (V 14). Anschließend wird Tamar von Amnon, der starken Widerwillen gegen sie empfindet, hinausgeworfen (V 17). Sie drückt ihre Trauer und ihren Schmerz aus (V 18.19). Ihr Bruder Absalom gebietet ihr, zu schweigen (V 20). Tamar bleibt einsam im Hause Absaloms (V 20). David ist sehr zornig über die Tat, unternimmt jedoch nichts weiter (V 21). Absalom haßt seinen Bruder (V 22).

Obwohl Tamar im Text eine vergleichsweise große Rolle spielt und ihre Handlungen und ihre Worte das Geschehen mitbestimmen, ist ihre Person im Duktus der Geschichten, in denen es um die Nachfolge König Davids geht, nicht von eigener Bedeutung. Rita Burrichters macht deutlich, daß der Kontext von 2Sam 13,1–22 es nicht zuläßt, die Erzählung als »Tamar-Geschichte« zu lesen.[203] Ebenso wie in Gen 34 geht es auch in 2Sam 13 nicht um die Frau, sondern um das Agieren der Männer.

Eine exegetische Entscheidung darüber, wie 2Sam 13,1–22 mit den Geschichten, die im Kontext stehen, verknüpft ist, ist maßgeblich für die Interpretation des Textes in seiner Gesamtheit: 1) Wird 2Sam 13,1–22 als »Nachgeschichte zu der Affaire zwischen David und Batseba« (2Sam 11,1–12,25) gesehen, gerät durch die Parallelisierung David – Amnon Tamar als Opfer aus dem Blick.[204] 2) Ebenfalls zur Nebenfigur wird Tamar, wenn Exegeten 2Sam 13,1–22 als Vorgeschichte zu den Absalom-Erzählungen deuten, die sich in 2Sam 13,23 anschließen. Anstelle von Vergewaltigung könnte bei dieser Interpretation auch jeder beliebig andere Grund zum Konflikt unter den Männern führen.[205] 3) Selbst wenn 2Sam 13,1–22 als eigenständige Geschichte wahrgenommen wird und die Absalom-Erzählungen in 2Sam 13,23f lediglich als deren Nachgeschichte verstanden wird, so rückt ebenso die Beziehung zwischen Amnon und Absalom in den Vordergrund, Tamar und die Gewalttat gegen sie treten dahinter letztlich wieder zurück.[206]

---

202 Wieder steht das Verbum ענה. Siehe oben S. 99, Anm. 179.
203 Siehe *Burrrichter* 1987, 30.
204 So schreibt beispielsweise Hans Wilhelm Hertzberg, Amnon werde von der »gleichen, über Menschenschicksale hinwegschreitenden Sinnlichkeit« beherrscht wie sein Vater. Es könne als »göttliche Vergeltung« verstanden werden, daß David diese Sinnlichkeit nun »am eigenen Fleisch und Blut« erleben muß (*Hertzberg* 1965, 264).
205 *Burrichter* 1987, 33.
206 AaO. 30. Hier zuordnen läßt sich auch die Interpretation von Stolz, der 2Sam 13,1–39 als eine Einheit behandelt. Der Erzähler wolle verdeutlichen, war-

Anders als bei der Vergewaltigung Dinas stellt der Erzähler in 2Sam 13 die Durchführung der Gewalttat selbst in den Mittelpunkt. In allen Einzelheiten können die Leserin und der Leser mitverfolgen, wie die Tat geplant wird und Amnon gezielt die Rahmenbedingungen dafür schafft (V 3–5.8–11). Wir erfahren nicht nur, daß Amnon Tamar sieht und dann nimmt, sondern mit den Augen des Vergewaltigers können wir verfolgen, was Tamar tut, wie sie das Essen bereitet. Was er ihr antut, wird zum Teil mit den Worten von Gen 34,2 geschildert (V 14). Dabei nimmt in der Erzählung der Widerstand Tamars (V 12–13.16) und schließlich auch ihre Reaktion auf Amnons Minderung ihrer Person (V 18.19) einen breiten Raum ein.

Tamar wehrt sich gegen Amnons Gewalt zunächst verbal: Sie sagt »Nein!«, gebietet ihm, sie nicht zu schänden, denn so etwas mache man nicht in Israel. Er solle nicht solch einen Frevel (נבלה) tun (V 13). Sie weist darauf hin, daß eine Vergewaltigung für sie beide schlimme Folgen hätte: »Wo soll ich mit meiner Schande (חרפתי) hin? Und du wirst in Israel sein wie die Frevler (נבלים)« (V 13a). Daher sucht sie nach einer Alternative: Amnon solle mit »dem König« reden, er werde sie ihm nicht verweigern (V 13b). Amnon jedoch ergreift und überwältigt sie (V 14). Die Worte ויחזק ממנה ויצנה deuten körperlichen Widerstand Tamars an, aber auch dieser Widerstand nützt ihr nichts.[207] Als Amnon nach der Tat sie mit Widerwillen zurückstößt und ihr den kurzem Befehl erteilt: »Steh auf und geh!« (קומי לכי) (V 15), stellt Tamar sich ihm dennoch erneut entgegen. Wieder sagt sie »Nein!« Ihre Verstoßung sei ein noch schlimmeres Übel (רעה) als ihre Vergewaltigung (V 16a.b). Aber wieder will Amnon nicht auf sie hören (V 16c).

Phyllis Trible macht darauf aufmerksam, daß Tamars Name im Text der Hebräischen Bibel nie ihren Reden vorausgeht. Ihr bleibe nur das Pronomen »sie«, während vor allen anderen gesprochen Worten im Text der Name des Sprechers – »David«, »Jonadab« oder »Abschalom« – gesetzt wird. »Dieser subtile Unterschied macht die Unterlegenheit der Frau deutlich. Ohne ihren Namen fehlt ihr die Macht. (...) Im Unterschied zu Amnons brüsken Befehlen verlangsamen ihre besonnen Worte den Handlungsverlauf, können ihn aber nicht aufhalten.«[208]

Wenn Tamar in den Worten, die sie mit dem Bruder wechselt, seine Gewalttat als »Schandtat« (נבלה) bezeichnet, so wird sein Ver-

---

um Amnon als Nachfolger Davids nicht in Frage komme und woran er scheitere (*Stolz* 1981, 245). Vgl. *Trible* 1990, 85f.
207   *Stolz* 1981, 246.
208   *Trible* 1990, 72.

brechen mit Formen der Ehrverletzung parallelisiert, die in Gen 34 und Ri 19 zu Stammes- und Völkerkriegen führen.[209] Tamar beruft sich hier auf die Sitten ihres Volkes, nicht auf das göttliche Gesetz oder ihre Gefühle.[210] Nach Tamars Einschätzung des Vergehens müßte den Täter ebenso wie das Opfer eine moralische Verurteilung durch die Gesamtgesellschaft treffen.[211] Während aber die gesellschaftlich-persönlichen Konsequenzen für Amnon relativ unklar bleiben, ist die Zerstörung der Zukunft für Tamar durch die Vergewaltigung von Anfang an deutlich: Es gibt keinen Ort, wo sie mit ihrer »Schande« hin könnte (siehe 2Sam 13,13). »Die gesellschaftlichen Strukturen bieten ihr weder die Möglichkeit von Wiedergutmachung noch die Aussicht auf ein dennoch normales Familienleben.«[212]
Tamar bewegt sich bei ihrem Argumentieren gegen Amnons Handlungen damit auf der Ebene, auf der innerhalb einer patriarchalen Gesellschaft unter Männer eine Vergewaltigung behandelt wird. Sie problematisiert in ihren Ausführungen nicht die Gewalttat Amnons als Angriff auf ihre Persönlichkeit, sondern in der Berufung auf die Sitten des Volkes bringt sie eine Ethik ein, die sich mit den sittlichen Verhalten von Männern befaßt. Indem sie auf die mögliche Eheschließung hinweist und schließlich Amnon noch bittet, sie nicht fortzuschicken, »verlagert sich das Gewicht der Schuld Amnons von der Vergewaltigung an sich fort, hin zu der unterlassenen Legalisierung des Verhältnisses.«[213] In dieser Legalisierung liegt die einzige Zukunftschance, die sie noch für sich sieht. Indem Amnon sie ihr verweigert, wird die erfahrene Gewalt zu etwas, das auf Dauer und endgültig ihr Leben besiegelt.

Die Widerstandsstrategie Tamars wirkt nicht aggressiv. Der Erzähler läßt Tamars Verhalten an der traditionellen weiblichen Rolle orientiert bleiben: Verständnisvoll auf den Mann eingehen, reden und zuhören. Die Erzählung überliefert eine Form der Gegenwehr, die schon vielen Frauen zum Verhängnis wurde: Denn nicht freundliches Zureden, sondern lautstarkes Schreien und körperlicher Widerstand haben sich im Vergewaltigungsfall als effektivste Widerstandsstrategien erwiesen.[214] Die in der Erzählung breit geschilderten Mittel des Widerstandes basieren

---

209 Vgl. *Burrichter* 1987, 17.
210 *Trible* 1990, 72.
211 *Burrichter* 1987, 16.
212 Ebd.
213 AaO. 27. – Vgl. *Fortune* 1983, 52: »... this is clearly a case of rape, but the violation portrayed is one of property«.
214 Siehe *Brockhaus/Kohlshorn* 1993, 109: »... Studien strafen konventionellen Empfehlungen Lügen und zeigen relativ übereinstimmend, daß Frauen, die sich wehren, mit höherer Wahrscheinlichkeit weniger massive Übergriffe erleiden bzw. mit geringerer Wahrscheinlichkeit eine vollendete Vergewaltigung er-

auf einer typisch weiblichen Geschlechterrolle, die es verhindert, daß Mädchen und Frauen sich Handlungskompetenzen erwerben, die sie für erfolgversprechende Gegenwehr benötigen: Nach dem konventionellen Bild sind Frauen (und erst recht Töchter) nicht aggressiv, konfrontativ, brutal und körperlich stark.

Nach der Verstoßung durch Amnon zerreißt Tamer ihr Ärmelkleid, das eine »sichtbare Auszeichnung von Jungfrauen« darstellt und »u.U. als Audruck einer Form von psychischer und physischer Integrität« gefaßt werden kann, die in der Vergewaltigung grundlegend zerstört wird.[215] Die rituellen Verhaltensweisen, mit denen Tamar ihren heftigen Schmerz und ihre tiefe Trauer ausdrückt, machen dabei nach Rita Burrichter nicht nur die Leiderfahrungen selbst deutlich, sondern auch etwas von deren Ursachen.[216] Denn sie enthalten »eine Form der Selbstminderung. Der Verlust der persönlichen Würde führt dazu, sich selbst in die ›Sphäre der Niedrigkeit‹ zu begeben.«[217] Die Klage drückt in dem Element der Selbstminderung die (auch gesellschaftliche) Minderung Tamars aus und konstatiert, daß ihre Zukunft nun endgültig verschlossen ist: Im Hause der ledigen Mädchen hat Tamar nichts mehr zu suchen. »Sie lebt jetzt als Geächtete (wörtlich: als ›Öde-gelassene‹), d.h. als Frau, die keinen Geschlechtsverkehr und keine Kinder haben kann.«[218] Nach den herrschenden Wertvorstellungen des Alten Testaments ist damit eine Sinnerfüllung ihres Frauseins unmöglich.

In Tamars Schicksal greift Gott nicht ein. Weder verhindert er die Gewalttat an ihr, noch sorgt er für Wiedergutmachung. Und auch kein Vater ist da, um Tamar zu schützen und zu helfen. Obwohl nach den in V 1 dargelegten Verwandtschaftsverhältnissen Tamar die Tochter Davids sein muß, werden David und Tamar auch sprachlich niemals durch einen familiären Ausdruck einander zugeordnet:[219] Tamar steht bei ihrer Einführung in die Erzählung V 1 nur zu dem Bruder Absalom in Beziehung, die eigentlich zu erwartende Aussage »Tochter Davids« fehlt. In V 7 sendet David Boten zu ihr mit seinen Befehlen; auch hier fehlen die Wort »Vater« oder »Tochter«. Als Tamar den Bruder bittet, mit David zu reden, damit jener sie ihm zur Frau gibt, spricht sie von ihm als dem »König«, nicht als dem »Vater« (V 13). So wird dann auch

---

fahren. Tendenziell ist dabei die Gefahr einer Verletzung nicht größer, im Gegenteil reduzierte Widerstand in manchen Fällen sogar das Verletzungsrisiko.«
215  Siehe *Burrichter* 1987, 15.
216  AaO. 19.
217  AaO. 20f.
218  *Stolz* 1981, 247.
219  *Burrichter* 1987, 34.

der »König David«, nicht der Vater, zornig über die Geschehnisse, die sich in Amnons Schlafzimmer abspielten (V 21). Der Erzähler läßt es offen, warum Zorn in David aufsteigt: »Ist David ärgerlich über Amnon, um dessentwillen, was er getan hat, oder ist David zornig über das, was Amnon zugestoßen ist?«[220] Ausgeschlossen scheint, daß David Wut empfindet über das, was seiner Tochter angetan wurde. Denn Tamar wird in V 21 nicht mehr erwähnt, wohl aber die Sympathie, die David noch immer seinem Sohn Amnon entgegenbringt: »Er liebte ihn«. Davids Liebe zu seinem Sohn verhindert, daß sein Zorn irgendwelche Konsequenzen für Amnon oder auch Tamar hat. Diese Liebe schützt Amnon. Schon zuvor konnte jener die Liebe seines Vaters benutzen, um alle Hindernisse zu beseitigen, die seiner Lust im Wege standen. Während die Liebe zu seinen Söhnen nach dem Willen des Erzählers die Handlungen Davids bestimmen,[221] läßt sich aus dem Text keine Liebe des Vaters zur Tochter entnehmen. Im Rahmen der familiären Rollen erfährt Tamar keinerlei Hilfe und Gerechtigkeit. Die Beziehung zwischen ihr und David wird »in dem festgelegten Verhältnis von Befehlen und Gehorchen«[222] deutlich. Obwohl die Befehle des Vaters erst die Gewalttat ermöglichen (V 7), unternimmt David nichts zur Restitution seiner Tochter.
Eine familiäre Beziehung bleibt Tamar laut Erzähler nur zu ihrem Bruder Absalom. Sie wird in seinem Haus aufgenommen. Der Bruder gebietet ihr zu schweigen. »Es ist dein Bruder, nimm dir die Sache nicht so zu Herzen« (V 20). Um der Familienloyalität willen soll das Verbrechen heruntergespielt werden, Tamar nicht so schwer an dem Schmerz tragen. Indem Tamar hinter den Mauern des Hauses ihres Bruders in Beziehungslosigkeit den Rest ihres Lebens verbringt, wird das Opfer der Gewalt und damit auch die Gewalttat selbst unsichbar gemacht. Rita Burrichter ist überzeugt, daß Absaloms Anrede an Tamar mit dem Wort »meine Schwester« (V 20) nicht einfach nur Zuneigung und Intimität ausdrückt, sondern auch ein »Besitzverhältnis«. Absaloms Schweigegebot ist »Bestandteil *seiner* Rache. Auch die Aufnahme in sein Haus bewirkt nicht unbedingt die Eröffnung einer Zukunft.«[223] Die spätere Notiz, nach der Absalom seine Tochter nach Tamar benennt (2Sam 14,27), kann als geschickter politischer Schachzug gedeutet werden: Die Erinnerung an Tamar kann Teil eines

---

220 *Trible* 1990, 83.
221 Davids väterliche Liebe kommt nicht nur Amnon zugute, sondern auch seinen übrigen Söhnen. Siehe 1Kön 1,6 und 2Sam 19,1.
222 AaO. 35.
223 *Burrichter* 1987, 36; Hervorhebung von der Verfasserin.

politischen Programms sein, in dem Absalom die Wiedergutmachung von Unrecht auf seine Fahnen schreibt, das David geduldet hat. »Es bleibt der Verdacht, daß er (sc. Absalom) das Leiden seiner Schwester instrumentalisiert, um seinen eigenen Aufstieg zu forcieren.«[224]
Die innerfamiliären Beziehungen tragen ganz wesentlich zum Leiden Tamars bei: »In der Verbindung des Autoritätsmonopols Davids, mit dem er sich über festgeschriebenes Recht hinwegsetzen kann, mit der Vormachtstellung der Söhne, die ihnen auch Übergriffe ungefährdet ermöglicht, ergibt sich das eigentliche Schicksal Tamars: sie ist gefangen in der Falle familiärer Beziehungen.«[225]
Diese Falle verhindert einen erfolgreichen Widerstand gegen den Gewalttäter – Amnon wußte sehr wohl, daß er von David nichts zu befürchten hat, und auch Tamar selbst gibt sich keiner Illusion eines väterlichen Eingreifens für ihre Person hin.

*Zusammenfassung*
Wenn in Gen 34 und 2Sam 13 die Vergewaltigungen von Töchtern erzählt werden, so sind diese Taten nicht als massive Verletzungen der Persönlichkeit der Mädchen bzw. Frauen dargestellt. Der Erzähler läßt auch Tamar selbst in den Worten, die er ihr in 2Sam 13 in den Mund legt, diese Seite des Verbrechens nicht thematisieren. In beiden Erzählungen geht es um Sitte und Ehre und die mangelnde Legitimität für den Sexualakt. Sowohl Gen 34 wie auch 2Sam 13 sind keine Frauengeschichten in dem Sinne, daß hier eine Frau oder die Tat an einer Frau im Mittelpunkt stehen. Alles dreht sich um die Taten der Männer und die sich daraus ergebenen Konflikte. Während Dinas Person völlig im Dunkeln bleibt und eine konsequente Verobjektivierung durch den Erzähler und seine Figuren erfährt, bekommt Tamar in der Erzählung zwar ein gewisses Profil: Wir erfahren, daß sie »eine schöne Schwester« (V 1) ist, ihr gehorsames Handeln (V 8.10) und ihre widerständigen Worte (V 12.13.16) ermöglichen es, sich ein Bild von ihr zu machen. Doch dieses Bild entsteht aus einer Perspektive, in der sie von außen als Objekt männlicher sexueller Wünsche wahrgenommen wird, und es zielt darauf, die Schwere des Verbrechens Am-

---

224 Ebd. *Tible* 1990, 86 versteht dagegen 2Sam 14,27 als einen »Akt der Wiedergutmachung«: »In ihr (sc. in Abschaloms Tochter) hat Abschalom seiner Schwester ein lebendiges Denkmal gesetzt ... Von der Tante sind Name und Schönheit auf die Nichte übergegangen, so daß Vergewaltigung und Trostlosigkeit nicht das letzte Wort in der Geschichte von Tamar haben.« Der Kontext von 2Sam 14,27 legt jedoch m.E. eher nahe, daß hier etwas über den Aufstieg Absaloms und nichts über die Restitution Tamars gesagt werden soll.
225 *Burrichter* 1987, 36.

nons zu veranschaulichen. Ein Frauenporträt gibt 2Sam 13 letztlich ebensowenig wie Gen 34. Ein normales Familienleben wird nach der Gewalttat beiden Frauen verweigert. Die Erzählung vermittelt den Eindruck, daß die Väter an der Zukunft ihrer Töchter ebensowenig Interesse zeigen wie an ihrer Gegenwart oder Vergangenheit. Dabei verhalten sich die Väter nicht nur einfach passiv, sondern Tochter und Vater erscheinen sogar in den Texten gänzlich beziehungslos. Die in der Darstellung vermittelte Gefühllosigkeit gegenüber der Tochter ist um so bemerkenswerter, weil sowohl Jakob wie auch David an ihren Söhnen sehr wohl mit starken Gefühlen hängen.[226]

### 1.3.2 Fehlender Schutz vor dem Ehemann

Es gibt nur eine einzige Erzählung, in der eine Tochter sich in einer bedrohlichen Situation an den Vater wendet: In Ri 19 sucht eine verheiratete Frau im Haus ihres Vaters vor ihrem Ehemann Zuflucht. Männlicher Gleichgültigkeit und Brutalität entkommt sie allerdings auf diese Weise nicht.

Die Brutalität in Ri 19 ist so exessiv und abstoßend, daß Exegetinnen und Exegeten immer wieder ausdrücklich darauf hinweisen, die dort geschilderten Vorgänge könnten wohl nicht der Wirklichkeit entsprungen sein, sondern müßten als dichterische Schöpfung betrachtet werden.[227] Indem in Ri 19 jedoch Modelle für ein akzeptables oder inakzeptables Benehmen von Männern und Frauen gegeben werden – so z.B. durch die Weitergabe von Botschaften an Männer und Frauen über sexuelle Übergriffe und Grenzen –, werden Geschlechterrollen und Erwartungen geformt. Daher müssen die androzentrischen Vorstellungen über Frauen und die Förderung androzentrischer Interessen in diesem Text nicht weniger als in anderen Texten kritisch reflektiert werden.[228]

*Eine namenlose Tochter in Ri 19*
Ri 19,1f erzählt, daß die Nebenfrau eines Leviten von ihrem Mann fortläuft und in das Haus ihres Vaters flieht. Die Frau bleibt im Text ebenso wie ihr Vater und ihr Ehemann namenlos. Anlaß und Grund für ihr Weggehen halten zwei unterschiedliche Textüberlieferungen fest: Nach der hebräischen und syrischen Handschrift hatte die Frau »gehurt« (זנה). Die griechische und altlateinische Textfassung sagen, daß sie sich über ihren Mann ärgerte. Welche dieser Überlieferungen der Erzählung angemesser ist, läßt sich nicht eindeutig klären: Vom weiteren Verlauf der Handlung her könnte sowohl die Frau wie der Mann schuld an dem Ehekonflikt

---

226 Siehe Gen 37,34f; 1Kön 1,6; 2Sam 19,1.
227 Siehe Exum 1993, 171.
228 Ebd.

sein.²²⁹ Cheryl J. Exum versteht das Verb זנה als allgemeinen Ausdruck für ein Verhalten, der einen Verstoß gegen die patriarchale Ordnung beinhalte. Indem die Frau ihren Mann verläßt, obwohl im Gesetz Israels der Frau die Ehescheidung nicht erlaubt ist, mache sie sich solch eines Verstoßes schuldig. Folgerichtig könne sie auch als »Hure« abqualifiziert werden: »A woman who asserts her sexual autonomy by leaving her husband – and whether or not she remains with him is a sexual issue – is guilty of sexual misconduct.«²³⁰ Es scheint naheliegend, sich die häusliche Situation der Nebenfrau ähnlich unerträglich vorzustellen, wie sie von Hagar in Gen 16 geschildert wird; auch Hagar erscheint die Flucht in die Wüste noch verlockender als das Ausharren im Haus ihrer Herrin.²³¹

Anders aber als in Gen 16 verliert der Text keine Silbe über den langen und gefährlichen Weg, den die Frau auf ihrer Flucht zurücklegt. Auch ihre Verzweiflung bringt er nicht zum Ausdruck. Selbst im Hause des Vaters tritt sie in der Geschichte nicht in Erscheinung.

Als ihr Ehemann ihr nach vier Monaten (!) nachgeht und zum Haus ihres Vaters kommt, ist die Erzählung nur noch an der Begegnung der beiden Männer interessiert. Wir erfahren, daß der Vater sich freut, als er den Schwiegersohn sieht. Der weitere Fortgang der Geschichte kann Zweifel wecken, ob die Freude der nun möglichen Versöhnung zwischen dem Leviten und seiner Tochter gilt, oder ob der Vater hier über den Anlaß für ein festliches Gelage glücklich ist. Es wird nämlich keine Versöhnung zwischen Ehemann und Nebenfrau geschildert, keine Verhandlungen zwischen Vater und Schwiegersohn um die Tochter festgehalten, sondern überschwengliche Gastfreundschaft ist in Szene gesetzen. Phyllis Trible bemerkt in ihrer Untersuchung: »Im Unterschied zu ihrem Vater hat die Tochter keine Sprache; im Unterschied zu ihrem Herrn hat die Nebenfrau keine Macht. Eine Reise, die angetreten wurde, um ›zu ihrem Herzen zu sprechen‹, ist zu einem Besuch geworden, der die männlichen Herzen in Anspruch nahm, ohne daß ein Wort an die Frau gerichtet wurde. Die Absicht, mit der der Herr auszog, wurde aufgegeben, um Gastfreundschaft und Rivali-

---

229 Boling übersetzt mit LXX »his concubine became angry with him ...« Er begründet: »it is strange that the woman would become a prostitute and then run home ...« (*Boling* 1975, 271 und 273)
230 *Exum* 1993, 179. Exum stützt sich bei ihrer Interpretation auf *Yair Zadovitch*, The Woman's Rights in the Biblical Law of Divorce, The Jewish Law Annual 4/1981, 39 und *Mieke Bal*, Death and Dissymmetry: The Politics of Coherence in the Book of Judges, Chicago 1988, 86.
231 Diese Parallele zieht auch *Jüngling* 1981, 87.

tät mit einem anderen Mann auszukosten.«[232] Über die Frau verliert der Text keine Silbe mehr. Offenbar ist sie beim Essen, Trinken und Feiern nicht dabei.[233]

Die meisten Exegeten irritiert es wenig, daß von der Aussöhnung mit der Frau in der Erzählung nicht mehr geredet wird. Für Hans-Winfried Jüngling ist der Vater die entscheidende Person: »Er steht für alle.«[234] Jüngling bemerkt weiter: »Der patriarchalischen Gesellschaftsordnung entspricht es, wenn die Aussöhnung der Ehegatten, die zwar nicht übergangen, aber doch nur indirekt ausgesagt ist, sich vor allem darin reflektiert, daß Schwiegervater und Schwiegersohn ein Fest feiern (Ri 19,3–4).«[235] Ähnlich betont Robert G. Boling: »It was a man's world. There is no mention of the interest of the girl in rejoining her husband, nor of what the womenfolk did while the two men celebrated for most of a week.«[236]

Der Vater dominiert in dem Gemälde überaus großherziger Gastfreundschaft. Er fordert den Schwiegersohn immer wieder dazu auf, noch einmal über Nacht zu bleiben und sein Herz guter Dinge sein zu lassen (V 5–7).[237] Schließlich bricht der Levit aber doch auf und nimmt seine Nebenfau mit. Über Bereitwilligkeit oder Widerstand der Frau, wieder mit dem Mann zu gehen, wird nichts gesagt, und auch über den Abschied des Vaters von der Tochter findet sich im Text keine Silbe.

Der Rückweg mit dem Ehemann in das Gebirge Ephraim kostet der Tochter das Leben: Als der Levit in Gibea einkehrt und dort von den Männern der Stadt bedrängt wird, stößt er seine Nebenfrau vor die Tür. Sie wird die ganze Nacht über immer wieder vergewaltigt (Ri 19,25). Ihr Mann nimmt sie am Morgen auf seinem Esel mit in sein Haus in Ephraim, zerschneidet ihren Körper in zwölf Stücke und sendet ihre Glieder in das ganze Gebiet Israels (V 28b.29).

Der Text läßt offen, ob die Frau noch lebt, als ihr Mann sie zerschneidet, oder ob er sich an ihrem Leichnam vergreift. »Der Erzähler schützt (...) seinen Helden durch Mehrdeutigkeit.«[238] Wie aber auch immer: Die Brutalität, die der Körper der Frau erfährt, erscheint als letzte und äußerste Fortsetzung der Brutalität, der diese Frau in dieser Erzählung von Anfang an ausgeliefert ist.

---

232 *Trible* 1990, 104.
233 AaO. 103.
234 *Jüngling* 1981, 129.
235 AaO. 149.
236 *Boling* 1975, 274. Vgl. *Hertzberg* 1953, 250.
237 Der Aufbau der Szenen legt nahe, daß es hier im Text um mehr geht als nur um eine breit angelegte Schilderung von Gastfreundschaft. Siehe dazu *Trible* 1990, 104.
238 AaO. 117. Ebenso *Exum* 1993, 180.

Phyllis Trible hält fest: »Weder die anderen Figuren noch der Erzähler erkennen ihr Menschsein an. Sie ist Besitz, Objekt, Werkzeug und eine literarische Idee. Sie ist ohne Namen, Sprache oder Einflußmöglichkeit, sie hat keine Freunde, die ihr im Leben helfen oder sie im Tod beweinen. (...) Am Ende ist sie nichts besseres als die Ochsen, die Saul später in Stücke schneidet (נתח) und in das ganze Gebiet Israels schickt (שלח) als einen Aufruf zum Kriege (1Sam 11,7).«[239] Cheryl J. Exum deutet diesen Ausgang der Erzählung als ein »narrative punishment«: Die Frau werde durch sexuelle Gewalt bestraft für ihre »Hurerei«, das heißt für die sexuelle »Freiheit«, die sie sich genommen hatte, indem sie ihren Mann verließ (siehe Ri 19,2), und ihr Körper werde symbolisch durch die Zerstückelung desexualisiert.[240]

Die Nacherzählung der Geschichte durch Josephus Flavius (Antiquitates V 136–149) deutet psychologisierend die biblische Vorlage so aus, daß die Schönheit der Frau der Anlaß jeglichen Konfliktes in Ri 19 wird:[241] Übergroße Liebe zu seiner wunderschönen Frau habe den Leviten erfüllt. Weil er sie deshalb ständig so heftig bedrängte, sei sie zu ihrem Vater zurückgekehrt. Voller Liebessehnsucht folge ihr Mann. Josephus beschreibt eine herzzerreißende Versöhnung zwischen den Eheleuten. Da auch die liebenden Eltern die Tochter nur ungern gehen lassen, komme es schließlich zum verspäteten Aufbruch der Eheleute. Sie sind zum Übernachten in Gibea gezwungen. In der Stadt bringe die Schönheit der fremden Frau, die alle bewundern, das Paar in Gefahr: Alle möchten die Frau haben. Nach Wortgefechten zwischen dem Gastgeber der Eheleute und dem Levit ergreifen die Männer aus Gibea die Frau. Sie tun ihr Gewalt an. Die Frau meint deshalb, ihrem Gatten nicht mehr unter die Augen treten zu können. Als der Levit sie am nächsten Morgen auf der Schwelle des Hauses findet, glaube er zunächst, seine Frau schlafe. Er will sie trösten, indem er ihr in Erinnerung bringt, daß sie sich nicht freiwillig ausgeliefert habe, sondern die Bande gekommen sei und sie mit Gewalt fortgebrachte. Dann erst merke er, daß seine Frau tot ist.
Weil Josephus die Frau mit so liebreizenden Zügen versieht, ist er gezwungen, die Geschichte zu verändern: Die Frau besitzt bei ihm selbstverständlich ebenso wie ihr Mann im Hause ihres Gastgebers in Gibea das Gastrecht; niemand kommt dort auf den Gedanken, sie auszuliefern. Die Frau stirbt nicht infolge der Gewalt, die ihr angetan wird, sondern aus Scham! In dieser Fassung der Erzählung gibt es keine Person mehr, die für die Brutalität gegen die Frau und für ihren Tod Verantwortung trägt: Dem Ehemann ist ebensowenig wie dem Vater ein Vorwurf zu machen. Ihre Schönheit hat die Frau in eine tragische Situation gebracht, der sie psychisch nicht gewachsen ist. Ihre sexuelle Attraktivität dient als Entschuldi-

239 *Trible* 1990, 118. Vgl. dazu *Fortune* 1983, 48f: »In accepting the concubine, the gang was indirectly assaulting the guest. They destroyed ›his‹ property. It appears that this is what enraged the Levite and the reason he sent the message to the other tribes. There is no importance given to the fact that a woman has been raped and murdered.«
240 *Exum* 1993, 180f.
241 Der Text des Alten Testaments macht keine Aussage zur Schönheit oder zum Aussehen der Frau.

gung dafür, daß die Männer die Frau zu sexuellen Handlungen drängen, die sie nicht will.
Hans-Wilfried Jüngling deutet die Erzählung auch heute noch in gleicher Weise aus wie Josephus Flavius.[242]

Zusammenfassend muß festgehalten werden, daß eine Tochter, die bei ihrem Vater Zuflucht sucht, auch in Ri 19 eigentlich kein Thema ist. Der Erzähler verzichtet vollständig darauf, die Situation der Frau in das Geschehen einzubringen und zu reflektieren. Statt dessen bestimmen Männerkonflikte und -beziehungen die Szene. Wird versucht, die Lage der Tochter hypothetisch zu konstruieren, so drängt sich besonders im Blick auf das brutale Ende dieser Frau der Eindruck auf, daß sie durchaus des Schutzes und Beistands durch den Vater bedurfte hätte. In der Erzählung selbst ist der fehlende Einsatz des Vaters für seine Tochter kein Thema.

### 1.3.3 Die Tochter – das Schäfchen

Gebündelt werden der Besitz- und Opferstatus von Töchtern und Aspekte väterlicher Zuwendung in einer Erzählung sichtbar, mit deren Hilfe der Prophet Nathan das Vergehen König Davids gegen seinen Feldherrn Uria beschreibt.

*Die »Tochter« in der Beispielerzählung Nathans (2Sam 12,1–4)*
David hatte sich Batseba angeeignet, obwohl sie die Ehefrau Urias ist (2Sam 11,2–26). Nathan erzählt davon in der Beispielgeschichte 1Sam 12,1–4. In ihr setzt er David mit einem reichen Mann und Uria mit einem armen Mann gleich. Batsebas Rolle übernimmt ein junges Lamm, ein Schäfchen, das gekauft wurde. Die Frau, die in den Mittelpunkt des Konfliktes gerät, ist hier also zum Tier transformiert. Die Parallelsetzung zwischen ihr und einem Stück gekauften Vieh bildet die Grundlage, auf der Nathan den Übergriff Davids auf die Frau seines Feldherrn als Eigentumsdelikt darstellt. Der Prophet verurteilt Davids Vorgehen als Verstoß gegen die rechtlich gesicherte Besitzordnung. Es geht um Eigentumsrechte, die nicht gewahrt wurden, und das Vergehen ist um so gravierender, weil der Reiche überhaupt keinen Grund hatte, sich an dem einzigen Besitz des Armen zu vergreifen.
Betrachten wir das Bild vom Schäfchen genauer.[243] Schafe sind die Tiere der armen Leute. Mehr noch als anderes Kleinvieh sind

---
242 *Jüngling* 1981, 229.
243 In den Psalmen werden Menschen in Beziehung zu Gott gelegentlich mit Schafen verglichen: siehe z.B. Ps 23 und Ps 100,3. Auf diese Weise wird der gravierende Abstand zwischen Gott und Mensch deutlich gemacht.

sie Streicheltiere. Vor allem wenn sie noch sehr jung sind, sind sie possierlich, niedlich und wirken hilflos. Sie brauchen viel Wärme und Zuwendung. Von der Zuwendung, die das Schaf in Nathans Beispielsgeschichte erhält, ist dann auch sehr detailliert die Rede. Nicht nur, daß der Mann es aufzieht und ihm von seinem Teller zu essen gibt, es schläft sogar auf seinem Schoß. Die Bildsprache beinhaltet soviel Nähe und Intimität, wie sie ein Mann gewöhnlich seiner Geliebten entgegenbringt. Doch erstaunlicherweise vergleicht Nathan in seiner Rede das Schäfchen nicht mit einer Geliebten. Obwohl doch den Hintergrund für diese Beispielgeschichte die Ereignisse von der unrechtmäßigen Aneignung der *Ehefrau* Batseba bilden, vergleicht er das Lämmchen mit einer Tochter.

Nicht weniger bemerkenswert ist, daß nirgendwo im gesamten Alten Testament eine Tochter so viel liebevolle väterliche Zuwendung erfährt, wie sie hier in der Beispielgeschichte dem Lämmchen zuteil wird. Es ist der Liebling des Mannes, wächst bei ihm auf und unter seinen Söhnen. Das Bild drückt eine ganz außerordentliche Wertschätzung dieses Schäfchens aus. Allerdings darf darüber nicht vergessen werden, daß die Frau in dieser Beispielerzählung die einzige ist, die als eine Figur aus dem Tierreich dargestellt wird. Das Lämmchen wächst zwar bei dem Mann und seinen Söhnen auf, aber dennoch wird es nicht wie ein Mensch betrachtet, sondern eben wie ein Lamm. Lamm ist und bleibt schließlich Lamm, und als solches wird es in Nathans Erzählung letztlich auch geschlachtet und zum Mahl bereitet.

Nicht die Schlachtung des Tieres an sich ist hier das Empörende – für Lämmer ist es schließlich nichts Ungewöhnliches, unter dem Messer des Schlachters ihr Leben zu beenden –, sondern der Umstand, daß das Schäfchen als der einzige und geschätzte Besitz des armen Mannes von dem Reichen einfach für seine Zwecke benutzt wird. Nach den Liebesbezeugungen des armen Mannes für sein Schaf erscheint das Handeln des Reichen roh und brutal. Die Wirkung von Nathans Geschichte in 2Sam 12,1–4 lebt aus der Vorstellung, daß hier ein Lamm geschlachtet wird, das »wie eine Tochter« gehalten wird, und dadurch ein Mann einen gravierenden Verlust erfährt, einen Übergriff durch einen Mächtigen, gegen den er als der rechtmäßige Eigentümer sein »Lämmchen« nicht schützen kann. Diesem Mann – in der Beispielerzählung eine Vaterfigur – gilt das Mitgefühl in dieser Geschichte.

1.3.4 Ergebnis

Erzählungen, in denen ein Vater aktiv seine Tochter schützt, lassen sich im Alten Testament nicht finden. Erschreckenderweise

erscheinen Töchter ausnahmslos in allen Situation, in denen sie schutzbedürftig sind, auf sich allein angewiesen. Der Vater hält sich im Hintergrund und setzt seinen Einfluß oder seine Macht nicht erkennbar zugunsten der Tochter ein.
Bedroht, verletzt und zerstört wird in den betreffenden alttestamentlichen Texten das Leben der Töchter stets von männlich-sexueller Gewalt (Gen 34; 2Sam 13; Ri 19). Andere Formen von Gewalt an Töchtern haben in den Geschichten des Alten Testaments keine Aufnahme gefunden. Die Vergewaltigung der Tochter erscheint als erzählerische Gegenstand von Interesse, weil sie deren Familie eminent betrifft.
Die Erzähler stellen in den genannten Texten Töchter nicht als Persönlichkeiten dar, deren Integrität Schutz verdient, sondern als ein Stück Besitz ihres Vaters. Angriffe auf die Tochter werden aus androzentrischer Perspektive als Übergriffe auf fremdes Eigentum wahrgenommen und sprechen als solche bei den Männern starke Gefühle an, die sich um Fragen der Sitte und Ehre bewegen. Sie lösen Konflikte unter Männern aus. Die Väter in den Erzählungen versuchen die Konflikte nicht unbedingt zugunsten der Tochter, sondern zunächst einmal zu ihren Gunsten zu entscheiden. In den Texten herrscht dabei eine auffällige Beziehungslosigkeit zwischen Vater und Tochter. Die Erzähler stellen den Leserinnen und Lesern Vaterfiguren vor Augen, die sich nicht darum kümmern, wie es ihren Töchtern geht, und die kein Mitgefühl dafür zeigen, was Gewalt und Verletzungen für ihre Töchter bedeuten.
In den uns überlieferten Geschichten rechnen die Töchter auch selbst kaum mit dem Schutz des Vaters: Die namenlose Tochter aus Ri 19 ist die einzige, die sich bei einem Ehekonflikt an den Vater wendet; da ihr Vater jedoch schnell mit dem Schwiegersohn ein Herz und eine Seele ist, ist ihre Not in der Erzählung kein Thema mehr. Tamar gibt sich nach ihrer Vergewaltigung keiner Illusion hin, ihr Vater könnte sich gegen ihren Vergewaltiger wenden und sich für sie einsetzen. Bei ihr und auch bei Dina geht es nur noch darum, ob der sexuelle Kontakt zwischen ihnen und ihrem Vergewaltiger nachträglich legalisiert wird, so daß das Verbrechen ungeschehen gemacht ist und die Frauen wenigstens die Rolle der Ehefrau ihres Gewalttäters einnehmen können (2Sam 13,13; Gen 34,8f).
Die Erzählungen in ihrer Gesamtheit konstruieren eine Wirklichkeit, in der es für Töchter keinen sicheren Ort gibt, an dem sie nichts zu befürchten haben: In der Familie können sie ebenso wie außerhalb des familiären Raumes Opfer von (sexueller) Gewalt werden, Ehemann oder Bruder können genauso zu Tätern werden

wie ein fremder Mann. Allein gelingt es den Tochtergestalten nicht, sich zu schützen. Selbst wenn sie nicht als passive Objekte beschrieben werden, sondern wie Tamar Widerstand gegen den Täter leisten, so tun sie das erfolglos. Da sie keine Unterstützung von außen erhalten, gibt es für sie auch keine Möglichkeit der Wiedergutmachung.
An dieser Stelle sei darauf hingewiesen, daß die biblische Überlieferung durchaus Frauengestalten kennt, die sich effektiv und erfolgreich gegen männliche Gewalt zur Wehr setzen können; diese allerdings sind in der Überlieferung dem Tochterstatus längst entwachsen (siehe z.b. Jael in Ri 5,24f, vgl. auch Pua und Schifra Ex 1,15ff oder Rizpa 2Sam 21,12ff). Es sind die Töchter, denen in den alttestamentlichen Erzählungen im besondere Maße Opferrollen zugeschrieben werden.

## 1.4 Bedrohung durch väterliche Gewalt

Töchter können auch Opfer ihrer eigenen Väter werden. Wo Väter die Möglichkeit und die Macht haben, sich über den Willen und das Wohl der Tochter hinwegzusetzen, kann die väterliche Verfügungsgewalt die Wünsche und Lebensträume einer Tochter gefährden, im Extremfall sogar ihr Leib und Leben.
Wie wird die Tochter in Erzählungen des Alten Testament in Szene gesetzt, wenn ihr Vater sie massiv bedroht? Wie weit kann in Erzählungen des Alten Testament väterliche Verfügungsgewalt gehen?

### 1.4.1 Die Auslieferung der Tochter zur Vergewaltigung

Zweimal wird in Geschichten festgehalten, daß Töchter von ihren Väter zur Vergewaltigung ausgeliefert werden sollen: in Gen 19,8 und in Ri 19,24. Beide Texte sind einander ähnlich und werden daher gerne miteinander verglichen.

*Die namenlosen Töchter Lots (Gen 19,8)*
Lot will seine beiden Töchter in die Gewalt der Männer von Sodom geben, um sich und seine Gäste zu schützen (Gen 19,8).[244] Alle männlichen Einwohner Sodoms waren nämlich vor Lots Haus gezogen, nachdem jener Gottes Boten genötigt hatte, bei ihm einzukehren (Gen 19,2f). Sie fordern die Herausgabe der »Fremden«, weil sie sie »kennenlernen«, d.h. sexuell mißbrauchen wollen (V

---

244 Zur Person des Lot siehe unten S. 175ff und S. 184f.

4–5). Marie Fortune weist darauf hin, daß die Sodomiter sich nicht aus homosexuellen Neigungen heraus so verhalten. Hinter ihrem Ansinnen steht das gleiche Motiv, aus dem heraus sie auch eine Frau vergewaltigen würden: Es geht ihnen darum, ihr Gegenüber zu erniedrigen, zu überwältigen und ihm körperlichen Schmerz zuzufügen.[245] Der Vater will in dieser Situation seine Töchter ausliefern, um den Konflikt zu lösen. Er preist die Mädchen den Sodomitern an, indem er betont, daß sie noch keinen Mann erkannt haben. Die Jungfräulichkeit seiner beiden Töchter soll das Angebot reizvoll machen: Die Vergewaltigung von zwei Jungfrauen – Lot erlaubt den Sodomitern ausdrücklich, mit den Mädchen zu tun, was ihnen gefällt (Gen 19,8) – wird als verlockende Alternative zur Vergewaltigung der zwei fremden Männern ins Gespräch gebracht.

Nicht das Angebot an sich, sondern Lot als Verhandlungsführer ist für die Sodomiter inakzeptabel. Sie wollen sich nicht auf Verhandlungen mit ihm einlassen. »Ironischerweise erspart der Ärger von Männern gegen einen anderen Mann Lots Töchtern die Schrecken, für die er sie freiwillig angeboten hatte.«[246] Gottes Boten beenden erst die Gefahr, als Lot selbst zum Opfer der Sodomiter zu werden droht (V 10.11). Ein Nebeneffekt ihres Eingreifens ist es, daß nun auch die Frauen in Lots Haus geschützt sind. Dieser Schutz geschieht im Duktus der Erzählung nicht um ihretwillen, sondern weil sie zu Lots Familie gehören. Der Erzähler hat kein Interesse daran, den Frauen Aufmerksamkeit zu schenken. Nicht Lots Töchter, sondern Lot selbst und seine Gäste stehen in Gen 19,4–11 im Vordergrund: Es geht um das Verbrechen, das an ihnen verübt werden soll, und um ihre Initiativen, sich zu schützen. Über die beiden Töchter ist lediglich zu erfahren, daß sie Jungfrauen sind. Denn das in dem bestehenden Streit für die Männer von Bedeutung ist. Weitere Angaben zu ihrer Person, ihre Gedanken, Gefühle und Situation finden in der Geschichte keinen Platz. Die Töchter sind in diesem Text Tauschobjekte ähnlich einer Ware, die der Vater in seinen Verhandlungen zur Erfüllung sozial-religiöser Pflichten benutzt (V 7f). Dabei setzt der Erzähler voraus, daß die Unversehrtheit der männlichen Gäste Vorrang vor der Unversehrtheit der eigenen Töchter hat.[247]

---

245 *Fortune* 1983, 28.
246 *Trible* 1990, 112.
247 Beim Vergleich mit Ri 19,32.34 wird deutlich, daß diese Wertschätzung der Gäste nichts mit ihrem Status als Boten Gottes zu tun hat, sondern damit zusammenhängt, daß sie Gäste *und* männlich sind. Zu Lots Töchtern siehe auch oben S. 82ff.

## Die namenlose Tochter des Gastgebers in Gibea (Ri 19,24)

Auch in Ri 19,15–25 will ein Vater seine Tochter zur Vergewaltigung ausliefern, weil er dadurch einen Gast, den er in sein Haus aufgenommen hat, zu schützen hofft. Der Gast ist jener Levit, der zuvor seine ihm weggelaufene Nebenfrau zurückgeholt hatte (Ri 19,1–10).[248]

Als der Levit mit der Nebenfrau und seinem Knecht in Gibea Gastfreundschaft bei einem alten Mann genießt (V 21–22a), wird das Haus von Männern umstellt. Sie wollen den Fremden sexuell mißbrauchen (V 22).

Der folgende Dialog zwischen dem Gastgeber und den Bewohnern der Stadt Ri 19,23–24 stimmt zum Teil wörtlich mit Gen 19,6–8 überein: Der Gastgeber verbietet den Männern, so etwas Böses zu tun (Ri 19,23; vgl. Gen 19,7). Er nennt ihr Vorhaben eine נבלה, eine »Schandtat« (Ri 19,23; dieses Wort hat keine Parallele in Gen 19). Wie Lot erklärt er sich zur Lösung des Konflikts bereit, seine Tochter zu ihnen herauszuführen, und ebenso wie Lot preist er deren Jungfräulichkeit an. Außerdem will er den Männern auch noch die Nebenfrau seines Gastes bringen (Ri 19,24; vgl. Gen 19, 8). Seinen *weiblichen* Gast und die eigene Tochter stellt der alte Mann aus Gibea den Leuten in der Stadt ausdrücklich zur Vergewaltigung zur Verfügung (Ri 19,24; keine Parallele in Gen). Er fügt ermunternd hinzu, daß sie »mit ihnen tun sollen, was in ihren Augen gut ist« (Ri 19,24; ebenso Gen 19,8). Der Sinn seines Angebotes ist, daß an einem Mann keine Schandtat verübt wird (Ri 19,24; vgl. Gen 19,8).

Wegen der zahlreichen wörtliche Berührungspunkte zwischen Ri 19,15–25 und Gen 19,1–29 wurde immer wieder über ein literarisches Abhängigkeitsverhältnis der Texte voneinander spekuliert. Nach Gutbrod liegt der Sinn von Ri 19,15–25 eindeutig in der Darstellung, daß »Sodomitertum« in Israel eingebrochen ist. Darauf sei die Wiedergabe der Szene zugeschnitten.[249] Dagegen behauptet Jüngling, daß es sich bei den Ähnlichkeiten und den wörtlichen Berührungen zwischen den beiden Texten um Ausdrücke handele, »die der Typik der Szene angehören und sich deshalb nicht eignen, Abhängigkeitsverhältnisse in der einen oder anderen Richtung zu bestimmen«.[250]

Daß ein Vater zum Schutz eines männlichen Gastes bereit ist, seine Tochter zur Vergewaltigung zu Verfügung zu stellen, ist also kein einmaliger Vorgang in den alttestamentlichen Texten. Wieder sollen die Frauen geopfert werden, um einen Konflikt unter Männern

---

248 Siehe oben S. 111ff.
249 *Gutbrod* 1985, 307. Ähnlich *Hertzberg* 1953, 251.
250 *Jüngling* 1981, 219. Verfechter ähnlicher Positionen sind aufgeführt in: *Trible* 1990, 131, Anm. 44.

beizulegen.[251] Während der Gastgeber dabei für den Schutz des Leviten eintritt, steht die Nebenfrau seines Gastes nicht unter seinem Schutz. Er gebraucht sie, damit sein Angebot auch wirklich als verlockende Alternative für den männlichen Gast erscheinen kann: Statt eines Mannes sollen die Männer von Gibea zwei Frauen bekommen, die die ganze Skala männlicher heterosexuelle Wünsche befriedigen können. »Die eine ist Jungfrau, und die andere ist reif und erfahren.«[252] Statt des Fremden sollen sie wenigstens die Fremde haben. »When the host refused to allow them to harm his guest, the destruction of the stranger's property (his concubine) was the next best way to violate him.«[253] Die Situation der Frauen nimmt der Text dabei mit keiner Andeutung auf.

Wie in Gen 19 die Einwohner von Sodom, so lehnen auch die Leute in Gibea den Gastgeber unwillig als Verhandlungsführer ab (Ri 19,25a). Ihr Ärger rettet seine Tochter. Doch Gott schlägt die Gewalttäter nicht mit Blindheit, um den Leviten zu schützen. Der Levit wendet selbst die Gefahr von sich ab, indem er seine Frau aus dem Haus stößt; die Männer vergewaltigen und quälen sie (Ri 19,25).[254]

### 1.4.2 Opferung der Tochter als Brandopfer

Während Töchter in Gen 19 und Ri 19 dort, wo ihre Väter sie zur Vergewaltigung ausliefern wollen, dank glücklicher Umstände verschont bleiben, nimmt in Ri 11 ein Vater seiner Tochter das Leben: Jeftas namenlose Tochter wird von ihrem Vater als Brandopfer dargebracht (Ri 11,29–30).

*Die namenlose Tochter des Jefta (Ri 11,29–40)*
Die Darbringung der Tochter als Brandopfer ist Teil der Erzählung um den Richter Jefta Ri 11,1–12,7.[255] Jefta, auf den Gottes Geist

---

251 *Trible* 1990, 110. Vgl. die Geschichten von der sog. »Preisgabe der Ahnfrau« (Gen 12; 20; 26).
252 Ebd.
253 *Fortune* 1983, 49.
254 Wie schon die vergleichbare Szene in Gen 19,8ff handeln einige Kommentare auch den in Ri 19,23–25 geschilderten Vorgang unter Aspekten der Gastfreundschaft ab (zur Kommentarliteratur siehe unten S. 179).
255 Zur Person des Jefta siehe unten S. 180ff. – Wolfgang Richter führt zahlreiche literarkritische Bearbeitungen auf, die Ri 11,29–24 in der historisch-kritischen Exegese erfahren hat (*Wolfgang Richter* 1966, 503f). Mir scheinen das Gelübde Jeftas, die Opferung der Tochter und das Fest zur Erinnerung an das Opfer nicht Motive unterschiedlicher Traditionen zu sein, sondern fest miteinander verknüpfte Geschehnisse eines einzigen Traditionszusammenhanges. Das, was als Spannungen in der Geschichte empfunden wird, läßt sich durch das spezifi-

herabgekommen war, hatte gelobt, daß er JHWH das als Brandopfer darbringt, was ihm aus seiner Haustür entgegenkommt, wenn er unversehrt aus dem Kampf mit den Ammonitern zurückkehrt (Ri 11,29–31). Nach siegreichen Kampfhandlungen (V 32.33) kommt ihm vor seinem Haus seine Tochter entgegen (V 35a).[256] Der Erzähler beschreibt nicht, daß Jefta seiner Tochter den Inhalt seines Gelübdes mitteilt. Er läßt das Mädchen ihrem Vater sofort zustimmen, indem er ihr die Worte in den Mund legt: »Mein Vater, hast du deinen Mund aufgetan vor JHWH, so tu mit mir, wie dein Mund geredet hat, nachdem JHWH sich gerächt hat an deinen Feinden, den Ammonitern« (V 36).

Die Tochter bestätigt die Unverletzlichkeit jenes Schwurs, der ihren Tod bringt. Sie redet Jefta mit »mein Vater« (אבי) an (V 36). Wird den Leserinnen und Lesern mit dieser Anrede die Unterwerfung der Tochter unter die väterliche Autorität signalisiert? Oder ist die Anrede als Zeichen emotionaler Anhänglichkeit zu deuten?[257] Im Rahmen der Erzählung können die Worte »mein Vater« als Stilmittel betrachtet werden, das die Tragik der Situation unterstreicht: Die Tochter gibt demjenigen die Zustimmung zu ihrem gewaltsamen Tod, der ihr Leben als Preis für sein Kriegsglück eingesetzt hatte und der zugleich doch auch der einzige ist, der ihr Leben um jeden Preis schützen könnte und müßte. In den Worten der Tochter erhält das Wort des Vaters den Charakter des Unausweichlichen: Der Vater hat vor JHWH seinen Mund geöffnet, und nun wird auch geschehen, was er gesagt hat (V 36). JHWH ist nach dieser Darstellung des Erzählers mit im Geschehen, er steht mit seiner Macht beim Vater. Mit der Zustimmung zu ihrer grausamen Opferung begibt sich die Tochter auch auf seine Seite. Ihre Worte zeigen dabei keine Enttäuschung über die, die ihr eigentlich Schutz gewähren sollten, keine Wut, keine Angst und schon gar kein Mitleid mit sich selbst. Vielmehr rechtfertigen sie das Handeln Jeftas.[258]

---

sche Geschehen erklären. Für literarkritische Ausscheidungen und Überlegungen zur Veränderung des Texts aufgrund redaktionsgeschichtlicher Erwägungen besteht keine Notwendigkeit. Solche Textveränderungen beseitigen und glätten lediglich moralisch Anstößiges in der Erzählung.

256 Zur Tradition des Singens der Siegeslieder durch Frauen siehe *Brenner / van Dijk-Hemmes* 1993, 32ff. Vgl. *Boling* 1975, 208; *Engelken* 1990, 34; *Trible* 1990, 144. Fokkelien van Dijk-Hemmes arbeitet heraus, daß die Unterschlagung der Worte aus dem Siegeslied der Tochter durchaus nicht selbstverständlich ist, sondern bereits auf den Tod von Jeftas Tochter hinweist (*Brenner / van Dijk-Hemmes* 1993, 38).

257 Nach *Trible* 1990, 147 beinhaltet diese Anrede Mitleid für den Vater.

258 Vgl. ebd.: אבי (»mein Vater«) gibt ihm (sc. Jefta) »Rechtfertigung und Zuversicht.«

Dieser Akt der Zustimmung und »Selbstüberwindung« ist in vielen Kommentaren der entscheidenden Punkt bei der Beurteilung der Gestalt der Tochter in Ri 11: Jeftas Tochter gilt als »rührend« oder »zart«, wohl weil sie sich so gut in den Vater einfühlen kann.[259] Lion Feuchtwanger entwickelt aus ihren Worten ein Motiv inzestuöser Liebe zwischen Vater und Tochter, das seinen Roman »Jefta und seine Tochter« bestimmt.[260] Peggy L. Day sieht in ihr »the archetype of female adolescence, resolved a moral dilemma by completely ignoring her own wellbeing«.[261]

Jeftas Tochter erbittet zwar nun für sich noch eine Frist, um gemeinsam mit den Freundinnen zu trauern (V 37). Doch was geht in dieser Situation in der Tochter vor? Der Text sagt nichts darüber. Hier wie auch später bei der Vollstreckung des Gelobtem rückt der Erzähler ihre Jungfräulichkeit in den Vordergrund. Möglicherweise soll so der besonders kostbare Wert des Opfers angedeutet und die Tragik des verfrühten Todes unterstrichen werden. Vermutlich aber hat die Jungfräulichkeit auch etwas mit der kultischen Reinheit zu tun, die für ein Brandopfer gefordert ist.[262] Insgesamt gesehen bleiben die Gefühle der Tochter im Dunkeln, das Handeln des Vaters steht im Vordergrund. Rafael Patai formuliert treffend: »Die ganze Sache wird vom Erzähler genauso gehandhabt, wie wenn er die Geschichte eines Mannes erzählte, der aus persönlichen Gründen beschließt, sich die linke Hand abzuhauen. Warum ein Wort daran verschwenden, was die Hand fühlt?«[263]

---

259  *Hertzberg* 1953, 217.
260  Für Lion Feuchtwanger findet die von ihm dichterisch phantasierte inzestuöse Liebe der Tochter zu ihrem Vater Jefta in der Tötung der Tochter ihre Erfüllung. Angesichts der bevorstehenden Opferung ist die Tochter erleichtert: »Er (sc. der Vater) gewährt ihr, daß sie sich mit ihm, dem Gott, vereint, daß ihr Blut das Seine wird und ihm zur Stärkung dient (...). Sie spürte voraus ihre Vereinigung mit Jahwe, ihr Vater und Jahwe wurden ihr ganz und gar *eines*, sie war voll Frieden« (*Feuchtwanger* 1988, 213). Die Tochter sieht ins Feuer und denkt an ihren Brandopfertod: »Sie schloß die Augen, auf daß sie den Gott sehe, in den sie eingehen sollte. Er trug die Züge des Vaters, er hatte dessen massiges Gesicht. Sie fühlte, wie der Gott in sie einzog« (aaO. 228f). Eines ihrer letzten Worte, als sie vom Vater vor ihrer Opferung Abschied nimmt, lautet: »›Ich habe Jahwe gesehen‹, sagte sie. ›Sein Gesicht ist wie das deine. Ich liebe Jahwe, weil sein Gesicht wie das deine ist‹« (aaO. 240). Willig und gefaßt sieht sie den Grausamkeiten, die auf sie zukommen, entgegen: »Ich möchte dich sehen, mein Vater, wenn du dich in Jahwe verwandelst. Ich habe dich in deinem Zorn gesehen, ich habe das große, fruchtbare Licht des Zornes aus seinen Augen ausstrahlen sehen und mich nicht gefürchtet. Ich werde mich auch jetzt nicht fürchten. Ich gehöre zu dir« (aaO. 240).
261  *Day* 1989, 66.
262  *Exum* 1991, 190.
263  *Patai* 1962, 138f.

Der Opferung von Jeftas Tochter in Ri 11 läßt sich jene Episode aus 1Sam 14 gegenüberstellen, nach der Sauls Sohn Jonatan beinahe infolge eines Schwurs seines Vaters den Tod gefunden hätte: Wie Jefta in einer militärischen Notsituation hatte Saul geschworen, daß jeder, der bis zum kommenden Abend, an dem er den Entscheidungskampf erwartete, etwas ißt, verflucht sei (1Sam 14,24). Als Jonatan unwissentlich diesen Schwur bricht (V 27) und Gott deshalb Saul nicht mehr antwortet, ist Jonatan bereit, für seine Schuld zu sterben (V 42), und auch Saul ist willig, den Sohn zu töten (V 44). Doch das Volk läßt das nicht zu, und Jonatan bleibt am Leben (V 45).

In Ri 11 gibt es niemanden, der gegen die Tötung der Tochter Einspruch erhebt und sie auslöst, so wie das Volk es in 1Sam 14 tut.[264] Während in 1Sam 14 der Sohn verschont wird, findet die Tochter den Tod. Um ihr Leben zu retten, greift auch Gott nicht ein, so wie er es für den Sohn in Gen 22 tut: Als Abrahams Sohn Isaak auf Gottes Befehl als Brandopfer auf dem Altar sterben soll, wird das Kind in letzter Minute doch noch auf höhere Weisung hin durch ein Tier ersetzt. Jeftas Tochter dagegen stirbt tatsächlich.

Das Schicksal dieser Tochter ist aber nicht nur grausamer als jenes der Söhne in den alttestamentlichen Geschichten. Es unterscheidet sich in seiner Konsequenz auch von Iphigenie, einer Tochtergestalt aus der griechischen Mythologie: Als die griechische Flotte vor Troja wegen des ungünstigen Windes nicht ablegen kann, opfert Agamemnon seine Tochter Iphigenie, um die Göttin Artemis zu versöhnen. Iphigenie aber wird von der Göttin durch ein Tieropfer ersetzt und nach Tauris entrückt.[265] Und auch Kore, eine andere Gestalt der giechischen Mythologie, die von Hades in die Unterwelt entführt wird, bleibt nicht in dieser Welt des Todes. Als Tochter einer Göttin ist sie unsterblich und kehrt, verwandelt in Persephone, zum Leben zurück.[266] »Jephthah's daughter must die under her father's knife because she is neither a divine and therefore immortal maiden capable of rebirth nor was an animal sacrifice performed as part of the annual festival held in her honor.«[267]

Soggin schließt aus dem Mangel an Widerstand des Mädchens auf eine generell akzeptierte Opferpraxis, die vermutlich sehr ehrenhaft für die als Opfer bestimmte Person gewesen sei.[268] Die Opferung von Töchtern *und* Söhnen wurde als vermeintlicher Bestandteil des kanaanäischen Götterkultes (»Söhne und Töchter durch das Feuer gehen lassen«) in Israel und Juda je später um so mehr abgelehnt (Lev 18,20; 20,2–5; Dtn 12,31; 18,10; 2Kön 23,10).[269] Von einer Opferung der Söhne sprechen 2Kön 3,26 und 2Kön 16,3: In 2Kön 3,26f bringt Mescha, König von Moab, ein Nichtisraelit also, bei der Belagerung seiner Stadt seinen erstgeborenen Sohn als (Brand-)Opfer auf dem Altar dar. Seine Situation könnte jener ähnlich gewesen sein, wie sie der Erzähler für Jefta beschreibt.[270] Diese Tat ruft in Israel »großen Zorn« hervor (2Kön 3,27). Von Ahas aus Juda berichtet 2Kön 16,3, daß er seinen Sohn »durchs Feuer gehen ließ«, und das gleiche wird von Amon aus Juda erzählt; beidemale trifft der Zorn JHWHs die Könige wegen

---

264 Vgl. *Laffey* 1988, 99.
265 Zum Vergleich zwischen Jeftas Tochter und Iphigenie siehe *Day* 1989, 60f.
266 Zum Vergleich zwischen Jeftas Tochter und Kore siehe aaO. 62f.
267 AaO. 65.
268 *Soggin* 1981, 217: »something like the human sacrifices among the Maya in pre-Columbian Mexico.«
269 Vgl. *Wolfgang Richter* 1966, 514.
270 AaO. 513; *Boling* 1975, 216.

*Abhängigkeit vom Vater* 125

dieser Praktik. Als Ursache dieser tatsächlich durchgeführten Kinderopfer ist kein Gelübde erkennbar, und auch nirgendwo außerhalb des Jefta Zyklus wird solch ein Opfer Anlaß für einen Brauch, wie ihn Ri 11,37–40 voraussetzt. Damit hebt sich die Opferung der Tochter Jeftas von den üblichen überlieferten Kinderopfern des Alten Testaments ab. Insbesondere steht es mit dem Motiv der Jungfräulichkeit verknüpft, für dessen sichere Deutung es in diesem Zusammenhang an Parallelen fehlt.[271]

Die Erzählung in Ri 11 schließt mit dem Satz, daß die Töchter Israels jährlich hingingen, um »der Tochter Jeftas, des Gileaditers« zu gedenken (V 40).[272] Angesichts dieser Notiz ist es um so erstaunlicher, daß noch nicht einmal der Name von der Tochter überliefert wird, zu deren Gedenken sich vier Tage im Jahr die Frauen versammelt haben sollen. Ihre Existenz bleibt auch in der Erinnerung unauflöslich mit der Person des Vaters verbunden. Geht es vielleicht bei dieser Zusammenkunft gar nicht um das geopferte Mädchen an sich, sondern lediglich um eine »Tochter«, die sich willig und gehorsam von ihrem Vater für seinen Erfolg opfern ließ?[273] Ist das, was gefeiert wird, ein Freudenfest, bei dem die Ergebenheit der Tochter gegenüber ihren Vater gerühmt wird?[274] Cheryl Exum stellt kritisch fest: »(...) patriarchal ideology here coopts a women's ceremony in order to glorify the victim. The phallocentric message of the story of Jephtah's daughter is, I suggest: submit to paternal authority. You may have to sacrifice your autonomy; you may lose your life and even your name, but your sacrifice will be remembered, indeed celebrated, for generations to come. (...) If we translate the difficult ותהי חק בישראל at the end of v. 39 as ›she became an example in Israel‹ rather than ›it became a custom in Israel‹, her value to the patriarchal system as a model is underscored.«[275] Cheryl Exum weist deshalb darauf hin: »Praising the victim can (...) be as dangerous as blaming the victim.«[276]

---

271  Vgl. *Wolfgang Richter* 1966, 514. *Gaster* 1969, 431f; *Hvidberg* 1962, 103 und *Soggin* 1981, 218 verweisen auf die Klagen um Osiris in Ägypten, Altis in Asia Minor, Adonis in Syrien. Die göttlichen Frauengestalten Isis, Ishtar und Anat beweinen allerdings ihren toten Liebhaber und nicht sich selbst.
272  Die Übersetzung des Verbes, das das Handeln der Frauen beschreibt (תנה), ist unklar: *Hertzberg* 1953, 212 und *Gutbrod* 1985, 273: »beklagen«; *Trible* 1990, 152: »trauern«; *Boling* 1975, 207: »go to mourn for«; *Soggin* 1981, 214 und *Exum* 1991, 192: »went to commemorate«.
273  Diesen Verdacht äußert *Exum* 1991, 192.
274  So *Engelken* 1990, 35.
275  AaO. 192f. Exum stellt das Verhalten von Jeftas Tochter dem von Michal in 2Sam 6 gegenüber: Michals Weigerung, sich gegenüber David zu unterwerfen, mache es unmöglich, daß ihr noch irgendwelche Ehren zuteil werden (*Exum* 1991, 193).
276  AaO. 193.

Die Wendung aus V 39: »und sie wurde zu einer Tradition in Israel« (ותהי חק בישראל) sowie in V 38 die Erwähnung des Beweinens der Jungfrauenschaft auf den Bergen sind in den Texten des Alten Testaments singulär.[277] Auffälligerweise trägt nicht nur das Mädchen keinen Namen, sondern auch der Ort oder die Gegend werden nicht benannt, wo die jungen Frauen zum Gedenken an Jeftas Tochter zusammenkommen. Ferner sind – laut Text – nicht nur die Töchter einer bestimmten Gegend, sondern gleich ganz Israels an jener Tradition beteiligt, von der sonst in den Texten des Alten Testaments nichts bekannt ist.[278] All das stützt die Vermutung, daß die Erzählung aus anderen als ätiologischen Gründen überliefert wurde.[279]

Vor allem in feministischen Auslegungstraditionen wird die Geschichte Ri 11, 29–40 und insbesondere das Gedenken, daß Jeftas Tochter durch die »Töchter Israels« erfährt (V 40), von einigen Exegetinnen und Exegeten als eine Geschichte der Frauensolidarität gelesen, die sich patriarchalen Machtmißbrauch widersetzt, indem sie ihn immer wieder erinnernd ins Gedächtnis ruft.[280] Das Erinnern allein muß jedoch nicht zwangsläufig eine subtile Kritik am Patriarchat enthalten und widerständig sein. Erst wenn zum Erinnern auch noch ein kritisches Moment hinzutritt, kann es zum Widerstand gegen patriarchalen Machtmißbrauch werden. Inwiefern der Text auch dieses kritische Element enthält, wird weiter unten in den Ausführungen über die Widerständigkeit der Töchter bedacht werden.[281]

### 1.4.3 Ergebnis

Die Verfügungsgewalt der Väter über ihre Töchter schließt in alttestamentlichen Texten auch die Verfügungsgewalt über Leib und Leben ein. Die Erzähler können Töchter tatsächlich wie ein »Schäfchen« darstellen, daß zur Opferbank geführt wird, damit es für einen Gast das Leben läßt (vgl. 1Sam 12 mit Gen 19,8; Ri 19,24; Ri 11,29–40). Sie sind ganz in der Rolle von Objekten, die dazu dienen sollen, Konflikte unter Männern zu lösen. Das aktive Handeln ihrer Väter, deren Bereitwilligkeit zur Auslieferung der Mädchen bzw. zur Opferung, wird hervorgehoben.

277 Siehe *Wolfgang Richter* 1966, 512.
278 Ebd. Richter hält es für möglich, daß der Tradent angesichts der »heiklen Materie eines Menschenopfers« nähere Angaben mit Absicht verschweigt.
279 So *Boling* 1975, 210.
280 So *Trible* 1990, 152. Für Trible gehört das Wieder-Erzählen des grausamen Schicksals der Frauen zu einem »Akt der Wiedergutmachung«: »Schließlich werden die ›Geschichten des Schreckens‹ *in memoriam* erzählt, damit Reue und Mitgefühl mit diesen Frauen möglich wird. Auf diese Weise wird das Wieder-Erzählen ihres Schicksals auch zu einem Akt des Wiedergutmachens« (*Trible* 1990, 11).
281 Siehe unten S. 133.

Zwar sind jene Situationen, in denen Väter eine Bedrohung für Leib und Leben der Tochter darstellen, in den Erzählungen als Extremsituationen gekennzeichnet: Die Väter und mit ihnen andere Menschen befinden sich aufgrund eines Konflikts in Lebensgefahr. Die Selbstverständlichkeit aber, mit der sie offenbar die physische Integrität und das Leben ihrer Töchter für den Schutz ihrer Gäste, ihr Kriegsglück und den eigenen Schutz aufs Spiel setzen und hinzugeben bereit sind, bringt dennoch etwas von der groben Mißachtung der Würde zum Ausdruck, die die Frauen innerhalb einer patriarchalen Ordnung erfahren. Der Erzähler kritisiert und verurteilt das Handeln der Väter hier nicht. Er geht auch nicht der Frage nach, wie die Töchter diese für sie so bedrohliche Situation erleben.

Zwischen der Bedrohung, der die Töchter durch ihren Vater ausgesetzt sind, und ihrer weiblichen Sexualität besteht in allen Texten eine Verbindung:[282] Es sind »Jungfrauen«, die geopfert werden sollen und tatsächlich geopfert werden, und der Umstand, daß sie noch keinen Mann erkannt haben, prädestiniert sie letztlich besonders für die Opferrolle. Ihre Sexualität wird verdinglicht und macht sie zu einer »Ware« mit hohem Wert. Das gilt selbst für Jeftas Tochter: Der Erzähler läßt den Teil ihrer Person, der von männlicher Sexualität unberührt ist, bei der Trauer mit ihren Gefährtinnen und in der Opferhandlung selbst in den Vordergrund treten.

Indem Jeftas Tochter in Ri 11 als sakral-kultisches Opfer fungiert, erscheint die grausame Vernichtung ihres Lebens abgehoben von der übrigen Gewalt, die Frauen sonst in den Texten des Alten Testaments erfahren. Diese Tochter wird als Opfer besonders hoch gewürdigt. Anders als in Gen 19,8 und Ri 19,24 überliefert der Erzähler auch allein hier eine Reaktion des Mädchens auf die bedrohlichen Seiten der Verfügungsgewalt ihres Vaters, der sie untersteht: Sie stimmt dieser Gewalt zu, übernimmt seine Perspektive der Dinge, seine Interessen, und legitimiert sie dadurch. Gerade in dieser Erzählung, in der die Tochter durch das Handeln des Vaters tatsächlich den Tod findet, gibt es keinen Protest und keine Auflehnung des Mädchens, sondern williges Gehorchen.

Auf welche Tochterbilder mag sich solch eine grenzenlose Verfügungsgewalt von Vätern über ihre Töchter stützen? Die Texte wecken den Eindruck, daß der Schlüssel zur Antwort auf diese Frage bei der Verdinglichung weiblicher Sexualiät liegt, die die

---

282 An diesem Punkt unterscheiden sich alle jene Geschichten, die von einer Opferung der Tochter sprechen, eindeutig von jenen, in der Söhne die Opferrolle einnehmen.

Verdinglichung der Töchter an sich zur Folge hat. Wenn Töchter nicht als Personen mit eigenen Gefühlen, eigenem Willen und eigener Persönlichkeit wahrgenommen werden, sondern lediglich wie ein Ding erscheinen, so kann ihnen auch mühelos etwas von den Gefühlen, dem Wille und der Persönlichkeit ihres Vaters zugeschrieben werden, ohne das dies als ein Gewaltakt in den Blick kommt. Denn da ist nichts von unersetzlichem Wert, dem Gewalt angetan wird, und nichts Eigenes, was erst noch okkupiert werden müßte.

Gibt es in den Geschichten des Alten Testament überhaupt etwas, was Erzähler einer Tochter als »ihr eigenes« zugesteht? Wird die Tochter nirgendwo als Person mit einem Willen und Wünschen dargestellt, die sich von denen ihres Vaters unterscheiden? Im folgenden Abschnitt soll nach Darstellungen der Reichweite töchterlicher Unabhängigkeit und nach Ausdrucksformen von Widerstand der Tochter gegen den Vater gesucht werden.

## 2 Unabhängigkeit der Tochter und Widerstand gegen den Vater

Wird nach Unabhängigkeit und Widerstand von Töchtern gefragt, so müssen wir zunächst nach Handlungsräumen Ausschau halten, in denen Erzähler die Töchter selbstständig agieren lassen. Wie weit sind diese Räume gefaßt, wo werden sie durch die patriarchale Ordnung begrenzt? Und welche Position muß eine Tochter innehaben, damit sie es in den Texten wagt, sich ihrem Vater zu widersetzen?

### 2.1 Handlungsräume innerhalb des väterlichen Einflußbereiches

*Die Töchter am Brunnen: Rebekka (Gen 24), Rahel (Gen 29), Zippora (Ex 2)*
Die Brunnenszenen als Motiv in den Verheiratungsgeschichten vermitteln den Eindruck, daß sich Töchter auch außerhalb des Hauses recht frei bewegen konnten, um ihren Arbeiten nachzugehen.[283] Am Brunnen ist es auch Fremden möglich, mit ihnen Kontakt aufzunehmen: In Gen 24,17 spricht der Knecht Abrahams Rebekka an, als sie im Krug Wasser schöpft, in Gen 29,10f beginnt Jakob wortlos, für Rahel das Tränken der Schafe zu erle-

---

283 Vgl. 1Sam 9,11.

digen, und Mose hilft in Gen 2,17 den Töchtern des Reguel gegen andere Hirten. In keiner dieser Szenen geht die Kontaktaufnahme von der Frau aus. Vielmehr wird die Arbeit der Frauen nach der Darstellung der Erzähler von den Männern geradezu »okkupiert«: Abrahams Knecht nimmt die Arbeitskraft der Rebekka für sich, seine Leute und seine Tiere in Anspruch (Gen 24,17ff), Jakob greift in die Arbeit der Rahel ein, so als wenn es seine Arbeit wäre (Gen 29,10), und Mose in der Rolle des Beschützers tritt gerade so auf, als wenn die Töchter des Reguel zu ihm gehörten (Ex 2,17). Die Erzähler stellen keine Töchter dar, die für sich selbst arbeitet, und trotz ihrer Tatkraft sind die zukünftigen Ehefrauen das »schwache Geschlecht«: Selbst die sieben (!) Töchter des Reguel schaffen nicht das, was der eine Mann Mose fertig bringt, nämlich sich gegen die Hirten, die sie beim Tränken der Tiere behindern, zu wehren.

Rebekkas Eigenständigkeit erscheint noch am wenigsten eingeschränkt. Doch die Grenzen auch ihrer Freiheit, initiativ zu werden, werden spätestens dort vom Erzähler gezogen, wo es um das Einladen des fremden Mannes in das Haus des Vaters geht: Es ist auffällig, daß eine Frau wie sie, die als derart gastfreundlich, umsichtig, engagiert und tüchtig geschildert wird, auf die Frage des Knechtes nach einer Unterkunft (Gen 24,23) zwar die Möglichkeit andeutet, im Hause ihrer Eltern zu übernachten (Gen 24,25), jedoch keine Einladung ausspricht. Laban ist derjenige, der sich eilends zum Brunnen aufmacht und den Gast ins Haus holt (Gen 24,31). War Rebekka nicht berechtigt, den Mann nach Hause einzuladen? Für diese Vermutung spricht die Tatsache, daß sich dieser Umstand bei Rahel wiederholt: Auch Rahel lädt Jakob nicht nach Hause ein, sondern läuft zu ihrem Vater, der dann den Neffen ins Haus führt (Gen 29,13f). Ebenso wird Mose erst auf die Aufforderung des Reguel in dessen Haus geholt (Ex 2,20). Mädchen konnten sich nach dem Bild, das der Pentateuch von ihnen vermittelt, zwar im Rahmen ihrer Arbeit im Umkreis des Hauses frei bewegen, sich von Fremden ansprechen lassen und mit ihnen Kontakt aufnehmen. Aber offenbar gehört es sich nicht, daß die Töchter auch Männer mit ins Haus bringen. In den Brunnenszenen machen die Erzähler so deutlich, wer in der Familienhierarchie das Sagen hat, und schreiben eine Begrenzung töchterlicher Handlungsfreiheit fest.

*Die Tochter, die dem Bräutigam vor dem Haus empfängt und ihn hineinführt: Sara (Tob 7,1)*
Was für die Erzähler der »Töchter am Brunnen« gilt, scheint für den Autor der apokryphen Schrift Tobit nicht mehr zu gelten: In

Tob 7,1 wird gesagt, daß Sara ihrem zukünftigen Bräutigam Tobias und Gottes Boten Raffael entgegenkommt, sie begrüßt und in das Haus des Vaters führt. Also nicht der Vater, sondern Sara selbst bringt die Gäste ins Haus. Das ist um so bemerkenswerter, weil diese Handlung neben Saras Bittgebet die einzige eigenständige Tat ist, die von dieser Tochter berichtet wird.[284] Im vorliegenden Erzählzusammenhang bringt Saras Initiative allerdings keine vergleichsweise unabhängige und machtvolle Stellung der Tochter in der Familie zum Ausdruck. Der Erzähler verdeutlicht, wie die Geschichte, die er beschreiben will, entsprechend der Führung Gottes weiter voranschreitet.

*Die Tochter, die hinausgeht, um die »Töchter des Landes« zu sehen: Dina (Gen 34,1)*
Dina wird es in Gen 34,1f zum Verhängnis, daß sie das Haus ihres Vaters verläßt.[285] Die Erzählung setzt eine relative Bewegungsfreiheit der Töchter im Rahmen der Frauenwelt voraus, die familienübergreifend sein kann, wenn sich die lokale Distanz überbrücken läßt. Welche Gefährdungen im Wahrnehmen dieser Freiheit liegen, drückt der Erzähler jedoch im weiteren Fortgang der Geschichte ebenfalls aus: Dina wird vergewaltigt.
Wie bereits dargestellt, geht es in Gen 34 nicht um ein Porträt Dinas, sondern um einen Konflikt unter Männern.[286] Das hat jedoch Interpretinnen und Interpreten des Textes nicht davon abgehalten, an Dinas einziger Tat, die von ihr berichtet wird, nämlich ihr Ausgehen, um die Töchter des Landes zu sehen (Gen 34,1), eine Reihe von Aussagen zu ihrer Person zu knüpfen, durch die diese Tochter selbst für ihre Vergewaltigung verantwortlich gemacht wird.

Benno Jacob ist sich sicher, daß Dina ein anziehendes Mädchen war: »Dina wird nicht ›schön‹ genannt, obgleich dies von ihr anzunehmen ist und וירא אתה V 2 fast dazu herausfordert«.[287] Die Begriffe »Verführung« und »Vergewaltigung« werden von Jacob miteinander vermischt.[288] Nicht Sichems Tat, sondern Dinas Frau-Sein stürzen den Erzväter Jakob in Konflikte: »Der Kummer, den diese (sc. Dina) ihm (sc. dem Jakob) macht, liegt in der Natur ihres Geschlechts. So ergab sich folgerichtig diese Geschichte ...«[289] In dieser Formulierung wird eine Sicht-

---

284 Siehe oben S. 60.
285 Zu Gen 34 siehe auch oben S. 98ff.
286 Siehe oben S. 100f.
287 *Jacob* 1934, 650.
288 Siehe aaO. 649 zu V 1: »Ihre (Dinas) Verführung war ein Frevel an einer echtbürtigen Jungfrau aus edlem Hause«. – Im Widerspruch dazu steht Jakobs Feststellung zu V 2: »Es war also keine Verführung, sondern eine Vergewaltigung!« (aaO. 650)
289 AaO. 659.

weise von Vergewaltigung deutlich, nach der die Frau zur Tat allein durch ihre Existenz animiert.[290]
Auf ähnliche Weise erklärt Gerhard v. Rad Dina selbst für ihre Vergewaltigung verantwortlich: Wäre sie nicht ausgegangen, so wäre das alles nicht passiert. »Wie Dina einmal ein wenig aus dem engen Kreis heraustrat, der um das Leben der altisraelitischen Frauen gelegt war, und sich ein wenig neugierig bei den ›Töchtern des Landes‹, d.h. bei den eingesessenen Kanaanäerinnen, umsieht, und wie sie damit den Stein auslöst, der zur Lawine werden sollte, das ist sehr lebenswahr geschildert ...«[291] Das Schwergewicht auf solch eine Sicht der Ereignisse legt Gien Karssen in ihrer evangelikalen Studie zu »Frauen in der Bibel«. Dinas Geschichte wird hier überschrieben mit den Worten »Neugier mit schlimmen Folgen«. Karssen weist darauf hin, daß die Gefahren, denen Dina (sic!) erlag, noch immer hochaktuell sind: »Zu oft locken gerade die heutigen Städte junge Mädchen mit dem Versprechen, ihnen ›etwas zu bieten‹. Und nur zu leicht führt dieser Weg in einen Sumpf der Sünde und des Elends – in Wunden (beim Mädchen oder auch bei seiner Familie), die vielleicht nie wieder richtig verheilen.«[292] Es wirkt geradezu zynisch, daß hier die Gewalttat an Dina selbst kaum als etwas Schreckliches wahrgenommen wird, wohl aber die Folgen für die Familie und sogar den Täter: »Weil Dina gedankenlos durch die Welt gelaufen war, war der Mann, der sie liebte, jetzt tot.«[293] Dina wird bei Karssen nicht nur für ihre Vergewaltigung, sondern auch für den sich anschließenden Massenmord verantwortlich gemacht.

Solche Argumentationen folgen dem klassischem Muster eines »blaming the victim«: Über die Schuld des Täters wird geschwiegen, das Opfer selbst für schuldig erklärt.[294] Damit ist aber auch deutlich, daß Gen 34 über alle Aussagen von Stammes- und Männerkonflikten hinaus noch eine weitere Botschaft transportiert. Susan Brownmiller faßt sie mit folgenden Worten zusammen: »Die Geschichte der Dina konnte jedem zur Warnung dienen, der eine Tochter Israels zu vergewaltigen begehrte. Sie bildete für die jungen Frauen des Stammes auch eine Warnung vor Gefahren, die ihnen drohten, wenn sie sich allzu weit vom Haus ihres Vaters entfernten.«[295]

*Die Tochter, die im Gebirge mit den Freundinnen ihre Jungfräulichkeit beweint: die namenlose Tochter des Jefta (Ri 11,37)*
Jeftas Tochter[296] tritt angesichts ihrer bevorstehenden Opferung in Ri 11,37 an ihren Vater mit einer Bitte heran, die durchaus als

---

290 Vgl. die Ausführungen zur »Mär vom ewig lockenden Weib« bei *Brownmiller* 1987, 10.
291 *V. Rad* 1976, 289.
292 *Karssen* 1985, 56.
293 AaO. 55.
294 Vgl. *Hooysma* 1986 35.
295 *Brownmiller* 1987, 27.
296 Siehe oben S. 121ff.

Wille zur Selbstbehauptung gedeutet werden kann: »Sie bittet um Aufschub, um Zeit an einem Ort, der von ihrem Vater und seinem Gelübde weit entfernt ist.«[297] Dieser Zug der Erzählung kann dahingehend gedeutet werden, daß die Tochter die Initiative ergreift, um im Blick auf die Tötung durch den Vater ihre Integrität zu wahren.[298] Sie verschafft sich einen Raum und Rahmen, in der ihr andere als der Vater nahestehen können.

Mit der bittenden Rede Ri 11,37 macht der Erzähler die Tochter selbst zu derjenigen, die ihrer Jungfrauenschaft ein ganz besonderes Gewicht verleiht. Geht es hier vor allem darum, daß dem Mädchen mit dem bevorstehenden gewaltsamen Tod die Möglichkeit genommen sein wird, Kinder zu gebären? »Without children, the women are somehow incomplete; they have not fulfilled their role as women.«[299] Liegt in der Kinderlosigkeit für die Tochter nach dem Willen des Erzählers das eigentliche Motiv zur Klage, erscheint ihr letztlich deshalb ihr Leben unerfüllt?[300] Dies ist denkbar, doch ebenso gut möglich ist, daß hier mit der »Jungfrauenschaft« ein bestimmter Status beklagt werden soll, über den Jeftas Tochter nicht mehr hinauskommen kann: »Jungfrauenschaft« bedeutet auch, in der Verfügungsgewalt des Vaters gefangen zu sein.[301] Es bedeutet, festgelegt zu sein und zu bleiben in der Rolle der Tochter, über deren Leben der Vater bestimmt. Klagt Jeftas Tochter darüber, so kann ihre Klage durchaus als ein Stück Protest verstanden werden. Dabei ist noch von besonderer Bedeutung, daß sie nicht alleine ins Gebirge gehen und klagen muß, sondern ihre Freundinnen sie begleiten. Während אבי, »mein Vater«, das erste Wort war, daß sie in der Erzählung sprach, ist רעיתי, »meine Freundinnen«, das letzte Wort, das aus ihrem Munde kommt. Cheryl Exum interpretiert dies symbolisch: Die Tochter wandert vom Einflußbereich des Vaters, der ihr Leben auslöschen will, in den Bereich ihrer weiblichen Begleiterinnen, die die Erinnerung an sie bewahren.[302]

Den Abstand vom Vater, den Raum und Rahmen, den der Erzähler Jeftas Tochter läßt, um mit den Freundinnen zu klagen, nutzt das Mädchen in der Geschichte jedoch nicht, um dem Griff des Vaters endgültig zu entkommen. Sie hält sich an die mit ihm getroffenen Vereinbarungen, kehrt nach der festgesetzten Frist von zwei

---

297 *Trible* 1990, 148.
298 Ebd.
299 *Exum* 1991, 191.
300 So interpretiert *Trible* 1990, 149.
301 Vgl. *Day* 1989, 60: »... it is her status as a בתולה, not her virginity, that is the focus of attention when she and her companions go off to the hills.«
302 Siehe *Exum* 1991, 198.

Monaten an den festgelegten Ort zu Jefta zurück. Ihre Rückkehr bestätigt noch einmal die zustimmende Haltung, die sie ihrem Vater bezüglich ihres Opfertodes entgegenbrachte (Ri 11,36). So wie der Erzähler die Worte wählt, hat das jährliche Gedenken an Jeftahs Tochter, zu dem die Töchter Israels nach der Opferung des Mädchens zusammenkommen (Ri 11,40), vor allem etwas mit der Opferrolle des Mädchens zu tun, nicht mehr in erster Linie mit ihrer Jungfräulichkeit: Die Frauen erinnern an die Tochter Jeftas, des Gildeaditers. Beklagen sie die Tochter, die in der Verfügungsgewalt des Vaters gefangen blieb, und protestieren damit, wie dieser Vater seine Verfügungsgewalt eingesetzt hat? Ist ihr Klagen als ein Akt der Frauensolidarität zu verstehen, in dem über die Gewalt, die Jeftas Tochter angetan wurde, getrauert wird? Das würde eine kritische Abgrenzung der »Töchter Israels« von diesem Vater bedeuten. Der Text selbst läßt die Intention, die hinter dem in V 40 erwähnten Fest steht, offen.[303]

*Exkurs: Eigene Handlungsräume von Frauen in Spr 31,10–31 und im Hohelied*
Gelegentlich werden Aussagen aus dem »Lob der tüchtigen Hausfrau« (Spr 31,10–31) und aus dem Hohelied in der theologischen Literatur verallgemeinernd auch für die Beschreibung der Situation von Töchtern im Alten Testament in Anspruch genommen.[304] In diesen Texten erscheinen Frauen als Handlungsträgerinnen. Es wird das Bild eines Frauenlebens vermittelt, zu dem verantwortungsvolle und selbstbestimmte Handlungsräume gehören.
Spr 31,10–31 ist eine weisheitliche Dichtung, die die idealtypische Gestalt einer Hausfrau vor Augen stellt. Das Gedicht macht viele und zum Teil erstaunliche Aussagen über die Alltagsarbeit der israelitischen Frau. Sie versorgt das Haus mit Kleidung (V 13.19. 22) und Nahrung (V 15). Sie handelt dabei äußerst selbständig und keineswegs an das Haus gebunden, sondern bringt die Nahrung auch von weit her (V 14), sie kauft und verkauft selbständig auf dem Markt (V 16). Offenbar kann sie über den Verdienst, den sie aus ihrem Handel erwirtschaftet, selbst bestimmen, denn sie »pflanzt einen Weinberg vom Ertrag ihrer Hände« (V 16). »Das

---

303 Siehe oben S. 126. Es ist genausogut denkbar, daß mit der Erwähnung dieses Festes ehrend des Gehorsams der Tochter gedacht werden soll. Die Interessen der Exegetinnen und Exegeten entscheiden, welcher Interpretationszugang zu V 40 gewählt wird.
304 So benutzt beispielsweise Gerstenberger Spr 31,10f, um Schlußfolgerungen über die Erziehung der heranwachsenden Mädchen durch die Mutter zu ziehen, und das Hohelied Salomos, um Feststellungen zum Erleben der werdenden Braut zu treffen (*Gerstenberger* in: ders./Schrage 1980, 24f und 33).

ist ein bei den sonst bekannten Eigentumsverhältnissen in Israel überaus erstaunlicher Vorgang, der aber wie selbstverständlich berichtet wird.«[305] Nicht weniger außergewöhnlich ist, daß das Haus durchgängig als »*ihr* Haus« bezeichnet wird und nicht als Haus ihres Mannes (V 15.21.27).

Spr 31,10–31 stellt zwar die Selbständigkeit und das Selbstbewußtsein der Frau in den Vordergrund, der Dichter läßt aber auch keinen Zweifel daran, wem all die Segnungen, die daraus erwachsen, zugute kommen sollen: nämlich dem Ehemann. Er wird schon zu Beginn glücklich gepriesen (V 10), ihr Handeln ist auf sein Wohl, seine Zufriedenheit, sein Ansehen ausgerichtet (V 11.12.21.23). Dadurch übernimmt der Text eine ideologische Funktion: Das Lob, das der Dichter der Frau zollt, motiviert Frauen zur Übernahme einer für den Mann nützlichen Rolle und bestätigt sie in dieser Rolle.[306]

Inwiefern die Aussagen zum Alltagsleben und zu den Eigentumsverhältnissen in Spr 31,10ff die tatsächliche ökonomischen Situation von Frauen in der Familie in den Blick nehmen, ist schwer zu sagen. Sicher ist, daß nirgendwo sonst im Alten Testament Frauen so selbständig und selbstbewußt gezeichnet werden und daß dieser Text dem Bild, das die Rechtstexte über die Situation der Frau vermitteln, zum Teil widerspricht.[307] Darüber hinaus sind seine Aussagen nicht zeitlos und auf alle Epochen, in denen die alttestamentlichen Schriften entstanden, verallgemeinerbar, sondern setzen bestimmte ökonomische Verhältnisse voraus. Frank Crüsemann ordnet sie historisch einer nicht besonders wohlhabenden, aber auch nicht unmittelbarem wirtschaftlichen Druck ausgesetzten freien israelitischen Bauernfamilie der persischen Periode zu.[308]

Das Gegenüber der tätigen Frau in Spr 31,10ff sind der Ehemann und seine Familie, nicht aber der Vater. Daß es sich um eine Instruktion für ein heiratsfähiges Mädchen handelt, die ihm seine zukünftigen Aufgaben vorstellt, hält Frank Crüsemann für unwahrscheinlich, da die geschilderte Frau schon erwachsene Kinder hat (V 28) und überhaupt alle Probleme von Kinderzahl und -erziehung fehlen.[309]

Im sog. Hohelied Salomos steht die Liebe im Mittelpunkt. Seine Texte wurden früher vor allem als Allegorien verstanden, heute werden sie meist als kultisch-mythologische Gesänge oder aber profane Liebeslieder interpretiert.[310] Ob und inwiefern die Texte

305 *Crüsemann* 1978, 38.
306 Vgl. aaO. 40.
307 Vgl. aaO. 21f.
308 AaO. 37.
309 AaO. 36f.
310 Siehe *Ringgren* 1981, 254f.

auf reale Begebenheiten zurückgreifen und aus ihnen Schlüsse
über das Geschlechterverhältnis oder aber auch auf die Rolle und
Situation von Mädchen und Frauen gezogen werden können, ist
je nach Interpretationstypus unterschiedlich zu bestimmen.
Drei Stimmen geben die Handlung wieder. Unter ihnen ist die
Stimme der Frau die wichtigste.[311] Sie ist »krank vor Liebe« (Hl 2,
5; 5,8) und auf der Suche nach ihrem Geliebten (1,7–8; 3,1.2; 5,
6). Immer wieder wird beschrieben, wie sie sich nach ihm verzehrt
und hinter ihm herläuft. Mit Ausnahme der in 1Sam 18,20 notier-
ten Liebe der Michal zu David wird einzig hier im Hohelied die
Liebe als von der Frau ausgehend dargestellt. Die Attraktivität des
Geliebten ist Quelle ihrer Freude.[312] Bei der Suche nach ihm begibt sich die Frau in Gefahr: Sie sucht ihn auch in den »dunklen
Straßen der Stadt« (Hl 3,2) und stößt dabei immer wieder auf »die
Wächter«[313]: In Hl 3,3 helfen sie ihr nicht weiter, lassen sie aber
offenbar unbehelligt ziehen. In Hl 5,7 schlagen sie sie, verwunden
sie, reißen ihr das Obergewand ab.
Mehrfach wendet sich die Liebende an die Frauen: »Ich beschwöre
euch, ihr Töchter Jerusalems, bei den Gazellen oder den Hinden
des Feldes: weckt nicht auf und stört nicht die Liebe, bis daß es ihr
gefällt« (2,7; 3,5; 8,4). Was diese Worte zum Ausdruck bringen
wollen, ist unklar: Geht es hier darum, daß die Liebenden nicht
»zu früh« gestört werden sollten? Der Text redet allerdings von
der Liebe, nicht von dem Liebespaar. Sind diese Worte vielleicht
eine Beschwörung, die sexuelle Reife eines Mädchens unbedingt
abzuwarten, bevor sie zu sexuellen Handlungen veranlaßt wird?
Oder geht es nicht um die sexuelle Reife, sondern um eine bestimmte Reife in der Beziehung zwischen Mann und Frau, die
quälende Sehnsüchte (und Abhängigkeiten) zu vermeiden hilft?
Ist hier die Bitte ausgesprochen, die Liebe nach deren eigenen
Rhythmus geschehen zu lassen?[314] Und was bedeutet es, daß diese
Beschwörung an die Frauen gerichtet wird?[315]

---

311 Vgl. *Trible* 1993, 170.
312 Hl 1,2–4; 2,3–6.8–9.17; 4,13–14.16; 5,10–16; 8,14. Vgl. *Laffey* 1988,
203.
313 *Ringgren* 1981, 268: »Die Wächter scheinen zum eisernen Bestand der
orientalischen Liebeslyrik zu gehören; aus der arabischen Dichtung sind mehrere
Beispiele bekannt.«
314 So *Trible* 1993, 172.
315 *Gerleman* 1965, 133 und 209 spricht von einem literarisch traditionellen
Abschluß einer »Rendezvousschilderung«. Ringgren geht von einer »stehenden
Formel« aus, »die wohl ebenso wie bei der Feier des *hieros gamos* wie bei gewöhnlichen Hochzeiten üblich war«; sie solle »die Unantastbarkeit des heiligen
Akts sichern« (*Ringgren* 1981, 263 und 268).

Um den Gedanken, daß ein Mädchen nicht zu früh zu sexuellen Handlungen veranlaßt werden sollte, dreht sich jedenfalls Hl 8,8: »Wir haben eine Schwester, eine kleine, die noch keine Brüste hat. Was sollen wir tun mit unserer Schwester am Tage, wo man um sie werben wird?« Interpretinnen und Interpreten gehen gewöhnlich davon aus, daß hier Brüder zu ihrer Schwester sprechen.[316] Aus dem Text geht das nicht eindeutig hervor. Es könnten auch Frauen sein, die sich um ihre kleine Schwester sorgen. Die Sorge um die Schwester wird allerdings mit Metaphern ausgedrückt, die eine männliche Perspektive enthalten: Das Mädchen wird mit einer Burg verglichen, die von der Eroberung bedroht ist: Wenn die Schwester nicht selbst wie eine Mauer ist, so muß ihre Tür verrammelt werden (siehe Hl 8,9). »Die Mauer schützt und ist ein Bild der Keuschheit, die Tür läßt ein und spielt auf die Leichtfertigkeit an.«[317]

Hl 8,8–10 gehört zu den »dunkelsten Abschnitten des Hoheliedes«.[318] Florence Rush ordnet V 8 der Thematik »Sex mit Kindern« und »Kinderehen« zu: Es werde hier gefragt, was geschehen solle, wenn jemand das noch nicht geschlechtsreife Mädchen zur Ehe haben will.[319] Die Selbstaussage der »kleinen Schwester« läßt sich allerdings mit dieser Deutung nur schwer vereinbaren, denn sie setzt durchaus sexuelle Geschlechtsreife voraus (Hl 8,10). Liegt sie auf einer Zeitebene mit der in Hl 8,8.9 formulierten Sorge ihrer Brüder oder Schwestern? Hält das Mädchen aus Liebe die »Mauern« nicht mehr aufrecht? Oder beugt sie sich der Gewalt ihres Liebhabers?

Trotz der Unsicherheiten, die die Interpretationen des Hoheliedes bieten, führt kein Weg an der Feststellung vorbei, daß auch in diesen Texten bei aller Würdigung, die der weibliche Körper erfährt, dieser Körper auch als Objekt der Eroberung angesehen wird. Daher scheint es nötig, sich schon sehr früh um Mädchen zu sorgen. Das Mädchen in Hl 8,10 »kapituliert« – ob zu ihrem Vor- oder Nachteil, das sei dahin gestellt.

Die im Text beschriebenen und agierenden Frauengestalten erscheinen nicht im Lichte eines familiären Kontextes. Die Anrede »Schwester« ist in der Regel Zärtlichkeitsanrede des Geliebten (Hl 4,9.10.12; 5,1.2) und nur in Hl 8,8 Ausdruck einer Verwandtschaftsbeziehung, deren Gegenüber aber im Dunkeln bleibt. Auffällig ist die häufige Erwähnung der Mütter: Die Brüder der Frau werden als »meiner Mutter Söhne« benannt (Hl 1,6), die Frau wird

---

316  AaO. 288; *Gerleman* 1965, 219f: »Der Ton autoritätsbewußter Vormundschaft scheint im Munde der Brüder sehr passend zu sein; vgl. 1,6, wo ›die Söhne meiner Mutter‹ eine ähnliche Haltung ihrer Schwester gegenüber einnehmen.«
317  *Ringgren* 1981, 288. Vgl. *Gerleman* 1965, 220.
318  *Ringgren* 1981, 288.
319  *Rush* 1985, 49.

als die »einzige für ihre Mutter« gepriesen (Hl 6,9), der »Mutter in den Wehen« wird gedacht (Hl 8,5) und der Text spricht vom »Haus meiner Mutter« (Hl 3,4; 8,2).[320] Von einem Vater ist nirgendwo die Rede. In der Dichtung des Hoheliedes wird er nicht mit der Verantwortung für die Frau betraut, die doch offenbar noch unverheiratet ist, und es ist auch nicht seine Aufgabe, Kontrolle über ihre Sexualität auszuüben. Vielmehr spielt er überhaupt keine Rolle.[321]

Spr 31,10–31 und das Hohelied setzen also bei der Zeichnung ihrer Frauengestalten und -bilder die Frauen nicht in Beziehung zu ihrem Vater. In Spr 31,10f ist das männliche Gegenüber der Frau der Ehemann, im Hohelied der Geliebte. Ihnen gegenüber agieren die Frauen in einer ganz ungewöhnlichen Eigenständigkeit. In Spr 31,10f mag das Fehlen des Vaters durch das Thema vorgegeben sein, für das Hohelied ist es jedoch nicht selbstverständlich, da dort die Mutter durchaus mehrfach Erwähnung findet. Unabhängig davon, wieweit diese Texte der Dichtkunst reale Erfahrungen aufgenommen haben mögen, wecken sie den Eindruck, daß sich Unabhängigkeit und Selbstbestimmung der Frauen in solchem Ausmaß nur schwer mit einem »Tochter-Sein« zusammendenken lassen, in dessen Hintergrund eine Vaterfigur steht.

*Zusammenfassung und Ergebnis*
Dort, wo Erzählungen eigene Handlungsräume der Töchter andeuten, befinden sich diese Räume immer außerhalb des väterlichen Hauses, nämlich entweder am Brunnen, »irgendwo« vor der Haustür, auf dem Weg in die benachbarte Stadt oder aber im Gebirge. Die Brunnenszenen vermitteln am stärksten ein Bild von Eigenständigkeit der Töchter, weil sie mit dem Motiv eigenverantwortlicher Arbeit der Frauen verknüpft sind und sich außerdem wiederholen. Doch die Erzähler verfolgen hier ebensowenig wie in den übrigen Szenen, in denen sich Mädchen frei außerhalb des Hauses bewegen, das Ziel, die Selbständigkeit der jungen Frauen zu veranschaulichen.
Alle Geschichten, in denen eigene Handlungsräume der Töchter angedeutet werden, haben in irgendeiner Form etwas mit der Sexualität der Frauen zu tun: Vor dem Haus des Vaters wird der Kontakt zum Ehemann geknüpft, die Tochter vergewaltigt oder

---

320 Nach *Ringgren* 1981, 267 spielt die Mutter auch in der ägyptischen und sumerischen Liebespoesie eine wichtige Rolle.
321 Lediglich Hl 6,12 bezeichnet die Geliebte möglicherweise als »Tochter«, nämlich als »*Tochter eines Fürsten*« – der Text ist jedoch hier verdorben. Wenn diese Lesart richtig ist, geht es um den hohen Status, den die Geliebte hat.

aber die Jungfräulichkeit beklagt. Für die Erzähler ist dort, wo Mädchen sich punktuell von ihren Vätern entfernen, wieder vor allem dieser Aspekt ihrer Person von Interesse. Als Ergebnis läßt sich daher festhalten, daß die Erzählungen Bilder vermitteln, in denen Männer immer wieder sehr schnell in die Handlungsräume der Töchter eintreten. Möglichkeiten und Fähigkeiten der Töchter bleiben infolge dieser androzentrischen Perspektive weitgehend im Dunkeln.[322] Solange die Frauengestalten einen Vater als Gegenüber haben – und das heißt: solange sie unverheiratet sind –, lassen die Erzähler in allen Texten ihre Handlungsräume deutlich und sehr schnell durch die patriarchale Ordnung und dem Willen des Vaters begrenzt erscheinen. Selbst dann, wenn die Frauen das Haus verlassen, bleiben sie noch innerhalb des väterlichen Einflußbereiches. In ihrer Gesamtheit vermitteln die alttestamentlichen Erzählungen Bilder von einer Wirklichkeit, in der keine unverheiratete Tochter gegen die Grenzen, die ihr hier gesetzt werden, verstößt, und auch keine sich gegen ihren Vater auflehnt. Zugleich transportiert Gen 34 die Botschaft, daß jede Wahrnehmung von Bewegungsfreiheit für Töchter die Gefahr mit sich bringt, Opfer sexueller Gewalt durch fremde Männer zu werden. »Draußen« lauert die Gefahr: Dina wird vergewaltigt, obwohl sie sich nicht über den Rahmen der Frauenwelt hinausbewegt. Eine Geschichte wie diese vermittelt Frauen eine exemplarische Erfahrung. Denn Vergewaltigung traumatisiert das Leben aller Frauen, die davon hören. »Die Erziehung jedes kleinen Mädchens ist geprägt von der Angst ihrer Mutter vor einer eventuellen Vergewaltigung, und die Gewalt, die über ihr schwebt, ist der elementare Bestandteil ihrer weiblichen Sozialisation.«[323]

2.2 Widerstand verheirateter Töchter gegen den Vater

Geschichten, in denen sich Töchter gegen ihre Väter wenden, finden sich im Ersten Testament nur sehr vereinzelt und werden lediglich von solchen Töchtern erzählt, die bereits unter der Verfügungsgewalt eines Ehemannes stehen.[324]

---

322  Ein ganz anderes Bild vermitteln Erzähler von Witwen: Im Buch Rut bewegen sich die Frauen mit Ausnahme von Rut 4,1–12 stets in eigenen Handlungsräumen. Selbst von Ehefrauen kann ein vom Ehemann unabhängiges Handeln berichtet werden (siehe z.B. die Initiative der Schunemiterin, die sich bei Elisa für ihr Kind einsetzt; 2Kön 4,8–37).
323  *Fiegel* 1993, 16. Fiegel bezieht sich hier auf Hagemann-White.
324  Dagegen ist es keine Seltenheit, daß Söhne sich ihren Vätern widersetzen oder feindlich gegen sie agieren. Siehe z.B. Esau (Gen 26,34f); Jakob (Gen 27,

*Die Töchter, die sich vom Vater lossagen: Rahel und Lea (Gen 31,14–16)*
Nur ein Erzähler legt Töchtern Worte in den Mund, mit denen sie offen ihren Vater ablehnen: Lea und Rahel sagen sich in Gen 31, 14–16 von Laban los.[325] Die Lossagung steht im Kontext der »Trennung Jakobs von Laban«[326] (Gen 31,1–54). Ihr geht eine sich steigernde Verschlechterung der Beziehungen zwischen Laban und dessen Schwiegersohn Jakob voraus (Gen 31,1.2). Jakob läßt Lea und Rahel aufs Feld rufen und stellt den Frauen in einer langen Rede vor Augen, daß er Laban gegenüber im Recht ist und Gott auf seiner Seite steht (V 4–13). Rahel und Lea reagieren darauf mit formelhaften Worten: »Wir haben doch kein Teil noch Erbe mehr in unseres Vaters Haus« (V 14). Die Frauen vollziehen auf ritualisierte Weise den Bruch mit dem Vater. Durch die »feierliche, rhythmische Form« ihrer Sprache erhalten ihre Worte ein erhebliches Gewicht.[327] Die Begründung, die sie in der Erzählung ihrer Lossagung hinzufügen, ist eine Darstellung der Rechtslage, wie – laut Erzähler – die Frauen sie sehen.[328] Sie beschuldigen Laban, er sei seinen sozialen Verpflichtungen ihnen gegenüber nicht nachgekommen, habe Familienrecht verletzt: »Haben wir ihm doch gegolten wie die Fremden ...« (V 15a) Laban sei mit ihnen wie mit Handelsobjekten umgegangen: »... denn er hat uns verkauft und unseren Kaufpreis verzehrt« (V 15b). Rahel und Lea erheben einen Mitanspruch auf den Reichtum Labans, und sie bringen dabei Gott ins Spiel: »Fürwahr, der ganze Reichtum, den Gott unserem Vater entzogen hat, gehört uns und unseren Kindern. Alles nun, was Gott dir gesagt hat, das tu!« (V 16)[329]
In diesen Worten herrscht Rechtssprache vor. Die Töchter stellen Rechtsverhältnisse klar und machen deutlich, zu wessen Besitz sie sich und ihre Kinder rechnen: Sie gehören zu Jakob. Ihr Bruch

---

1f); Simeon und Levi (Gen 34,30); Ruben (Gen 35,22); Josefs Brüder (Gen 37, 18ff); Onan (Gen 38,8f); Jonatan (1Sam 19,1f; 20); Amnon (2Sam 13,1–21); Absalom (2Sam 13,25ff; 15f).
325  Zur Person von Lea und Rahel siehe auch oben S. 55ff.
326  Kapitelüberschrift von *Westermann* 1981, 592 zu Gen 31,1–54. Dieser sieht in diesem Erzählabschnitt eine »Erweiterung« der Schilderung des Streites zwischen Jakob und Laban (aaO. 598).
327  AaO. 600. Hier wird eine Trennungsformel verwendet. Vgl. 2Sam 20,1, wo Scheba sich von David lossagt, und Kön 12,16, wo die zehn Stämme Israels sich vom Hause Davids trennen.
328  Vgl. *v. Rad* 1976, 267.
329  Rahel wird in Gen 31,4.14 stets vor ihrer Schwester Lea genannt als wäre sie die bedeutender von beiden. Vermutlich will der Erzähler so zum Ausdruck bringen, daß sie die Lieblingsfrau Jakobs ist.

mit dem Vater und ihre Zustimmung zu Gottes und Jakobs Aufbruchplänen haben in Gen 31,14ff eine Schlüsselfunktion: Durch ihren Entschluß, sich vom Vater loszusagen, können Jakobs Wünsche verwirklicht werden und Gottes Pläne mit Jakob voranschreiten. Die Rede der Frauen führt die Entscheidung in einem Konflikt zwischen Männer herbei, der vor allem ökonomischer Natur ist. Es geht um Besitzverhältnisse. Der Erzähler konstruiert dabei die Perspektive der Frauen so, daß Jakobs Handeln legitimiert wird. Es wurde bereits dargestellt, daß auch zuvor schon im Text die Beziehung zwischen Lea, Rahel und ihrem Vater ausschließlich unter ökonomischen Geschichtspunkten betrachtet wurde. Für die Szene in Gen 31,14f finden sich daher leicht Anknüpfungspunkte.[330]

Indem der Erzähler die Frauen heranzieht, um das Handeln des Stammvater Jakobs zu legitimieren, gewinnen Rahel und Lea als Erzählfiguren neue Bedeutung: »The importance of Rachel and Leah lies not only in their role as the bearers of Jacob's children and the means by which God fulfills the promise of descendants, but also as the decision makers who secure the future for their descendants in the land of the promise.«[331] Offenbar braucht Jakob die Unterstützung seiner Frauen, um sich von seinen Verwandten weg nach Kanaan zu bewegen. Denn Lea und Rahels Vater Laban und nicht er als Ehemann haben in Haran das Sagen.[332]

Die Selbstaussage der Frauen, ihr Vater hätte sie wie Fremde (נכריות) behandelt, ist bemerkenswert. Cheryl J. Exum schließt daraus: »If we understand the women to be speaking in the interest of the patriarchal text, then their characterization of themselves as foreign women symbolically places them in the position of outsiders. To be regard as foreign women by their father is to be cut off from their line of descent, the line of descent they share with Jacob. The conflict caused by having mothers from the same patriline as fathers would thus be symbolically eliminated and the ideal of unlineal descent from fathers could be more easily maintained.«[333]

*Die Tochter, die dem Vater den Hausgott stiehlt: Rahel (Gen 31, 19.30ff)*

Kurz nach der Lossagung Rahels und Leas von ihrem Vater stiehlt Rahel den Hausgott Labans, während ihr Vater mit dem Scheren seiner Herde beschäftigt ist (Gen 31,19). Ein Motiv für diesen Diebstahl wird nicht benannt.

---

330 Vgl. Gen 29,15f (dazu oben S. 56 und unten S. 160ff).
331 *Jeansonne* 1990, 81.
332 *Exum* 1993, 116. Vgl. v. *Rad* 1976, 267; *Westermann* 1981, 599f.
333 *Exum* 1993, 117.

Rahels Tat wird zum erzählerischen Anlaß für eine Episode, die sich wenig später ereignet: Wütend jagt Laban Jakob nach, der heimlich mit seiner Familie und seinem Hab und Gut geflohen ist (Gen 31,21f). Als er den flüchtenden Schwiegersohn einholt, kommt es zu einem heftigen Wortwechsel zwischen den beiden Männern. Zornig sucht Laban in den Zelten nach dem Hausgott, und gelangt schließlich auch zum Zelt Rahels (V 33a). Rahel aber hatte den Theraphim genommen, unter den Kamelsattel gelegt und sich darauf gesetzt. Als Laban ihr ganzes Zelt betastet, findet er nichts (V 34). Rahel spricht nun den Vater an: Sie nennt ihn respektvoll und unterwürfig »meinen Herrn« (אדני), bittet ihn, ihr nicht zu zürnen, weil sie vor ihm nicht aufstehe, aber es gehe ihr nach der Weise der Frauen (V 35a).

In dieser Erzählung handelt Rahel auf sich allein gestellt, ohne Unterstützung ihres Ehemannes und – wie Jakobs Verhalten Gen 31,32 nahelegt – auch nicht in seinem Sinne. Da der Erzähler nichts darüber sagt, warum sie den Gott stiehlt, können wir auch nichts darüber wissen, was der Besitz des Theraphim für sie bedeuten soll: Stiehlt sie den Theraphim für sich, weil sie eine enge Verbundenheit zu dem Hausgott des Vaters (und der Mutter?) hat?[334] Stiehlt sie ihn, um Laban zu kränken und seine Macht zu beschneiden?[335] Wenn dieser Diebstahl lediglich als ein Akt der Vergeltung zu verstehen ist, warum läßt der Erzähler dann Rahel für ihre Rache nicht einen viel leichteren und ungefährlicheren Weg wählen? Sie hätte den Hausgott ja auch zerstören oder aber vor Laban verstecken können, statt ihn mitzunehmen ...[336]

In der Erzählung hantiert Rahel mit dem Teraphim ohne Scheu. Sie kann ihn sogar in ihren Kamelsattel verstecken und sich auf den Gott setzen. Auch dieses Verhalten läßt letztlich zwei Möglichkeiten der Deutung offen: Entweder sieht Rahel selbst in dem Theraphim keinen Gott oder aber ihr ist der Umgang mit diesem

334 Wie Gen 35,2–4 zeigt, wurden in Jakobs Zug einige »fremde Götter« mitgeführt. Jakob vergräbt sie bei Sichem unter einer Eiche (Gen 35,4).
335 In den Legenden der Antike und des Mittelalters galt der Hausgott als anstößig, und es wurde eindeutig klargestellt, daß Rahel nicht an die Wirksamkeit des Gottes glaubte. Bührer berichtet von einer Legende, nach der Rahel den Vater bestahl, um ihn von der Abgötterei zu befreien. Laban aber habe sich neue Götzenbilder geschaffen, die zu ihm sprachen und ihm die Abreise Jakobs verrieten (*Bührer* 1993, 84).
336 *Jacob* 1934, 614 vermutet, daß Rahel sich entweder an ihrem Vater rächen wollte oder daß sie die Theraphim mitnahm, damit der Vater sie nicht über die Flucht befragen könne, oder aber, daß sie das »heimatliche Gottesgerät« auch in der Fremde bei sich haben wollte. – Für Westermann ergibt sich das Motiv des Diebstahls aus der Anklage der Frauen Jakobs gegen ihren Vater V 14–16. »Rahel wehrt sich damit gegen ihr angetanes Unrecht« (*Westermann* 1981, 602).

Gott so vertraut, daß sie ihn wie einen alltäglichen Gegenstand behandeln kann. Oder genauer: Entweder teilt Rahel den Glauben ihres Vaters an den Hausgott nicht oder aber sie hat im Hauskult sehr genau gelernt, wie mit ihm umzugehen ist und wie seine Kräfte einzuschätzen sind.

Den Erzähler interessieren solche Fragen nicht. Ihm kommt es auf die Gefühle Labans an. Bei seiner verzweifelte Suche nach seinem Hausgott steht Laban dem Stammvater Jakob gegenüber, der den mächtigen Gott auf seiner Seite wissen darf. In der Gegenüberstellung mit Jakob schneidet Laban außerordentlich schlecht ab. Durch die Szene, in der ihn seine Tochter überlisten kann, wird er vom Erzähler in den Augen der Leserin und des Lesers lächerlich gemacht. Zugleich kann diese Episode Jakobs Ansehen heben: Wir mögen uns zu Jakobs Verhalten seinem Schwiegervater gegenüber stellen, wie wir wollen – die Theraphim jedenfalls hat er ihm nicht gestohlen! Jakobs möglicherweise nicht ganz korrektes Verhalten wird durch den Diebstahl Rachels überschattet; er erhält die Sympathie der Leserinnen und Leser, weil er zu Unrecht beschuldigt wird.[337]

Rahel wird als Erzählfigur benutzt, um den Charakter und die Schwäche Labans darzustellen und Jakob in einem guten Licht erscheinen zu lassen. Der Erzähler läßt sie zu diesem Zweck entschlossen, mutig und schlau auftreten. Mit ihrer Unterwürfigkeit täuscht sie den Vater, indem sie ihm erfolgreich suggerieren kann, sie stelle sich nicht gegen ihn. Wenn sie sagt, »es gehe ihr nach Art der Frauen«, d.h. sie habe ihre Menstruation, erklärt sie sich selbst für »unrein« und macht sich für den Vater zum Tabu.[338] In dieser Situation bedeutet dieses Tabu für sie einen lebensrettenden Schutz. Ob sie tatsächlich menstruiert oder den Vater nur täuscht, ist in der Erzählung unerheblich: Entscheidend ist, daß ihr Verstand sie hier gegen die Macht des Vaters trotzen läßt. Würdigend weist Jeansonne in ihrem Kommentar darauf hin: »This is the only occasion in the accounts of the matriarchs where an ancestress in danger provides her own protection.«[339] Cheryl J. Exum deutet die Szene kritischer. Ihres Erachtens muß der Hausgott etwas mit der Linie der Ahnen Labans zu tun haben, die er repräsentiere, und Rahels Menstruieren verweise auf ihre Unfruchtbarkeit. Der Theraphim, der das Geschlecht ihres Vaters und ihrer Mutter schütze, kann ihr keine Fruchtbarkeit verleihen. Exum schlußfolgert: »By insinuation that Rachel profanes the teraphim, the story discredits

---

337 Vgl. *Exum* 1993, 135.
338 Vgl. Lev 15,19.
339 *Jeansonne* 1990, 83.

both the woman and her implicit claim on the family line, symbolically demonstrating that the matriarch cannot control the line of descent ...«[340]

Wenn wir weitere Kommentare hinzuziehen, so müssen wir feststellen, daß auch hier Rahels Handeln eine sehr unterschiedliche Beurteilung erfährt: Benno Jacob verurteilt Rahel wegen des Diebstahls,[341] Gerhard v. Rad sieht nur auf Labans lächerliche Rolle und den Erweis der Unheiligkeit des Theraphims,[342] Claus Westermann erblickt in Rahel eine Frau, die sich wehrt und an ihr getanes Unrecht vergilt.[343]

*Die Tochter, die den Ehemann vor dem Vater schützt: Michal (1Sam 19,11–17)*
In 1Sam 19,11–17 rettet Michal David vor Saul. Der Erzähler bezeichnet Michal hier als Ehefrau Davids und setzt sie und Saul nicht mit Attributen wie »Vater« oder »Tochter« zueinander in Beziehung.[344]
Die Episode steht im Zusammenhang des Konflikts zwischen Saul und David: David ist im Krieg erfolgreicher als alle anderen »Großen« Sauls (18,30). Saul sieht in David einen Konkurrenten und versucht, ihn töten zu lassen (siehe 19,1–10). Als Sauls Männer zu diesem Zweck Davids Haus umstellen, sagt Michal zu ihrem Mann: »Wenn du nicht diese Nacht dein Leben rettest, so mußt du sterben« (19,11). Sie läßt David durch ein Fenster fliehen (V 12), legt einen Teraphim ins Bett und arrangiert ihn so, daß man ihn für den schlafenden David halten soll (V 13). Als die Männer Sauls David holen sollen, sagt sie ihnen, daß er krank sei (V 14). Nachdem ihr Betrug entdeckt wurde (V 15.16), stellt Saul Michal zur Rede: »Warum hast du mich betrogen und meinen Feind entrinnen lassen?« Michal antwortet: »Er sagte zu mir: Laß mich gehen, oder ich töte dich!« (V 17).
Eine Reaktion Sauls auf diese Worte ist nicht überliefert. Stattdessen wird erzählt, daß David zu Samuel flieht (1Sam 19,18–24). Über die Gefühle, Gedanken und Motive Michals für ihr Handeln macht der Text ebenfalls keine Aussagen. Ist ihre Fluchthilfe als

---

340 *Exum* 1993, 128f. – Exum spekuliert auch darüber, ob ein Zusammenhang zwischen Rahels Tod im Kindbett (Gen 35,16–20) und dem Diebstahl des Teraphim bestehen könne. Schließlich hatte Jakob gedroht, daß jeder, bei dem Laban seine Götter finden würde, sterben solle (Gen 31,32; aaO. 106). Ein solcher Zusammenhang würde bedeuten, daß der Erzähler Rahel für ihren Diebstahl nicht ohne Bestrafung davonkommen läßt.
341 *Jacob* 1934, 615.
342 *V. Rad* 1976, 270.
343 *Westermann* 1981, 602.
344 Zu Michal siehe auch oben S. 65ff, zu Saul unten S. 169f.

Liebeserweis zu verstehen?[345] Oder handelt sie aus Zorn gegen den Vater? Für den Erzähler scheint es allein bedeutsam, daß Michal initiativ wird und erfolgreich David zur Flucht verhilft. Im Haus hat sie die Macht, während David seinen Einfluß außerhalb des Hauses entfaltet.[346] Im Haus handelt Michal als eigenständige Frau, »die die Situation klar einschätzen kann und ihr aktiv zu begegnen und sie zu meistern weiß.«[347]
Dennoch bleibt Michal erzählerisch eingeschlossen in Szenen, die von den politischen Machenschaften der Männer bestimmt sind. Cheryl Exum spricht von einem »narrative imprisonment«, das es Michal unmöglich mache, als autonome Person zu erscheinen.[348] So zeigt der Wortwechsel zwischen der Königstochter und ihrem Vater, daß sie nicht offen vor dem König zu David politisch Stellung beziehen kann. Auf den Vorwurf Sauls, Michal habe ihn betrogen und seinen Feind unterstützt, antwortet die Tochter, indem sie die Verantwortung von sich weist. In der direkten Konfrontation mit dem Vater begibt Michal sich nicht auf Davids Seite, argumentiert nicht gegen Saul. Hier – übrigens die einzige Szene, in der es zu einem Wortwechsel zwischen dieser Tochter und ihrem Vater kommt – vermeidet sie es, Saul herauszufordern, greift zu einer Notlüge.
Michal verhält sich in der spannungsgeladenen Beziehung zwischen Saul und David anders als ihr Bruder Jonatan, der sich vor Saul stellt und ihn offen fragt: »Warum soll David sterben? Was hat er getan?« (1Sam 20,33). Saul versucht daraufhin, den Sohn mit seinem Speer zu durchboren (V 34). Hier wird deutlich, daß es lebensgefährlich ist, sich vor Saul für David einzusetzen. Ist also in der Gefahr der Grund zu suchen, weshalb der Erzähler Michal eine direkte Konfrontation mit dem Vater vermeiden läßt? Ein von Angst geleitetes Handeln widerspricht allerdings den Charakterzügen, mit denen der Autor diese Erzählfigur in anderen Situationen ausstatten kann. »Michal kann durchaus in aus herkömmlichen Rollen fallenden Handlungen ihre Interessen vertreten und durchsetzen.«[349] In 2Sam 6,20 stellt sie sich in aller Offenheit und entschieden gegen ihren Ehemann David, obwohl dies für sie ne-

---

345 So vermutet *Alter* 1991, 69: »Now she (sc. Michal) viguorously demonstrates her love, and the practical intelligence behind it, by her words and actions in a moment of crisis, while the text, faithful to its principle of blocking access to the private David, envelops him in silence, representing him only as a man in mortal danger who goes off, flees, and escapes.«
346 *Exum* 1993, 49f.
347 *Bechmann* 1988, 76.
348 *Exum* 1993, 45.
349 *Bechmann* 1988, 80.

gative Konsequenzen hat.[350] Warum also läßt der Erzähler sie in der direkten Auseinandersetzung mit dem Vater ihre Zuflucht in der Rolle der schwachen Frau suchen? Die Antwort auf diese Frage scheint mir beim Männer- und Frauenbild des Erzählers zu liegen. Wenn es um die Beziehung Davids zum Königshof geht, rangiert Sauls Tochter stets deutlich hinter Sauls Sohn. So ist auch die Geschichte von der Rettung Davids durch Michal umrahmt von ausführlich geschilderten Loyalitätsbezeugungen Jonatans David gegenüber. Der Autor schenkt der engen gefühlsmäßigen Bindung der beiden Männer bei weitem mehr Aufmerksamkeit und Raum als der ehelichen Beziehung von Michal und David. Während David durchaus seine Liebe zu Jonatan ausdrückt (1Sam 20,17.41; 2Sam 1,11; 1,17f), bleibt es in den Erzählungen offen, ob David an Michal jemals mehr als ein politisches Interesse hat. Und während nur eine kurze Notiz in einem fest begrenzten Zusammenhang vermerkt, daß Michal David liebt (1Sam 18,20; vgl. V 28), wird die Liebe Jonatans zu David immer wieder neu breit thematisiert (z.B. 1Sam 18,1–4; 1Sam 19,1; 1Sam 20,30.41f). Michals Rettung ihres Ehemanns läßt sich ebenso wie Jonatans Einsatz für David als eine Ausfaltung des Themas »Alle lieben David«[351] verstehen, aber Michals Gestalt bleibt darin vergleichsweise blaß. »Während Jonatan in dem Gespräch mit Saul eine eindeutige positive Beurteilung Davids in den Mund geegt wird, bleibt Michal verbal indifferent und bezeugt nur durch ihre Aktion ihre Davidtreue. Eine positive sprachliche Wertung Davids nimmt sie nicht vor.«[352] Die »Schwäche« Michals läßt die Größe Jonatans besonders hervortreten. Obwohl es keine in der Logik der Erzählung liegenden Gründe gibt, Michals Handlungen gegen Saul als geringer oder weniger gefährlich einzuschätzen als die ihres Bruders, erscheint sie in der Aufstiegsgeschichte Davids in weniger bedeutsamen Rollen als die Männer um David, weil der Erzähler die Darstellung ihrer Person vernachlässigt. Das entspricht ganz einer patriarchalen Sichtweise von Geschichte, in der die vordersten Plätze selbstverständlich von Männergestalten besetzt werden. Das Königtum über das Haus Saul wird David in der Erzählung letztlich durch Jonatan, und nicht durch Michal übergeben.[353]

---

350  Siehe oben S. 67.
351  *Bechmann* 1988, 75.
352  AaO. 77 zu 1Sam 20,28f.
353  Siehe *Exum* 1993, 51. Sie verweist hier auf »Jonathan's gesture of giving David his robe, armor, bow, and girdle functions as a symbolic giving-over of the kingdom, and he progressively acknowledges David's claim to the throne from early avowals of support (19.3; 20.9,12–16) to his climactic, ›you shall be king over Israel and I shall be your second-in-command‹ (1Sam 23.17).«

»Male bonding characteristically excludes and undervalues women«.[354]

In Kommentaren wird Michals Initiative zur Rettung Davids sehr unterschiedlich beurteilt. Hans Wilhelm Hertzberg verurteilt sie hart: »Für sich selbst hat sie, als des Königs Tochter, wohl wenig zu befürchten, hilft sich aber auf alle Fälle durch eine Lüge aus möglicher Gefahr (...). Man hört die Geschichte (...) nicht richtig, wenn man sie lediglich auffaßt als zum Lobe der listigen, dem Gatten hilfreichen Frau geschrieben. Sondern gewiß hat der Hörer – später erfahren wir noch Ähnliches (II 6) – ihr Verhalten als das der Tochter Sauls empfunden, wohl weniger in bezug auf die beiden Lügen, die ihr sicher nicht übel angerechnet worden sind! Doch daß es in Davids Haus Theraphim gab, die vor allem der späteren Überlieferung als verpönt galten, ist eine erstaunliche Tatsache und wohl nur hingenommen worden, weil ›es sich um des verworfenen Saul Tochter handelte‹ (Budde zu V. 13).«[355]

In Fritz Stolzes Kommentar ist Michal nur eine Randfigur: »(...) der Effekt, den die Erzählung sucht, ist das Lachen über den derben Spaß.«[356]

Ulrike Bechmann würdigt ausführlich das entschlossene Handeln Michals anläßlich ihrer Fluchthilfe für David. In ihrer Interpretation schwingt aber auch Kritik an Michals indifferenten Verhalten mit: »Sie (sc. Michal) debattiert nicht wie Jonatan mit Saul, sondern setzt seiner Tötungsabsicht die vermeintliche Drohung ihrer Tötung durch David entgegen. Damit stilisiert sie sich zum schwächsten Glied in der Kette der Gewalt. Sie spielt die erwartete Rolle der schwachen Frau, die sich gegen die Drohung ihres Mannes nicht wehren kann. Doch die vorher geschilderte Fluchthilfe Michals spricht dieser Haltung und Deutung hohn.«[357]

Michal rettet zwar David vor Saul, sie selbst verliert ihn aber: David verläßt sein Haus, das auch Sauls Haus war, ohne seine Frau mitzunehmen oder sie nachträglich zu holen. Später kehrt er – laut Erzählung – zurück, um sich mit Jonatan zu treffen und seine Beziehung zu ihm zu festigen, er versteckt sich drei Tage, bis er Nachricht von Jonatan über Saul erhält (1Sam 20). Nirgendwo findet sich hier im Text auch nur eine Zeile darüber, daß David irgendeinen Versuch unternimmt, seine Frau zu sehen, oder aber wenigstens nach ihr fragt.[358] Erst in 1Sam 25,44 wird sie wieder erwähnt, nämlich in einer Notiz, derzufolge Saul Michal mit Paltiel verheiratet hat. Die Tochter wird nach dem Weggang des Schwiegersohns wieder ganz unter der Verfügungsgewalt des Vaters stehend dargestellt.

354  AaO. 53.
355  *Hertzberg* 1965, 134.
356  *Stolz* 1981, 130. – Vgl. *Hertzberg* 1965, 133: »Die Michalgeschichte ist besonders ansprechend erzählt; trotz des Ernstes, mit dem hier berichtet wird, spielen freundliche Lichter des Humors mit hinein.«
357  *Bechmann* 1988, 76.
358  Vgl. *Exum* 1991, 182f.

*Die Tochter, die über ihr Schicksal und das ihres Volkes entscheidet: Ester (Est 4,4–17)*
Anders als Michal läßt der Erzähler des Buches Ester die Tochter ihrem Adoptivvater Mordechai als Königin gegenübertreten:[359] Als auf königliche Anordnung ein Pogrom gegen die Juden verabschiedet wird und Mordechai Ester auffordert, deshalb beim König zu intervenieren, zögert sie zunächst. Sie führt hier nicht einfach die Befehle des Vaters aus, sondern trifft selbst Entscheidungen und gibt Anweisungen (Est 4,1–17).
Zur Vorgeschichte dieser Szene gehört ein Machtkampf zwischen Mordechai und Haman, zwei Mächtigen am Hof des König Ahasveros. Haman will Mordechai treffen, indem er beim König ein Dekret durchsetzt, das die Ausrottung aller Juden befiehlt (Est 3,9ff).
Mordechai und alle Juden in den Provinzen beginnen wegen des Pogroms zu trauern und zu fasten. Als Ester erfährt, daß Mordechai im Sackgewand am Tor des Königs steht, wird die »Königin« von einem großen Schrecken befallen (Est 4,4a). Sie schickt ihrem Adoptivvater Gewänder und schließlich einen Palastdiener, um zu erfahren, »was dies bedeute und warum es geschehe« (V 5). Mordechai erstattet dem Palastdiener Bericht und erteilt Ester den Auftrag, zum König zu gehen, um sein Erbarmen zu flehen und vor ihm für ihr Volk zu bitten (V 8). Ester läßt ihm daraufhin folgendes ausrichten: »Alle (...) wissen, daß für jeden Mann und jede Frau, die ungerufen zum König in den inneren Hof gehen, eine Satzung gilt, nämlich sie zu töten, außer wenn ihm der König das goldene Szepter entgegenstreckt. Dann wird er am Leben bleiben. Ich aber bin schon seit dreißig Tagen nicht mehr gerufen worden, zum König zu kommen« (V 11).
Die Königin muß sich hier zwischen dem Gehorsam gegenüber dem Vater und der Loyalität gegenüber dem Ehemann entscheiden. Bisher hatte sie sich in der Erzählung stets Mordechai gegenüber gehorsam gezeigt; ihr Gehorsam gegenüber dem Vater gehört zu den wesentlichen Charakterzügen, mit denen der Autor des Esterbuches sie porträtiert.[360] Erstmal würde nun aber dieser Gehorsam ein Verstoß gegen die Anordnungen ihres Ehemannes beinhalten. Und gerade auf ihre Loyalität zum König stützt sich

---

359  Zur Person der Ester siehe auch oben S. 68f.
360  Vgl. *Berg* 1979, 73: »Esther 2,10 relates our first information about Esther apart from a notice of her physical beauty: Esther is obedient. She did not reveal her people or national origin just as Mordecai commanded her: Esther's obedience provides an apt contrast to Vashti's disobediece – and ironically, unlike Ahasverus, Mordecai is master of his household ... the narrator reminds us that Esther continued to obey Mordecai.«

neben ihrer Schönheit ihre eigene königliche Macht. Ihre Entgegnung an den Adoptivvater muß daher nicht unbedingt als Widerstand oder versuchter Ungehorsam gedeutet werden: Die Tochter benennt den Konflikt, in den der Befehl des Vaters sie bringt (V 11).[361]

Mordechai geht auf die Bedenken Esters nicht näher ein. Stattdessen gibt er seiner Aufforderung zur Unterstützung des jüdischen Volkes drohend Nachdruck. Er bringt zwar in seinen Worten nicht väterliche Strafgewalt ins Spiel, wohl aber väterliche Sprachgewalt: Er droht Ester für den Fall des Ungehorsams ihren Tod durch eine höhere Macht an, die er nicht näher benennt (V 14), und argumentiert u.a. mit der Behauptung, Ester könne ihr Schicksal nicht von dem ihres Volkes trennen (V 13).

Ester fügt sich nun dem Willen ihres Adoptivvaters. Ist sie tatsächlich davon überzeugt, daß sie ihr Leben nicht retten kann, wenn sie sich aus den Konflikt der Männer heraushält, der hinter dem Judenpogrom steht? Deutlich bringt der Erzähler jedenfalls einen Fatalismus zum Ausdruck, der ihre Entscheidung trägt: »Komme ich um, so komme ich um«, sagt sie (V 16).

Est 4,1–17 ist die einzige Szene im Buch Ester, in der ein Dialog zwischen Ester und ihrem Adoptivvater stattfindet. Ester hat hier ganz das Auftreten einer Königin: Sie erteilt Aufträge an die Palastdiener, sie erinnert Mordechai an das Verhalten, das die Palastregeln ihres Mannes fordern. Die Kommunikation läuft allein über ihre Bediensteten. Der Erzähler stellt Ester durchaus nicht nur als eine Marionette ihres Adoptivvaters dar. Nachdem sie ihre Entscheidung getroffen hat, läßt der Autor sie sogar selbst die Strategie entwickeln, wie sie sich am besten für die Juden einsetzen kann. Und nun ist es Mordechai, der von ihr Befehle empfängt und gehorsam ihre Anordnungen ausführt (V 16.17).[362]

Dem Erzähler ist es offenbar wichtig, daß Ester ihre königliche Macht und die Gunst, die sie bei Ahasveros genießt, nicht einfach in Mordechais Interesse nutzt, sondern letztlich im Interesse des jüdischen Volkes. Um das jüdische Volk geht es, nicht um Mordechai. Weil aber Esters Adoptivvater als Anwalt und Interessensvertreter der Jüdinnen und Juden agiert, sind die Handlungen der Tochter immer wieder und ausnahmslos vom Willen des Vaters

---

361 Gerleman empfindet dieses Zögern als »überraschend abweisend« und behauptet: »Sie (Ester) weicht dem Auftrag aus, und zwar weil er zu gefährlich ist« (*Gerleman* 1973, 106).

362 Vgl. *Berg* 1979, 77. André Lacocque sieht deshalb in Ester eine »subversive« Figur in Israels Geschichte. Die Erzählung habe ebenso wie jene über Susanna, Judit und Rut seines Erachtens das Ziel, die Balance zwischen den Geschlechtern wiederherzustellen (*Lacocque* 1990, 2 und 67).

bestimmt. Ester ist mehr als eine Mittlerin zwischen Mordechai und dem König: Sie ist diejenige, die Mordechais Absicht und Pläne verwirklicht, indem sie sie zu ihren eigenen macht.

## Zusammenfassung und Ergebnis

Töchter agieren in alttestamentlichen Erzählungen nur gegen ihren Vater, wenn sie verheiratet sind, und Tochter-Vater-Konflikte werden vom Erzähler erst thematisiert, wenn es zu Spannungen zwischen dem Vater und dem Ehemann der Tochter gekommen ist. Die Tochter-Vater-Konflikte sind dabei nicht nur von Männerkonflikten umrahmt, sondern sie sind auch ein Ort, an dem erzählerisch die Spannungen zwischen den Männern weiter ausgetragen werden: Rahel und Lea argumentieren gegen Laban auf einer Ebene, die die Streitpunkte zwischen Laban und Jakob aufnimmt. Michal greift in die Auseinandersetzungen zwischen Saul und David entscheidend ein, indem sie ihren Ehemann unterstützt. Ester stellt sich schließlich im Machtkampf zwischen Mordechai und Haman auf die Seite des Adoptivvaters. Allein in der Erzählung um Rahels Diebstahl des Theraphim geht es nicht darum, daß die Tochter entweder für den Vater oder den Ehemann Partei ergreift. Doch wird vom Erzähler auch hier durch sie der Konflikt zwischen Laban und Jakob weitergeführt. Rahel bietet den erzählerischen Anlaß, die Männer beider Streitparteien zu charakterisieren.

Allen überlieferten Geschichten von Töchtern, die sich ihren Vätern widersetzen, ist gemeinsam, daß der Erzähler in ihnen die Tochterperspektive vernachlässigt. Lea und Rahel begründen zwar durchaus, weshalb sie sich von ihrem Vater lossagen, und auch Ester bringt in ihrem Einwand gegen den Adoptivvater die Bedenken vor, die sie zögern lassen. Doch die Worte, die den Töchtern hier in den Mund gelegt werden, beleuchten die Situation Rahels und Leas nur unscharf, und bei Ester ist die Motivation ihrer Botschaft nicht ganz deutlich: Will die Königin ihrem Adoptivvater widersprechen, will sie ihn nur belehren oder drückt sie ihre Angst aus? Die Männer dagegen profilieren sich in den Erzählungen sehr deutlich. Sie benennen deutlich, was sie wollen, und es gibt Begründungen, warum sie in einer bestimmten Weise handeln.

Unabhängig davon, wo die Töchter sich auf ihrem Weg zwischen Gehorsam gegenüber dem Vater und Loyalität gegenüber dem Ehemann befinden, lassen die Erzähler sie in den Geschichten von ihrem Widerstand gegen den Vater ausnahmslos initativ werden. Sie verhalten sich klug und agieren selbständig. Dabei werden sie allerdings oft auch als hinterhältig, betrügerisch und wenig vertrauenswürdig dargestellt.

Als Ergebnis läßt sich festhalten, daß in dem Bild, welches die Texte des Alten Testaments von den Töchtern in ihrer Gesamtheit vermitteln, wenig Raum für Widerstand von Töchtern gegenüber dem Vater ist. Nicht nur, daß Töchter sich erst dann von ihrem Vater abwenden (können), wenn sie verheiratet sind, der Erzähler läßt ihr feindseliges Handeln auch in aller Regel von der Loyalität gegenüber dem Ehemann bestimmt sein. Ein Tochter-Vater-Konflikt wird nicht dargestellt, um die persönliche Geschichte einer Tochter mit ihrem Vater in Szene zu setzen.

## 3  Der Vater im Blick der Tochter

Die Texte des Alten Testaments lassen infolge ihrer androzentrischen Perspektive kaum Aussagen darüber zu, was die Tochtergestalten der Erzählungen sehen, wenn sie den Blick auf ihren Vater richten. Ich möchte an dieser Stelle deshalb kurz zusammentragen, was wir Leserinnen und Leser wahrnehmen können, wenn wir nach dem Gesamteindruck von der Tochter-Vater-Beziehung in den alttestamentlichen Texten fragen. Wie erscheinen Väter hier ihren Töchtern? Wie lassen die Erzähler die Selbstwahrnehmung und das Verhalten der Töchter durch die Väter geprägt sein? Und welche Rolle geben sie Gott in den Erzählungen?

Rufen wir uns zunächst noch einmal dominierende Züge der Vater- und Tochterbilder in den alttestamentlichen Texten ins Gedächtnis: Die Erzähler stellen Väter als absolute Autoritätspersonen für Töchter dar. Väter sind (zumindest ihren Töchtern gegenüber) stark und mächtig (z.B. Saul). Ihre Interessen, ihr Wille und ihre Gefühle sind von großer Bedeutung (z.B. Laban). Sie besitzen den Körper ihrer Tochter und bestimmen über ihr Leben, ihre Verfügungsgewalt ist unbegrenzt (Lot, Jefta). Töchter erscheinen dagegen in den Texten nur mit sehr wenig materielle Handlungsressourcen ausgestattet (siehe die Ausführungen über »Gaben des Vaters« und das Erbrecht). Ideelle Handlungsressourcen, die es ihnen ermöglichen würden, der androzentrischen Weltsicht etwas entgegenzusetzen, billigen ihnen die Autoren der Texte an keiner Stelle zu. Ihre Handlungsräume sind in der patriarchalen Ordnung eng umgrenzt, sie werden als Personen geschildert, die sich auf Männer beziehen und von Männern abhängig sind. Legen die Erzähler den Töchtern Worte in den Mund, in denen sie sich selbst betrachten (z.B. Lea und Rahel in Gen 29,31f), so sehen sie sich auch selbst auf ihren Körper reduziert. Das, was ih-

re Person in den Texten interessant erscheinen läßt, ist ihre Fähigkeit, männliche sexuelle Wünsche zu befriedigen und Söhne zu gebären. Weibliche Sexualität und Gebärfähigkeit machen sie in der sexistischen, patriarchalen Vorstellungswelt zum Besitz, zum Objekt, zum »Ding« von Männern. Zunächst gehört »es« ihrem Vater. Er kann »es« für seine Interessen einsetzen (z.b. Saul), aus ihnen Nutzen ziehen (Lot) oder auch opfern (Jefta). Später gehört »es« dem Ehemann. Einer Tochter ist es möglich, mit ihrem Körper Karriere zu machen, nachdem sie sorgfältig entsprechend männlicher Schönheitsvorstellungen kultiviert wurde (Ester). Die Gefühle einer Frau, ihre Interessen und Wünsche zählen für die Erzähler ebensowenig wie für seine Erzählfiguren. In der Beziehung zwischen Vater und Tochter herrscht dadurch eine ganz erhebliche Asymmetrie. Er ist »ihr Herr« (Gen 31,35), sie ist ihm gegenüber wie ein »kleines Schäfchen« (2Sam 12,3). Kritische Distanz zum Vater und Selbstbehauptung der Töchter ist daher in den ersttestamentlichen Darstellungen auch kaum zu finden. Nach dem Willen der Erzähler lassen Töchter bereitwillig und gerne über sich verfügen (Rebekka). Der Besitz ihres Körpers schließt den Besitz ihrer Person ein: Unverheiratete Töchter übernehmen die Interessen ihres Vaters und sind ihm gehorsam (Sara, Jeftas Tochter), verheiratet Töchter verhalten sich im Konfliktfall ihrem Ehemann gegenüber loyal (Lea, Rahel, Michal). Sie nehmen sich nur in Beziehung zu ihrem »Besitzer« wahr und konkurrieren mit anderen Frauen um seine Gunst (Lea und Rahel). Ihre Persönlichkeit verschwindet hinter seiner Person, sobald von ihm die Rede ist. Was sie tun, tun sie den Männern zuliebe.[363]
Indem die Erzähler die Töchter in ihren Geschichten die kollektive Idealisierung alles Männlichen übernehmen lassen, haben sie Figuren geschaffen, die für Opferrollen geradezu konditioniert sind. Denn wird der Zufriedenheit der Männer absoluten Vorrang vor dem Wohlergehen (und Leben) von Frauen eingeräumt, so dürfen die Wünsche der Männer und insbesondere des Vaters auch nicht angetastet, hinterfragt und ignoriert werden. Der Gedanke

---

363 Diese Selbstwahrnehmung und dieses Verhalten von Frauen findet bis in unserer Gegenwart hinein häufig eine Entsprechung in der Realität. Die Psychotherapeutin Prof. Dr. Verena Kast bezeichnet es als einen typischen Vaterkomplex: »Außerhalb dieses Komplexbereiches können diese Frauen selbstständig und innovativ sein. Sie können durchaus auch politisch eine Rolle spielen; da sie die Männer wirklich gut kennen, wissen sie auch, wie sie sich bewegen müssen, um Erfolg zu haben. In der persönlichen Beziehung zu einem Mann wird die Frau wieder zu einem anpassungswilligen Mädchen. (Es gäbe ja auch noch die rebellischen Mädchen.)« (*Verena Kast*, Vater–Töchter, Mütter–Söhne: Wege zur eigenen Identität aus Vater- und Mutterkomplexen, Stuttgart 1994; dort 174).

an Widerstand, wenn ihr Vater sie benutzen will, läßt kein Erzähler bei unverheirateten Töchtern aufkommen. Schuld und Fehlverhalten an den Pranger zu stellen, scheint hier Sache von männlichen Familienmitgliedern, und nicht von weiblichen Familienangehörigen zu sein.[364] Töchter legitimieren bis zur Selbstaufgabe das Handeln ihres Vaters und verschonen ihn vor der Verantwortung (Jeftas Tochter). In für sie bedrohlichen Situationen verhalten sie sich in den Texten häufig passiv – egal, ob die Bedrohung vom Vater oder von einem anderen Mann ausgeht (die Tochter des Gastgebers von Gibea, Sara). Wehren sie sich aber doch, so läßt der Erzähler sie väterliche Wertvorstellungen verteidigen (Zelofehads Töchter, Tamar in 2Sam 13) und ineffektive Widerstandsstrategien anwenden (Tamar in 2Sam 13). Zum Opfer geworden, erhalten sie keine angemessene Unterstützung (Dina, Tamar in 2Sam 13). Den Töchtern muß deshalb das Attribut »Schwäche«, den Männern das Attribut »Stärke« zugeschrieben werden.[365] Solche Vorstellungen vom schwachen und unterlegenen weiblichen Geschlecht reproduzieren die etablierte patriarchale Wirklichkeit. In ihnen spiegelt sich das herrschende Machtverhältnis zwischen den Geschlechtern wieder; gleichzeitig tragen sie zu seiner Stabilisierung bei. Die Macht der Väter erscheint dabei in den Erzählungen des Alten Testaments auch nach der Verheiratung ihrer Töchter nie ganz gebrochen: Stellen sich verheiratete Töchter (z.B. Rahel, Michal) gegen ihre Väter, so greifen sie vorsichtshalber zu Lüge und List, um sie zu täuschen. Eine offene Konfrontation wagen sie nicht.

Die Verobjektivierung der Frau im Bereich der Sexualität erleichtert es Männern, sich sexuelle »Dienste« eines Mädchens oder einer Frau wie eine Ware zu nehmen – mit oder ohne »Gegenleistung«. In den alttestamentlichen Texten bildet sie nicht nur die Grundlage dafür, daß Männern Eigentums- oder Verfügungsrechte über die weibliche Sexualität zugeschrieben werden. Dieses vermeintliche Recht auf sexuelle Dienste von Frauen und zum Teil auch von Mädchen kann als Rechtfertigung zur Ausübung dessen dienen, was wir heute als sexuelle Gewalt bezeichnen, und es unterminiert zugleich moralische Skrupel.[366] In der androzentrischen Perspektive erscheint die sexuelle Gewalt nur dann als verurtei-

---

364 Diese Aussage gilt in ihrer Ausschließlichkeit nur für Tochtergestalten der Erzähler. Anders: die weise Frau von Tekoa (2Sam 14,15–24); Rizpa (2Sam 21, 10–12); Hulda (2Kön 22,14–20 par 2Chr 34,22ff) u.a.m.
365 Lediglich im Hohelied werden die Machtverhältnisse umgekehrt dargestellt. Allerdings haben die Frauengestalten dieser Dichtung keinen Vater als Gegenüber! Siehe oben S. 137.
366 Vgl. *Brockhaus/Kolshorn* 1993, 99.

lenswert, wenn es sich um illegitime sexuelle Kontakte, das heißt um Verletzung von Eigentumsrechten, handelt. Für die Tat und den Täter wird auch im Alten Testament dabei häufig um Verständnis geworben (Sichem und Ammon als »Liebeskranke« in Gen 34; 2Sam 13). Die Verletzungen und die Folgen, die diese Gewalt für die Frauen haben, wird, wenn überhaupt, so nur aus männlicher Perspektive wahrgenommen; das Leiden und die Schmerzen der Frauen an sich sind kein Thema, sondern der Statusverlust (Dina in Gen 34; Tamar in 2Sam 13). Darüber, daß die Autorität des Vaters, sein Schutz, hier versagte, daß eventuell auch sein Fehlverhalten die Tat ermöglicht hat (Tamar in 2Sam 13; vgl. die namenlose Frau in Ri 19) hüllen sich die Texte gewöhnlich in Schweigen (Ausnahme: Gen 38).

Gott wird von den alttestamentlichen Erzählern eindeutig auf die Seite der Väter gestellt, soweit diese zu Israel gehören; Töchter partizipieren über ihre Väter an der Fürsorge und dem Schutz JHWHs (z.B. Lots Töchter). Die in Sprache gefaßte Nähe von Gott und Vater kann den irdischen Vätern einen göttlichen Nimbus geben. Das Gottesbild, das in jenen Erzählungen transportiert wird, in denen Väter und Töchter vorkommen, enthält insgesamt gesehen keine kritischen Elemente, die dazu führen könnten, das gegebene Vaterbild zu hinterfragen. Wie die Väter, so lassen die Erzähler auch JHWH dazu schweigen, wenn Töchter im Konfliktfall als Opfer herhalten müssen. Sie vermitteln ein Bild von Welt- und Gotteserfahrungen, in dem JHWH nicht um der Töchter willen in die Geschichte eingreift: JHWH erweist den Töchtern keine Fürsorge, bewahrt sie nicht vor sexueller Gewalt, bestraft Männer nicht für Vergewaltigungen.[367] Gelegentlich sorgt er für Trost und Wiedergutmachung angesichts des Unrechts, das den Frauen angetan wird (Lea; Tamar in 1Sam 13; Sara in Tob), aber nicht weniger häufig ignoriert er es auch (Dina; Tamar in Gen 34, Michal). Er läßt es nach der Darstellung der Erzähler zu, daß eine Tochter ihm als Brandopfer dargebracht wird (Jeftas Tochter). Wie für die Männer, so scheint auch für JHWH vor allem die Sexualität und Gebärfähigkeit der Frauen interessant zu sein; dies ist der Bereich, wo er in seiner Geschichte mit den Menschen Frauen gegenüber seine Macht erweist, indem er ihnen den richtigen Ehemann zuführt (Rebekka, Sara in Tob) oder sie fruchtbar macht (Lot Töchter, Lea, Tamar in Gen 38). Wo die Macht der Männer zur Kon-

---

367 Diese Aussage gilt in ihrer Ausschließlichkeit nur für die Tochtergestalten des Alten Testaments. So erfährt z.B. Hagar in Gen 16; 21 durchaus Gottes Zuwendung, und in den Geschichten von der sog. »Preisgabe der Ahnfrau« schützt Gott die Ahnmütter (Gen 12; 20; 26).

trolle über die Sexualität und Gebärfähigkeit »ihrer« Frauen in den Erzählungen nicht mehr ausreicht, läßt die theologisierende Tendenz der Texte Gott als »Kontrolleur« erscheinen. Wie eine Tochter ihren Vater als Autorität erfährt, die ihr Lebensglück in den Händen hält, und ihn als Herrn über Leben und Tod erlebt, so muß sie auch JHWH betrachten. Eine unmittelbare Beziehung einer Tochter zu Gott ist nur in der apokryphen Schrift des Buches Tobit bezeugt; hier wendet sich Sara in einem Gebet direkt an ihn. Auffälligerweise ist diese späte Schrift die einzige, in der auch die Beziehung zwischen Tochter und Vater ein Thema ist. Ansonsten vermitteln die Texte den Eindruck, daß zwischen Töchtern und Gott ebenso weitgehend eine Beziehungslosigkeit herrscht wie zwischen Töchtern und ihren Vätern.

Das Bild vom Vater als Versorger und Beschützer hält den Erfahrungen nicht stand, die Töchter in den Geschichten des Alten Testaments tatsächlich mit ihren Vätern machen. De facto versorgen hier Väter lediglich ihre Töchter mit Ehemännern, und das noch nicht einmal unbedingt gut. Und konkret schützt kein Vater seine Tochter. Ein positives Vaterbild der Leserinnen muß daran jedoch keinen Schaden nehmen. Denn wo »der gute Vater« in eine kollektive Idealisierung alles Männlichen hineingehört, werden selbst jene Frauen den Vater in dieser Rolle sehen, wo er ihnen im Konkreten ganz anders begegnet. »Wie immer sich der Vater verhält, die Tochter wird seinem positiven Verhalten etwas hinzufügen und es verklären. Sie wird sein negatives Verhalten umdeuten oder kaum bemerken. Das idealisierte Vaterbild wird sich zwischen sie und den Vater schieben und sie an der Wahrnehmung männlicher Wirklichkeit und weiblicher Stärke hindern.«[368]

---

368 Zitat aus einem unveröffentlichten Vortrag von *Dr. Christa Mulack*, »... aber meinen Vater habe ich geliebt ...«: Die Vater-Tochter-Beziehung als Stütze des Patriarchats, 1992. Mulack stützt sich hier auf die Untersuchungen von Dr. Sigrid Steinbrecher.

# Zweiter Hauptteil

# Der Vater in Beziehung zur Tochter

Im zweiten Hauptteil stelle ich die Väter ins Zentrum meiner Ausführungen. Wie sieht es mit der Bedeutung aus, die Töchter in ersttestamentlichen Texten nach der Darstellung der Verfasser für ihre Väter haben? Um welche Interessen geht es, wenn Väter über ihre Töchter verfügen? Was ist über Machtmittel festzuhalten, die Männern mittels alttestamentlicher Rechtstexte, ethischer bzw. kultischer Ermahnungen oder weisheitlicher Lehre an die Hand gegeben werden, um Verfügungsgewalt über ihre Töchter auszuüben?

## 1 Väterliche Interessen an der Tochter

Zunächst wende ich mich noch einmal der erzählenden Literatur des Alten Testaments zu. Wie stark erscheint hier das Interesse der Väter an ihren Töchtern? Welchen Nutzen haben sie nach der Darstellung der Erzähler von ihnen? Und zu welchen Zwecken benutzen sie sie?

### 1.1 Das Schweigen über die Tochter in genealogischen Listen und Notizen

Genealogische Listen und Notizen sind keine bloße Angaben über die Zugehörigkeit von Personen und Personengruppen. Sie spiegeln auch ein Stück (Familien-)Geschichte wider, dienen im Alten Testament der Herstellung von Kontinuität zwischen unterschiedlichen Ereignissen und enthalten explizit oder implizit Aussagen darüber, ob der Segen Gottes auf einem Mann oder einer Sippe ruht oder nicht.[1] Welchen Stellenwert haben Töchter in genealogischen Angaben?

---

1 Vgl. die Ausführungen über Genealogien bei *Westermann* 1974, 9ff.

*Töchter in Zeugungsnotizen*
In Zeugungsnotizen werden gewöhnlich nur Söhne namentlich genannt. Solche Notizen sind nach dem Schema verfaßt: »x (Name des Vaters) zeugte y (Name des Sohnes)«.[2] Mitunter gehen die Töchter namenlos im Kollektiv der Kinder auf. Zeugungsnotizen dieser Art folgen dann dem Schema: »x (Name des Vaters) zeugte Söhne und Töchter«; in ihnen geht es um den Kinderreichtum des Vaters, nicht um die Kinder selbst.[3] Bisweilen kann auch die Zahl der Söhne und Töchter angegeben sein.[4]
Namentlich werden nur zwei Töchter in Zeugungsnotizen aufgeführt: In Gen 22,23 enthält die Liste der Nachkommenschaft Milkas und Nahors die Aussage: »Betuel zeugte *Rebekka*«. Rebekka ist wohl erst durch eine nachträgliche Erweiterung des Textes zum Zielpunkt dieser genealogischen Liste geworden.[5] – Darüber hinaus wird in 1Chr 7,32 *Schua* genannt. Beachtenswerterweise ist die Tochter hier nicht zu ihrem Vater in Beziehung gesetzt, sondern zu ihren Brüdern.[6] Überhaupt spielen Frauen in der genealogischen Liste 1Chr 7 eine erstaunlich große Rolle (siehe bes. 1Chr 7,24).

*Töchter in Gebärnotizen*
Bei der Untersuchung von Gebärnotizen ergibt sich ein ähnliches Bild wie bei Zeugungsnotizen: Bis auf wenige Ausnahmen wird namentlich nur die Geburt männlicher Kinder angezeigt. Gebär-

---

2  Gen 4,18 (Henoch); Gen 4,26 (Set); Gen 5,3 (Adam); Gen 5,6 (Set); Gen 6,10 (Noah); Gen 10,8.13.15.24.26 (Noah); Gen 11,26.27 (Terach); Gen 25,3 (Jokschan); Gen 25,9 (Abraham); Gen 26,29 (Machir); Gen 26,58 (Kenat); Rut 4,18.19.20.21.22 (Perez u.a.); 1Chr 1,10.11.13.18.20 (Stammbaum Adam bis Abraham); 1Chr 1,34 (Abraham); 1Chr 2,10.11.12.13.18.20.22.36.37.38.39. 40.41.44.46 (Geschlecht Judas); 1Chr 4,2.8.11.12.14 (Die Geschlechter Judas); 1Chr 5,30.31.32.33.34.35.36.37.38.39.40 (Die Geschlechter Levis); 1Chr 8, 1–7.8.9.32.33.34.36.37 (Die Geschlechter Benjamins, die Sippe Sauls); 1Chr 9,38.39.40.42.43 (Die Sippe Sauls); Neh 12,10.11 (Jeschua und Jojada).
3  Gen 5,4.7.10.13.16.19.22.26.30 (Geschlechtsregister von Adam bis Noah); 11,11.13.15.17.19.21.23.25 (Geschlechtsregister von Sem bis Abraham); 1Chr 14,3 (David); 2Chr 24, 3 (Jojada).
4  Solche Zeugungsnotizen folgen dem Schema: »x (Name des Vaters) zeugte soundsoviel Söhne und soundsoviel Töchter«. Siehe 2Chr 11,21 (Rehabeam. Zahlenverhältnis 28 : 60); 2Chr 13,21 (Abija. Zahlenverhältnis 22 : 16); Hi 1,2 (Hiob. Zahlenverhältnis 7 : 3). – Vgl. 1Chr 4,27. Hier wird die Zahl der Söhne und Töchter im allgemeinen Kontext von Kinderreichtum und Kinderlosigkeit (und nicht im Rahmen einer Zeugungsnotiz) angegeben. Vater: Schimri (Verhältnis 16 : 6).
5  Siehe dazu oben S. 55. Siehe auch auch *Fischer* 1993, 14.
6  In Beziehung zu ihren Brüdern gesetzt werden Töchter in Zeugungsnotizen sonst nur noch in Gen 46,17 und 1Chr 7,30. – Umstritten ist, ob die Zeugungsnotiz 1Chr 4,17 von einem männlichen oder weiblichen Kind spricht. Der Name des Kindes ist »Mirjam«.

notizen zur Geburt eines oder mehrere Söhne können dem Schema folgen: »x (Name der Mutter) gebar y (Name des Sohnes bzw. der Söhne)«; innerhalb dieses Schemas wird der Vater nicht erwähnt.[7] Andere Gebärnotizen sprechen ausdrücklich vom Gebären der Frau für den Mann: »x (Name der Mutter) gebar dem y (Name des Vaters) z (Name des Sohnes bzw. der Söhne)«.[8] Wieder andere Gebärnotizen sind passiv formuliert; hier kann der Name der Mutter fehlen: »Dem x (Name des Vaters) wurde/wurden geboren y (Name des Sohnes / der Söhne)«.[9]
Der Name einer Tochter fällt nur viermal in den Gebärnotizen: Genannt werden *Dina* (Gen 30,21; 46,15), deren Existenz in Gen 34 von Bedeutung ist,[10] die Prophetin *Mirjam* (Num 26,59)[11], die in den Moseerzählungen eine wichtige Rolle spielt, *Tamar* (2Sam 14,27), deren Namensgebung durch ihren Vater Absalom im Anschluß an die Erzählung 2Sam 13 politische Brisanz hat,[12] und *Lo-Ruhama* (Hos 1,6), deren Name zur Aussage in der Verkündigung Hoseas wird.[13] Darüber hinaus gehen Töchter in zwei Textstellen namenlos im Kollektiv der Kinder auf bzw. unter: 1Sam 2, 12 spricht von drei Söhnen und zwei Töchtern, durch die Gott die ehemals unfruchtbaren Hanna nach der Geburt Samuels noch segnet, 2Sam 5,13 ist davon die Rede, daß dem König David noch »weitere Söhne und Töchter« geboren werden. Die Söhne Davids werden anschließend in 2Sam 5,14–16 namentlich aufgezählt, über die Zahl und die Namen der Töchter schweigt der Text.

*Töchter in weiteren genealogischen Angaben*
Auch andere genealogische Angaben führen in aller Regel namentlich nur Söhne auf. In den sog. Toledot werden Töchter an

---

7   Gen 4,1.2.17.20.22.25; 19,37.38; 22,24; 29,32.33.34.35; 30,5.23; 35, 16f; 36,4.5; 38,3.4.5; Ex 2,2.22; Ri 13,24; Rut 4,13; 1Sam 1,20; 2,21; 2Sam 12,15.24; 2Kön 4,17; 1Chr 1,32; 2,4.17.46.48.49; 4,18; 7,14.16.18.23; Jes 8,3; Hos 1,8.
8   Gen 16,15.16; 21,2.3.9; 22,23; 25,2.12; 30,5.7.10.12.17.19; 36,4.12. 14; 41,50; 46,15.18.20.25; Ex 6,20.23.25; Num 26,59; Ri 8,31; 2Sam 11,27; 21,8; 1Kön 11,20; 1Chr 2,4.19.21.24.29.35; 4,6; 7,14; 2Chr 11,19.20; Hos 1,3.
9   Gen 6,1; 10,1.21.25; 21,5; Num 26,60; 1Chr 14,4f; 26,6. Die Mutter ist in den passiv konstuierten Gebärnotizen namentlich genannt in Gen 22,20.21.22. 24; 41,50; 46,20; 2Sam 3,2; 3,5; 1Kön 1,6; 1Chr 1,19. Sie hat entweder besondere politische Bedeutung oder ist eine unter mehrere Frauen des Vaters (Schema: »Dem x wurde von y geboren der z«).
10  Siehe dazu oben S. 98.
11  Auch Mirjam wird nicht ihrem Vater, sondern ihren Brüdern Mose und Aaron zugeordnet (vgl. 1Chr 7,32).
12  Siehe oben S. 109f.
13  Zu Lo-Ruhama siehe unten S. 253ff.

keiner Stelle mit Namen genannt. Im Toledot Sems (Gen 11,10. 11) und im Toledot Esaus (Gen 36,6) gehen sie lediglich mit der Wendung »Söhne und Töchter« im Kollektiv der Kinder auf. In der Liste der Nachkommen Jakobs, die nach Ägypten ziehen (Gen 46,5–27), sind – laut historisch-kritischer Forschung vermutlich nachträglich – Frauen eingearbeitet worden: Gen 46,7 spricht nicht nur von Söhnen und Enkeln, sondern auch von Töchtern und Enkelinnen Jakobs. Namentlich genannt werden allerdings nur zwei: *Dina* (Gen 46,15) und *Serach* (46,17; aufgeführt als Schwester ihrer Brüder). In der Gesamtzahl der Personen, die die Liste nennt, sind sie jedoch nicht mitgezählt.[14] Nach Irmtraud Fischer hat die Bearbeitung des Jakobstammbaumes trotz ihrer Eintragung der Frauen nicht den Sinn, »das weibliche Element der Familie hervorzuheben (vgl. Rut 4,11f), sondern will gezielt die große Anzahl männlicher Familienmitglieder, die nach Ägypten kamen, betonen. Die Angabe der Frauen hat allein das Ziel, die völkische Integrität Israels sicherzustellen.«[15]

Darüber hinaus werden im Rahmen genealogischer Angaben namentlich nur noch folgende Töchter genannt: *Merab* und *Michal* (1Sam 14,49),[16] die *Töchter Zelofehads* (Num 26,33)[17] und *Achsa* (1Chr 2,49)[18]. Alle dieses Töchter sind in Erzählungen von Bedeutung. Ungewöhnlich erscheint die Edomitergenealogie in Gen 36. Hier werden neben den Männern auch Ehefrauen, Mütter und selbst Töchter mit Namen aufgeführt. Esaus Genealogie wird in ihren Verästelungen bis in die Enkelgeneration als Genealogie seiner Frauen geschrieben.

*Zusammenfassung und Ergebnis*

Daß tatsächlich in den Familien der Stämme Israels nur die wenigen Töchter geboren wurden, die in den Texten genannt sind, ist auszuschließen; Israel wäre unter diesen Umständen ausgestorben. Wir müssen davon ausgehen, daß weibliche Nachkommen gewöhnlich in genealogischen Angaben totgeschwiegen werden. Für den Erhalt der Stammfamilie in der patriarchalen Gesellschaft sind sie

---

14 Zum Abschluß dieser Liste wird sogar ausdrücklich betont, daß Frauen in den Zahlenangaben nicht erfaßt sind (Gen 46,26). *Fischer* 1993, 24 sieht darin »eine übliche Gepflogenheit einer Gesellschaftsform, in der nur Männer zählen. Diese Liste macht durch die explizite Notiz, daß Frauen nicht zählen, ein anderes klar: בני meint hier nicht ›Nachkommen‹, sondern ausschließlich Söhne.« Zu den Zahlenangaben in der Liste siehe auch aaO. 19f.
15 AaO. 24.
16 Zu Merab und Michal siehe oben S. 64ff.
17 Zu den Töchtern Zelofehads siehe oben S. 77ff.
18 Zu Achsa siehe oben S. 74ff.

unwichtig,[19] sie spielen in der Familiengeschichte nur eine geringfügige Rolle und prägen die Familienidentität nicht mit. Vorausgesetzt, daß genealogische Listen und Notizen auch etwas über das Interesse von Vätern an ihren Töchtern in einer patriarchalen Ordnung aussagen, müssen wir schlußfolgern, daß dieses Interesse denkbar gering erscheint.

1.2 Die Tochter als ökonomischer Faktor

Eine Tochter ist in einer Familie und damit insbesondere für den Vater als Familienoberhaupt auch ein ökonomischer Faktor. Er muß für ihren Unterhalt aufkommen, kann jedoch aus ihr auch einen wirtschaftlichen Nutzen ziehen. Denn solange eine Tochter noch im Hause ihres Vaters lebt, steht ihrem Vater auch ihre Arbeitskraft zur Verfügung.

Die Verfasser erzählender Texte des Alten Testaments erwähnen nur beiläufig, daß Töchter ihren Beitrag zum Familieneinkommen leisten (Gen 24,15; 29,9; Ex 2,16).[20] Unter den ökonomischen Interessen an der Tochter dominiert in den Geschichten ein anderes: Eine günstige Verheiratung der Tochter kann für Väter auch einen wirtschaftlichen Gewinn bedeuten.

*Erhalt der Familie durch die Arbeitskraft der Tochter (Gen 24,15; 29,9; Ex 2,16; 2Sam 13,7)*
Frauenarbeit bleibt in Erzählungen des Alten Testaments weitgehend unsichtbar. Nur nebenbei wird erwähnt, daß Töchter für ihre Väter tätig sind: Rahel hütet die Herden ihres Vaters (Gen 29,9) und die Töchter des Raguel treten ebenfalls als Hirtinnen ihres Vaters in Erscheinung (Ex 2,16). Wenn Rebekka am Brunnen Wasser schöpft, so tut sie das nicht für sich, sondern ist für die Familie tätig (Gen 24,15).[21] Tamar erhält von ihrem Vater die Anweisung, für den kranken Bruder das Essen zu bereiten (2Sam 13,7).[22] Damit ist aber bereits die Aufzählung der Textstellen nahezu erschöpft, in denen Erzähler explizit Töchter Arbeiten ausführen lassen.[23]

19  *Fischer* 1993, 25.
20  Aus der Gesetzgebung geht hervor, daß Väter ihre Töchter auch in die Sklaverei verkaufen konnten (Ex 21,7–11; siehe unten S. 205); ein solcher Handel mit der Tochter ist jedoch in keine Erzählung eingeflossen. Die Gesetze sprechen außerdem davon, daß ein Vater seine Tochter zur (Kult-)Prostitution anhalten konnte (Lev 19,29; siehe dazu unten S. 212f).
21  Zu Rebekka, Rahel und Zippora siehe oben S. 128f.
22  Zu Tamar siehe oben S. 104ff.
23  In dem vergleichsweise späten Nehemiabuch kann die Tochter zusammen mit dem Vater als Baumeisterin genannt werden (Neh 3,12; vgl. 1Chr 7,14).

Die genannten Tätigkeiten der Töchter sind fester Bestandteil des Frauenalltags. Die Arbeit als Hirtinnen ist eine gefährliche Arbeit und setzt eine Reihe von Fähigkeiten voraus: ein Wissen über die Lebensgewohnheiten der Tiere, ihre Pflege, ihre Krankheiten, das Abwehren von Raubtieren und das Treiben der Herde. Das Wasserschöpfen ist eine schwere und mühselige Angelegenheit. Kochen erfordert einige Qualifikationen. Zweifellos muß für die Familie die Arbeitskraft der Tochter von einigem Wert gewesen sein. Thematisiert wird dieser Wert jedoch in den Erzählungen nicht.[24] Nur die Tätigkeiten der Männer und das, was sie für sich und ihre Familien tun, werden hier oft sehr breit geschildert und gewürdigt.[25] Die biblischen Erzähler führen den Leserinnen und Lesern so eine Männerwelt vor Augen, die an den Aufgaben und Arbeiten der Frauen wenig Erwähnenswertes findet.[26]

*Der Vater, der durch Heiratsarrangements zu Wohlstand kommt: Laban (Gen 24; 29ff)*
Laban tritt erstmals in Gen 24,29f in Erscheinung:[27] Als Bruder der Rebekka läuft er zum Brunnen, an dem sich Abrahams Knecht aufhält, um diesen ins Haus einzuladen. Der Erzähler nennt das Motiv, das Laban zu dieser großzügig wirkenden Geste treibt: Er hat die Geschenke gesehen, die der Knecht seiner Schwester gemacht hat – den wertvollen Stirnreif und die Armreifen an den Händen – und von Rebekka gehört, was der Mann gesagte hatte (Gen 24,30). Labans Person erscheint von Anfang an verbunden mit dem Interesse an Gütern, die Wohlstand symbolisieren. Der Schmuck, den seine Schwester geschenkt erhielt, ist der Grund, den wohlhabenden Fremden in sein Haus zu holen.[28]

---

24 Frauenarbeit (nicht Tochterarbeit!) ist lediglich in der Weisheitsliteratur gelegentlich Thema. Siehe oben S. 133ff zu Spr 31,10–31.
25 Vgl. z.B. Gen 24,32 mit Gen 24,33: Während Labans Tun in allen Einzelheiten geschildert wird, bleiben diejenigen, die Abrahams Knecht das Essen vorsetzen, hinter dem Passiv verborgen. – Siehe auch die ausführliche Beschreibung der Hirten- und Züchterdienste des Jakob (Gen 30,35–42; 31,6ff.38ff), die unzähligen Beschreibungen über das Kriegführen (z.B. 1Sam 14; 17 u.v.a.m.), und die vielen Schilderungen über das Ausüben politischer Verantwortung (z.B. Ex 5; 18 u.v.a.m.). – Als Beispiel aus einer vergleichsweise späten Schrift sei genannt: die wohltätigen Taten, die Hiob verrichtete (Hi 29,12ff; 31,13ff).
26 Eine Ausnahme ist das Buch Rut. In ihm wird die Situation seiner weiblichen Hauptfiguren und mit ihr die Erfahrungswelt der Frauen vergleichsweise stark in den Vordergrund gestellt.
27 Zu Gen 24 siehe auch oben S. 51ff.
28 Vgl. *Jeansonne* 1990, 60. – In der jüdischen Legende tritt Laban schon hier als jemand auf, der aus Habgier Gottes Pläne durchkreuzen will. Er soll die Absicht gehabt haben, Abrahams Knecht umzubringen, um ihn auszurauben. Als er aber sah, daß dieser ihm körperlich überlegen war, setzte er ihm vergiftete Spei-

Als besonders geschäftstüchtig läßt der Erzähler Laban jedoch in der Geschichte von der Brautwerbung der Rebekka nicht auftreten (Gen 24). Er ist hier zwar an den Verhandlungen über die Heirat beteiligt, stellt jedoch dem Brautwerber keine materiellen oder sonstigen Bedingungen (siehe Gen 24,50). Der Rechtsakt der Eheschließung wird in Gen 24 nicht beschrieben, auch von einem Brautpreis ist nicht die Rede. Das Einverständnis zur Heirat zahlt sich allerdings für Laban (ebenso wie für seine Mutter und Schwester) materiell aus, da Abrahams Knecht an alle höchst kostbare Geschenke verteilt (Gen 24,53). Der Gedanke liegt nahe, daß der Brautwerber die zehn Kamele, die er für seine Mission mit allerlei Gütern seines Herrn beladen hatte (Gen 24,10), bei diesem Anlaß um den Großteil ihrer Last erleichtert.

Bei der Verheiratung seiner Töchter Lea und Rahel wird Laban von einer selbstsüchtigen Seite gezeichnet. Sein Denken und seine Handlungen sind von ökonomischen Interessen bestimmt: Als Jakob zu seinen Verwandten nach Haran kommt, lädt Laban ihn gerade so wie damals den Brautwerber seiner Schwester in sein Haus ein (Gen 29,13). Jakob hat aber anders als ehemals der Knecht Abrahams keine Geschenke bei sich, sondern er ist mittellos und auf der Flucht.[29] Laban handelt Bedingungen aus, nach denen Jakob bei ihm bleiben und arbeiten soll (Gen 29,15–19). Dieser erklärt, er wolle ihm um Rahel sieben Jahre dienen (Gen 29,18). Der Preis, den Jakob in diesem Heiratsarrangement selbst festsetzt, erscheint »erstaunlich hoch.«[30] Mit seiner Höhe mag der Erzähler die Wertschätzung zum Ausdruck bringen, die Jakob Rahel entgegenbringt, aber er macht zugleich auch das starke Abhängigkeitsverhältnis sichtbar, in dem Jakob zu Laban steht.

Laban gelingt es in der Erzählung nun nicht nur, Jakob für sieben Jahre in seinem Haus für sich arbeiten zu lassen, sondern er betrügt ihn bei der Verheiratung und kann dadurch den mit Isaaks Segen beschenkten Verwandten noch weiterhin in seinem Haus halten: Nachdem Laban dem Jakob die offenbar weniger attraktive Tochter untergeschoben hat, diktiert er dem getäuschten Bräutigam den

---

se vor, woran Rebekkas Vater starb (*Bührer* 1993, 68). »Nach einer anderen Legende sah Elieser Laban auf sich zulaufen, als ob er ihn angreifen wollte, und sprach darauf den heiligen Namen Gottes aus, worauf er und sein Kamel in die Höhe gehoben wurden und Laban machtlos war« (ebd.).

29 Die Legende malt diese Begegnung zwischen Laban und Jakob so aus, daß bereits hier die Selbstsucht und Habgier Labans deutlich wird: »Laban erwartete von Jakob große Schätze, darum umschlang er ihn bei der Begrüßung und tastete dabei seinen Gürtel ab; auch küßte er ihn, weil er prüfen wollte, ob Jakob Edelsteine in seinem Mund verborgen habe« (aaO. 82).

30 *V. Rad* 1976, 253.

gleichen Preis – weitere sieben Jahre Dienst in seinem Hause – für die geliebte Braut, auf die dieser immer noch wartet (Gen 29,17). Sharon Pace Jeansonne kommentiert: »Surprisingly, Jacob agrees to these terms. Where Laban appears selfish, Jacob appears resigned, and he is desperate for Rachel. Their characterizations are also reflective of their status. Laban is the owner of great flocks, whereas Jacob is the younger sojourner without means.«[31]
Der Erzähler läßt bei der Charakterisierung Labans »Brauch und Sitte« eine große Rolle spielen: Laban erklärt, es sei besser, seine Tochter dem Verwandten zu geben als einem anderen (Gen 29,15); hier wird auf den Brauch angespielt, nach dem Vetter die bevorzugten Freier sind.[32] Jakobs spätere Empörung über die ihm untergeschobene Braut prallt an Labans Selbstrechtfertigung ab,[33] er habe nur der Sitte des Landes gemäß gehandelt: »Es ist nicht Sitte in unserem Land, daß man die jüngere weggebe vor der älteren« (Gen 29,26). Und schließlich bringt auch die Forderung Labans an Jakob, die Hochzeitswoche mit Lea einzuhalten, bevor er Rahel zur Frau nehme (Gen 29,27), die Sitte implizit erneut ins Spiel. Brauch und Sitte dienen Laban nach dem Willen des Erzählers dazu, sein Tun zu legitimieren und abzusichern. Schlau verweist er allerdings nur und erst dann auf sie, wenn ihm das von Nutzen ist. Mit dem Wohl der Töchter wird in dieser Erzählung an keiner Stelle argumentiert. Laban benutzt Lea und Rahel, um Jakob an sein Haus zu binden. Eine emotionale Beziehung des Vaters zu seinen Töchtern wird bei den Gesprächen über den Eheschluß mit den Töchtern nirgendwo im Text auch nur angedeutet. Die Mädchen erscheinen vielmehr als Tauschobjekte in einem Handel.
In weiteren Verhandlungen mit seinem Schwiegersohn, die dessen Wirken in seinem Hause erneut verlängern sollen, läßt der Erzähler Lea und Rahel für Laban kein Gesprächsthema mehr sein: Als Jakob seinen Schwiegervater auffordert, ihn aus dem Dienst zu entlassen (Gen 30,25ff), bittet dieser ihn eindringlich, noch zu bleiben (Gen 30,27). Von seinen Töchtern spricht Laban dabei nicht. Vielmehr wird unzweifelhaft deutlich, daß es ihm um einen »Segen« geht, der materieller Natur ist: Jakob hat den Wohlstand des Hauses von Laban ganz beträchtlich vergrössert, und nun beeilt sich Laban, ein neues Abkommen mit ihm zu treffen, damit diese Segnungen kein Ende finden (Gen 30,28ff). Doch dieses Mal überlistet Jakob Laban: Er handelt für sich Bedingungen aus, die ihn selbst zu Reichtum kommen lassen (Gen 30,31ff).

---

31 *Jeansonne* 1990, 73f.
32 Vgl. *Westermann* 1981, 568.
33 Vgl. aaO. 569.

Während Laban in dieser Verhandlungsszene (Gen 30,25–34) kein Interesse an seinen Töchtern bekundete, läßt der Erzähler Lea und Rahel für ihn jedoch wieder zum Thema werden, als der Schwiegersohn mit seinen Frauen, den Kindern und dem Reichtum, den er sich erworben hat, vor ihm nach Kanaan flieht. Als Laban den Flüchtenden eingeholt hat, wirft er ihm vor, seine Töchter entführt zu haben wie einer, der im Krieg überlegen ist und Kriegsgefangene wegschleppt (Gen 31,26). Laban stellt hier das Handeln Jakobs so dar, als requiriere dieser wie der Sieger nach einer Schlacht einfach fremdes Eigentum für sich, und deutet so seine Besitzansprüche an; die Töchter haben in seinen Worten den Stellenwert von Kriegsbeute. Durch seinen heimlichen Aufbruch habe der Schwiegersohn es ihm unmöglich gemacht, ihn mit »Pauken und Trompeten« zu verabschieden (V 27). Noch nicht mal seine Enkel und Töchter habe er zum Abschied küssen können.[34] Erneut führt Laban in seiner Argumentation gegen Jakob die Sitte ins Feld und versucht so zu untermauern, daß das Recht auf seiner Seite ist: »Jakob hat Laban um den der Sitte gemäßen Abschied gebracht (...). Mit dem abschließenden Tadel: ›da hast du töricht gehandelt‹ will Laban Jakob vor seinen Frauen herabsetzen.«[35] Zum Abschluß seiner vorwurfsvollen Worte behauptet der Vater noch einmal ausdrücklich seine Macht: Er könne Jakob und seinem Gefolge viel Böses antun; nur weil Gott es ihm geboten habe, vergreife er sich nicht an ihm (V 29).

Jakob entgegnet, er habe Angst gehabt: »Ich dachte, du würdest deine Töchter von mir reißen« (Gen 31,31). Der Flüchtende ist sich nach der Darstellung des Erzählers offenbar bewußt, daß sein Schwiegervater immer noch auf Lea und Rahel Anspruch erhebt, sonst würde er nicht von »deinen Töchtern« sprechen, sondern von »meinen Frauen«. So begründet er dann schließlich in einer zornigen Rede noch einmal vehement, daß das Recht durchaus auf seiner Seite, und nicht auf der Labans sei: Er wirft Laban vor, auf seiner Suche nach dem Hausgötzen zu Unrecht seinen Hausrat betastet zu haben (V 37).[36] Ausführlich führt er aus, wie hart und erfolgreich er zwanzig Jahre lang für Laban gearbeitet habe (Gen 31,38–40); die vierzehn Jahre um die Töchter hebt er in seinen Worten noch einmal besonders heraus (Gen 31,41a). Laban

---

34 Für Benno Jacob bricht hier bei Laban ein »echtes Gefühl« für Enkel und Töchter durch (*Jakob* 1934, 617). Vgl. Jacobs Interpretation zu Gen 31,31: »In der Zärtlichkeit gegen seine Töchter wäre Laban am Ende so weit gegangen, sie zurückzuhalten und dem Betrug bei der Verheiratung die Krone aufzusetzen« (aaO. 619).
35 *Westermann* 1981, 603.
36 Siehe dazu oben S. 141.

aber habe immer wieder seinen Lohn verändert (Gen 31,41b). Hätte Jakob Gott nicht auf seiner Seite gehabt, so wäre er leer ausgegangen (V 42). Auch in Jakobs Argumtentation geht es also um Besitzansprüche, um Lohn für den getanen Dienst, um Eigentumsrechte. Entsprechend antwortet ihm Laban: »Die Töchter sind meine Töchter, und die Kinder sind meine Kinder, und die Herden sind meine Herden, und alles, was du siehst, ist mein« (Gen 31,43a). Der Erzähler läßt den Vater seine Ansprüche nicht zurücknehmen und stellt Töchter, Kinder und Herden dabei auf eine Ebene. Er bestätigt so die Befürchtung, die Jakob in Gen 31,31 hegte. Doch Labans anschließende Frage, was er nun noch für seine Töchter und Kinder tun könne, macht deutlich, daß Laban seine Ansprüche nicht mehr geltend machen kann (Gen 31,43b). Er gesteht Jakob zu, eine Situation geschaffen zu haben, die sich nicht mehr rückgängig machen läßt. Dieses Zugeständnis kleidet der Erzähler in die Fürsorge für die Töchter und Enkel ein.[37]

Fürsorge stellt Laban auch weiter in der Abmachung zur Schau, die er mit Jakob trifft: Er verpflichtet seinen Schwiegersohn, seine Töchter nicht schlecht zu behandeln (ענה)[38] und keine anderen Frauen zu ihnen hinzuzunehmen (Gen 31,50). Soll dieser Zug der Erzählung zum Ausdruck bringen, daß Laban sein Herz für Lea und Rahel entdeckt hat?[39] Direkt zuvor in den Verhandlungen unter den Männern spielten die Interessen der Frauen jedoch keine Rolle.

Es ist denkbar, daß es Laban in der Erzählung weniger um den Schutz der Töchter geht als um das Bestreben, mit seinem Auftritt in der Rolle des Beschützers seiner Kinder sein Gesicht zu wahren. Die Worte, die ihm der Erzähler in den Mund legt, sichern ihm seine Verhandlungsposition in den Auseinandersetzungen mit dem Schwiegersohn. Labans Bedingung kann gewährleisten, daß sein Einfluß, sein Wille und seine Macht, die sich hier im Schutz der Töchter ausdrücken, auch dann noch Gültigkeit haben, wenn Jakob sich aus seinem Gesichtskreis entfernt hat. Indem er derjenige ist, der mit Jakob einen Bund schließt und die Bedingungen stellt, gibt er sich nicht geschlagen, sondern tritt als überlegener Partner Jakobs auf. Für diese Interpretation spricht, daß die beiden Männer

---

37 *Westermann* 1981, 608.
38 Hier wird das gleiche Verbum gebraucht, das in Gen 34,2 und 2Sam 13,11 die Handlung der »Vergewaltigung« bezeichnet! ענה will nicht in erster Linie die rohe Gewaltanwendung ausdrücken, sondern die öffentlich rechtliche Ehrverletzung (*Gerstenberger* 1979, 254); vgl. oben S. 99f, Anm. 179.
39 So *v. Rad* 1976, 269 zu V 25–35.

im Anschluß an Gen 31,50 eine Art »Nichtangriffspakt« schließen (Gen 31,51f).[40] Insgesamt gesehen bleibt Laban bis zum Ende der Szenen, in denen er auftritt, eine schwer durchschaubare Figur, deren Interessen nicht offen preisgegeben werden. Jakob gegenüber handelt er schlau und verschlagen, sein Handeln legitimiert er durch ein Pochen auf Sitte und Brauch. Deutlich ist, daß Selbstsucht hinter der Art steht, wie er Jakob durch seine Töchter an sein Haus bindet (Gen 29,15–30) und daß er um seines eigenen Profits Willen den Schwiegersohn nicht ziehen lassen will (Gen 30,27). Beim Abschied von Jakob zeigt Laban sich von einer ganz neuen, ungewohnten Seite. Muß hier seine Zuneigung zu den Kindern und Enkeln als ein warmes, väterliches Gefühl verstanden werden, oder ist sie reine Fassade, die andere Interessen, vornehmlich seine Besitzansprüche, überdeckt? In der Erzählung bleibt dies offen, der Erzähler ist an der Vater-Töchter-Beziehung nicht interessiert. Zum letzten Mal erscheint Laban in Gen 32,1, als er endgültig Abschied nimmt: er küßt seine Enkel und Töchter und segnet sie, bevor er Jakobs Zug wieder verläßt und heimwärts zieht. Die Verabschiedung folgt einer ritualisierten Form und macht deutlich, daß Laban in Frieden von Jakob weggeht und daß die Bedrohung Jakobs durch Laban ein Ende gefunden hat.[41] Ob der Erzähler darüber hinaus die Absicht verfolgt, die einvernehmliche Beziehung Labans zu seinen Enkeln und Töchtern darzustellen und ihn durch diese versöhnlichen Abschiedsgesten in einem positiven Licht auftreten zu lassen,[42] ist ein spekulativer Gedanke, der je nach Interesse der Exegetin oder des Exegeten ausgestaltet werden kann.

Nach einer Legende kam Labans Segen für Töchter und Enkel nicht von Herzen. Gleich nach seiner Rückkehr habe er eine Botschaft zu Esau gesandt, in der er Jakob anklagte und Esau gegen ihn aufhetzte.[43] In der Legendenbildung, wie Bührer sie aufzeigt, gibt Laban durchweg eine negative Figur ab.[44] Positive Charakterzüge und Eigenschaften lassen sich offenbar nur schwer in sein Bild integrieren.

40 *Westermann* 1981, 609 zu V 51–53a.
41 Vgl. aaO. 615: »Wie die Mahlzeit am Abend (31,51), so besiegelt auch der Abschied mit der Segnung, daß die Abmachung 31,43–54 den Streit beendet hat: Segen und Frieden gehören zusammen.« – Zur Form des Küssens beim Abschied: Vgl. 1Sam 20,41; 1Kön 19,20; Rut 1,9.14.
42 So *Jacob* 1934, 609: »Laban küßt seine Söhne, d. i. Enkel und Töchter, so daß es ihm 31,28 wirklich Ernst war, und es ist ein hübscher Zug an ihm, der ihn Jakob (48,8ff.) ähnlich macht, daß ihm der Abschied auch von den Enkeln, die sogar zuerst genannt werden, schwer wird.«
43 *Bührer* 1993, 84.
44 AaO. 68f und 82f.

*Die Hoffnung der Einwohner von Sichem auf Wohlstand durch Geben und Nehmen der Töchter (Gen 34)*
In Gen 34 sind die Worte »nehmen« (לקח) und »geben« (נתן) von zentraler Bedeutung:[45] Sichem *nimmt* sich die Tochter Jakobs (V 2), er beredet anschließend seinen Vater Hamor, das Mädchen für ihn zur Frau zu *nehmen* (V 4), dieser bittet Jakob und seine Söhne, Dina seinem Sohn zu *geben*, und schließlich erklärt Sichem, er wolle jedes Geschenk und jeden Brautpreis *geben*, den Jakobs Familie verlange (V 12). Dabei geht es aber schon bald in den Verhandlungen der Männer nicht mehr nur um das Geben und Nehmen Dinas und um ihren Brautpreis, sondern die Gespräche werden in Blick auf alle Frauen der Sippe Jakobs und der Städter ausgeweitet. Hamor schlägt vor: »Verschwägert euch mit uns; *gebt uns* eure Töchter und *nehmt ihr* unsere Töchter« (V 9). Jakobs Söhne erklären, sie könnten ihre Schwester keinem Unbeschnittenen *geben* (V 14); falls sich aber alle Einwohner Sichems beschneiden ließen, würden sie einem Konnubium zustimmen: »Dann wollen wir unsere Töchter *euch geben* und eure Töchter *uns nehmen* und bei euch wohnen und ein Volk sein« (V 16). Ansonsten aber würden sie ihre Schwester *nehmen* und davonziehen (V 17).
Die Töchter erscheinen hier im Text als Tauschobjekte. Der Frauentausch zielt darauf ab, »ein Volk« zu werden (vgl. V 16). Hamor verbindet mit dem Vorschlag zum Frauentausch ein kommerzielles Angebot (V 9). Gegenüber den Städtern argumentieren er und sein Sohn vor allem mit den wirtschaftlichen Vorteilen, die ein Konnubium mit der Sippe Jakobs bringen würden: »Wir wollen uns ihre Töchter zu Frauen *nehmen* und ihnen unsere Töchter *geben* (V 21). (...) Ihr Vieh und ihre Güter und alles, was sie haben, wird es nicht unser sein? (V 23a).«
Die Töchter, die es zu verheiraten und zu heiraten gilt, sollen die Grundlage für eine Wirtschaftsunion bilden. Die Hoffnungen der Sichemiten werden jedoch betrogen: Simeon und Levi *nehmen* das Schwert (V 25) und sie *nehmen* ihre Schwester Dina (V 26), die Jakobssöhne töten und plündern und *nehmen* die Schafe, Rinder, Esel der Städter und was in der Stadt und auf dem Felde war (V 28).

*Zusammenfassung und Ergebnis*
Die Arbeitskraft von Töchtern ist in alttestamentlichen Erzählungen kein Thema. Eher zufällig und nur andeutungsweise vermitteln die Texte uns, daß Töchter zum Unterhalt der Familie beitragen. Genannt wird das Wasserholen, Schafe Hüten, Essen Richten.

---

45  Zu Gen 34 siehe auch oben S. 98ff.

In den Laban-Jakob-Geschichten Gen 29ff wird die Vater-Tochter-Beziehung vor allem unter materiellem Aspekt in die Darstellung aufgenommen; das Interesse an Wohlstand und Gütern gehört zum Charakteristikum Labans als Erzählfigur. Die Töchter Lea und Rahel sind in seiner Hand wichtige Trümpfe, mittels derer er dieses Interesse ausspielt. Er sieht sie als einen Teil seines Besitzes an, ihr Wohl hat vor seinem eigenen Vorteil (bzw. vor den Vorteilen für seine Familie) zurückzutreten. Dabei weiß Laban nach dem Willen des Erzählers »Brauch und Sitte« für sich zu nutzen. Durch seine Verschlagenheit, die ihn zu einer schwer durchschaubaren Figur macht, bleibt im Dunkeln, welche Gefühle er seinen Töchtern entgegenbringt. Er argumentiert mit seiner Zuneigung zu den Kindern und erzielt dadurch für sich Vorteile.
Über die Jakob-Laban-Erzählungen hinaus wird der kommerzielle Nutzen, den ein Konnubium in gewissen Gesellschaftsformen mit sich bringen kann, in Gen 34 angesprochen, aber hier letztlich abgelehnt. Dennoch zeigt auch dieser Text ein Denken, nach dem unverheiratete Frauen für Männer als Tauschobjekte fungieren können.
Der materielle Aspekt der Vater-Tochter-Beziehung wird in alttestamentlichen Erzählungen insgesamt gesehen nur selten ausdrücklich thematisiert.

### 1.3 Heiratspolitik als Mittel zur Vergrößerung von politischem Einfluß

Machtverhältnisse spielen in einigen alttestamentlichen Erzählungen beim Arrangieren von ehelichen Bindungen eine besonders wichtige Rolle. Die fehlende Ebenbürtigkeit von Vater und Schwiegersohn bei einem Heiratsbegehren ist sogar in einer Parabel das tragenden Motiv, um ein politisches Machtungleichgewicht zwischen Männern zu veranschaulichen (2Kön 14,8–14). Mehrere Erzähler stellen Väter dar, die ihre Töchter als Mittel der Politik benutzen: Hier geht es dann vor allem um jene Männer, die bereits Macht besitzen und die in der Verheiratung der Tochter eine Möglichkeit sehen, diese Macht zu stabilisieren und ihren Einfluß zu erweitern. Töchter bedeutender Männer erscheinen um der Position willen, die sie ihrem Ehemann gegenüber dem Schwiegervater verschaffen konnten, begehrt. Umgekehrt kann die Tochter ihrem Vater auch den Zugang zur Macht schaffen: Mittels seiner Pflegetochter Ester gelingt Mordechai eine erstaunliche Karriere am Hof des persischen Königs (Est).

*Die Heirat einer Tochter als Frage der Machtverteilung unter Männern: die Parabel des Königs Joasch aus Israel (2Kön 14,8–14)*
Der in 2Kön 14 geschilderte Konflikt zwischen König Joasch aus Israel und König Amazja aus Juda hat eigentlich nichts mit der Heirat einer Tochter zu tun. Es geht um eine Herausforderung zum Kampf, die der judäische König an den König von Israel sendet, um ein Kräftemessen, das zur Feststellung des Stärkeren dient. Was Joasch von dieser Herausforderung hält, macht er seinem Gegner anhand einer Parabel deutlich. In ihr wird Amazja mit einem Dornstrauch verglichen und erscheint als aussichtsloser Bewerber um die Hand der Tochter eines Mächtigen: »Der Dornstrauch im Libanon sandte zur Zeder im Libanon folgende Botschaft: Gib deine Tochter meinem Sohn zur Frau! Aber das Wild des Feldes im Libanon lief darüber hin und zertrat den Dornstrauch« (2Kön 14,9). Die Zeder ist ein besonders stolzer, mächtiger und nützlicher Baum, der Dornstrauch dagegen schwach und nicht viel wert. Es geht Joasch darum, die falsche Selbsteinschätzung und Überheblichkeit des »Dornstrauches« herauszustellen. So schließt er dann auch der Parabel die Warnung an Amazja an, sich nicht durch vermessene Ambitionen ins Unglück zu stürzen (2Kön 14,10).[46]
Die Parabel setzt den Gedanken voraus, daß nur unter gleichstarken Männern eine familiäre Verbindung möglich ist. Der Freier mache sich lächerlich, wenn er die Tochter eines Mannes begehrt, der ihm überlegen ist. Heirat wird hier auf den Aspekt der Transaktion einer Frau von einem Mann zum anderen reduziert, wobei die Machtposition der Männer von überragender Bedeutung ist. Der Wille, die Gefühle und das Wohl der Tochter ist dabei vollkommen belanglos. Wir werden sehen, daß diese Sicht des Eheschlusses in Notizen über politische Heiraten im Alten Testament immer wiederkehrt.

*Das Aussetzen der Tochter als Siegestrophäe zur Stabilisierung der Macht: Kaleb (Jos 15,16.17)*
Kaleb tritt erstmals in der Erzählung von der Verteilung des Ostjordanlandes auf (Jos 14,6ff): Er hält hier vor Josua eine längere Rede, die seine Verdienste und sein Anrecht auf »verheißenes Land« deutlich werden lassen. Josua gibt ihm die Stadt Hebron (Jos 14,13). Jos 15,13 knüpft an diese Szene an: Kaleb vertreibt aus Hebron die alteingesessenen Machthaber (Jos 15,14) und versucht, auch noch die Stadt Debir einzunehmen (V 16). Als ihm das nicht gelingt, verspricht er demjenigen seine Tochter Achsa

---

46 Würthwein 1984, 372.

zur Ehefrau, der für ihn die Stadt erobert (V 17a). Auf diese Weise wird Otniel, später der erste Richter Israels (Ri 3,9), zum Schwiegersohn Kalebs (V 17b).[47]
Weshalb der Vater seine Tochter als Kampfpreis für Debir aussetzt, liegt auf der Hand: Kaleb benutzt Achsa, um seine Macht und seinen Einfluß zu festigen. Er will in Debir, das in unmittelbarer Nachbarschaft zu Hebron liegt, einen Herrscher haben, der ihm nicht feindlich gesinnt ist. Der Sohn seines Bruders, Otniel, der die Stadt erobert und Achsa schließlich zur Frau erhält, ist dafür der geeignete Mann: Als enger Verwandter kann Kaleb sich seiner Unterstützung sicher sein.
Der Text bringt die Verdienste Kalebs, seiner männlichen Vorfahren und seines Schwiegersohnes deutlich zum Ausdruck. Dagegen ist über die Tochter Achsa bis nach deren Hochzeit nichts zu erfahren.[48]

*Die Töchter als Köder im politischen Kalkül Sauls (1Sam 17,25; 18,17.25)*

Saul ist uns schon lange gut bekannt, bevor seine Töchter zum ersten Mal erwähnt werden: In 1Sam 9f führt ihn Gott dem Samuel zu, der ihn zum König salbt, 1Sam 11 erringt er seinen ersten großen Sieg über die Ammoniter, 1Sam 13f vollbringen er und sein Sohn Jonatan Heldentaten im Krieg gegen die Philister. Doch schon in 1Sam 13,13f prophezeit Samuel dem König, daß ihm wegen seines Ungehorsams gegen JHWH das Königtum wieder genommen werde, in 1Sam 15 wird Saul endgültig verworfen und in 1Sam 16 David zum König gesalbt.

Der Abstieg Sauls und der Aufstieg Davids haben bereits begonnen, als Saul wie Kaleb seine Töchter als Siegestrophäe ins Feld führt. Dreimal setzt er sie als Preis aus, nämlich in 1Sam 17,25, 1Sam 18,17 und schließlich 1Sam 18,25.[49]
Bei all dem geht es eindeutig um alles andere als um die Zukunft der Töchter Merab und Michal: Zunächst bedroht durch Goliat, will Saul die Kampfbereitschaft der eingeschüchterten Soldaten anstacheln. Er will sie mit dem Angebot locken, sein Schwiegersohn zu werden. Die »Männer von Israel« zählen die Königstochter als einen Punkt unter anderen (materiellen) Vorteilen auf, die dem Besieger des Philisters winken: »Wer ihn (sc. Goliat) erschlägt, den will der König sehr reich machen und ihm seine Tochter geben

---

47 Siehe oben S. 65, Anm. 60.
48 Achsa fordert später von ihrem Vater Land mit Wasserquellen. Siehe dazu oben S. 74.
49 Siehe dazu oben S. 64f.

und will ihm seines Vaters Haus freimachen von Lasten in Israel« (1Sam 17,25b).
Der materielle Reiz des Angebotes, Sauls Schwiegersohn zu werden, tritt bei der dem David in Aussicht gestellten Verheiratung mit Merab zugunsten politischer Überlegungen des Königs zurück. Der Erzähler nennt den Hintergedanken, den Saul hegt, als er hier dem David seine ältere Tochter als Belohnung für seine militärischen Erfolge verspricht: Saul will, daß David im Kampf fällt (1Sam 18,17b). Eine Begründung, weshalb er sein Versprechen nicht einhält und trotz Davids Siege einem anderen, offenbar wenig bedeutenden Mann durch die Heirat mit Merab zu seinem Schwiegersohn macht, braucht daher der Erzähler gar nicht mehr erst zu geben. Schon zuvor hatte er deutlich gemacht, daß Eifersucht und Furcht des Königs gegenüber seinem besten Heerführer ständig wachsen. Die Heirat mit Merab hätte Davids Anwartschaft auf die Nachfolge Sauls und den Königsthron entscheidend legitimiert. Nach Stolz bringt die »Anekdote«, in der Saul dem David seine Tochter Merab verspricht, das Konkurrenzverhältnis zwischen dem König und seinem mächtigen Truppenführer klar zum Ausdruck, »dem er einerseits verpflichtet ist und den er andererseits doch nicht zu stark werden lassen will«.[50]
Saul bietet aus demselben Motiv heraus David schließlich auch noch seine jüngere Tochter Michal an: »Und Saul sagte sich: Ich will sie ihm (sc. Michal) geben, daß sie ihm zum Fallstrick wird und die Hände der Philister gegen ihn sind.« (1Sam 18,21) Nachdem dieses Mal ein genauer Brautpreis für die Königstochter benannt wurde und David erneut erfolgreich und unverletzt aus dem Krieg heimkommt, kann der König offenbar nicht mehr zurück: Er gibt David Michal zur Frau (1Sam 18,27). Furcht und Grauen bestimmen dabei Sauls Denken und Handeln (1Sam 18,12.15). Seine Angst wird noch dadurch verstärkt, daß seine Tochter Michal den Schwiegersohn liebt (1Sam 18,28). Sauls Stern sinkt weiter, während Davids Stern unaufhörlich aufsteigt.
Zusammenfassend läßt sich festhalten, daß der Erzähler Saul als einen Mann darstellt, der seine Töchter als Köder benutzt, um die Kampfbereitschaft der Männer anzufeuern. Dabei tritt Sauls Ziel, den Sieg über die Philister zu erringen, mehr und mehr vor dem Bestreben in den Hintergrund, seinen mächtigen Truppenführer zu Fall zu bringen. In all diesen Episoden werden die Töchter zu Figuren im Machtspiel der Männer. Es erscheint vom erzählerischen Standpunkt her konsequent, wenn der Verfasser der Texte hier nirgendwo den Vater in einen Dialog mit seiner Tochter ein-

---

50 *Stolz* 1981, 125.

treten läßt, statt dessen aber die Motive, Gedanken und Worte der Männer sehr genau darlegt.

*Die Heiratspolitik des Ptolemäus VI Philometor zur Besiegelung politischer Allianzen (1Mak 10,51–58; 11,12.13)*

Ptolemäus VI Philometor wird im 1. Makkabäerbuch im Zusammenhang mit dem Auf- und Abstieg Alexander Balas erwähnt. Die politischen Entwicklungen, die sich hier vollziehen, stellen den Rahmen für die Erfolge und die Karriere des Makkabäers Jonatan dar.

Nachdem Alexander Balas den Demetrius I Soter geschlagen hat, schickt er Gesandte zu dem König von Ägypten, Ptolemäus VI Philometor. Er bittet den König, mit ihm Frieden zu schließen und ihm zur Besiegelung dieses Friedens seine Tochter zu geben (1Mak 10,53). Als Gegenleistung bietet er an, er wolle sich Ptolemäus gegenüber wie ein Schwiegersohn verhalten und ihm Geschenke geben, die seiner würdig sind (V 54). Ptolemäus stimmt hocherfreut diesem Ansinnen zu (V 56).
In der Erzählung ist deutlich, daß sich der König Ägyptens von dieser Heirat machtpolitische und materielle Vorteile erhofft. Die Männer bedienen sich der Tochter Kleopatra als politisches Instrument im Kampf um Einfluß.
1Mak 11,1f erzählt, daß Ptolemäus schließlich versucht, durch Betrug auch das Reich seines Schwiegersohnes an sich zu bringen. Er schließt nun mit dem König Demetrius ein Bündnis: Er bietet diesem seine (noch mit Alexander verheiratete!) Tochter Kleopatra an und gibt Demetrius das Versprechen, er wolle ihm helfen, König im Reich seines Vaters zu werden. »Und er sagte, es hätte ihn gereut, daß er Alexander seine Tochter gegeben hätte, und beschuldigte Alexander, er hätte ihm nach Leben und Königreich getrachtet« (1Mak 11,10.11). 1Mak 11,12 notiert, daß Ptolemäus dem Alexander seine Tochter wegnimmt und sie dem Demetrius gibt (1Mak 11,12).
Auch bei dieser neuen Verheiratung der Tochter mit Demetrius erscheint Kleopatra als politisches Instrument in der Hand des Vaters. Er benutzt sie für seine Expansionsbestrebungen. Ein darüber hinausgehendes Interesse an der Tochter findet sich in diesen beiden Episoden nicht.

*Die Unterstützung eigener politischer Anliegen durch die Tochter als Machthaberin: Mordechai (Est)*

Mordechai, der Adoptivvater Esters, wird kurz vor seiner Pflegetochter in die Handlung des Buches Ester als Nachkomme des Benjaminiter Kisch eingeführt

(Est 2,5). Kisch ist der Vater von König Saul (1Sam 9,1), weshalb auch Mordechai eine Art königliche Figur darstellt.[51]

Welchen Anteil Mordechai genau an der Verheiratung seiner Adoptivtochter mit dem König Ahasveros hat, läßt der Erzähler im Dunkeln. Während er Ester in die Öffentlichkeit treten läßt, arbeitet ihr Pflegevater gleichsam hinter den Kulissen: Wir erfahren, daß Ester seiner Anweisung gehorcht, indem sie ihre jüdische Herkunft verschweigt (Est 2,10.20), und daß Mordechai sich »alle Tage« nach Esters Wohlergehen erkundigt, während sie auf ihre erste Begegnung mit dem König vorbereitet wird. Damit ist deutlich, daß der Pflegevater die Verbindung zu der Tochter nicht abbrechen läßt und ihre Zukunft für ihn von großer Bedeutung ist. Als Mordechai eine Verschwörung gegen den König entdeckt (Est 2, 20f), informiert er Ahasveros nicht selbst darüber, sondern läßt das seine Adoptivtochter für ihn tun (Est 2,22).

Die eigentliche Handlung der Estergeschichte wird wesentlich von dem Konflikt zwischen Mordechai und seinem Gegenspieler Haman getragen. Haman, ein Amalekiter wie ehemals König Agag (1Sam 15,32), symbolisiert den Feind Israels schlechthin, die bedrängende Gegenwart des Bösen in der Welt der Diasporajuden. Mordechai, Benjaminiter wie König Saul, repräsentiert das gefährdete Israel, das sich behaupten muß. Der Kampf zwischen Mordechai und Haman kann als Fortführung des in 1Sam 15 geschilderten Konfliktes zwischen Saul und Amalek verstanden werden. »The two archenemies are face to face once more, Saul and Agag, Israel and Amalek.«[52] Saul hatte damals gegen den Willen JHWHs Agag, den König von Amalek, verschont (1Sam 15,32); nun ist dem jüdischen Volk dieser Feind neu erstanden.

Der Konflikt wird als ein Machtkampf unter Männern dargestellt: Haman will, daß Mordechai vor ihm niederkniet. Weil dieser sich weigert, ist der Amalekiter bestrebt, Mordechai und das ganze jüdische Volk zu vernichten (Est 3,1ff). Machtstreben und gekränkte Eitelkeit auf der einen Seite und die Verweigerungen von Machtanerkenntnis und die Beachtung religiöser Gebote auf der anderen Seite werden zum Ausgangspunkt eines Konfliktes, der schnell eskaliert. Haman führt seinen Einfluß ins Feld, den er beim König besitzt: Der Amalekiter überredet Ahasveros zum Judenpogrom (Est 3,8ff). Mordechai benutzt im Gegenzug seinen Einfluß auf die Königin: Als ihr Pflegevater besitzt er ihre besondere Aufmerk-

---

51 *Berg* 1979, 96.
52 *Lacocque* 1990, 66. Lacocque interpretiert das gesamte Buch Ester von diesem Konflikt her.

samkeit, und sie läßt sich von ihm bewegen, gegen Haman vorzugehen, obwohl sie das in Lebensgefahr bringt (Est 4).[53] Nachdem der Judenfeind vernichtet ist, klärt Ester den König über Mordechais Verwandtschaft mit ihr auf, woraufhin dieser noch einmal besondere Ehrungen und Geschenke erhält: Der König empfängt Mordechai, gibt ihm seinen Ring und setzt ihn über Hamans Haus (Est 8,1f), das er Ester geschenkt hat (Est 8,7). Anschließend steht er wieder im Hintergrund, während die Königin unterwürfig mit einer letzten Bitte an den König Ahasveros herantritt, nämlich mit dem Wunsch, daß nach der Hinrichtung Hamans auch das Judenpogrom widerrufen werde (Est 8,3ff). Großzügig beauftragt nun Ahasveros Ester und Mordechai, ihrerseits ein Pogrom gegen alle Judenfeinde zu veranlassen (Est 8,8). Offenbar diktiert allerdings Mordechai allein den Schreibern das Pogrom gegen die Judenfeinde (siehe Est 8,9). Dieses Pogrom führt zu einem brutalen Massenmord. Die Königin verlängert die Erlaubnis zum Morden mit Zustimmung des Königs noch einmal um einen Tag (Est 9,17).

Nach Angabe des Textes werden insgesamt fünfundsiebzigtausend Feinde umgebracht, Plünderungen unterbleiben (Est 9,16). Die Juden verhalten sich hier so, wie Gott es in 1Sam 15,2 von König Saul und seinen Leuten verlangte. Nachträglich soll offenbar der »Bann« vollzogen werden, dem Saul damals nicht gehorsam leistete.[54]

Zur Erinnerung an die Vernichtung der Judenfeinde wird ein Freudenfest, das Purimfest, gestiftet. Mordechai erscheint als der alleinige Initiator des Festes, in dessen Begründung Ester nicht einmal erwähnt wird. Nur der Abschnitt 9,29–32 schreibt der Königin an dem Fest den »ziemlich bescheidenen Anteil«[55] zu, die Purimverordnung Mordechais zu bestätigen. Das Esterbuch schließt mit einer Beschreibung der Größe Mordechais (Est 10). Ester wird hier nicht mehr genannt, sie verschwindet vollständig hinter der Größe ihres Pflegevaters.
Aufs Ganze betrachtet ermöglicht die Adoptivtochter nach der Darstellung des Erzählers Mordechais Aufstieg. Mordechai selbst hält sich als Hintermann bedeckt und kann über Ester gleichsam zum »Drahtzieher« in den Machtkämpfen bei Hofe werden. Wo Ester sich offen für ihn beim König einsetzt, steigt seine Größe, ihre Person aber verliert an Bedeutung.

53   Siehe dazu oben S. 147f.
54   Saul und seine Soldaten verschonten den Amalekiterkönig Agag und nahmen die besten Stücke Vieh der Amalekiter für sich als Beute. Zur Strafe verwarf JHWH deshalb Saul. Siehe *Lacoque* 1990, 74.
55   *Gerleman* 1973, 141.

*Zusammenfassung und Ergebnis*
Einige Erzähler lassen Töchter im Streit um die Macht zum politischen Faktor werden. Väter setzen ihre Töchter als Preis für einen militärischen Sieg aus. Dieses Motiv verleiht gerade den frühen Geschichten märchenhafte Züge (Jos 15,16; 1Sam 17,25).[56] Der Kampfeseifer der Männer soll gestärkt werden, der tüchtigste soll die Tochter des Anführers bekommen. Kaleb möchte mittels der Tochter in der benachbarten Stadt Debir einen befreundeten Machthaber haben, Saul geht es um das Anheizen des Kampfgeistes. Während mit der Position, Schwiegersohn Kalebs zu werden, materielle Vorteile verbunden sind, treten solche Aspekte dort, wo es konkret um die Saul-Töchter geht, in den Hintergrund. Bei König Saul werden die Töchter zum Gegenstand eines politischen Kalküls, das sich um die Frage der Nachfolge seines Königtums konzentriert.

In den späten Schriften 1. Makkabäer und Buch Ester sind die Töchter nicht länger Siegestrophäen, sondern ihre Väter benutzen sie als Mittlerinnen zwischen väterlicher Macht und der Macht des Schwiegersohnes. Für Ptolemäus ist das Geben und Nehmen seiner Tochter Kleopatra Teil seiner Bündnispolitik, die nach Expansion strebt. Er ist mächtiger als seine Schwiegersöhne, und er hofft, durch sie noch mächtiger zu werden. Seine Tochter Kleopatra hat im Text eine ähnliche Funktion wie ein Siegel auf einem Vertrag. Anders stellt sich die Situation für Mordechai dar: Sein Schwiegersohn, König Ahasveros, ist unvergleichlich mächtiger als er, und Ester, seine Pflegetochter, läßt ihn partizipieren an der Macht des Königs. Mordechai verdankt es der Tochter, daß er politischen Einfluß auf den fremden Machthaber ausüben kann. Indem Ester und nicht er im Vordergrund des Geschehens bei Hof agieren, kann er die Geschicke seines Volkes unauffällig, aber effektiv lenken.

Wo ersttestamentliche Erzähler Töchter zur Darstellung politischer Vorgänge benutzen, wird die Vater-Tochter-Beziehung allein unter dem Aspekt von machtpolitischen Konsequenzen einer Verheiratung bzw. Heirat der Tochter betrachtet. Darüber, ob und welche Gefühle Kaleb, Saul, Ptolemäus oder Mordechai gegenüber ihren Töchtern haben, schweigen die Texte. Während das Bedürfnis nach

---

56  Das Motiv, Frauen als Siegespreis auszusetzen, ist in Mythen und Märchen weit verbreitet. In der griechischen Mythologie z.B. erhält Herakles so die Tochter des Thebanerkönigs Kreon namens Megara, die Tochter des Königs Eurytos namens Öchalia und die Tochter des Königs Öneus namens Deianira (*Schwab*, 112, 131 und 139) Der Thebanerkönig Kreon setzt seine Schwester Jokaste als Siegespreis für den aus, der die Sphinx, die die Stadt bedroht, bezwingt; sie wird die Frau des Ödipus (aaO. 181).

Sicherheit und Macht, Angst oder auch Liebe zum Volk die Handlungen der Männer bestimmen, ist Zuneigung oder Abneigung gegenüber der Tochter offenbar kein Motiv, das in alttestamentlichen Erzählungen das Geschehen beeinflußen kann.[57]

### 1.4 Töchter als Mittel zur Bewältigung von Ausnahmesituationen und zur Befriedigung persönlicher Bedürfnisse

Wenn Erzähler in den Geschichten des Alten Testaments Männer als Väter von Töchtern in Erscheinung treten lassen, ohne daß eine Verheiratungsproblematik oder ein Vater-Schwiegersohn-Konflikt im Hintergrund steht, sind diese Männer ausnahmslos in einer extremen Situation, die sie mittels ihrer Töchter zu bewältigen suchen. Die Väter setzen dann in den Erzählungen die physische Integrität und auch das Leben ihrer Töchter aufs Spiel, um drohende Gefahr abzuwenden, oder sie erhalten aus einer inzestuösen Beziehung mit der Tochter die ersehnten, jedoch kaum noch zu erhoffenden Söhne. Der Wunsch eines Vaters, seine Tochter besitzen und für sich behalten zu wollen, kann die Zukunft einer Tochter bedrohen.

#### 1.4.1 Die sich mittels der Töchter vor drohender Gefahr schützenden Väter

*Ein Versuch, auf die Töchter Aggressionen umzulenken: Lot (Gen 19,1–29)*

Lots Name fällt erstmals in Gen 11,31: Dort wird er als Neffe Abrahams vorgestellt, der mit diesem nach Kanaan zieht. In Gen 13,5–7 kommt es zwischen ihm und Abraham zum Konflikt. Die beiden Männer trennen sich. Lot zeigt sich dabei ganz auf seinen eigenen Vorteil bedacht: Er bestimmt für sich den besten Teil des Landes und zieht in die Städte am unteren Jordan, während Abraham im weniger fruchtbaren Teil Kanaans bleibt (Gen 13,8–13). Diese Szene kann als erster Hinweis auf einen selbstsüchtigen Charakter Lots verstanden werden.[58] Schnell wird deutlich, daß Lots Wahl seiner Weidegründe letzlich nicht gut war: Er gerät in kriegerische Auseinandersetzungen um das Land und muß von Abraham gerettet werden (Gen 14,1–16).

In Gen 19,1–3 kommen am Abend zwei Boten Gottes in die Stadt Sodom, und Lot nötigt sie (פצר), in seinem Haus als Gäste einzu-

---

57 Anders ist dies mit den Gefühlen, die Väter in Erzählungen ihren Söhnen entgegenbringen. So ist z.B. die Liebe Davids zu seinen Söhnen ein immer wiederkehrendes Motiv, das über das Verhalten der Erzählfiguren entscheidet (siehe 2Sam 13,21; 14ff).
58 So *Jeansonne* 1990, 4.

kehren. Er beschwört damit eine gefährliche Situation herauf: Die Männer der Stadt verlangen von ihm die Herausgabe der Fremden, um sie sexuell zu mißbrauchen (Gen 19,4.5).[59] Lot spricht nun in kameradschaftlichem Ton mit den Sodomiter: Er nennt sie seine »Brüder« (אח) und stellt sich so mit ihnen auf eine Stufe (Gen 19,7). Er fordert sie auf, nicht so etwas Böses zu tun und bietet ihnen als Alternative zu den Fremden seine beiden Töchter an. Sein Angebot ist an die Bitte geknüpft, die Gäste zu verschonen, das Gastrecht zu achten (Gen 19,8b).

Der Erzähler findet kein einziges Wort der Mißbilligung für Lots Verhalten. Er hält offenbar auch eine Erklärung für ein derartiges Vorgehen nicht für nötig.[60] Lots Angebot, seine Töchter den Sodomitern zur Massenvergewaltigung zur Verfügung zu stellen, erscheint als sein selbstverständliches Recht, und es ist offenbar die einzige Lösung, die er sieht, um die Bedrohung abzuwenden. Daß Lot sich selbst den Sodomitern anbieten könnte, um seine Gäste und seine Familie zu schützen, steht in der Erzählung nicht zur Debatte: »Kein Mann soll verletzt werden. Allen Männern, auch den bösen, sollen ihre Wünsche erfüllt werden.«[61] Die Vater-Tochter-Beziehung erscheint dabei als reines Besitzverhältnis: Der Vater hat die absolute Macht, über den Leib, das Leben und die Sexualität der Töchter zu bestimmen.

Kommentare zu diesem Text bemühen sich in aller Regel um eine positive Deutung des Geschehens: Gen 19,8 wird gern dazu benutzt, die überragende Bedeutung des Gastrechtes herauszustellen.[62] Auch Martin Luther lobte Lot, weil er das Gastrecht hochgehalten habe, und verteidigte ihn: »Den Lot nehme ich in Schutz und meine, daß er das Anerbieten ohne Sünde getan hat. Denn er hat nicht gedacht, seine Töchter Gefahren auszusetzen, da er wußte, daß es den Wüterichen nicht um sie zu tun war, sondern er hoffte, auf diesem Wege ihren Zorn zu besänf-

---

59 Zu dieser Szene siehe auch oben S. 118f.
60 *Lerner* 1991, 219 schließt daraus, daß die Überlieferung hier etwas von den realen gesellschaftlichen Verhältnissen widerspiegele. Zur Stützung dieser Aussage verweist sie auf das gleiche Angebot eines Vaters in Ri 19,23.24. Kritisch merkt dazu *Jeansonne* 1990, 36 an: »Although such narratives may show societal practices, their mere inclusion or description does not necessarily mean that the practice was condoned or accepted. The narrator does not condone such an act merely because he or she does not expressly condemn it.«
61 *Trible* 1990, 110.
62 Vgl. *Zimmerli* 1976, 88; *v. Rad* 1976, 172; *Patai* 1962, 148. Beispielhaft siehe *Jacob* 1934, 455: »Uns ist das Angebot unbegreiflich (vgl. Ri 19,24), es soll auch etwas Außerordentliches sein, ein Beweis, daß der Gast heiliger ist als die Tochter und mit dem höchsten Preis geschützt werden muß. Das ist höchst antik, erscheint uns wild, beweist aber die religiöse Heiligkeit des Gastrechtes, das für die Geschichte der Sittlichkeit von größter Bedeutung gewesen ist, weil es nicht auf Naturbanden, sondern auf religiösen Banden beruht.«

tigen«.[63] Ebenso geht Benno Jacob davon aus, daß Lots Angebot ohnehin nie ernst gemeint sein konnte.[64] Einige Exegeten und Exegetinnen, die es ernst nehmen, greifen Lots Vorschlag auf, um seinen Charakter zu beschreiben. So urteilt Johannes Calvin: »Es war rühmliche Festigkeit, daß Lot mit seinem eigenen Leben für seine Gäste eintrat; aber was er nun vorschlug, war unrecht ... So aber sind die Werke der Heiligen fast immer: da ist nichts Vollkommenes, ein schwacher Punkt ist immer dabei. Lot ist in äußerster Verlegenheit und sieht keinen anderen Ausweg, als seine Töchter preiszugeben. (...) Das kann auf keinen Fall entschuldigt werden«.[65] Gerhard v. Rad glaubt, hier solle Lot »als ein Mann von halben Entschlüssen« charakterisiert werden; dabei werde seine Verstrickung in die sexuelle Verkommenheit Sodoms deutlich.[66] Und auch bei Sharon Pace Jeansonne nimmt Gen 19,8 einen zentralen Punkt in ihrer Darstellung Lots ein: »While the daughters of Lot do not figure prominently, the narrator places Lot's interactions with them in the context of the events that reveal his true character. The trajectory of Lot's life shows that he is a man who becomes quarrelsome, irresponsible, and exploitative.«[67] Claus Westermann sieht Lots Handeln weniger negativ und folgt eher Luthers Auslegung. Seines Erachtens will der Erzähler mit Lots Angebot seine Verzweiflung, seine Auswegslosigkeit, vor Augen führen.[68]

Lots Verhandlungsbemühungen steigeren den Zorn der Sodomiter: »Sie sprachen aber: Weg mit dir! Und sprachen auch: Du bist der einzige Fremde hier und willst regieren? Nun, wir wollen dich noch übler bedrängen als jene!« (Gen 19,9) Damit lenkt der Text unsere Aufmerksamkeit auf das Schicksal Lots: Er ist jetzt selbst in Gefahr und muß von den Boten Gottes gerettet werden (Gen 19,9b–11). »The details provided by the narrator reaffirm the power of the angels and the impotence of Lot.«[69] Lot wirkt unfähig: Es gelingt ihm nicht, seine Schwiegersöhne von der Notwendigkeit einer Flucht aus der Stadt zu überzeugen (Gen 19,14). Als die Boten Gottes zum unverzüglichen Aufbruch drängen, zögert er, so daß sie ihn an die Hand nehmen und vor die Stadt führen müssen (Gen 19,16). Der Aufforderung seiner Retter, ins Gebirge zu fliehen, gehorcht er nicht, sondern entscheidet sich für die Stadt Zoar (Gen 19,17–22). Und schließlich gelingt es noch nicht einmal, während der Flucht wenigstens alle drei Familienmitglieder, die die Boten Gottes mit ihm aus der Stadt herausgeführt haben, in Sicherheit zu bringen: Dem Befehl der Boten Gottes nicht ge-

---

63  *Oskar Ziegner*, Luther und die Erzväter: Auszüge aus Luthers Auslegungen zum ersten Buch Moses mit einer theologischen Einleitung, Berlin 1962, 90; zitiert nach *Lerner* 1991, 217f.
64  *Jacob* 1934, 455.
65  Johannes Calvins Auslegung der Heiligen Schrift, Bd 1: Genesis, Neukirchen-Vluyn 1956, zitiert nach *Lerner* 1991, 218.
66  *V. Rad* 1976, 72.
67  *Jeansonne* 1990, 36.
68  *Westermann* 1981, 368.
69  *Jeansonne* 1990, 38.

horchend, sieht Lots Ehefrau zurück und erstarrt zur Salzsäule (Gen 19,26). Die Erzählung läßt keinen Zweifel daran, daß Lot wegen seiner Verwandtschaft zu Abraham verschont wird und nicht aufgrund eigener Rechtschaffenheit.[70] Lot ist keine Figur, die auf uns einen positiven Gesamteindruck macht. Der Text läßt einige Fragen offen: Sind es Frömmigkeit und Selbstsucht, die Lot veranlassen, die Boten Gottes zum Aufenthalt in seinem Haus zu nötigen? Bietet er aus Verzweiflung, aus Angst um die eigene Person oder aus purer Berechnung den Sodomitern seine Töchter an? Warum zögert er, die Anweisungen der Boten Gottes zu befolgen? Im Erzählzusammenhang scheint vor allem die Bewahrung, die Lot um Abraham willen erfährt, von Bedeutung. Lots Unfähigkeit und Scheitern läßt die Größe des Gottes Abrahams besonders hervortreten.

*Der gleiche Versuch, auf die Tochter Aggressionen umzulenken: der namenlose Gastgeber in Gibea (Ri 19,15–25)*

Der namenlose Gastgeber in Gibea tritt nur in Ri 19,16–24 auf. Er wird als ein alter Mann beschrieben, der abends von der Feldarbeit heimkehrt. Er lebt als Fremdling in Gibea, denn die Leute dort sind Benjaminiter, er aber gehört zum Stamm Ephraim (Ri 19,16).

Der Ephraimit lädt Reisende in sein Haus ein (V 18–20).[71] Nachdem der Alte sich gastfreundlich erwiesen hatte (V 21), umstellen die Männer der Stadt sein Haus und fordern die Auslieferung des fremden Anführers, um ihn sexuell zu mißbrauchen (V 22).[72] Der Gastgeber reagiert genau wie Lot: Er redet die ruchlosen Männer vor seiner Tür mit »meine Brüder« (אחי) an und fordert sie auf, nicht so etwas Böses zu tun (V 23). Als Alternative zu dem männlichen Gast will auch er den Männern von Gibea zwei Frauen herausbringen: seine Tochter und die Nebenfrau des Fremden (V 24). Anders als Lot erlaubt er den Männern nicht nur, mit den Frauen zu tun, was in ihren Augen gut ist, sondern er bietet sie auch ausdrücklich zur Vergewaltigung an (ענו אותם V 24; vgl. Gen 19,8).[73]

Wieder argumentiert der Hauswirt wie in Gen 19 mit dem Gastrecht: Der Alte spricht von einer »Schandtat« (נבלה), die die Ge-

---

70 Siehe Gen 19,29. Vgl. aaO. 39f.
71 Bei dem Reisenden handelt es sich um jenen Leviten mit Nebenfrau, Knecht und Eseln, der zuvor seine entlaufene Frau von ihrem Vater zurückgeholt hatte (Ri 19,1ff). Siehe dazu oben S. 111ff.
72 Siehe dazu oben S. 120f.
73 Zum Verbum ענה siehe oben S. 99, Anm. 179.

walt gegen den Gast bedeuten würde, nachdem dieser in sein Haus gekommen ist (V 23b). Nicht nur die eigene Tochter macht dieser Hausherr dabei zu einem der Opfer, das angeboten wird. Zu ihr nimmt er den weiblichen Gast hinzu, über den er damit Verfügungsgewalt ausübt gerade wie über eine seiner Mägde (vgl. V 19).[74] Wieder erscheint das Handeln des Gastgebers wie ein selbstverständliches Recht, es wird im Text weder erklärt noch verurteilt. Cheryl J. Exum konstatiert: »›Do it to women but not to the man‹ is the androcentric ideology, for which the host is the spokesperson«.[75]

Exegeten und Exegetinnen kommentieren diese Szene ähnlich wie Gen 19,8: Hertzberg sieht in dem Angebot des Vaters, die Tochter zur Vergewaltigung auszuliefern, ein »Zeugnis opferbereitester Gastfreundschaft.«[76] Für Boling ist der Umstand, daß ein Hauswirt als Ersatz für seinen Gast zwei Frauen anbietet, ein Zeichen, wie weit Israel herabgesunken ist,[77] und auch Sharon Pace Jeansonne versteht diese Sequenz gleichsam als Kommentar zur Situation der Stadt.[78]

Das Angebot des Gastgebers, die beiden Frauen zur Vergewaltigung herauszugeben, ist das letzte, was wir von ihm erfahren. Von nun an beherrschen die Männer der Stadt und sein Gast die Szene. Die Leute von Gibea wollen auf den Ephraimiten nicht hören, der Gast nimmt deshalb seine Nebenfrau und stößt sie zu ihnen hinaus. Die Frau wird vielfach vergewaltigt und stirbt (V 25ff), während von der Tochter des Hauswirts nicht mehr die Rede ist.[79] Die Gefühle und Motive, die das Handeln des alten Mannes in Ri 19 bestimmen, konzentrieren sich in der Erzählung ganz auf den männlichen Fremden: Ihn spricht er an (V 17), ihn lädt er ein (V 20), mit ihm feiert er ausgiebig Gastfreundschaft (V 21.22a), ihn schützt er (V 23f). Das Wohl seiner Tochter hat hinter der Auf-

---

74  In Ri 19,19 hatte der Levit seine Nebenfrau tatsächlich dem Gastgeber als »deine Magd« (אמתך) bekannt gemacht.
75  *Exum* 1993, 183.
76  *Hertzberg* 1953, 251.
77  Siehe *Boling* 1975, 276.
78  *Jeansonne* 1990, 36.
79  Da Cheryl J. Exum die Vergewaltigungen der Nebenfrau als »narrative punishment« versteht (siehe dazu oben S. 114), macht es für sie Sinn, daß nur die Nebenfrau des Gastes und nicht die Tochter des Gastgebers Opfer sexueller Gewalt wird: Anders als die Nebenfrau hatte sich die namenlose Tochter des Gastgebers keinen Verstoß gegen die patriarchale Ordnung zu Schulden kommen lassen. »... she his not mistreated because (...) she has not committed a sexual offense against male authority« (*Exum* 1993, 184). Laut Exum lautet die Botschaft der Geschichte von der Nebenfrau in Ri 19 für Frauen, daß die Konsequenzen von sexueller Autonomie einer Frau (dargestellt als Untreue oder schlechtes Benehmen) fürchterlich und todbringend seien (aaO. 184).

merksamkeit, die der männliche Gast erfährt, in der Geschichte völlig zurückzutreten.

*Die Tochter als Mittel, das Kriegsglück zu beschwören: Jefta (Ri 11,29–40)*

Jefta wird erstmals Ri 11,1 erwähnt. Er ist Gileaditer und ein streitbarer Mann. Seine Mutter ist eine »Hure« (זנה),[80] sein Vater heißt Gilead[81]. Nachdem die legitimen Söhne seines Vaters ihn vertrieben haben, zieht er als Krieger mit einer Bande durch das Land (Ri 11,2.3).

Bedrängt durch die Ammoniter, rufen die Ältesten von Gilead Jefta und seine Leute zur Hilfe (Ri 11,5ff). Auf diese Weise wird er zu ihrem Anführer (V 11). Nach einem heftigen Austausch von verbalen Drohungen zwischen Ammonitern und Isaeliten (V 12–28) kommt auf ihn JHWHs Geist herab (V 29). Vor der Entscheidungsschlacht spricht Jefta ein Gelübde: »Gibst du die Ammoniter in meine Hand, so soll, was mir aus meiner Haustür entgegenkommt, JHWH gehören, und ich werde es als Brandopfer darbringen« (V 30.31).
Unklar ist, ob und wie JHWHs Geist und das Gelübde zusammengehören. Sanktioniert Gottes Geist die folgenden Ereignisse und kündigt ihren erfolgreichen Ausgang an?[82] Phyllis Trible deutet das Gelübde als Zeichen der Kleingläubigkeit Jeftas.[83] Für Hildegunde Wöller offenbart sich in seinem Inhalt ein bestimmtes Religionsverständnis: »Der Sieg über seine (sc. Jeftas) Feinde ist offensichtlich ein Raub, für den an anderer Stelle ein Äquivalent zu

---

80 *Schulte* 1992, 256 vertritt die These, daß in der vorköniglichen Zeit זנה als Ausdruck für die selbständig lebende Frau zu verstehen sei, die aus der matrilinearen Familienstruktur stammt. Die Brüder und die Ältesten hätten Jefta möglicherweise aus dem Grund nicht als Miterben im Hause seines Vaters anerkannt, weil er zur Familie seiner Mutter gehörte und an deren Besitz Anteil hatte. Der Begriff זנה habe in dieser Zeit noch keine negative Konnotationen. Letzteres bestätigt auch Jost 1993, 127 und 135.
81 Trible behauptet, die Abkunft Jeftas sei so unsicher, daß man daher nur die personifizierte Gegend von Gilead zu seinem Vater erklären konnte (*Trible* 1990, 136).
82 So aaO. 138.
83 AaO. 138. Anders *Engelken* 1990, 32, die V 30 ohne V 29 verstanden wissen will: »Sieht man einmal von der Spannung zu V 29 ab, so eignet der Handlung des Gelübdes nichts Ungewöhnliches, denn es ist eine, wenn auch später von der Weisheit verachtete, in Israel durchaus übliche Tradition, in Notsituationen wie Kinderlosigkeit, Krieg, Verbannung, Wanderschaft ein Gelübde zu formulieren, und Jiftach hatte viel zu verlieren ...« *Hertzberg* 1953, 216 und *Wolfgang Richter* 1966, 511 beseitigen die Spannung zwischen Geist Gottes und dem Gelübde durch literarkritische Ausscheidung.

zahlen ist. Etwas vom Eigenen muß weggegeben werden.«[84] Versprechen dieser Art sind ein bekanntes Motiv in Mythen und Märchen.[85]
Für Jefta kann eigentlich von Anfang an nur ein Menschenopfer in Frage kommen. »Ein Tieropfer wäre zu banal, und das, was dem heimkehrenden Sieger aus dessen Haustür entgegenkommt, können nur die sich freuende Familie, die Angehörigen, die Bediensteten sein.«[86]

Robert G. Boling entschuldigt in seinem Kommentar Jeftas Gelübde damit, er habe es hastig und überstürzt gegeben; dadurch sei die Tragik in Gang gekommen.[87] Dem widerspricht entschieden J. Albert Soggin in seiner Auslegung: »Nor can one diminish the gravity or the importance of the episode by speaking of Jephtah's rashness, or of his ›generosity and impulsiveness, in accordance with his character‹ (...): quite apart from the unsuitability of this terminology, this generosity and impulsiveness do not seem to form any part of Jephtah's character (...). From the story presented here, Jephthah seems to have been a responsible man calculating and particularly skilled at negotiations.«[88]

Nachdem die siegreichen Kampfhandlungen Jeftas und die Demütigungen der Ammoniter beschrieben wurden, wendet sich die Erzählung der Heimkehr Jeftas zu: Den Sieger feiernd, kommt ihm seine Tochter vor seinem Haus entgegen (V 35a).[89] Jefta sieht sie, zerreißt seine Kleider und klagt: »Ach, meine Tochter, wie beugst du mich und bringst Unglück über mich!« (V 35b) In diesen Worten wird die Klage zur Anklage: Die Tochter, die Jefta in direkter Rede als »meine Tochter« (בתי) anspricht, wird zur Schuldigen erklärt für die Tragik des gesamten Geschehens – *sie* bringt die Trauer über den Vater.
Der Erzähler läßt hier Jefta ein »blaming the victim« betreiben, eine Schuldzuschreibung an das Opfer. Der Vater trauert um sich selbst und nicht um sein Kind.[90] Es geht um den Verlust, den er

---

84 *Wöller* 1991, 36.
85 Siehe *Gaster* 1969, 430: In der griechischen Mythologie opfern Idomeneus und Meander infolge eines ähnlichen Gelübdes ihre Söhne. In Märchen findet sich die Opferung der Tochter in Zusammenhang mit einem Schwur häufig mit dem Motiv des Prinzen verbunden, der in ein Tier verzaubert wurde. Siehe z.B. das Märchen der Brüder Grimm »Das singende, springende Löweneckerchen« (in: Sigrid Früh [Hg.], Die Frau, die auszog, ihren Mann zu erlösen, Europäische Frauenmärchen, Frankfurt 1985, S. 56–61).
86 *Engelken* 1990, 32. Ebenso *Soggin* 1981, 215. Anders *Hertzberg* 1953, 216: Hier werde weder für noch gegen ein Menschenopfer etwas gesagt.
87 *Boling* 1975, 207.
88 *Soggin* 1981, 215f.
89 Siehe dazu oben S. 121f.
90 *Trible* 1990, 146. *Exum* 1991, 179 nimmt dies als ein sicheres Zeichen, daß Jefta nicht erwartet hatte, seine Tochter werde Objekt seines Gelübdes.

erleiden wird, nicht um das Leben des Mädchens. Der Verfasser weckt so Mitgefühl mit seinem Helden, der von dem Gelübde als von etwas Unwiderruflichem spricht: »Ich habe meinen Mund aufgetan vor JHWH und kann's nicht widerrufen« (V 35c). Daß Jefta dieses Gelübde gab, daß es wirkt, wird nicht bedauert oder verurteilt.

In vielen Kommentaren wird Jeftas Verhalten nicht mit kritischen Bemerkungen versehen, und auch die Frage nach dem Verantwortlichen für das, was im folgenden geschieht, wird nicht gestellt.[91] Stattdessen wird immer wieder auf die »Tragik« des Geschehens verwiesen, die Überlegungen zu Schuld und Unschuld überflüssig macht. So erscheinen für Wilhelm Hertzberg Vater und Tochter als »tragische Gestalten«, »und verstehend und mitempfindend zeige die Episode das Ausmaß der Not, aber auch den Ernst des erwählten Führers, der, wo er nun einmal den Mund zu Jahwe aufgetan hat, zu seinem Wort steht, auch gegen sein eigenes Herz«.[92] – Für Phyllis Trible ist letztlich keine Person Handlungsträger oder -trägerin dieser Erzählung, sondern von Anfang bis zum Ende sei das »ungläubige und furchtbare Gelübde« das Subjekt. Es beherrsche Vater und Tochter, wenn auch in unterschiedlicher Weise. Dagegen betont Cheryl Exum, daß das Gelübde allein nicht über die Tragik des Geschehens bestimmt. »Tragedy is assured when Jepthah's daughter, his only child, comes out to meet him.«[93] Interpretationen, die davon ausgehen, daß das einmal geleistete Gelübde eine Eigendynamik hat, die sich nicht mehr durchbrechen läßt, übersehen, daß in anderen Erzählungen ein solches Gelübde faktisch durchaus nicht unwiderruflich gültig ist.[94]

Nachdem die Tochter gehorsam dem zugestimmt hat, was auch immer der Vater JHWH versprochen haben mag, und sich eine Frist zum Trauern mit den Freundinnen ausbat, spricht Jefta zum letzten Mal in der Erzählung mit ihr: »Geh hin!« (V 38a), sagt er und läßt ihr die erbetene Zeit mit den Freundinnen. Als sie zurückkehrt, tut er an ihr, wie er gelobt hatte (V 39a). Phyllis Trible bemerkt, daß Jeftas Handeln das Tun und Sprechen seiner Tochter umrahmt: Die Episode, die das Ergebnis seines Sieges beschreibt (Ri 11,34–39b), wird mit einem erzählerischen Teil eröffnet und abgeschlossen, in dem Jefta der Handelnde ist: Während er im eröffnenden Teil seine Tochter gleichsam »einkreist« (11,34–35a), verfügt er im abschließenden Teil über sie bis in den Tod (11,38b–39b). Dazwischen stehen direkte Reden (11, 35b–38a). Die zwei Äußerungen des Vaters (V 35b und 38a) um-

---

91 J. Albert Soggin ist einer der wenigen Ausleger, der festhält: »We do not find traces of any particular tenderness in Jephtah ...« Soggin spricht auch von »Jephtah's exclamation, which seems to want to put the blame for what happens on the daughter« (*Soggin* 1981, 217).
92 *Hertzberg* 1953, 217.
93 *Exum* 1991, 180.
94 Siehe oben S. 124.

klammern hier die zwei Äußerungen der Tochter (V 36 und 37). »Aufbau und Inhalt zeigen, daß er sie ›im Griff hat‹.«[95] Es ist bemerkenswert, daß die gesamte Erzählung keine Andeutung über Gefühle des Vaters zur Tochter enthält. In Gen 22, der Geschichte, in der sich Abraham anschickt, seinen Sohn Isaak zu opfern, ist klar ausgesprochen, daß das als Opfer ausersehene Kind der Sohn ist, den Abraham lieb hat (Gen 22,2).[96] Ob Jefta seine Tochter liebt, läßt der Erzähler dahingestellt. Jeftas Klage über seinen Verlust zeigt, daß sie als sein einziges Kind für ihn von besonderem Wert ist (Ri 11,34), doch darüber hinaus bleibt im Dunkeln, was er für sie empfindet. Von Trauer des Vaters um die Tochter, von Mitleid für die Tochter sagt der Text nichts. Der Erzähler lenkt vielmehr zum Abschluß des Jefta-Zyklus die Aufmerksamkeit wieder von der Opferung auf eine öffentliche Konfrontation zwischen den Stämmen ab (12,1–7). Für ihn steht Jefta und nicht dessen Tochter im Mittelpunkt des Interesses.[97] Daß er den Opfertod des Mädchens als etwas Verurteilenswertes ansieht, ist aus keiner Silbe des Textes zu entnehmen.

*Zusammenfassung*
Die Extremsituationen, in denen Männer ihre Töchter benutzen, um drohende Gefahr abzuwenden, haben die Väter in den betreffenden Erzählungen durch ihr Handeln stets mit herbeigeführt: Lot und der namenlose Gastgeber von Gibea bringen die Gäste, um die die gewaltsamen Ausschreitungen entstehen, selbst ins Haus; Jefta zieht bereitwillig in den Krieg und schwört das unheilvolle Gelübde, ohne daß jemand dies von ihm verlangt hat. Das Wohl und Leben der Tochter (und nötigenfalls auch anderer Frauen) erscheint in den dadurch entstandenen bedrängenden Situationen das nächstliegende, das die Väter zu ihrem eigenen Schutz zu opfern bereit sind.
Die Erzähler schreiben ihren männlichen Erzählfiguren kein Mitgefühl oder Mitleid für ihre Töchter zu: Lot und der namenlose Gastgeber von Gibea sind ganz von der Angst um sich selbst und den Gast eingenommen, Jefta trauert um den Verlust, den er erleidet. Die Vater-Tochter-Beziehung erscheint hier als Beziehung eines Eigentümers zu seinem Besitz. Dadurch kann sich im Verhalten dieser Väter besonders brutal ihre absolute Macht entfalten, über den Leib und das Leben der Tochter zu bestimmen, ohne

---

95 *Trible* 1990, 141.
96 Wieviel Abraham dieser Sohn bedeutet, geht auch aus Gen 21,8.14f; Gen 24,1–8 hervor.
97 Vgl. *Trible* 1990, 152.

daß dies anstößig erscheinen muß. Mit seinem Besitz kann ein Eigentümer schließlich tun, was er will.

### 1.4.2 Väter, die durch ihre Töchter sexuelle Befriedigung finden und Nachkommen erhalten

*»Betrunken« in der Isolation des Gebirges: Lot (Gen 19,30–38)*
Es wurde bereits gezeigt, daß der Erzähler dem Lot beim Untergang der Stadt Sodom kein Interesse am Wohlergehen seiner Töchter zuschreibt: Er schützt sie nicht, sondern benutzt sie in Gen 19,8 als Tauschobjekte, um Gefahr von seinem Hause abzuwenden. Er tut nichts für ihre Rettung aus der untergehenden Stadt.[98] Die Vernachlässigung der Töchter setzt sich nach der Vernichtung Sodoms fort: Die Töchter stehen ohne Männer da, und ihr Vater unternimmt nichts, um daran etwas zu ändern.
Gen 19,30 spricht davon, daß Lot sich mit seinen Töchtern ins Gebirge in eine Höhle zurückzieht. Die Töchter versuchen, mit Hilfe von Alkohol sein sexuelles Interesse zu wecken und legen sich zu ihm (Gen 19,31–35). Lot wird zum Stammvater der Völker Moab und Ammon (Gen 19,36–38).
Der Erzähler läßt Lot bei der Beschreibung dieser Episode im Hintergrund bleiben: Der Vater isoliert sich mit den Töchtern in der Höhle von seiner Umwelt und verhält sich von da an passiv. In der Erzählung ist es von größter Bedeutung, daß Lot während der gesamten Zeit der sexuellen Handlungen mit seinen Kindern unzurechnungsfähig ist. Berauscht durch Alkohol erscheint er als »willenloses Objekt«[99], das für nichts verantwortlich gemacht werden kann.[100] Es wird suggeriert, daß er wissend den sexuellen Kontakt mit den Töchtern niemals eingegangen wäre.
Ich habe bereits darauf hingewiesen, daß die Beschreibung des Tochter-Vater-Inzests in Gen 19,30f in ihrer Argumentation voller Stereotypen ist, die bis heute jenen Schilderungen von Vater-Tochter-Vergewaltigungen eigen sind, die sexuelle Gewalt leugnen, entschuldigen und rechtfertigen.[101]

---

98  Siehe oben S. 118f.
99  *V. Rad* 1976, 176.
100  *Gunkel* 1964, 219 zu dieser Entlastung Lots: »Daß er (sc. Lot) nichts gemerkt habe, erscheint uns unwahrscheinlich; die Alten waren leichtgläubiger ...« – Susan Brownmiller macht darauf aufmerksam, daß Alkohol sehr häufig bei Vergewaltigungen eine große Rolle spielt. Von der Situation der Täter ausgehend mutmaßt sie, der Alkohol sei vielleicht deshalb vonnöten, »weil nur so die Männer ihre Sinne ausreichend betäuben können, um die angeekelte, ängstliche oder wütende Abwehr einer Frau nicht mehr wahrzunehmen« (*Brownmiller* 1987, 8).
101  Siehe oben S. 84ff und *Seifert* 1994, 56f.

Die Betonung der Unschuld des Vaters ist in solchen Schilderungen ein wichtiger Punkt. Der Erzähler kann an ihr festhalten, obwohl nach dem Erzählzusammenhang, in dem diese Inzestgeschichte gestellt ist, Lot selbst die Voraussetzungen schafft, die zu den sexuellen Beziehungen mit den Töchtern führen. Lots Rückzug ins Gebirge liegt ja durchaus keine logische Notwendigkeit zugrunde. Wenn Lot auf JHWHs Schutz in Zoar schon nicht vertraute – wobei keine Veranlassung geschildert wird, das nicht zu tun –, so hätte er sich auch an seinen Verwandten Abraham wenden können, der in erreichbarer Nähe wohnt. Dort hätte Lot ebenso wie in Zoar Ehemänner für seine Töchter finden können. Der Erzähler in Gen 19 läßt seine Hauptfigur diese denkbaren Wege nicht einschlagen. Die Isolation der Töchter wird gezielt herbeigeführt.

Anschließend vermittelt die Erzählung ein Bild von Wirklichkeit, das der Empirie nicht standhält: Wenn Väter zu ihren Töchtern sexuellen Kontakt haben, sind die Töchter eben nicht Retterinnen der Familie, wie der Text in Gen 19 suggeriert, sondern Opfer ihres Vaters, der die Rahmenbedingungen für den Inzest geschaffen hat. Dabei paßt selbst die Angst Lots, die ihn dazu treibt, sich ins Gebirge zurückzuziehen (Gen 19,30), zur Atmosphäre, aus der heraus in der Tat Vater-Tochter-Vergewaltigungen wachsen können.

Das, was wir aus feministischer Perspektive als sexuelle Gewalt gegen Mädchen und Frauen bezeichnen, beinhaltet für die Täter nämlich ein intensives Erlebnis von Kontrolle, das Gefühl, Herr zu sein über Leben und Tod. Sexuelle Gewalt gegen die Tochter ist ein Kontroll- und Unterwerfungsritual, daß Väter um des Machterlebnisses willen benutzen und mit dem Zweck, Macht zu spüren und Machtverhältnisse zu stabilisieren.[102]

Daß Lot zum Stammvater zweier mächtiger Stämme wird, ist das letzte, was wir von ihm erfahren (Gen 19,37.38). Wieder kommt im Text die Vater-Tochter-Beziehung allein unter dem Aspekt des Besitzverhältnisse zum Tragen: Die Kinder seiner Töchter gehören Lot, weil seine Töchter ihm gehören. Die Sexualität der Töchter erscheint instrumentalisiert; sie wird benutzt, um das Geschlecht des Vaters weiterzuführen. Durch ihren Vater werden die unberührten Mädchen zu Frauen, die Töchter zu Müttern. Lot bleibt vom Anfang bis zum Ende der Erzählung in der Rolle des Mannes, dem seine Familienangehörigen zugeordnet sind. Welche Gefühle er ihnen entgegenbringt, deutet der Erzähler mit keiner Silbe an.

---

102 Siehe dazu oben S. 12f.

## Die »Verwechslung« der Schwiegertochter mit einer »Hure«: Juda (Gen 38)

Juda ist der vierte Sohn, den Lea dem Jakob gebiert (Gen 29,35; 35,23). Als die Jakobssöhne ihren ungeliebten Bruder Josef loswerden wollen, macht er den Vorschlag, Josef nicht zu töten, sondern an die Ismaeliter zu verkaufen (Gen 37, 26). Die Erzählung, die von Juda und seiner Schwiegertochter Tamar handelt (Gen 38), schließt an diese Episode der Josefsnovelle an.
Juda geht ins Land Kanaan (Gen 38,1). Er entfernt sich hier noch weiter von seiner Familie und seinem Volk, indem er ähnlich wie sein Onkel Esau eine Kanaaniterin heiratet (V 2).[103] Sie gebiert ihm drei Söhne (Gen 38,1–5).

Juda nimmt als Ehefrau für seinen ältesten Sohn Er eine Frau namens Tamar (V 6).[104] Nachdem Er das Mißfallen JHWHs erregt hat und deshalb stirbt, hält Juda sich an die Tradition seiner Väter: Er erinnert sich an die sog. »Leviratsehe« und gibt Tamar seinem Sohn Onan, damit dieser dem verstorbenen Bruder Nachkommen schaffe (V 7.8).[105] Als auch Onan stirbt, verheiratet Juda Tamar jedoch nicht mit seinem jüngsten Kind, wie es dem Gesetz entsprochen hätte. Er hat Angst, auch noch seinen letzten Sohn zu verlieren (V 11).
Bis zu diesem Punkt der Erzählung erscheint Juda ganz in der Rolle des Vaters, der das Wohl seiner Söhne sucht. In diesem Sinne verfügt er über seine Schwiegertochter. Der Gedanke an ihre Gebärfähigkeit bestimmt seine Handlungen, als er anfangs das Leviratsrecht achtet, und aus Sorge um seinen letzten Sohn schiebt er die Einhaltung dieses Rechtes schließlich hinaus. Nun aber verändert der Erzähler seine Rolle: Zeit vergeht. Judas Frau stirbt. Juda trauert und macht sich dann mit seinem Freund auf den Weg zum Scheren der Schafe (V 17). Auf diesem Weg begegnet ihm die Schwiegertochter Tamar (V 14). Er sieht in ihr eine Hure, spricht sie an und bedrängt sie, daß er zu ihr kommen darf (V 15.16a). Er weiß nicht, daß sie seine Schwiegertochter ist (V 16b). Sie verhandelt mit ihm und er läßt sich von ihr als Pfand für ihren Lohn Siegelring, Schnur und Stab abnehmen. Während Tamar in diesem Verhandlungsgespräch berechnend und klug auftritt, erscheint Juda lüstern und gierig, was die Frau angeht, und entscheidungsschwach, was die Art der Bezahlung anbelangt (V 16–18).[106] Er

---

103 *Jeansonne* 1990, 100.
104 Zu Tamar siehe oben S. 86ff.
105 Zum Leviratsrecht siehe Dtn 25,5–10 und die Erläuterungen bei *Hans-Friedemann Richter* 1978, 86f. *Jeansonne* 1990, 101 weist darauf hin, daß sich Judas Aufforderung an Onan, dem Bruder Nachkommen zu schaffen, sogar im Wortlaut an Dtn 25,5.7 anlehne.
106 Vgl. aaO. 103.

hat sein Vergnügen mit der vermeintlichen »Hure«, Tamar wird von ihm schwanger (V 18).
Als Juda später die Frau bezahlen will, sie aber nicht ausfindig gemacht werden kann, fühlt er sich seiner Verpflichtung entledigt und unternimmt nichts mehr. Wieder nennt der Erzähler die Gründe für sein Verhalten: Juda fürchtet das Gerede der Leute und ist bereit, der Frau seinen Siegelring, die Schnur und den Stab zu überlassen: »Sie mag's behalten, damit wir nur nicht in Verruf geraten!« (V 23) Treffend hält Sharon Pace Jeansonne fest: »His only interest is his reputation. (...) He is not concerned that his promise be kept. Thus, he himself does not attempt to find her, nor does he consider sending Hirah again.«[107]
Während Juda nicht wußte, daß die Frau mit dem Schleier der Qedesche seine Schwiegertochter war, und er sie nachher auch nicht zu finden weiß, erreicht ihn dann allerdings das Wissen um die Schwangerschaft Tamars sehr schnell, nämlich schon nach drei Monaten (V 24). Er handelt nun so, als wäre Tamar noch immer die Verlobte seines Sohnes Schela oder als gehöre sie zumindest noch zu seiner Familie. Obwohl er seine Schwiegertochter zuvor aus seinem Haus entfernt hatte, überläßt er sie jetzt nicht der Zuständigkeit des »Hauses ihres Vaters«, sondern verfügt sofort, daß sie verbrannt werden solle (V 24). Der Erzähler schreibt noch nicht einmal, daß Juda sich selbst von der Richtigkeit der Nachricht überzeugt, die ihm hinterbracht wurde. Juda sucht auch die Schwiegertochter nicht auf und stellt sie zur Rede. Vielmehr verurteilt er sie in ihrer Abwesenheit und beauftragt andere, das Urteil zu vollstrecken. Die angeordnete Strafe ist dabei von außerordentlicher Härte,[108] und sie bedarf offenbar nicht einmal einer Begründung. Geht es hier um die Familienehre, um den Ruf, den Juda hat? Wie aber sieht es mit diesem Ruf aus, wenn ans Licht kommt, daß Juda mit seiner Schwiegertochter Geschlechtsverkehr hatte?
Es deutet nichts darauf hin, daß letzteres für den Erzähler in seiner Darstellung ein Problem sein könnte. Als Tamar öffentlich macht, von wem sie schwanger ist, läßt er Juda ihr Handeln ohne Umschweife als richtig anerkennen: »Und er sprach: Sie ist gerechter als ich; denn ich habe sie meinem Sohn Schela nicht gegeben« (V 26). Juda hat hier nicht nur die Rolle des Richters, sondern er ist auch einer, der zur Einsicht kommt. Zu dieser Einsicht fügt der Erzähler die Notiz hinzu, daß er nicht weiter sexuell mit der Schwiegertocher verkehrt (V 26). Diese Bemerkung schützt Juda erneut vor moralischen Verurteilungen. Sie unterstreicht die Aus-

---

107 AaO. 105.
108 Siehe oben S. 88.

sage, daß er nicht mit Tamar geschlafen hätte, wenn ihm damals schon klar gewesen wäre, daß sie die Frau war, die er begehrte. Der Erzähler läßt Judas Handlungen von der Frage nach Schuld und Unschuld in sexuellen Beziehungen bestimmt sein. Zwar verfolgt auch Juda wie Tamar von Anfang an das Interesse, sich Nachkommenschaft zu sichern. Doch nicht alles, was er tut, zielt darauf: Bei der vermeintlichen Hure sucht er jenseits dieses Interesses lediglich sein sexuelles Vergnügen. Später bei der Verurteilung Tamars zum Tode übt er väterliche Autorität aus, indem er der Tochter außereheliche Sexualkontakte verbietet. Hier zeigt sich deutlich, daß für Männer und Frauen unterschiedliche Wertmaßstäbe gelten: Was für Juda selbst legitim ist, ist für die Schwiegertochter bei Todesstrafe verboten.

Juda wird durch Tamar der Vater von Zwillingen: die Söhne Perez und Serach werden ihm geboren (V 27-30) und werden in den genealogischen Listen seines Geschlechts aufgenommen (Gen 46, 12; Num 26,20, 1Chr 2,4).[109]

Juda spielt noch einmal eine Rolle, als Josefs Brüder nach Ägypten ziehen, um während einer Hungersnot dort Getreide zu kaufen: Hier ist er mit dem jüngsten Rahelsohn, Benjamin, befaßt und setzt sich für ihn ein (Gen 43,3.8; 44,14.16. 18). In Gen 46,28 sendet Jakob ihn auf seiner Reise nach Ägypten vor sich her. In Gen 49,8-10 wird er wie seine Brüder mit einem eigenen Segensspruch von Jakob bedacht. An keiner dieser Textstellen bringen die Erzähler ihn erneut mit Tamar in Verbindung.

*Zusammenfassung*

Auch jene Situationen, in denen ein Vater mit seiner Tochter bzw. seiner Schwiegertocher sexuellen Verkehr hat, haben in den betreffenden Erzählungen die Väter durch ihr Handeln selbst herbeigeführt: Lot behält seine Töchter bei sich und isoliert sie, statt sie zu verheiraten, und Juda schickt seine Schwiegertochter fort, statt ihr den rechtmäßig zustehenden Sohn als Ehemann zu geben. Die Erzähler gehen nicht darauf ein, wie dieses Verhalten der Väter zu beurteilen ist.

Lot und Juda haben in den Geschichten keine Ehefrauen mehr, die ihre sexuellen Wünsche befriedigen. Dies kann ebenso wie die immer wiederkehrende Beteuerung, die Männer seien getäuscht worden und hätten nicht gewußt, was sie taten, die Vaterfiguren

---

109 In Gen 39 wird die durch die Erzählung von Juda und Tamar unterbrochene Josefsgeschichte mit der Episode über Josef im Haus des Potifar fortgesetzt. Wie Gen 38 enthält auch diese Sequenz der Josefsgeschichte eine Verführungsszene: Die Frau des Potifar versucht, Josef als Liebhaber zu gewinnen. Wieder wird ein Mann das Opfer einer Frau (siehe dazu den Exkurs »Frauen als ›Verführerinnen‹« oben S. 93ff).

vor einer moralischen Verurteilung schützen. Die Erzählungen Gen 19 und Gen 38 transportieren außerdem eine Botschaft, die ganz männlichen Denkmustern entspricht. Sie lautet: Frauen brauchen Söhne, Männer aber brauchen die Möglichkeit, ihre Sexualität auszuleben, und zudem noch Söhne. Dabei wahren die Vater-Tochter-Beziehungen in den Inzestgeschichten nach der Darstellung des Erzählers den Charakter eines Besitzverhältnisses: Die Töchter können zwar in den betreffenden Erzählungen den Vater manipulieren und ihn für eine begrenzte Zeit zum Objekt ihrer Handlungen machen, die gezeugten Söhne gehören jedoch dem Vater. Selbst können die Töchter nur Macht ausüben, solange ihre Väter über ihre Tochter-Identität im Unklaren sind. Ist aber das Nicht-Wissen der Väter vorbei, so behandeln die Erzähler die Töchter wie zuvor: Nach erfolgreicher Zeugung von Nachkommen kann Juda der Tamar als Richter über ihr Leben und ihren Tod gegenübertreten, und Lots vernachlässigte Töchter werden im namenlosen Dunkel belassen, während die Söhne Lots im Licht stehen. Die Familienhierarchie wird durch die Inititativen der Töchter nicht berührt, der Vater bleibt an ihrer Spitze.

### 1.4.3 Der Vater, der seine Tochter besitzen und behalten will

In der Schrift Tobit ist die Verheiratung der Tochter Sara durch Hindernisse erschwert, die es fast unmöglich machen, daß die Tochter das Haus ihres Vaters Raguel verläßt.

*Ein Dämon, der den Eheschluß verhindert: Raguel (Tob)*
Raguel wird als Vater der Sara[110] im Buch Tobit vielfach genannt, bevor der Erzähler ihn selbst zum ersten Mal in Erscheinung treten läßt. Verbunden mit seinem Namen wird zunächst seine Tochter in die Geschichte eingeführt (Tob 3,7). Sie lebt in seinem Haus und hat dort bereits Schreckliches erlebt: Der Dämon Aschmodai brachte die sieben Männer um, mit denen sie bereits verheiratet war, bevor die Ehe vollzogen wurde (Tob 3,7). Trotz ihrer Verzweiflung begeht Sara mit Rücksicht auf ihren Vaters keinen Selbstmord (Tob 3,7–14).
In Tob 6,13a erklärt Gottes Bote Rafael dem Tobias, Raguel müsse ihm seine einzige Tochter zur Frau geben, weil das Gesetz des Mose das gebiete. Warum bringt der Erzähler hier den Gedanken ins Spiel, Raguel könne seine Tochter dem Tobias verweigern? Ist es denn nicht zu erwarten, daß dieser Vater froh ist, wenn noch einmal ein Brautwerber für seine Tochter auf ihn zukommt? Rafaels

---

110  Zu Sara siehe oben S. 60ff.

Worte können als Hinweis auf einen Konflikt gedeutet werden: Raguel möchte seine Tochter wohl gerne behalten, er darf es aber nicht. Es besteht nicht nur eine enge Beziehung der Tochter zum Vater, sondern auch eine enge Bindung des Vater an die Tochter. Diese Bindung ist mit dem Tod bedroht: ein Beharren auf ihr hätte den Tod zur Folge (Tob 6,13b).
Als Raguel von Tobias Absicht erfährt, seine Tochter zu heiraten, verhält er sich sehr ambivalent: Zunächst ermutigt er Tobias und läßt erkennen, daß sein Anliegen der Brautwerbung seine Zustimmung findet. Dann jedoch erzählt er ihm von den Todesfällen der sieben Brautwerber (7,11), so als wolle er Bedenken anmelden und ihn abschrecken (7,10b.11a). Diesen Worten schließt er wieder eine Ermutigung an: »Aber jetzt sei guter Dinge!« (V 11b) Ganz deutlich ist, daß Raguel dem Tobias seine Tochter im Blick auf das Gesetz gibt, gleichsam aus Pflichterfüllung heraus (Tob 7, 10a).[111] Daß er Sara wirklich verheiraten möchte, wird von dem Erzähler nicht gesagt.
Noch weitaus merkwürdiger verhält sich Raguel am Morgen nach der Hochzeitsnacht: Er steht auf, geht hinaus, hebt ein Grab aus und spricht dabei: »Daß doch nicht auch dieser gestorben ist!« (8,10) Ins Haus zurückgekehrt, macht er sich aber auch nicht selbst daran, die Wahrheit über Leben oder Tod seines Schwiegersohnes herauszufinden, sondern beauftragt damit die Mägde, wobei er noch einen Umweg über seine Frau Edna nimmt. Offenbar rechnet er eher mit dem Tod des Tobias als mit dessen Wohlergehen: Raguel gibt gleich auch Anweisung, was zu geschehen habe, falls der Bräutigam tot ist: »Laßt uns ihn begraben, damit es ja keiner erfährt!« (8,11–12) Der Todesfall soll zum Familiengeheimnis werden.
Tobias aber hat überlebt, und Raguel dankt Gott dafür (8,16.17). Die Art, wie er das tut, wirkt sehr egozentrisch: In seinem Lobpreis stellt er zunächst sich selbst in dem Mittelpunkt, bevor er für die Eheleute weiterhin Gottes Erbarmen erbittet. Raguel preist Gott für die Freude, die *ihm* widerfahren ist. *Ihm* ist nicht das geschehen, was er geargwohnt hatte (8,16). Dieses Gebet vermittelt den Eindruck, daß das Überleben des Tobias, die gelungene Verheiratung, vor allem erst einmal Raguel zugute kommt. Dieser Eindruck wird dadurch verstärkt, daß Raguel in diesem Zusammenhang auch der einzige ist, der ein Dankgebet spricht.[112] Das Grab für Tobias

---

111 Es scheint, als habe das Gesetz die Stelle des Brautpreises eingenommen, über den die Brautväter sonst mit ihren Schwiegersöhnen in den Erzählungen einig werden mußten (siehe z.B. Gen 29,15ff oder 1Sam 18,25).
112 Tobias nimmt in der Hochzeitsnacht in seinem Gebet nicht mehr auf die Rettung vor dem Dämon bezug, sondern preist Gott als Schöpfer und bittet um

schüttet er selbst nicht zu, sondern läßt das von seinen Dienern erledigen. Es ist, als wäre die Sache mit dem Grab von dem Brautvater weggerückt, etwas, das ihn nicht mehr unmittelbar angeht. Er selbst macht sich daran, das Hochzeitsfest vorzubereiten (Tob 8,18.19).

Noch vor der Hochzeitsfeier beschwört Raguel seinen Schwiegersohn, nicht so schnell abzureisen, und erreicht so, daß die Eheleute ihre Abreise verschieben (8,20.21). Als nach der vereinbarten Zeit Tobias seinen Schwiegervater bittet, ihn zu entlassen, versucht Raguel erneut, ihn zu halten, und zwar dieses Mal auf Dauer. Auch hier weist das Verhalten Raguels eine Abivalenz auf: Im Heiratsritus hatte er Tobias noch ausdrücklich dazu aufgefordert, seine Tochter Sara zu Tobias Vater Tobit zu führen (7,13), nun soll der Schwiegersohn gar nicht erst aufbrechen (10,9a). Tobias jedoch will nicht bleiben, und so muß sich Raguel schließlich doch von ihm, der Tochter und seinem Besitz trennen: Raguel steht auf,[113] gibt Tobias die Ehefrau und händigt ihm gleichzeitig die Hälfe seines Besitzes aus, Sklaven, Vieh und Geld (10,10). Für den Vater ist die Weggabe seines halben Vermögens mit der Weggabe seiner Tochter verknüpft, Tochter und Besitz gehören eng zusammen. Sara wird hier in einer attributiven Bestimmung zum ersten Mal die Frau des Tobias (Tob 10,10) genannt; sie gehört nun nicht mehr zu ihrem Vater, sondern zu ihrem Ehemann.

Zum Abschied spricht Raguel zunächst über Tobias und Sara einen Segen: »Einen guten Weg wird euch, meine Kinder, der Gott des Himmels führen, bevor ich sterbe.« (Tob 10,11) Sogar diesen Segenswunsch setzt Raguel also in Beziehung zu sich selbst: Noch vor *seinem* Tod wird das eintreffen, was er ansagt. Das unterstreicht erneut, wie stark dieser Familienvater Tobias und vor allem Saras Leben auf sein, Raguels, Leben, ausgerichtet sieht.[114]

Der »neue« Vater der Sara, ihr Schwiegervater, spielt in dieser Abschiedsszene dabei eine entscheidende Rolle. Raguel gibt nämlich seiner Tochter das Gebot des Gehorsams gegen die Schwiegereltern zum Abschied mit auf den Weg: »Ehre deine Schwiegereltern, sie sind jetzt deine Eltern.« Diese Aufforderung verbindet er

---

Segen für die Ehe (Tob 8,4–8). – Deselaers interpretiert den Umstand, daß gerade Raguel JHWH für seine Rettungstat an Sara und Tobias lobpreist, vor allem von der erzählerischen Wirkung her: Raguel »ist als Außenstehender und zugleich Beteiligter zum Zeugnis befähigt, daß in Tobias das fatale Gesetz der Serie durchbrochen ist.« (*Deselaers* 1982, 161)
113 Deselaers weist darauf hin, daß Raguels »Aufstehen« hier wie in 8,4.10 »den Beginn der Handlung aus seinem persönlichen Entschluß« unterstreicht (aaO. 151).
114 Vgl. aaO. 168.

mit einem Wunsch für sich selbst: »Ich möchte immer nur Gutes von dir hören« (10,12a). Er küßt die Tochter. Von nun an spicht er in der Erzählung nicht mehr und wird nur noch einmal kurz genannt, als der Erzähler ihn und seine Frau durch Tobias segnen läßt und damit die Abschiedsszene beendet (Tob 10,14).
Insgesamt gesehen, hat Raguel in dieser Erzählung des Buches Tobit eine vergleichsweise enge Beziehung zu seiner Tochter: Der Erzähler erwähnt ihn nur in Verbindung zur Tochter, er agiert stets als Vater dieses Mädchens, seine Handlungen und Worte stehen gewöhnlich in einem Zusammenhang, der auch Sara berührt.[115] Trotzdem aber ist sein Tun und Reden letztlich immer wieder auf seine eigene Person ausgerichtet. Dieser Vater wirkt egozentrisch, und dort, wo es darum geht, die Tochter einem anderen Mann zu überlassen, agiert er voller Ambivalenzen: Während er einerseits die Verheiratung der Tochter befürwortet und sein Vertrauen ausspricht, daß dieser Bräutigam, der nach dem Gesetz der richtige ist, überlebt, scheint er andererseits Tobias begraben zu wollen und möchte die Tochter gerne behalten.
Eine Erklärung, weshalb der Erzähler Raguel mit solch widersprüchlichem Verhalten ausstattet, können wir bei der Deutung dieser Geschichte außerhalb oder innerhalb dieser Erzählfigur suchen. Werden die Gründe für Raguels ambivalentes Verhalten außerhalb seiner Person gesehen, so muß vor allem auf den Dämonen Aschmodai verwiesen werden, der die schwierige Situation geschaffen hat, in der der Brautvater hier steckt. Raguels Verhalten ergibt sich dann aus einem Nebeneinander von Freude und Sorge, Hoffnung und Angst. Sein Reden und Handeln zeigen in diesem Fall etwas von der Bedrohung, die durch den Dämonen auf seinem Haus liegt, und Raguel erscheint in besonderer Weise als Zeuge für das Ende der Gefahr.[116]
Die Widersprüche in Raguels Reden und Handeln lassen sich aber auch aus der Erzählfigur des Raguel allein erklären. Psychologisierend versteht Ursula Wirtz den Dämon Aschmodai als abgespaltenen Teil der Persönlichkeit Raguels und behandelt die Beziehung zwischen Raguel und Sara unter der Überschrift: »Die Sucht, die Tochter besitzen und für sich behalten zu wollen«.[117] Nur vordergründig sei Raguel als der besorgte Brautvater dargestellt, der sei-

---

115 Hiervon ausgenommen ist einzig Tob 7,2–6: Dort geht es um die Klärung der Verwandtschaftsbeziehung zu Tobias.
116 Diesen Weg der Interpretation schlagen Paul Deselaers und Heinrich Gross ein. Siehe *Deselaers* 1990, 123 zu Tob 7,10.11; *ders.*, 1982, 155 zu Tob 8,10–21; *Gross* 1987, 36–38.
117 *Wirtz* 1989, 56.

ner Tochter den ersehnten Ehemann wünscht. Zugleich sei er auch der Totengräber für den Bräutigam, ein Vater, der keinem anderen Mann die Tochter gönnt.[118] Wirtz bezieht sich in ihrer Interpretation auf C.G. Jung, der diese biblische Vaterfigur aufgriff, »um daran den Doppelaspekt der Vaterimago deutlich zu machen. In der Geschichte wird nicht der Vater als derjenige beschrieben, der böse ist und seine geliebte Tochter nicht hergeben will, sondern das Dämonische wird abgespalten auf den bösen Geist Asmodi, der ihr siebenmal nacheinander die Männer tötet. Es scheint, als wäre es nicht auszuhalten, im Vaterbild das Böse zuzulassen.«[119] In der Sucht des Vaters, die Tochter für sich besitzen und behalten zu wollen, findet nach Wirtz ein typisches Inzestthema seinen Ausdruck.[120] Der Vater kann die Tochter nicht freigeben, »ihr nicht den Weg ins Frausein öffnen. Eifersüchtig wacht er darüber, daß er der einzige bleibt, der sie besitzen darf.«[121]
Wird Raguel als Vater gesehen, der seine Tochter gerne für sich behalten will, so lassen sich nicht nur die vielen Ambivalenzen in seinem Verhalten erklären. Dieses Verhalten steht dann auch mit der Egozentrik in Verbindung, die das Handeln und insbesondere das Reden dieses Mannes nach dem vermittelten Bild des Erzählers immer wieder neu prägen.

### 1.4.4 Ergebnis

Die Zahl und vor allem der Umfang jener Erzählungen, in denen Töchter für ihre Väter als Mittel zur Bewältigung extremer Situationen herhalten müssen, ist vergleichsweise groß. Diese Geschichten nehmen mehr Raum ein als jene Überlieferungen, in denen Töchter in gewöhnlichen familiären Zusammenhängen genannt werden.
Die Darstellungen aller Ausnahmesituationen lassen eine Deutung zu, nach der die Väter für die Situationen Mitverantwortung tragen. Indem die männlichen Erzählfiguren die Töchter benutzen,

---

118 Vgl. ebd.
119 AaO. 57. Parallelen für eine Darstellung des Vaters in dieser Weise findet Wirtz mit C.G. Jung in vielen Märchen: »Auch in den Märchen, die ein ambivalentes Vaterbild zeigen, erscheint das Böse als vom Vater getrennt. Hier ist es der Teufel, dem die Mädchen ihre Notlage zu verdanken haben. Es ist auffallend, wie häufig der Teufel als Repräsentant des sadistischen Vaters erscheint« (ebd.).
120 AaO. 56. »Trennungsängste und die Unfähigkeit, sich zu lösen, werden in der Fachliteratur immer wieder als charakteristisch für die Inzestfamilie beschrieben. Die interpersonellen Grenzen sind stark verwischt, so daß vor allem symbiotische Beziehungsmuster das Miteinander regeln« (ebd.).
121 Ebd.

um eigene, persönliche Bedürfnisse zu befriedigen, bringen sie sich und ihr Kind in eine Lage, die ein normales Weiterleben unmöglich macht. Die Sexualität der Tochter spielt auch hier in den betreffenden Geschichten ausnahmslos eine überragende Rolle: Bei Lot und dem namenlosen Gastgeber in Gibea geht es um Massenvergewaltigung, bei Jefta ist das Motiv der Opferung der Tochter mit dem ihrer Jungfräulichkeit verknüpft, Lots Töchter und Tamar treten ihrem Vater gegenüber als Verführerinnen auf, und bei Raguel steht es an, die Bedrohung zu überwinden, die der Sexualverkehr des Ehemanns mit der Tochter Sara mit sich bringen würde. Mit Ausnahme von Tamar, die als Schwiegertochter eine gewisse Sonderposition hat, sind alle Mädchen in diesen Erzählungen noch Jungfrauen, und die Erzähler verknüpfen den noch ausstehende Verlust der Jungfrauenschaft mit der besonderen Situation, in der Vater und Tochter sich befinden.
Die Last der Situation bekommen in den Geschichten immer die Töchter zu tragen: Ihre Väter wollen sie opfern oder opfern sie, damit sie oder auch andere Männer möglichst unverletzt aus der Krise hervorgehen können. Lots Töchter und die Schwiegertochter Tamar tragen bei ihrem Unternehmen das Risiko, und Raguels Tochter Sara muß Schmähungen ertragen und weint viele Tränen. Die Erzähler ordnen dabei Vater und Tochter so einander zu wie ein Eigentümer seinem Besitz zugeordnet wird. Lot, der namenlose Gastgeber in Gibea und Jefta können über den Körper und Leben ihrer Töchter uneingeschränkt verfügen, die Kinder der namenlose Töchter Lots und Tamars gehören Juda, und auch Raguels ambivalentes Verhalten läßt sich mit der Sucht erklären, die Tochter behalten und besitzen zu wollen. Wie stark selbst im Buch Tobit Tochter und Besitz miteinander verknüpft sind, zeigt darüber hinaus der Umstand, daß der Schwiegersohn nicht nur Sara, sondern auch die Hälfte vom Vermögens Raguels erhält.
Daß von den Erzählern die Vater-Tochter-Beziehung primär als Besitzverhältnis gedacht wird, verstärkt den Eindruck, die dargestellten Väter stehen ihren Töchtern mit einer außerordentliche Gefühlskälte gegenüber. Keine der Erzählungen enthält auch nur Andeutungen, die auf eine positive emotionale Bindung des Vaters an die Tochter schließen lassen: Lot und der namenlose Gastgeber aus Gibea sind bereit, aus Angst um ihre Gäste und ihr Haus die Töchter ohne Zögern oder Zeichen des Bedauerns preiszugeben, Jefta trauert um sich selbst, nicht um die Tochter, Juda gibt zwar schließlich Tamar Recht, jedoch gibt er ihr auch nicht mehr, und Raguel, der offenbar an seiner Tochter hängt, erscheint in seiner Tochter-Bindung egozentrisch. Die persönlichen Bedürfnisse des Vaters und ihre Befriedigung bestimmen die Handlung

selbst noch in den Inzestgeschichten, indem die Töchter hier letztlich das Interesse des Vaters ans Ziel bringen, Nachkommen zu schaffen. Darüber hinaus sind die Einblicke, die in den Erzählungen auf die Sexualität der Töchter gewährt werden, nicht nur in den Inzestgeschichten dazu geeignet, bei Lesern Sexualphantasien zu wecken und zu befriedigen.

## 2 Machtmittel zur Durchsetzung väterlicher Interessen

Bei der Frage nach Machtmitteln, mit denen Väter ihre Töchtern zu einem Verhalten in ihrem Interesse bewegen, denken wir gewöhnlich zunächst an physischen oder psychischen Druck, den Eltern ihren Kindern gegenüber anwenden können. Bemerkenswerterweise findet sich im Alten Testament auch nicht eine einzige Andeutung, die die Schlußfolgerung zuließe, Väter müßten ihren Willen mit körperlicher Gewalt oder mit Drohungen gegen ihre Töchter durchsetzen. Zumindest solange die Töchter unverheiratet sind, verhalten sie sich in den Texten auch ohne Anwendung solcher Mittel gerade so, wie es ihre Väter wollen.[122] Als Erzählfiguren spiegeln sie stärker noch als alle anderen weiblichen Personen überlieferter Geschichten etwas von der allgemeinen Zustimmung zu den patriarchalen Werten der Gesellschaft wider, die die Texte des Ersten Testaments trägt. Wo der Sozialisationsprozeß von Frauen und Männern darauf angelegt ist, in die patriarchale Ordnung und das patriarchale Denken hineinzuwachsen, ist ja auch die Anwendung offener Gewalt meist gar nicht mehr nötig. Viele haben mit dieser Gewalt schon als Kind ihre – im wahrsten Sinne des Wortes – »einschlägigen« Erfahrungen gemacht; es genügt dann schon das unausgesprochene Wissen um die Möglichkeit, mit schmerzhaften Handlungen bestraft zu werden, um einzuschüchtern und gefügig zu machen. Und nicht nur das: Der Sozialisierungsprozeß selbst ist darauf angelegt, möglichst erst gar keinen Widerstand gegen die gültige Ordnung aufkommen zu lassen, sondern ein zustimmendes Verhalten herbeizuführen.

---

122 Von rebellischen Söhne ist dagegen im Alten Testament vielfach die Rede. Siehe z.B. die Söhne Jakobs (Gen 37), Jonatan (1Sam 20) oder Absalom (2Sam 15), die sich gegen ihren Vater wenden, oder auch Spr 17,25; 19,26; 28, 24 u.v.m. Dem Vater wurde das Recht zugeschrieben, seinen Sohn so zu prügeln, daß dieser an den Folgen seiner Verletzungen stirbt: Dtn 21,18–21. Ein vergleichbares Gesetz für Töchter wurde nicht in den alttestamentlichen Gesetzeskanon aufgenommen.

Kate Millett weist darauf hin, daß historisch gesehen die meisten Patriarchate die Gewalt gegen Frauen in ihrem Rechtssystem verankert haben.[123] Mit den von männlicher Definitionsmacht geprägten Formulierungen der Rechte und Pflichten werden Männern und Frauen in der Gesellschaft juristisch bestimmte Positionen zugewiesen. Indem Gesetze die Ausübung von Verfügungsgewalt über Frauen als legitimes Recht von Männern schriftlich fixieren, erhalten Selbstbestimmungsansprüche der Frau definitionsgemäß den Charakter des Illegitimen. Das allgemeine Wertesystem der Gesellschaft wird dadurch so geprägt, daß Männern ihre Vorrangstellung sicher ist.

Darüber hinaus wird häufig die Machtposition von Männern in der religiösen Praxis untermauert. Zwar gilt das, was im Bereich des Kultes seine Gültigkeit besitzt, nicht automatisch auch für den Alltag, doch finden sich viele Rollenstereotype aus dem Alltag im Kultus wieder. Regelungen für die religiöse Praxis, die den gegenseitigen Umgang von Männern und Frauen, Vätern und Töchtern betreffen, wirken auf die gesellschaftliche Wirklichkeit besonders massiv ein, da sie ihre Autorität gewöhnlich von Gottes Willen ableiten.

Die meisten patriarchalen Wertvorstellungen und Verhaltensmuster werden allerdings weitergegeben, indem Menschen in bestimmte Traditionen hineinwachsen, die weder schriftlich noch mündlich fixiert sein müssen und als selbstverständlich gelten. Aus ihnen entsteht ein Erfahrungswissen, das auf Beobachtung und Reflexion aufbaut. Die Beobachtung und Reflexion ist dabei durch die herrschende Ordnung, in der sie geschieht, bereits so festgelegt oder zumindest gelenkt, daß ihr patriarchaler Hintergrund auch hier immer wieder neu zum Tragen kommt.

Aus diesen Überlegungen ergibt sich nun die Aufgabe, die Gesetzeskodizees, die kultischen Bestimmungen und auch die ersttestamentlichen Lebensregeln daraufhin zu betrachten, wo und inwieweit sie die Verfügungsgewalt von Vätern über ihre Töchter schützen oder fördern.

## 2.1 Rechtliche Regelungen, die die Vater-Tochter-Beziehung tangieren

Nur zu drei Themenkomplexen enthalten die alttestamentlichen Gesetze Bestimmungen, von denen auch die Vater-Tochter-Beziehung unmittelbar tangiert ist. Sie betreffen Fälle, in denen es um

---

123 *Millett* (1969) 1977, 63.

die Jungfräulichkeit der Tochter geht, um Sklaverei und Kriegsgefangenschaft, oder um das Erbrecht.

### 2.1.1 Bestimmungen, die die Jungfräulichkeit einer Tochter betreffen

Als »Jungfrau« (בתולה) wird im Alten Testament eine Frau mit einem unverletzten Hymen bezeichnet.[124] Hier wie im gesamten Alten Orient erfährt Jungfrauenschaft eine außerordentlich hohe Wertschätzung, ohne daß irgendwo explizit erläutert würde, weshalb das so ist.[125] Jungfrauen üben offenbar einen besonderen sexuellen Reiz auf Männer aus, die mit Eroberung und Besitznahme der Frau zu tun haben mögen. Außerdem garantiert Jungfrauenschaft eine »reine Fortsetzung« des Geschlechts.[126]

*Sexueller Verkehr mit einer unverlobten Jungfrau (Ex 22,15.16)*
Ex 22,15.16 regelt, was geschehen soll, wenn ein Mann mit einer unverlobten Jungfrau sexuellen Verkehr hat. Dieser Tatbestand ist im Bundesbuch den Eigentumsvergehen zugeordnet.[127]
Die Tat wird im Text mit den Worten beschrieben: »Wenn jemand eine Jungfrau beredet (פתה), die noch nicht verlobt ist, und schläft (שכב) mit ihr ...« John I. Durham deutet die Wendung »eine Jungfrau bereden« als Verführung, Martin Noth spricht von Vergewaltigung, Karin Engelken benutzt die Begriffe »Verführung« und »Vergewaltigung« undifferenziert nebeneinander.[128] Für das Gesetz scheint die Frage unerheblich, ob der sexuellen Verkehr mit oder ohne die Zustimmung des Mädchens erfolgt. Was zählt, ist der Verlust der Jungfräulichkeit der Tochter, und zwar der Verlust, den die Defloration für den Vater bedeutet, unabhängig von einer etwaigen Einwilligung der Frau zu dem Vorgang. Dies geht aus den Konsequenzen hervor, die die Gesetzgeber für den Täter bestimmen: Der Mann, der sexuellen Verkehr mit der Jungfrau hatte, soll für sie den Brautpreis geben und sie zur Frau nehmen (Ex 22, 15).[129] Die Bestimmung zielt offensichtlich darauf, nachträglich

---

124 So *Locher* 1986, 188 und *Engelken* 1990, 5.
125 AaO. 6.
126 AaO. 7. Ebenso vermutet *Locher* 1986, 236.
127 Die rechtliche Bestimmung Ex 22,15.16 steht am Ende des Abschnitts, der sich im Bundesbuch mit Eigentumsvergehen befaßt. Die Eigentumsvergehen beginnen in Ex 21,37.
128 *Durham* 1987, 327; *Noth* 1959, 150; *Engelken* 1990, 18 zu Ex 22,15f und 19 zu Dtn 22,28f.
129 J. Philip Hyatt weist darauf hin, daß das Mittelassyrische Recht hier weitaus strenger gewesen sei: »If the offender had a wife of his own, the father of the

den Zustand herzustellen, der bestehen würde, wenn der Vater vorher dem Mann die Zustimmung zur Heirat gegeben hätte. Allerdings sieht das Gesetz auch den Fall vor, daß ein Vater seine Tochter diesem Mann gerade nicht geben will. Stellt sich die Angelegenheit so dar, so möchte diese Rechtsregelung ihm die Freiheit nicht nehmen, einem Brautwerber die Zustimmung zur Heirat seiner Tochter zu verweigern: Der Täter soll dem Vater dann trotzdem eine dem Brautpreis angemessene Summe zahlen (Ex 22, 16). Es scheint, als ob hier eine Summe frei ausgehandelt werden konnte.[130]

Der Verlust der Jungfräulichkeit der Tochter wird in Ex 22,15.16 also primär als etwas wahrgenommen, das für den Vater einer finanziellen Kompensation bedarf. Das Gesetz schreibt fest, daß dem Vater die Entschädigung nicht nur im Fall der Heirat, sondern auch bei einer Verführung oder Vergewaltigung zu zahlen ist. Es sichert damit dem Vater den Brautpreis für seine Tochter. Mehr will es nicht.

Die Perspektive der Tochter spart das Gesetz aus. Der Gedanke, daß sie ihren Sexualpartner selbst wählen kann, ist den Gesetzgebern ebenso fremd wie die Absicht, sich im Falle einer Vergewaltigung mit dem Gewaltakt gegen ihre Person, mit der Schädigung, die sie erleidet, zu befassen.

*Sexueller Verkehr mit einer unverlobten Jungfrau (Dtn 22,28–29)*
Wie in Ex 22,15–16 geht es in Dtn 22,28–29 um den Verlust der Jungfräulichkeit eines unverlobten Mädchens. Dieser Tatbestand wird im deuteronomistischen Gesetz im Zusammenhang mit Vergehen behandelt, die Verleumdung einer Frau, Ehebruch und Vergewaltigung beinhalten.

Das Gesetz formuliert den Fall, daß jemand eine Jungfrau trifft (מצא), die nicht verlobt ist, sie faßt (תפש), mit ihr schläft (שכב) und dabei getroffen wird (V 28). Wieder wird sprachlich nicht eindeutig zwischen Vergewaltigung und Verführung unterschieden. Zwar kann der Ausdruck »er faßte sie« (תפש) einen gewaltsamen Akt ausdrücken, aber die Strafbegründung läßt die Gewaltfrage letztlich wieder offen. Dort ist das Handeln des Mannes an dem Mädchen noch einmal mit dem Verb ענה umschrieben. ענה wird häufig

---

virgin could take her and give her to someone to be ravished, and then refuse to return her to her husband and take her for himself. The father could then give the daughter in marriage to the offender« (*Hyatt* 1971, 241). Hier wurde also nach einem ausgeprägten Vergeltungsprinzip gehandelt, das nicht nur den finanziellen Verlust aufwiegen, sondern dem Täter auch massiv kränken will. Letzteres geschieht auf Kosten der Frauen.
130  Siehe *Braulik* 1992, 168.

im Sinne von »niederdrücken, vergewaltigen« verwendet (vgl. Gen 34,2; Ri 19,24; 2Sam 13,14), will aber vor allem den Statusverlust ausdrücken, den illegitimer Sex für eine Frau zur Folge hat, und nicht unbedingt rohe Gewaltanwendung.[131] Darüber hinaus legt auch der Kontext nicht fest, daß diese Rechtsbestimmung lediglich auf ein Vergewaltigungsdelikt anwendbar ist; die Regelungen in Dtn 22,13 bis 23,1 beschäftigen sich mit illegitimen sexuellen Verbindungen und nicht ausschließlich mit gewaltsam erzwungenem Sex.[132]

Die Strafe sieht vor, daß derjenige, der mit dem Mädchen geschlafen hat, ihrem Vater fünfzig Silberstücke zahlen muß und sie zur Frau haben soll. Er darf sie sein Leben lang nicht entlassen (V 29). Dtn 22,28.29 geht damit deutlich über die Bestimmungen von Ex 22,15–16 hinaus: Hier wird die Höhe der Entschädigungssumme genau festgelegt, die dem Vater zu zahlen ist. Die 50 Silberschekel entsprechen möglicherweise dem üblichen Brautpreis (מהר), den das Gesetz dem Vater hier ebenso wie schon in Ex 22,15–16 sichert.[133] Der Mann muß das Mädchen heiraten, und darüber hinaus darf er sich auch nicht mehr von ihr scheiden lassen. Diese Regelung kannte das Bundesbuch noch nicht. Offenbar soll verhindert werden, daß auf den Vater im nachhinein noch Belastungen zukommen. Denn ein Vergewaltiger dürfte sein Opfer nicht unbedingt gerne als Ehefrau behalten (zumal in dem Fall nicht, wenn er bereits verheiratet war), und dann ist es wieder Sache ihres Vaters, sie zu versorgen. Wahrscheinlich müßte in solch einem Fall die deflorierte Tochter dauerhaft in seinem Haus bleiben, da sie sich nach herrschenden patriarchalen Wertvorstellungen nur schwer verheiraten läßt.

Von der Möglichkeit, daß der Vater seine Tochter dem Verführer oder Vergewaltiger nicht zur Ehefrau geben will, spricht Dtn 22, 28.29 nicht mehr. Ich halte es jedoch für unwahrscheinlich, daß das deuteronomistische Gesetz die in Ex 22,16 festgehaltene Rechtspraxis in der Weise verändern möchte, daß nun der Täter einen Anspruch erheben kann, nach Zahlung des Bußgeldes das Mädchen von ihrem Vater tatsächlich auch zu bekommen. Vermutlich war das Recht des Vaters, dem Mann seine Tochter zu verweigern, so selbstverständlich, daß es hier nicht mehr formuliert werden mußte. Möglicherweise kam dieser Fall zur Zeit der Abfassung des Gesetzes auch so selten vor, daß er nicht mehr aufgenommen wurde.

---

131 Zum Verb ענה siehe oben S. 99, Anm. 179.
132 *Frymer-Kensky* 1989, 100, Anm. 9.
133 So *v. Rad* 1964, 102 und *Mayes* 1979, 312. – Braulik versteht dagegen die Summe als Bußgeld; es erscheint ihm relativ hoch (*Braulik* 1992, 168).

Denn ganz abgesehen davon, daß ein Vater seine deflorierte Tochter nur schwer verheiraten konnte und für ihren Unterhalt sorgen mußte, wird das Verbleiben einer so »beschädigten« Tochter im Haus des Vaters vermutlich nicht gerade das Ansehen der Familie gehoben haben. Die Heirat zu den genannten, rechtlich festgesetzten Bedingungen bot dagegen die Möglichkeit, das Verbrechen im gewissen Sinne ungeschehen zu machen: Der Vater erhält das Kompensationsgeld für die Tochter und der Mann bekommt eine Frau, die er defloriert hat. Für den Vater und auch für den Täter stehen am Ende Verhältnisse wie bei einer üblichen Heirat.
Was das geschehene Unrecht für das Mädchen bedeutet, ist hier ebensowenig wie in Ex 22,15.16 im Blick.[134] Das Strafmaß richtet sich nach der Schädigung, wie sie die Männer erleben. Es verwundert daher nicht, daß im deuteronomistischen Gesetz der Schaden, den eine Verführung oder Vergewaltigung anrichtet, bei einer verlobten Frau auch weitaus höher eingeschätzt wird als bei einer unverlobten: Für dieses Vergehen wurde der Täter mit dem Tod bestraft (Dtn 22,25-27). Kann dem verlobten Mädchen ein Einverständnis zu dem sexuellen Verkehr unterstellt werden, so kommt sie ebenso wie ihr Geliebter durch Steinigung zu Tode (Dtn 22, 23.24). Die Deflorierung einer verlobten Jungfrau ließ sich anders als die einer unverlobten nicht ohne weiteres für die Männer wieder gutmachen. Denn hier erfährt auch der Bräutigam einen Ehrverlust, der durch eine Verheiratung des Mädchens mit dem Täter nicht aus der Welt zu schaffen ist.[135]

Im Alten Testament finden sich keine erzählenden Texte, in denen Ex 22,15.16 oder Dtn 22,25-27 zur Anwendung kommen: Nach Dinas Vergewaltigung gibt es zwar Verhandlungen um eine Eheschließung mit dem Vergewaltiger Sichem, doch Dinas Brüder liegt an Rache und nicht daran, durch eine Heirat das Verbrechen ungeschehen zu machen. Dinas Vater, Jakob, verhält sich hier völlig passiv (Gen 34). – Die Königstochter Tamar bittet nach ihrer Vergewaltigung selbst den Täter, ihren Stiefbruder Amnon, er möge beim Vater um ihre Hand anhalten. Amnon wirft sie jedoch aus dem Haus. Er wird für das Verbrechen nicht von David, Tamars Vater, zur Rechenschaft gezogen. Tamar lebt als geschändete Jungfrau im Haus ihres Bruders Absalom (2Sam 13).

134 Nach Carolyn Pressler will Dtn 22,28-29 nicht nur den Vater und die Gesellschaft schützen, sondern auch die betroffene junge Frau, da das Gesetz verhindere, daß sie ehelos bleibt (*Pressler* 1994, 105; vgl. 109). Ob eine Frau es aber tatsächlich als etwas Positives und einen »Schutz« empfinden konnte, mit ihrem Vergewaltiger verheiratet zu werden?
135 Anders erklärt *Engelken* 1990, 26 die hohe Strafe: »Die Gleichsetzung der Vergewaltigung mit dem Totschlag eines Mannes beinhaltet hier eine hohe Wertung der Frau, und zwar der Frau in ihrer Funktion für die Familie als Gebärerin, Lebensspenderin und Mutter. Ihre Vergewaltigung ist Angriff auf ihr Leben und das Leben ihrer Familie.«

## Bestreitung der Jungfräulichkeit (Dtn 22,13–21)

Dtn 22,13–21 befaßt sich mit dem Tatbestand, daß ein Ehemann zu Recht oder zu Unrecht gegen seine Frau den Vorwurf erhebt, sie sei nicht als Jungfrau in die Ehe gekommen. Dem Textabschnitt schließen sich Strafbestimmungen zu den Vergehen »Ehebruch« (Dtn 22,22) und »Geschlechtsverkehr mit einer verlobten oder einer unverlobten Jungfrau« (s.o.) an.

Das deuteronomistische Gesetz geht bei der Regelung über die Bestreitung der Jungfräulichkeit zunächst von dem Fall aus, daß ein Mann seine Frau zu Unrecht beschuldigt. Das Vergehen wird in einer Weise formuliert, die gleich zu Anfang mit großer Ausführlichkeit die verurteilungswürdige Absicht des Täters unterstreicht: »Wenn jemand ein Mädchen zur Frau nimmt und wird ihrer überdrüssig, nachdem er zu ihr gegangen ist (V 13), und legt ihr Schändliches zur Last (לם לה עלילת דברים) und bringt ein böses Gerücht über sie auf (והוציא עליה שם רע) und spricht: Dies Mädchen habe ich geheiratet, und als ich zu ihr ging, fand ich sie nicht als Jungfrau (V 14) ...« In diesem Fall soll der Vater und die Mutter des Mädchens »die Zeichen ihrer Jungfräulichkeit« (בתולי) – vermutlich das Bettuch aus der Hochzeitsnacht – nehmen und zu den Ältesten im Tor bringen (V 15). Die folgenden Bestimmungen des Gesetzes enthalten ganz präzise Anweisungen, wie der Beweis der Unschuld der Tochter weiter zu führen sei. Der Wortlaut der Verteidigungsrede wird vorgegeben (V 16.17). Das verurteilswerte Motiv des Täters wird so wiederholt vor Augen geführt. Schließlich formulieren die Gesetzgeber bei der Begründung der nun folgenden Strafbestimmung sogar noch ein weiteres mal das Verwerfliche seiner Tat: Der Täter sei zu bestrafen, »weil er über eine Jungfrau in Israel ein böses Gerücht aufgebracht hat« (כי הוציא שם רע בתילת ישראל) (V 19). Zum Beweis der Unschuld des Mädchens sollen Vater *und* Mutter die Decke vor den Ältesten der Stadt ausbreiten (V 17).

Die Strafe für die Verleumdung ist sehr hoch: Allein die Geldstrafe für dieses Delikt – hundert Silberstücke – beträgt das doppelte wie für die Vergewaltigung eines unverlobten Mädchens, das noch Jungfrau ist (Dtn 22,19; vgl. 22,29). Hinzu kommt die öffentliche Entehrung durch die Züchtigung der Ältesten (V 18) und schließlich, wie in Dtn 22,29 auch, das Scheidungsverbot (V 19)!

Aus den Bestimmungen geht hervor, daß die Beschuldigung, eine Frau sei nicht als Jungfrau in die Ehe gegangen, für das deuteronomistische Gesetz eine öffentliche Angelegenheit ist, die nicht die betroffenen Parteien unter sich regeln, sondern die vor die Ältesten ins Tor gehört. Die Art, wie bei solch einer Anschuldigung gegen eine Frau vorzugehen ist, zeigt, daß diese Beschuldigung durchaus nicht nur die Frau betrifft, sondern ganz entscheidend auch ihre Familie und ihren Vater tangiert. Der Vater erscheint implizit mitbeschuldigt, nicht hinreichend auf die Tochter aufgepaßt zu haben, oder aber ihm wird unterstellt, er habe in betrügerischer Weise seine Tochter als Jungfrau ausgegeben.[136] Das »Gerücht über die Tochter« kann auch eine stillschweigende Beschuldigung des Vaters enthalten, selbst mit seiner Tochter sexuellen Verkehr gehabt und sie defloriert zu haben.[137] Daher ist es Aufgabe des Vaters, die Jungfräulichkeit der Tochter nachzuweisen, und er ist derjenige, der für die falsche Anschuldigung gegen seine Tochter entschädigt werden muß. Bei ihm werden »die Zeichen ihrer Jungfräulichkeit« aufbewahrt.[138]

Daß nicht die Tochter, sondern ihr Vater die beträchtlich hohe Geldsumme zur Entschädigung erhält, macht die Absicht des Gesetzes deutlich, einen Ehrenkodex zu schützen, der eng mit der Rolle des Familienoberhauptes und des Vaterhauses in Verbindung steht und zur Grundlage hat, daß eine Frau unbedingt »unberührt« in die Ehe zu kommen habe. Während der Vater die Verantwortung für die Virginität seiner Tochter trägt, trägt die Tochter mit ihrem Körper Verantwortung für die »Ehre« des Vaterhauses. Die Strafe für das beschriebene Delikt ist deshalb so hoch, weil der Mann das Ansehen der Familie, aus der die Frau kommt, in den Schmutz zieht. Das Gesetz verfolgt die Intention, genau dem entgegen zu wirken, es will vor allem den Vater vor dem »bösen Gerücht« schützen.

Der Fall, dem zufolge der Mann tatsächlich zu Recht den Vorwurf gegen seine Frau erhebt, wird daher im Anschluß an Dtn 22,13–19 auch nur kurz geschildert (Dtn 22,20.21). Ist das Mädchen nicht als Jungfrau in die Ehe gegangen, so soll es vor dem Hause ihres Vaters gesteinigt werden. Hier wird die Frau mit dem Tod bestraft, ohne nach dem Mann oder den Umständen zu fragen, wie es zur Defloration kam. Bezeichnend ist, daß das Urteil vor dem Hauses ihres Vaters vollstreckt werden soll: Wieder sind der Vater und sein Haus mitbetroffen. »Diese Festlegung des Ortes

---

136 So *Mayes* 1979, 311 und *Rashkow* 1993, 256.
137 *Rashkow* 1993, 256. Diese These findet sich erneut formuliert und ausgeführt bei *dies.* 1994, 29ff.
138 Dazu *Locher* 1986, 189f: »Für die im Rahmen des Hochzeitsbrauchtums geübte Sitte, unmittelbar nach dem ersten ehelichen Verkehr der Neuvermählten ein Tuch mit den Spuren des Deflorationsblutes öffentlich vorzuzeigen, gibt es bis in die Gegenwart zahlreiche ethnologische Zeugnisse ... Weniger eindeutig bezeugt scheint die Sitte zu sein, das blutbefleckte Tuch den Eltern der Braut zu übergeben, so daß sie es aufbewahren und in einem Prozess als Beweisstück vorlegen konnten.«

der Steinigung hat den Zweck, die Schande der Frau sichtbar auch über den Vater zu bringen.«[139] Die Tochter hatte in seinem Haus, d.h. unter seiner Obhut stehend, sexuellen Verkehr, und daher betrifft der Verlust des unverletzten Hymen unmittelbar den Verantwortungsbereich des Vaters. »Because no hymeneal blood was shed in her husband house, the daughter's blood is to be shed on her father's door«.[140]
Begründet wird die außerordentliche Härte dieser Strafe damit, daß die Frau, deren Jungfräulichkeit vorgetäuscht wurde, eine Schandtat (נבלה) in Israel begangen und in ihres Vaters Haus »Hurerei getrieben« habe (זנה, V 21). Diese Begründung legt nahe, daß sich die Bestrafung auf den Verlust der Jungfräulichkeit an sich bezieht, und nicht darauf, daß sie dem Ehemann vorgetäuscht wurde. Es wird der Tochter unterstellt, sie habe sich leichtfertig und mit ihrer Zustimmung entjungfern lassen. »Der Begriff *nebala* ... bezeichnet (...) einen elementaren Bruch einer sakralen Rechtsordnung, sonderlich von Ordnungen der geschlechtlichen Sphäre (1. Mose 34,7; Ri 19,23; 20,6–10; 2. Sam 13,12).«[141] Wieder ist deutlich, daß die Jungfräulichkeit der Frau, ihr willentlicher oder unwillentlicher Verlust vor der Ehe, in einen Ehrenkodex gehören, der als eines der Fundamente der Gesellschaft angesehen ist. Hier liegt der Schlüssel zu einer Vorstellung von »Männlichkeit«, die mit Verantwortung, Kontrolle und Verfügungsgewalt über die Sexualität von Frauen verbunden ist. Das Strafmaß mißt sich an diesem Ehrenkodex, nicht aber an einen für das Auge sichtbaren Schaden.
Immerhin wird damit in dieser Gesetzesbestimmung deutlich, daß eine jungfräuliche Tochter für ihren Vater nicht einfach nur eine finanzielle Resource unter anderen ist. Obwohl sie als sein Eigentum innerhalb der Familie betrachtet werden kann, unterscheidet sie sich von seinem anderen Besitz, etwa von einem Pferd, einem Ochs oder Esel. »She is explicity *sexual* property acquired from the father's sexual expediture and his own family bloodline, not by economic transaction.«[142] Durch die Tochter kann der Ruf des Vaters ruiniert, sein sozialer Status bedroht werden. Die Perspektive der Tochter wird dabei jedoch auch in Dtn 22,13–21 nicht berücksichtigt. Insbesondere für Töchter, die von ihren Vätern sexuell mißbraucht und defloriert wurden, dürften diese Gesetzesre-

---

139 *Engelken* 1990, 23. Ähnlich *Phillips* 1973, 149.
140 *Rashkow* 1993, 256f.
141 *V. Rad* 1964, 102. Engelken übersetzt נבלה hier mit »gemeinschaftsbefleckendes Verbrechen« (*Engelken* 1990, 25).
142 *Rashkow* 1994, 27.

gelung eine ganz massive Bedrohung bedeutet haben. Ihnen wird unterstellt, sie hätten leichtfertig gehurt, sie werden verurteilt für die sexuelle Gewalt, die ihnen ihr Vater angetan hat, und sie lassen ihr Blut und Leben auf der Türschwelle des Vaters. Die Erniedrigung und Zerstörung ihrer Person wird in ihrer Totalität durch Dtn 22,20.21 besiegelt.

Eine Erzählung, in der ein Ehemann zu Unrecht behauptet, daß seine Frau nicht als Jungfrau in die Ehe gekommen sei, überliefert das Alte Testament nicht. Es gibt lediglich in den apokryphen Schriften eine Geschichte, in der eine Ehefrau fälschlich wegen Ehebruchs angeklagt wird und ihre Unschuld vor Gericht ans Licht kommt: die Geschichte der Susanna. Die Erzählung liegt in zwei unterschiedlichen Fassung vor, nämlich in der Septuaginta (LXX: Stücke zum Buch Daniel, Kap. 1) und in der Überlieferung des Theodotion (TH: Buch Daniel, Kap. 13).[143]

In beiden Fassungen der Geschichte erscheinen die Eltern der Susanna von dem Vorwurf, die Tochter habe Ehebruch begangen, mitbetroffen. Nach LXX werden zur Gerichtsverhandlung Susannas Vater Hilkija und ihre namenlose Mutter mit der Tochter zusammen herbeigebracht (LXX V 30), nach Th kommen Susannas Eltern gemeinsam mit der Tochter und deren Kinder (Th V 30). Als die Ankläger anordnen, daß Susanna entblößt wird, schluchzen alle ihre Angehörigen und alle, die sie erblickten (LXX/Th V 33). Die Eltern haben gegenüber den übrigen Prozeßteilnehmerinnen und -teilnehmer keine besonders hervorgehobene Stellung. Theodotion widmet ihnen jedoch nach erwiesener Unschuld der Tochter – auf einen Schuldspruch hätte die Todesstrafe gestanden – noch einmal besonders seine Aufmerksamkeit, indem er schreibt: »Hilkija aber und seine Frau lobten (Gott) in bezug auf ihre Tochter mit Joakim, ihrem Mann, und allen Verwandten, weil an ihr keine unanständige Tat gefunden worden war« (Th V 63). Die Freude und das Lob der Eltern bezieht sich auf die Anständigkeit, die Reinheit der Tochter, nicht etwa darauf, daß sie diesen Prozeß überlebt hat! Die Tugend Susanna ist in der Erzählung wichtiger als ihr Leben. Als Erzählfigur verkörpert sie das Ideal einer Tochter (vgl. Stücke zu Dan 1,48.57; hier wird Susanna ausdrücklich als »Tochter Israels« bezeichnet). Erziehung zur ehelichen Treue erscheint in dieser apokryphen Schrift als eines der höchsten Ziele.[144]

*Exkurs: Sexuelle Gewalt in der alttestamentlichen Gesetzgebung*
In keiner der Gesetzesbestimmungen, die die Jungfräulichkeit der Tochter betreffen, erscheint sexuelle Gewalt gegen das Mädchen bzw. die Frau als juristische Kategorie. Wie wir gesehen haben, ist die Unterscheidung zwischen Verführung und Vergewaltigung in den oben behandelten Texten irrelevant. Den Gesetzgebern ist der Gedanke fremd, daß Frauen ein Recht auf physische Integrität

---

143 Ausführlich werden beide Fassungen kommentiert und verglichen bei *Engel* 1985. – Die Susanna-Erzählung ist nie ein Bestandteil des hebräisch-aramäischen Danielbuches gewesen (aaO. 10). Schon zur Zeit des Hieronymus wurde nur noch die Theodotionübersetzung des Danielbuches zur kirchlichen Lesung verwendet (aaO. 10f).
144 Siehe aaO. 154f.

und sexuelle Selbstbestimmung haben. Carolyn Pressler zeigt in einer Untersuchung, daß dies für das gesamte deuteronomistische Gesetz gilt.[145] Das, was wir heute als »sexuelle Gewalt gegen Frauen« bezeichnen, ist im Blick auf diese Texte eine anachronistische Vorstellung.[146] Weibliche Sexualität und Reproduktionskraft erscheinen hier als etwas, das Männer besitzen, als männliches Eigentum. Folgerichtig kann eine Frau auch keinen Anspruch auf ihre eigene Sexualität erheben.[147] Schließlich hat eine Person ja nur Anspruch auf das, was ihr auch gehört.

Das Unrecht, das in Ex 22,15.16 und Dtn 22,28–29 geahndet wird, ist die Minderung des sozialen Status der Frau und der damit verbundene finanzielle Schaden, in Dtn 22,13–21 geht es um die Familienehre – die Verletzung der Frau ist kein Thema. Carolyn Pressler legt dar, daß das, was wir heute als »sexuelle Gewalt« bezeichnen müssen, im alttestamentlichen Gesetz, wenn überhaupt, dann anscheinend nur dort als gewaltsamer Übergriff auf die Integrität eines Menschen wahrgenommen wird, wo ein Mann das Opfer einer Frau wird: Dtn 25,11–12 sieht vor, daß einer Frau, die im Streit ihres Ehemannes mit einem anderen Mann die Genitalien ihres Gatten berührt, die Hand abgeschlagen wird. Der Fall kann als Indiz dafür verstanden werden, welche hohe Wertschätzung die Unverletzlichkeit männlicher Sexualität besitzt.[148]

2.1.2 Bestimmungen für den Fall, daß eine Tochter Sklavin oder Kriegsgefangene wird

In den alttestamentlichen Gesetzestexten werden zwei Möglichkeiten bedacht, wie eine Tochter ohne Eheschluß aus der Verfügungsgewalt des Vaters in die Verfügungsgewalt eines anderen Mannes kommen kann: Ein Vater kann seine Tochter in die Sklaverei verkaufen (Ex 21,7), oder aber eine Frau kann im Krieg in Gefangenschaft geraten (Dtn 21,10). Was das beinhaltet, soll nun betrachtet werden.

*Die von ihrem Vater in Sklaverei verkaufte Tochter (Ex 21,7–11)*
Die Sklavengesetzgebung im Bundesbuch (Ex 21,2–11) rechnet in dem Abschnitt über die Sklavin (Ex 21,7–11) mit einem von ih-

---

145 *Pressler* in: *Brenner* 1994, 102–112.
146 AaO. 102.
147 AaO. 111.
148 Siehe aaO. 110f. – Tikna Frymer-Kensky erklärt in ihrer Interpretation zu Dtn 25,11–12, daß die männlichen Genitalien im Deuteronomium »sakrosankt« seien (*Frymer-Kensky*, Deuteronomy, in: *Newson/Ringe* 1992, 52–62, dort 62).

rem Vater »verkauften« Mädchen.[149] So beginnt der Gesetzestext hier mit den Worten: »Verkauft jemand seine Tochter als Sklavin ...« (Ex 21,7) Ein Recht des Vaters, seine Tochter zu verkaufen, findet sich nicht eigens formuliert, sondern wird als selbstverständlich vorausgesetzt.[150]
Die Sklavinnengesetzgebung im Bundesbuch legt das Hauptgewicht darauf, daß eine von ihrem Vater in die Sklaverei verkaufte Frau auf Dauer Sklavin bleibt. Sie darf nicht freigelassen werden wie die männlichen Sklaven (Ex 21,7). Im Hintergrund dieser Regelung steht die gängige Praxis, nicht nur die Arbeitskraft der Sklavin auszubeuten, sondern auch ihre Sexualität. Die Intention des Gesetzes ist es, daß die Frau in eine einzige, dauerhafte sexuelle Beziehung gebracht werden soll.[151] Der Text spricht von der Zuordnung zum Sklavenhalter selbst (V 8) oder zu seinem Sohn (V 9) und trifft für beide Fälle Bestimmungen, die die Sklavin vor Willkür schützen sollen.
Häufiger war sicherlich der Fall, daß ein Sklavenhalter seine Sklavin, die er selbst nicht (mehr) für sich haben wollte, einem anderen Sklaven zuwies, wie es Ex 21,4 voraussetzt.[152] Ihre Kinder, Söhne und Töchter, gehörten auch dann auf alle Fälle ihm (Ex 21,4).

Das Verbot, die Sklavin in die Freiheit zu entlassen, wird in Dtn 15,12 stillschweigend korrigiert. Die Verfasser von Dtn 15,12 benutzen bei der Regelung zur Freilassung aus der Sklaverei eine inklusive Sprache: Sie schreiben fest, daß ein hebräischer Sklave *und eine hebräische Sklavin* nach sieben Jahren freizulassen sind (Dtn 15,12).

Nach dem Sklavinnenrecht im Bundesbuch soll es nur dann zur Freilassung einer Sklavin kommen, wenn ihr Herr seine Pflichten

---

149  *Noth* 1959, 144.
150  Ein Verkauf in die Sklaverei wird in der Regel wirtschaftliche Gründe gehabt haben. Frank Crüsemann vermutet, daß von der Struktur der Familie her, wo Landbesitz und damit Freiheit an den Söhnen hängen, die Töchter die ersten sind, die in Notsituationen verkauft wurden. Mit hoher Wahrscheinlichkeit traf in solchen Situationen das Schicksal der Sklaverei am schnellsten jene Töchter, die nur noch schwer verheiratet werden konnten – unverheiratete Töchter, die nicht mehr Jungfrauen waren, Witwen, die der Gewalt des Vaters unterstanden, oder Frauen, die aus anderen Gründen wenig attraktiv erschienen (*Crüsemann* 1992, 185f). Diese Aussage läßt sich belegen durch Neh 5,2.5.
151  AaO. 186.
152  *Noth* 1959, 187. Die Verheiratung einer Sklavin mit einem anderen Sklaven hält *Hyatt* 1991, 230 im Einzelfall für möglich. Durham unterscheidet deutlich zwischen Ex 4 und Ex 21,7ff: »The provisions here (Ex 21,10) stipulated for such a woman make it very likely that she was not sold into slavery for general purposes, but only as a bride, and therefore with provisions restricting her owner-husband concerning her welfare if he should become dissatisfied with the union« (Durham 1987, 322).

ihr gegenüber (Ex 21,8–10) nicht erfüllt; dann aber soll sie »umsonst« freigelassen werden, also ohne daß ein Lösegeld gezahlt werden muß (Ex 21,11). Wird die Situation einer Sklavin und einer Frau, die ehemals Sklavin war, zu Zeiten des Ersten Testaments bedacht, so ist zu bezweifeln, daß solchen Frauen die Freilassung überaus erstrebenswert erschien.[153] Die freigelassene Frau stand vor der Frage, wie sie sich nach ihrer Freilasssung allein durchschlagen sollte. Höchstwahrscheinlich hatte sie in der Sklaverei Kinder geboren; wenn sie fortging, mußte sie diese zurücklassen. Unter den damaligen gesellschaftlichen Bedingungen bedeutete Freilasung aus der Sklaverei für eine Frau nur dann eine Verbesserung und einen Schutz, wenn ihre Situation als Sklavin wirklich ganz unerträglich war.

*Die Tochter, die als Kriegsgefangene aus der Verfügungsgewalt des Vaters genommen wird (Dtn 21,10–14)*
Das Deuteronomium trifft eine Regelung für den Fall, daß der aus dem Krieg hervorgehende Sieger eine Kriegsgefangene zu seiner Frau nimmt (Dtn 21,10.11). Bemerkenswerterweise wird diese Angelegenheit nicht im Rahmen der deuteronomischen Kriegsgesetze (Dtn 20) behandelt und schließt auch nicht an sie an, sondern steht mit anderen Gesetzen zu familienrechtlichen Fragen zusammengeordnet (Recht des Erstgeborenen: Dtn 21,15–17; Todesstrafe für ungeratene Söhne: Dtn 22,18–21).[154] Offenbar bestand weniger im Blick auf den Krieg als vielmehr im Blick auf die Familie die Notwendigkeit, Regelung zur Position weiblicher Kriegsgefangene zu treffen. In der Bestimmung geht es nicht um ein kurzfristiges sexuelles Vergnügen des Siegers mit einer Frau seines besiegten Gegners, auch nicht um einmalige Vergewaltigung, sondern das Gesetz intendiert eine dauerhafte sexuelle Beziehung zu ihr, einen Eheschluß (vgl. V 13). Der Text geht ausdrücklich davon aus, daß der Mann an der Frau hängt, worunter ein erotisches Begehren angesichts ihrer schönen Gestalt verstanden wird (V 11).
Vor dem Ehevollzug muß die Kriegsgefangene zunächst durch Symbolhandlungen von allem getrennt werden, was zu ihrem bisherigen Leben gehörte: Nachdem der Mann sie in sein Haus geführt hat, soll sie sich ihr Haar scheren, die Nägel schneiden (V 12), ihre alten Kleider ablegen und einen Monat lang ihren Vater und ihre Mutter beweinen (V 13). Die Handlungen und die »Trauerarbeit« zielen darauf, die fremde Frau durch die Trennung von

---

153 Vgl. aaO. 185 zur Situation des Sklaven.
154 V. Rad 1964, 98.

ihrer Vergangenheit für ein »neues Leben« herzurichten. Es wird Wert darauf gelegt, daß die Frau sich auch gefühlsmäßig von ihrer Herkunft, ihrem Vaterhaus und ihrem Volk trennt (vgl. Ps 45, 11).[155] Sie steht nun nicht länger mehr unter väterlicher Verfügungsgewalt, sondern ist in die des Siegers übergegangen. Gedacht ist dabei offensichtlich an ein noch jungfräuliches Mädchen des besiegten Gegners. Susan Niditch legt dar, daß sexuell aktive Frauen des Feindes als Teil ihrer Männer aufgefaßt wurden; sie galten als von ihnen geprägt und durch sie gezeichnet. Ein jungfräuliches Mädchen dagegen hatte noch keine Identität, es konnte verschont und »gereinigt« werden.[156] Nachdem es erst mal die Vergangenheit wie ihre Kleider abgelegt hatte, konnte der Sieger ihr gleichsam seine »Handschrift« aufprägen. Die Symbolhandlungen intendieren eine möglichst vollständige Aneignung der Frau durch den Mann, der sie in sein Haus genommen hat.

Das Deuteronomium bestimmt weiterhin, daß der Mann, der eine Kriegsgefangene heiratete, sie dann, wenn er keinen Gefallen mehr an ihr findet und sie daher wieder loswerden will, nicht verkaufen darf, sondern sie wegschicken soll (Dtn 21,14). Diese Bestimmung wird mit dem Satz begründet: »weil du sie sexuell benutzt hast« (עניתה) (Dtn 21,14).[157] Geht es hier darum, die Frau zu schützen, nachdem nach damaligem Denken durch die sexuellen Handlungen ihr Wert gemindert worden ist? Möglich ist aber auch, daß hinter der Bestimmung ein Interesse an der eventuellen Nachkommenschaft aus der Beziehung steht, denn diese Regelung hält schwanger gewordene Frauen in der Familie. Vermutlich folgt nicht zufällig dem Gesetz zur Ehe mit kriegsgefangenen Frauen in Dtn 21,15–17 ein Gesetz zur Regelung des Erstgeborenenrechts.[158]

---

155 *Braulik* 1992, 155.
156 *Niditch* 1993, 51. Niditch erklärt hier, weshalb beim Sieg über die Midianiter in Num 31 an den jungfräulichen Mädchen anders als an Männern, Frauen und männlichen Kindern der Bann nicht vollzogen werden soll und sie am Leben bleiben (siehe Num 31,18).
157 *V. Rad* 1964, 96 übersetzt: »weil du sie gedemütigt hast«; *Braulik* 1992, 155: »Die Begründung lautet: Denn du hast sie dir gefügig gemacht«; *Phillips* 1973, 140: »since you have had your will with her«; *Mayes* 1979, 344: »humiliated her«. Gerstenberger betont, daß ענה vor allem eine Handlung ausdrücken will, die einen sozialen Statusverlust beinhaltet (*Gerstenberger* 1989, 253f). Zu ענה siehe auch oben S. 99, Anm. 179.
158 Anders *v. Rad* 1964, 98, der hinter der Bestimmung ein humanes Motiv sieht: »Auch eine Kriegsgefangene darf nicht mißbraucht werden; das Verhältnis zu ihr muß ein legales werden. Wird es gelöst, so darf die Frau in ihrem sozialen Stand, den sie inzwischen erhalten hat, nicht beeinträchtigt werden ...« Ähnlich *Braulik* 1992, 154f, der zum Ausdruck bringt, daß Dtn 21,10–14 eine rechtmä-

### 2.1.3 Regelungen zum Erbrecht der Tochter

*Regelung, nach der das Eigentum eines Mannes seinen nächsten Blutsverwandten nicht weggenommen werden kann (Num 27, 8–11)*
Num 27,8–11 gibt an, in welcher Reihenfolge Familienmitglieder erbberechtigt sind: An erster Stelle stehen die eigenen Söhne, es folgen die eigenen Töchter und dann die männlichen Anverwandten in der Reihenfolge des Grades der patriarchalisch gedachten Blutsverwandtschaft. Sprachlich wird bei den Töchtern der Erbvorgang anders benannt als bei den übrigen Erben: Es wird angeordnet, daß die Männer Israels das Erbe (נחלה) über sie hinweggehen lassen (עבר hi.), während es sonst übergeben wird (נתן).[159] Die Töchter sind die einzigen *weiblichen* Familienmitglieder, die für den Fall, daß keine ihnen vorgeordneten Verwandten da sind, das Erbrecht erhalten. Ihnen wird unter diesen Umständen die Rolle zugestanden, zum Bindeglied in einer Geschlechterfolge zu werden, die sonst allein Männer tragen. Die patrilineare Ordnung ist damit durchbrochen. Blutverwandtschaft zählt angesichts der Frage, wem im Todesfall das Eigentum zufällt, mehr als das Geschlecht.[160]

*Regelung, die den Erbbesitz der Gesamtstämme gewährleistet will (Num 36,6–9)*
Num 36,6–8 modifiziert die Bestimmungen von Num 27,8–11. Das Erbe der Töchter wird hier mit einer Auflage verbunden, die verhindern will, daß dem väterlichen Stamm durch diese Regelung Eigentum verlorengeht (Num 36,7.9): Töchter, die ein Erbteil erlangen, sollen einem Mann aus dem Geschlecht ihres Vaters heiraten (Num 36,8). Auf diese Weise soll ausgeschlossen werden, daß der Grundbesitz eines Stammes in den Besitz eines anderen Stammes kommt.
Bei allen Regelungen zum Erbrecht in Num 27,8–11 und Num 36,6–9 wird in Kategorien von Eigentum und Besitz gedacht. Zweifellos kann das Erbrecht von Töchtern in dem Fall, daß kein Sohn da ist (und auch keine Leviratsehe geschlossen werden kann), die Stellung der Frau in einer Gesellschaft heben, die Frauen sonst

---

ßige Eheschließung zwischen dem Sieger und der Kriegsgefangenen intendiere: »Für den Humanismus des Dtn (eine eigene religiöse Motivation fehlt hier) ist auch eine erbeutete Frau kein sexuelles Freiwild, sondern muß wirklich geliebt und vor einem Geschlechtsverkehr voll in eine israelitische Familie integriert sein.«
159 *Sterring* 1994, 91.
160 Siehe auch oben S. 77ff.

als Erbinnen ausschließt.[161] Offen bleibt aber, was angesichts der Regelungen von Num 36 die Verfügungsgewalt, die den Töchtern in Num 27 unter besonderen Umständen über das Erbe ihres Vaters eingeräumt wird, für die Frauen bedeuten kann. Konnten die Erbtöchter wenigstens bis zu ihrer Eheschließung über ihr Erbe verfügen? Oder müssen wir davon ausgehen, daß ihr Vormund und ihr Alter es ihnen nicht erlaubte, ihr Erbe selbst zu nutzen? Es ist anzunehmen, daß nach der Heirat der Erbbesitz zu dem Besitz ihres Ehemannes kommt; denn wie die Frau zu ihrem Mann gehört, so gehört auch ihr Besitz zu dem seinen.[162] Kamen erbberechtigte Frauen also durch die vorgegebenen Gesetzesbestimmungen ebensowenig in den Genuß von mehr ökomomischen Ressourcen wie jene Töchter, die unter der Verfügungsgewalt ihres Vaters stehen? Zudem läßt das Gesetz diesen Frauen nur die Wahl zwischen wenigen Männern – wenn sie überhaupt eine Wahl haben.

Tatsächlich werden außer den Töchtern des Zelofehads in den alttestamentlichen Schriften keine weiteren Frauen genannt, die nach dem in Num 27,1–11 geschaffenen Präzedenzfall den Besitz ihres Vaters erben.

2.1.4  Ergebnis

In den alttestamentlichen Gesetzesbestimmungen findet die Tochter nur an ganz wenigen Stellen Berücksichtigung. Die Verfasser der Rechtssammlungen sind nicht daran interessiert, Regelungen für den täglichen Umgang miteinander festzuschreiben, sondern befassen sich nur mit einigen Problemfällen. Über zentrale Bereiche, die das Zusammenleben von Tochter und Vater bestimmen, verlieren sie daher kein Wort: Die Gesetze sagen nichts zu den Themenkreisen »Versorgung« und »Schutz«, treffen auch – anders als beim Sohn –[163] keine Regelungen zur Erziehung der Tochter und zu erzieherischen Strafen.

Innerhalb der familienrechtlichen Bestimmungen ist die Jungfräulichkeit der Tochter nahezu einziges Thema. Die Verletzung des Hymen bedarf der finanziellen Kompensation für den Vater (Ex 22,15.16; Dtn 22,28.29). Der Vater erscheint in diesen Texten als Eigentümer der Tochter, die unrechtmäßige Entjungferung seines Kindes als Eigentumsdelikt. Das Mädchen wird in den Be-

---

161  Vgl. *Laffey* 1988, 61: »If one stops reading the Book of Numbers somewhere between chap. 27 and chap. 36, one may rightly conclude that some women, at least, held the kind of power and prestige that comes from owning land and other property.«
162  Vgl. aaO. 61f.
163  Siehe Dtn 21,18–21.

stimmungen nicht als Person wahrgenommen, sondern als Besitz. Die Bestrafung zielt auf eine Herstellung von rechtlichen Verhältnissen, wie sie auch am Ende einer ordnungsgemäß vereinbarten Verheiratung stehen würden. Die Situation der Tochter findet dabei keine Beachtung. Es ist offen, ob diese Gesetzesbestimmungen von Frauen als Schutzbestimmungen erlebt werden konnten. Jungfräulichkeit ist allerdings in den Gesetzen nicht nur ein »ökonomischer Zustand«, sondern auch ein »ethischer«. Mit ihr ist ganz eng die Familienehre verknüpft. Behauptet ein Ehemann, seine Frau sei nicht als Jungfrau in die Ehe gekommen, so wird mit dieser Aussage die Ehre ihrer ganzen Sippe, insbesondere aber die ihres Vaters beschmutzt (Dtn 22,13–21). In solch einem Fall ist der Vater aufgerufen, diese Behauptung öffentlich zu widerlegen. Die Situation des Mädchens interessiert auch in dieser Gesetzesregelung nicht.

Scheinbar anders ist dies in der Beschreibung des Präzedenzfalls bezüglich des Erbrechts der Tochter (Num 27,1–11; 36,1–11). Die hier festgehaltene Gesetzesbestimmung durchbricht die gängige patriarchale Ordnung: In dem Fall, daß beim Tode des Vaters keine Söhne als Erben da sind, ist das patrilineare Erbfolgeprinzip außer Kraft gesetzt und die Töchter sind als die nächsten Blutsverwandten die Erbinnen. Auch hier werden jedoch wieder Regelungen getroffen zur *männlichen* Verfügungsgewalt über Eigentum. Die Frage, ob eine erbberechtigte Tochter jemals selbst über ihr Erbe verfügen konnte, läßt sich anhand der alttestamentlichen Texte nicht beantworten.

In Gesetzestexten, die sich mit der Sklavin und der Kriegsgefangenen befassen (Ex 21,7–11; 21,10–14), ist der Vater eine Randfigur. Er wird erwähnt, weil die Tochter aus seiner Verfügungsgewalt in die Verfügungsgewalt eines anderen Mannes übergeht. Der Grund, weshalb die Sklavin und Kriegsgefangene in gesetzlichen Bestimmungen überhaupt Beachtung findet, liegt darin, daß die Verfügungsgewalt des Sklavenhalters oder Siegers im Krieg ihre sexuelle Ausbeutung einschließt. Die Gesetze sollen geregelte familiäre Verhältnisse schaffen. Eine (Familien-)Hure kann vor allem dann, wenn sie schwanger wird und Söhne zur Welt bringt, die patriarchale Ordnung empfindlich stören. Nur eine dauerhafte sexuelle Beziehung der Sklavin verhindert Unklarheiten, zu wem das Kind gehört, und nur eine eheähnliche Verbindung kann dem Sohn seine Anrechte in der Familie seines Vaters sichern.[164]

---

164 Zu welchen Konflikten es kommen kann, wenn ein Sohn mit einer Hure gezeugt wird, geht aus Ri 11,1–3 hervor: Jefta wird als Sohn einer Hure von seinen Brüdern vom Erbrecht ausgeschlossen und verstoßen.

Rechte von Töchtern gegenüber ihren Vätern sichern die Gesetze des Alten Testaments also an keiner Stelle. Stattdessen erscheint dort, wo der Vater im Blick auf die Tochter Erwähnung findet, seine Verfügungsgewalt über die Tochter vorausgesetzt und festgeschrieben. Selbst im Falle seines Todes, wenn kein Sohn seinen Platz einnehmen konnte und die Tochter erbberechtigt wird, ist mit seiner Hinterlassenschaft auch schon die Auswahl über den Ehemann getroffen. Es ist bemerkenswert, daß die im Gesetz aufgenommenen Problemfälle immer wieder auch die Sexualität der Tochter mitbehandeln müssen. Sie bedarf der Kontrolle und fordert Regelungen heraus, damit die herrschende Ordnung nicht durcheinander gerät. Der Körper des Mädchens / der Frau wird – wie die Frau selbst – dabei ausnahmslos als Objekt betrachtet. Der Gedanke, daß sie auch einen eigenen Willen, eigene Gefühle und Interessen haben könnte, liegt den Texten ferne. Die Perspektive des Mädchens / der Frau findet hier keine Berücksichtigung. Die Gesetze behandeln dadurch die Töchter nicht nur als Objekte, sie machen sie dazu.

## 2.2 Kultische Bestimmungen

Innerhalb von Regelungen, die die kultische Praxis betreffen, wird im Alten Testament nur in einigen wenigen Einzelbestimmungen auf die Tochter Bezug genommen.

### 2.2.1 Verbot, die Tochter zur »Hurerei« anzustiften

Im sog. Heiligkeitsgesetz steht innerhalb einer Reihe von Einzelbestimmungen, die fremde Kultbräuche verbieten (Lev 19,26–31), das Verbot, die Tochter zur »Hurerei« anzustiften (Lev 19,29). In dem Verbotssatz wird dieses Vergehen einer Entweihung gleichgesetzt: »Entweih nicht (אל תחלל) deine Tochter, indem du sie zur Hurerei anstiftest (להזנותה) ...« (29a)
Das Verbot ist manchmal dahingehend interpretiert worden, hier werde einem Vater nahegelegt, auf keinen Fall dem vorehelichen Geschlechtsverkehr seiner Tochter Vorschub zu leisten.[165] Häufig findet sich auch die Deutung, die Bestimmung wende sich gegen sexuelle Riten, mit denen in Israel und seiner Umwelt verschiedene weibliche Gottheiten wie die babylonische Istar und die kanaanäische Astarte als Spenderinnen der Fruchtbarkeit verehrt wurden.[166]

---

165 Siehe *Gerstenberger* 1993a, 253.
166 Vgl. *Kornfeld* 1983, 77.

In der Art, wie Lev 19,29 sich an den Vater richtet und nicht an die Mädchen und Frauen selbst, wird dabei dem Vater nicht nur die Verantwortung für seine Tochter zugesprochen; er erscheint sogar im Wortlaut des Gebotes als treibende Kraft, wenn seine Tochter sich solchen Kultpraktiken zuwendet.[167]
Bemerkenswert ist die Begründung, die diesem Verbot folgt: »damit das Land nicht Hurerei treibt und das Land von Schandtat voll wird« (לא תזנה הארץ ומלאה הארץ זמה) (29b). Hier wird nicht mit einem Schaden argumentiert, den die Tochter oder ihr Vater durch die Prostitution davontragen würden, sondern damit, daß durch eine solche »Entweihung« ihres Körpers auch das ganze Land entweiht werde und sich mit Schande fülle. Dem Körper der Tochter ist das Land, die Erde, auf der Israel lebt, gleichgesetzt. Das aber heißt: Mit der Verantwortung für den Körper der Tochter trägt der Vater auch die Verantwortung für das Land – und umgekehrt. Frauenkörper und Land sind eins.
Wie ich noch zeigen werde, wird auch in der Metaphorik der Prophetie das Land häufig zu einem Frauenkörper in Beziehung gesetzt.[168] Die Propheten können so in sexualisierter Sprache das Verhältnis von JHWH zu Israel beschreiben; die Rede von der »Hurerei« hat dabei einen zentralen Stellenwert. Aus diesen Gründen wird auch Lev 19,29 bisweilen als metaphorische Rede verstanden. So deutet Erhard S. Gerstenberger diesen Vers als hintergründige Ermahnung, treu zu JHWH zu halten: »Wie ein Vater seine Tochter nicht zur Hure werden lassen soll, so soll Israel nach dem Willen JHWHs auch nicht zur Hure werden.«[169]
Im Rahmen meiner Forschungsarbeit soll es dahingestellt bleiben, ob Lev 19,29 einen Prohibitiv enthält, der reale Väter und Töchter im Blick hat, oder metaphorisch von der Tochter spricht. Entscheidend scheint mir, daß die Sexualität der Tochter, kultische Reinheit und Verantwortlichkeit des Vaters in diesem Verbot so miteinander verbunden werden, daß eine Kontrolle des weiblichen Körpers nötig erscheint.

### 2.2.2 Sonderstellung der Priestertochter

Besonderen Regelungen, die für die Priesterschaft festgeschrieben sind, beziehen auch den familiären Bereich des Priesters mit ein und können hier seine Tochter betreffen.

---

167  Auch in diesem Punkt bestehen Parallelen zwischen Lev 19,29 und den Aussagen in Hos 4,13f. Siehe Jost 1993, 128; vgl. *Wacker* 1992, 55.
168  Siehe unten S. 245ff. Marie-Theres Wacker sieht in Lev 19,29 eine Parallele zu Hos 1,2b (*Wacker* 1987, 117).
169  *Gerstenberger* 1993a, 253.

## Das Essen kultischer Gaben (Lev 10,14; 22,11–13; Num 18,11.19)

Num 18,11–19 regelt die Verwendung der eßbaren Opfergaben, die ins Heiligtum gebracht werden. Bestimmte Teile von ihnen durften die Priester als ihr Einkommen betrachten, das sie verzehren konnten.[170] Jene Verse, die die Regelung umrahmen – Num 18,11 und 19 – nennen neben den Söhnen des Priesters auch die Töchter als diejenigen, die ein dauerndes Anrecht auf diese Gaben haben. Das sog. Heiligkeitsgesetz entspricht dieser Festschreibung darin, daß nach Lev 10,14 Söhne *und* Töchter »die Brust des Schwingopfers und die Keule des Hebopfers« essen dürfen. Hier werden die Priester auch ermahnt, »nicht nur die Abgabe ihrer Opferanteile zu überwachen, sondern auch dafür zu sorgen, daß diese von den Priestern und deren Angehörigen an heiliger Stätte gegessen werden.«[171]

Lev 22,10–16 hält ausdrücklich fest, wer von den Opfergaben *nicht* essen darf. Der Vorschriftenkatalog nimmt einige Problemfälle auf, gibt aber keine generelle positive Definition des Personenkreises, der zum Verzehr heiliger Gaben zugelassen ist. Entscheidend ist, ob eine Unterhaltspflicht des Priesters den betreffenden Personen gegenüber besteht.[172]

## Verunreinigung durch den Leichnam (Lev 21,1–4.11)

In alttestamentlichen Texten läßt sich die Vorstellung nachweisen, daß die Berührung mit einem Leichnam für gewisse Zeit unrein mache. Solche Berührungen sind dem Priester daher lediglich in Ausnahmefällen gestattet. Er darf sich in dieser Weise nur an den Toten seiner nächsten Blutsverwandten verunreinigen. Ausdrücklich aufgeführt werden Mutter, Vater, Sohn, Tochter, Bruder und Schwester (Lev 21,2), wenn sie noch jungfräulich ist (Lev 21,3). Die Nichtbestattung eines Toten ist offenbar ein so großes Übel, daß die Verunreinigung des Priesters an dem Leichnam in Kauf genommen wird. Er muß sich anschließend durch bestimmte Riten reinigen (vgl. Num 6,9–12; 19,12.17–22). Für den Oberprie-

---

170  *Scharbert* 1992, 74.
171  *Kornfeld* 1983, 42. In Lev 10,12–15 liegt der Nachdruck darauf, den Ort zu bestimmen, an dem die restlichen Speiseopfer verzehrt werden dürfen. Nach Lev 10,12 soll das Essen »neben dem Altar« erfolgen. Diese Anordnung schließt jedoch die weiblichen Familienangehörigen vom Verzehr der Speiseopfer aus, da sie ja noch nicht einmal den Vorhof des Heiligtums betreten dürfen. In Lev 10, 14 erfolgt deshalb ein Szenenwechsel: Nun ist an einen »reinen Ort« gedacht, der auch in der Behausung des Priesters liegen kann, und die Tochter wird explizit als eine zum Mahl zugelassene Person genannt (vgl. *Gerstenberger* 1993a, 116).
172  So hatten Sklaven, die auf Dauer zur Familie gehörten (Lev 22,11) Anteil an den Opfergaben, nicht jedoch Lohnarbeiter, die nur vorübergehend in der Familie arbeiteten (Lev 22,10).

ster gelten verschärfte Bestimmungen: Lev 21,11 setzt fest, daß er sich noch nicht mal an dem Leichnam von Vater und Mutter verunreinigen darf. Das Verbot gilt hier sicherlich auch gegenüber den übrigen in Lev 21,2 aufgeführten Personen, d.h. auch gegenüber der Tochter.[173]

*»Entehrung« des Priesters durch »Hurerei« seiner Tochter (Lev 21,9)*
Lev 21,9 stellt »Hurerei« (זנות) der Priestertochter unter Todesstrafe. Anders als in Lev 19,29 wird hier die Priestertochter für das sexuelle Verhalten verantwortlich erklärt: *Sie* ist das Subjekt, sie hat *sich* durch die »Hurerei« entheiligt (חלל). In der Strafbegründung nimmt der Gesetzgeber allerdings nicht auf *ihre* Entheiligung Bezug, sondern spricht von einer Entheiligung des Vaters: »Sie soll durch Feuer verbrannt werden, denn sie hat ihren Vater entheiligt«. Das Handeln der Tochter wirkt sich unmittelbar auf den Vater aus, er ist davon nicht weniger betroffen als sie. Seine ganze Amtsführung steht auf dem Spiel, und entsprechend hoch fällt die Strafe aus. »Das Verbrennen signalisiert eine Reinigungszeremonie. Manche Opfer (vgl. Lev 1; 4,1-21) werden ganz verbrannt, damit die auf ihnen angesammelte Unheilskraft vernichtet wird.«[174] Es ist zu vermuten, daß diese Art, die Tochter zu vernichten, als Weg angesehen wird, um die Unreinheit zu beseitigen, die sie über ihren Vater gebracht hat. Eine Heirat, wie sie Dtn 22,28f vorsieht, kommt hier offenbar nicht in Frage (vgl. Gen 38,34). Möglicherweise dient die Tochter an dieser Stelle in den Priesterregeln dazu, die Gefährlichkeit des sexuellen Verhaltens von Frauen zu demonstrieren.[175] Ihr Abweichen von der sexuellen Norm bringt für die Männer, die zu ihr gehören, und insbesondere für den Vater eine gravierende Störung beim Umgang mit dem Heiligen mit sich. So wie die Ehre der Tochter die Ehre des Vaters ist, so erscheint das rechte sexuelle Verhalten der Tochter mit der Heiligkeit des Vaters unauflöslich verwoben.

2.2.3 Bestimmungen für den Fall, daß die Tochter ein Gelübde ablegt

In Num 30,1-17 geht es um die Verbindlichkeit sowie um die Gültigkeit von »Schwüren«[176] und auch von »bindenden Verspre-

---
173 So *Porter* 1976, 169 und *Noth* 1964, 135.
174 *Gerstenberger* 1993a, 270 (Interpretation zu Lev 20,14).
175 Vgl. aaO. 288.
176 *Noth* 1966, 194 versteht unter נדר »Verpflichtungen zu irgendwelchen positiven Leistungen (z.B. Opfer)«. Vgl. *Budd* 1974, 322 und *Keller* 1984, 42.

chungen«[177] (hebr.: לֶאְסֹר אִסָּר עַל־נַפְשׁוֹ אוֹ הִשָּׁבַע שְׁבֻעָה לֶאְסֹר אִסָּר). Das Gesetz trägt die charakteristischen Züge der Priesterschrift.[178] Über den konkreten Inhalt der verhandelten Verpflichtungen fehlen im Text alle Angaben. Der Abhandlung gehen in Num 28; 29 Bestimmungen zur Opferpraxis voran. Während Martin Noth bestreitet, daß literarisch und inhaltlich eine Beziehung zwischen den Opfervorschriften und Num 30 besteht,[179] sehen Josef Scharbert, Philip J. Budd u.a. eine deutliche Verbindung darin, daß Gelübde wohl in der Regel kultischen Charakter hatten und kultische Opfer betrafen.[180] Dieser Meinung schließe ich mich an.

Die Regelungen in Num 30 setzen als selbstverständlich voraus, daß Frauen ebenso wie Männer Schwüre und bindende Versprechungen abgeben. Während aber im Blick auf die Gelübde der Männer nur kurz festgehalten wird, daß diese unter allen Umständen verpflichtend seien (Num 30,3),[181] bedarf es zum Umgang mit dem Gelübde der Frauen einer breiten Erörterung (Num 30, 4–17). Hierzu Bestimmungen zu erlassen, ist die eigentliche Intention des Kapitels.

Wenn eine Tochter als Ledige im Hause ihres Vaters lebt und ein Gelübde ablegt, sind ihre Worte bindend, wenn ihr Vater dazu schweigt (V 4.5). Verbietet er ihr aber an dem Tage, an dem er von dem Gelübde hört, die Einhaltung ihrer Verpflichtungen und Schwüre, so gelten sie nicht, »und JHWH wird ihr gnädig sein, weil ihr Vater es ihr verboten hat« (V 6).

Der Fall, in dem der Vater das Gelübde billigt, steht hier jenem vorangestellt, in dem er es verbietet. In der Bestimmung scheint keinesfalls ein Interesse daran spürbar, das Ablegen der Gelübde von Frauen in irgendeiner Weise zu kritisieren oder reduzieren zu wollen, sondern es geht darum, daß die Verfügungsgewalt von Männern über Frauen nicht durch ein Gelübde eingeschränkt werden darf. Über die Motive, aus denen heraus der Vater seine

---

177 *Noth* 1966, 194f weist darauf hin, daß der Terminus technicus אסר, nur hier im Alten Testament vorkommt, und versteht darunter: »Verpflichtungen zu irgendwelchen Enthaltungen (vgl. besonders V. 14a, wonach eine ›Bindung‹ eine ›Selbstdemütigung‹ bedeutet)«. Ebenso *Budd* 1984, 322: »In contrast to the ›vow‹ this is perhaps a negative commitment, to some kind of abstention ... (cf. 1Sam 14:24; Ps 132:3–4; Acts 23:21).«
178 AaO. 321.
179 *Noth* 1966, 194.
180 *Scharbert* 1992, 119f; *Budd* 1984, 321. Laut THAT ist das im Gelübde enthaltene Versprechen immer kultischer Art (*Keller* 1984, 40f).
181 Dazu *Scharbert* 1992, 120: »Vom freien Mann erwartet der Text, daß er sich genau überlegt hat, was er verspricht; er ist darum unter allen Umständen zur Erfüllung verpflichtet.« Scharberts Aussage suggeriert, daß Frauen sich offenbar nicht genau überlegen, was sie versprechen.

Zustimmung zu dem Schwur oder der Verpflichtung versagen kann, wird nichts gesagt.[182] Die Entscheidung ist seinem freien Ermessen überlassen. Die Regelung hat damit äußerlich den Charakter einer »Schutzvorschrift« für die Frau[183]: Die Frau wird davor geschützt, schuldig zu werden, wenn ihr Vater (oder ihr Ehemann: Num 30,7–16) ihr die Einlösung ihres Gelübdes untersagen. Bei kritischer Betrachtung geht es hier aber doch wohl letztlich darum, Väter und Ehemänner davor zu schützen, »Schuld« über ihre Familie zu bringen, wenn sie einer Frau aus ihrer Familie die Erfüllung ihres Gelübdes verbieten. Weil diese Bestimmung das Recht der Männer gewahrt wissen möchte, über die Entscheidung, den Willen und auch ein Gelübde einer Frau hinwegzugehen, wird hier nach einem Weg gesucht, wie Männer das tun können, ohne dabei in Konflikte zu geraten. Indem Num 30,2–17 die Bedingungen für das Aufheben der Verbindlichkeit des Gelübdes einer Frau festhält, ist es möglich, die religiöse Freiheit der Frauen zu kontrollieren.[184]

Über den möglichen Inhalt solcher Gelübde ist viel spekuliert worden. Könnte hier daran gedacht sein, daß eine Frau sexuelle Enthaltsamkeit gelobt? Diese Vermutung stützt sich zum einen darauf, daß mit kultischen Gelübden von Frauen häufig sexuelle Enthaltsamkeit verbunden wird, zum anderen aber auch auf Num 30,7. Dort wird der Fall ausgeführt, daß eine Frau noch vor ihrer Verheiratung ein Gelübde abgelegt hat, das offenbar von ihrem Vater gebilligt wurde, dann aber, nachdem sie durch Heirat Eigentum eines anderen Mannes geworden ist, dieses Gelübde auf Ablehnung ihres Ehemannes stößt. In diesem Zusammenhang fällt für den Schwur oder die Verpflichtung, die sie eingegangen ist, der Ausdruck sie habe einen »unbedachten Ausspruch ihrer Lippen« getan (V 7b.9a). Nach der Ansicht Martin Noths wären diese Worte verständlich, hätte die Frau für eine bestimmte Zeit sexuelle Enthaltsamkeit geschworen, und dabei nicht »bedacht«, daß sie bald heiraten könne und ihr Gelübde den Wünschen des Ehemannes widersprechen würde.[185] Diese Deutung erscheint mir aber sehr spekulativ.

182  Noth 1966, 195. Budd spricht wertend von »excessiv commitments made by woman« und unterstellt damit den Gelübden der Frauen, sie seien von ihrem Inhalt her verwerflich (Budd 1984, 324).
183  Vgl. Scharbert 1992, 121. Er betont sogar noch ausdrücklich: »Man wird diese Bestimmungen für vernünftig und frauenfreundlich halten.« – Budd 1984, 324: »But equally the woman deserves protection, and a clear and immediate response must be made if the vow is to be disallowed.«
184  Vgl. Noth 1966, 195: »Mit alledem wird also der Frau ein nur mittelbares kultisches Recht zugeschrieben (ausgenommen nach dem Zusatz V. 10 die verwitwete oder verstoßenen Frau).« – Budd 1984, 324: »Given the patriarchal character of Israelite society, and the economic dependence of women upon men, it seems likely that from an early stage it was felt necessary to control the religious freedom of women.«
185  Vgl. Noth 1966, 195.

## 2.2.4 Ergebnis

Die kultischen Bestimmungen, die Vater und Tochter betreffen, behandeln sehr unterschiedliche Probleme. Hinter ihnen steht die Frage, wo und wie durch Vater und Tochter Verletzungen, Verunreinigungen oder Gefahren in die kultische Sphäre hineingebracht werden könnten und wie solche Übel zu vermeiden sind. Die Tochter kann sich nicht im Bereich des Kultes bewegen, aber sie kann all das, was mit der Gottheit in Berühung steht – das Land, den Priester –, verunreinigen, entheiligen und Schuld auch auf sich laden. An keiner Stelle geht es im Alten Testament darum, die Tochter in irgendeiner Weise in die kultische Praxis miteinzubeziehen – das scheint hier jenseits jeder Vorstellung zu liegen –, sondern darum, mögliche Schädigung durch sie zu benennen und abzuwenden. Wie Num 30,4–6 zeigt, unterstehen sogar im persönlichen Frömmigkeitsbereich ihre Entscheidungen und ihr Wille männlicher Kontrolle: Indem ihr Vater bzw. Ehemann die Vollmacht hat zu entscheiden, ob ein von ihr abgelegtes Gelübde Gültigkeit besitzen soll oder nicht, sorgen diese Bestimmungen dafür, daß die Verfügungsgewalt von Männern über Frauen selbst durch ein Gelübde nicht eingeschränkt werden darf.
Insgesamt gesehen werden auch in den kultischen Bestimmungen nur wenige Blicke auf Vater und Tochter geworfen. Wo Vater und Tochter dennoch bedacht sind, bringen die Verfasser der Texte vor allem die Gefährlichkeit der Sexualität der Tochter zum Ausdruck. Über die Praktizierung der hier untersuchten Bestimmungen für den Kult ist im gesamten Alten Testament nichts überliefert.

## 2.3 Lebensregeln

Erfahrungswissen kann im Alten Testament anhand von Lebensregeln weitergegeben werden. Die Lebensregeln wollen dem Menschen helfen, sich in seiner Umwelt zu orientieren und den Alltag zu bewältigen. Sie haben die Form von ethischen und moralischen Grundsätzen, von Lebensweisheiten oder Sprichwörtern. Während Bestimmungen, die für ein Gericht oder eine bestimmte kultische Praxis verfaßt wurden, zunächst auch nur in Gerichtsverhandlungen oder beim Vollzug der betreffenden kultischen Handlung ihre Gültigkeit haben, sind Lebensregeln auf das Dasein des Menschen in seiner ganzen Fülle bezogen. Wer sie nicht beachtet, wird nach der Vorstellung des Gläubigen durch den bestraft, der das Leben in Händen hält und lenkt, durch JHWH. Aber auch für den weniger Gläubigen versteht es sich von selbst, daß eine Mißachtung dieser

wertvollen Weisheiten nur negative Konsequenzen zur Folge haben kann. In Lebensregeln sind ja die Erfahrungen und das Wissen vieler Generationen zu Sätzen geronnen; es wäre daher dumm, sie zu ignorieren.
Unter den Lebensregeln des Alten Testaments gibt es nur sehr wenige Aussagen, die die Vater-Tochter-Beziehung tangieren. Es scheint, als wäre dieser Bereich von Lebenswirklichkeit einfach ausgeblendet. In der Art, wie die Tochter in den Lebensregeln übergangen wird, drückt sich jedoch meines Erachtens auch etwas von der Verfügungsgewalt der Väter über ihre Töchter aus. Das möchte ich in den folgenden Ausführungen zeigen.

### 2.3.1 Ethisch-homiletische Ermahnungen

Ethisch-homiletische Ermahnungen sind häufig als Reden des Mose, als Aussagen aus Priesterkreisen oder als prophetisches Wort überliefert. Die Rückbindung an JHWH ist für solche Lebensregeln konstitutiv, oft wird eine Mißachtung ausdrücklich als Sakrileg kenntlich gemacht. Adressatin bzw. Adressat sind ein Volk, eine Gemeinde, eine Gemeinschaft, wo die Worte zum Nutzen dienen sollen. Das gilt auch dann, wenn diese Ermahnungen das Leben des einzelnen betreffen.
Was die Tochter betrifft, kann an dieser Stelle nur eine Defizitanzeige erfolgen: Selbst in den Inzestverboten, die die weiblichen Mitglieder einer Familie aufzählen, ist gerade von ihr nicht die Rede (Dtn 27; Lev 18; 20). Gegenstand ethisch-homiletischer Ermahnungen sind allerdings die Eltern. Das Gebot, sie zu ehren, gehört zu den grundlegendsten Regeln, die für das Zusammenleben in der Gemeinschaft der Stämme aufgeschrieben wurden, und findet sich mehrfach formuliert (Ex 20,12; Dtn 5,16; Lev 19,3).

*Das Fehlen des Verbotes zum Vater-Tochter-Inzest*
Drei Texte im Alten Testament enthalten eine Auflistung, mit welchen Frauen ihres Familienverbandes Männer keine sexuellen Beziehungen eingehen sollten: die Fluchworte in Dtn 27, die Benennung geschlechtlicher Tabus in Lev 18 und die Aufzählung strafbarer Handlungen in Lev 20.
Bei der Formulierung der Inzesttabus (Dtn 27,20.22.23; Lev 18, 6–18; 20,11–14.17.19–20), denken die Verfasser ausnahmslos von einem männlichen Subjekt aus; die Frau ist das Objekt, zu dem eine sexuelle Beziehung aufgenommen wird. Es geht dabei nicht darum, Heiratsverbote aufzustellen, sondern die Aufforderung »Du sollst die Scham nicht aufdecken« dürfte im engeren und engsten Wortsinn gemeint sein, d.h. es ist hier an Sexualkon-

takte im allgemeinen gedacht, wie sie beim Zusammenleben im engen Familienkreis entstehen können.[186]

Darüber hinaus werden auch in einem prophetischen Text bestimmte sexuelle Beziehungen von Männern zu Frauen ihres Familienverbandes als höchst verwerflich verurteilt: Ezechiel zählt in Jerusalem verübte Schandtaten auf und klagt unter anderem darüber, daß Männer sexuelle Kontakte zur Frau ihres Vaters (Ez 22, 10), zur Schwiegertochter (Ez 22,11) oder zur Schwester (Ez 22,11) haben. Es ist deutlich, daß er dies als Skandal ansieht, die die Bestrafung der Stadt heraufbeschwört. Ezechiels Denken steht jenem der priesterschriftlichen Überlieferungen sehr nahe.

Die Tochter fehlt in allen Texten, die sexuelle Kontakte zwischen Familienangehörigen untersagen oder verurteilen. Das ist um so auffälliger als insbesondere in Lev 18 alle übrigen weiblichen Mitglieder der Familie, soweit sie als Großfamilie unter einem Dach lebt, vollständig aufgeführt werden.
Dennoch gehen sämtliche Kommentare davon aus, daß ein Inzestverbot für Vater und Tochter in Kraft war. Immer wieder wird die Vermutung geäußert, es sei in der Auflistung von Lev 18 ursprünglich enthalten gewesen, dann aber weggefallen.
In der Lutherbibel ist ein entsprechendes Gebot in Lev 18,10 zu finden. Dort heißt es: »Du sollst mit der Tochter deines Sohnes oder deiner Tochter nicht Umgang haben, damit schändest du dich selbst«. Im masoretischen hebräischen Text ist hier aber nicht von der Tochter, sondern von der »Tochter deiner Tochter«, also der Enkelin die Rede.

Dieses Verfahren ist üblich. Karl Elliger glaubt, es lasse sich schwerlich bestreiten, »daß vor V 10 das entsprechende Verbot über die Tochter ausgefallen ist, natürlich infolge Homoiarkton. Der Abschreibefehler ist alt, wie die Übereinstimmungen der Versionen mit *M* (dem masoretischen Text) zeigt.«[187] Jörn Halbe schreibt: »Ein Verbot, das sie (die eigene Tochter) schützt, wäre als drittes Glied unserer Reihe, also im heutigen Text zwischen V 9 und V 10 zu erwarten. Aber dies Defizit ist ein Problem, das sich in keiner Weise spezifisch erst aus der hiesigen Sicht der Entstehungsgeschichte des Textes ergibt. Es ist längst aufgefallen und immer wieder dadurch behoben worden, daß man (...) zwischen V 9 und V 10 ein (aus welchen Gründen immer) ausgefallenes Verbot ergänzte. Ohne hier weiter daran zu deuten, folgen wir dieser Lösung.«[188] J. Bernhard Bamberger geht davon aus, daß das Inzestverbot bezüglich der Tochter infolge eines Schreibfehlers aus Lev 18,10 verschunden ist.[189] Nach J.R. Porter fiel es in Lev 18,9 einer literarischen Umwandlung (»literary transmission«) zum Opfer.[190]

186 Vgl. *Elliger* 1955, 8.
187 AaO. 2.
188 *Halbe* 1980, 84f.
189 *Bamberger* 1979, 188.
190 *Porter* 1976, 146.

Walter Kornfeld legt sich zwar nicht auf den Ort fest, den das Verbot eines Vater-Tochter-Inzests im Text ursprünglich gehabt haben mag, ist darum aber nicht weniger davon überzeugt, daß dieser Tatbestand einmal in der Liste aufgenommen war. So schreibt er zu Lev 18,6 (»Keiner von euch soll sich einer Blutsverwandten nahen, um ihre Scham zu entblößen«): »Der euphemistische Ausdruck ›die Scham entblößen‹ (vgl. 20,11.17–21; Ez 22,10) meint jeden Geschlechtsverkehr, der grundsätzlich zwischen sämtlichen Blutsverwandten verboten wird. Bei Einfügung dieser Allgemeinbestimmung wurde vielleicht ein ehedem vorhandenes Tochterverbot gestrichen, um den Dodekalog zu wahren.«[191]
Gordon J. Wenham gehört zu den wenigen Exegeten, die nicht im Text nach einem Vater-Tochter-Inzestverbot suchen. Seines Erachtens war es so selbstverständlich gültig, daß es nicht erst noch eigens formuliert werden mußte. Da das Verbot auch in Israels Umwelt in Kraft gewesen sei, konnte es nicht dazu dienen, sich von den übrigen Völker zu unterscheiden.[192]
»Verdächtig« (»conspicuous«) erscheint das Fehlen des Vater-Tochter-Inzestverbotes dagegen sowohl Ilona N. Rashkow als auch Athalya Brenner. Beide schließen daraus, daß dieser Inzest möglicherweise nicht als anstößig eingeschätzt wurde.[193]
Im Gegensatz zu den Texten des Alten Testaments findet sich die Tochter im Codex Hammurapi neben der Schwiegertochter, Mutter und Stiefmutter unter den Tabupersonen aufgeführt, mit denen ein erwachsener Mann keine sexuelle Beziehung eingehen sollte. Sexueller Mißbrauch des Vaters an der Tochter wird hier jedoch im Vergleich zu anderen Überschreitungen sexueller Tabus am wenigsten hart bestraft: Der Vater soll aus der Stadt gejagt werden.[194] Weiter ist Vater-Tochter-Inzest auch in den Gesetzen der Hittiter untersagt. Hier findet sich sogar auch ein Verbot des sexuellen Umgangs mit dem Sohn.[195]

Meines Erachtens läßt sich ein gravierender inhaltlicher Grund nennen, weshalb die Tochter in den alttestamentlichen Verbotslisten zu sexuellen Tabus nicht vorkommt: Frauen werden im Alten Testament in der Regel als Eigentum wahrgenommen. So sind auch die Verbote in Lev 18 häufig durch Zuordnungen begründet, die eigentumsrechtliche Implikationen enthalten: Die Blöße einer Frau gehört ihrem Ehemann und niemand anderem.[196] Schon Karl Elliger vermutete m.E. zu recht, daß die Sätze der Gebotsreihe keine Ehen verhindern wollen, sondern »sie wollen einen bestimmten Zustand, eine bestimmte Lebensgemeinschaft umhegen, indem sie die Regeln der Sippe festlegen. Und in unserem Falle handelt es sich offenbar um das *Zusammenleben der Großfamilie*:

---

191 *Kornfeld* 1983, 70. Kritisch ist hier mit Gerstenberger darauf hinzuweisen, daß sich der in Lev 18,7–17 genannte Personenkreis kaum unter dem Oberbegriff »Blutsverwandte« des zu Ermahnenden zusammenfassen läßt. In V 12.13 und 17 hat der Begriff eine andere Bezugsperson (*Gerstenberger* 1993a, 227).
192 *Wenham* 1979, 254
193 *Raskow* 1994, 25f; *Brenner* 1994, 121ff.
194 *Brenner* 1994, 136. Vgl. *Gerstenberger* 1993, 229.
195 *Brenner* 1994, 137.
196 Die Feststellung, wem wessen »Blöße« gehört, benutzen zur Begründung V 7.8.10.14.15.16.

Es soll nicht in ein Durcheinander der Geschlechtsgemeinschaft ausarten, und der Friede innerhalb der Wohn- und Wirtschaftsgemeinschaft soll an einem empfindlichen Punkte gesichert werden.«[197] Wo aber liegt der empfindliche Punkt in einer Gemeinschaft, in der Männer Frauen als Eigentum ansehen? Betrachten wir die Verbotslisten, so fällt auf, daß alle Frauen, die dort aufgeführt werden, nicht dem Adressaten des Gebotes gehören, sondern in Beziehung zu anderen Männern stehen. Dies legt den Schluß nahe, daß dort, wo von einer »Schandtat« gesprochen wird (z.b. 18,17; 20,12 u.a.m.), offensichtlich der Familienfriede gestört wird, weil sich jemand an etwas vergreift, was einem anderen gehört. Wenn nun aber die Inzestverbote in erster Linie dazu dienen, die Familie und die darin gültigen Eigentumsrechte zu schützen, indem Besitzverhältnisse auch im Blick auf sexuelle Beziehungen festgeschrieben werden, so hat die Tochter in den Verbotslisten tatsächlich keinen Platz: Sie gehört ihrem Vater, und wenn er sie – sein Eigentum – sexuell benutzt, ist dadurch der Familienfriede nicht gestört – zumindest nicht, solange die Tochter unverheiratet ist. »Das macht die Position der Tochter so außerordentlich prekär. Die Beziehung zwischen Vater und unverheirateter Tochter ist die einzige Beziehung, in der das Verbot des Geschlechtsverkehrs mit weiblichen Verwandten nicht durch die Rechte anderer männlicher Familienmitglieder verstärkt wird.«[198]
Zusammenfassend läßt sich festhalten, daß die in Dtn 27, Lev 18; 20 formulierten Inzestverbote nicht beabsichtigen, Frauen und ihre Sexualität vor männlichen Übergriffen zu schützen. Der Gedanke an den Vertrauensbruch, den Frauen in inzestuösen Beziehungen erleben, an sexuelle Gewalt, Traumata und Zerstörung der Zukunft, die Inzest für Frauen beinhaltet, ist den Texten völlig fremd. Aus den Begründungen der Verbote geht auch nicht hervor, daß eine emotionale Abneigung gegen die aufgeführten in-

---

197 *Elliger* 1955, 8; Hervorhebung vom Verfasser. Diese These wird auch von J.R. Porter aufgegriffen und unterstützt (siehe *Porter* 1976, 145). Anders *Wenham* 1979, 253: »... these rules define the limits within which a man may seek a wife for himself.«
198 *Rijnaarts* 1988, 57. Vgl. *Judith Romney Wegner*, Leviticus, in: *Newsom/ Ringe* 1992, 36–44, dort bes. 41. Vor diesem Hintergrund gibt es zu denken, daß in V 10 möglicherweise auch die »Tochter der Tochter« erst nachträglich in die Liste aufgenommen wurde. In Lev 20 fehlt sie ja, in Lev 18,10 sind nur an dieser Stelle in der Liste zwei Personen in einem Satz genannt, außerdem lebt die Enkelin, die die Tochter zur Welt bringt, auch nicht mehr im Verbande ihrer alten Familie. Konnte vielleicht auch ursprünglich das Kind, das von der Tochter geboren wurde, als Besitz des pater familias gedacht werden, und fehlt es deshalb in der Liste? Für diese Hypothese spricht, daß in Gen 31,43 für Laban strittig ist, wem die Enkel gehören.

zestuösen Beziehungen die Verfasser zum Aufschreiben solcher Bestimmungen getrieben hat. Hier geht es darum, Männer davor zu schützen, daß sich jemand anderes aus dem Familienverband ihre Frauen aneignet. Inzest erscheint als ein Verbrechen von Männern, und es ist ein Verbrechen gegen Männer (und nicht gegen Frauen!).[199] Die Verfügungsgewalt des Vaters über den Körper seiner Tochter wird im Alten Testament nirgendwo bestritten oder begrenzt. Warum also sollte hier eine Bestimmung erlassen werden, die Vätern diese Gewalt beschneidet?[200]

Hier sei mir der Hinweis gestattet, daß in unserer Gegenwart von inzestuösen Vätern durchaus die Empfindung bezeugt ist, ihre Tochter gehöre solange ihnen, bis sie sie an einen anderen Mann »abtreten«. So droht ein Vater gegenüber seiner fünfzehnjährigen Tochter: »Wart's nur ab«, schrie er seine Frau an, die ihre Tochter in Schutz nahm, »wart's nur ab, bevor die heiratet, krieg' ich sie erst noch mal«.[201] Und Katharine Brady, die jahrelang von ihrem Vater sexuell mißbraucht wurde, schreibt über seine Reaktion auf ihre Verlobung: »Endlich war mein Vater bereit, mich in Ruhe zu lassen. Nun gab es etwas, das wichtiger war als sein Bedürfnis nach sexueller Befriedigung: Besitz, die Tatsache, daß ich einem anderen Mann gehörte. Das war etwas, das er verstehen konnte, so sehr er sich auch ärgerte.«[202]

Die Beachtung der Tabus, die nach Dtn 27 bzw. Lev 18; 20 für das Eingehen sexueller Beziehungen mit Frauen aus dem Familienverband gelten, ist in den erzählenden Texten des Alten Testaments nicht zu finden. Inzest wird in den Erzählungen ganz anders zur Sprache gebracht als in den ethisch-homiletischen Ermahnungen: Er ist dort immer einem anderen Thema untergeordnet und muß nicht als verabscheuenswerte Handlung geschildert sein.[203] Häufig ist die fehlende Berücksichtigung der im Heiligkeitsgesetz formulierten Inzestverbote in den Erzählungen damit erklärt worden, daß die Verbote in der Zeit, in der jene Geschichten entstanden, vermutlich noch nicht in Kraft waren. Mir erscheint die Frage belanglos, wie bekannt und anerkannt die Bestimmungen aus Lev 18;20 den Verfassern jener erzählender Texte waren. In jedem einzelnen Fall, in dem in

---

199  So auch *Brenner* 1994, 127.
200  Vgl. *Fortune* 1983, 55: »We can speculate that the absence of the father-daughter and father-son prohibitions result from the fact that children were regarded as possessions of their father, which meant that he had sexual license with them. The major concern in these laws is the protection of property from misuse, not the protection of individual persons from exploitation.«
201  Mitteilung eines Inzestopfers bei *Rijnaarts* 1988, 57.
202  *Katherine Brady*, Father's Days, New York 1979, zitiert nach *Rijnaarts* 1988, 57.
203  Zu den Erzählungen, in denen es zu sexuellen Kontakten zwischen Verwandten kommt, die durch Blutsverwandtschaft oder Ehe miteinander verbunden sind, gehören: Adam – Eva (Gen 1; 2); Noah – Ham (Gen 9,22), Abraham – Sara (siehe Gen 20,12), Lot – Lots Töchter (Gen 19; siehe oben S. 82ff), Ruben – Bilha (Gen 35,22), Juda – Tamar (Gen 38; siehe oben S. 86ff), Amnon und Tamar (2Sam 13; siehe oben S. 104ff), Absalom – die Frauen seines Vaters (2Sam 16, 21ff). Isaak – Rebekka (Gen 24) und Jakob – Lea/Rahel (siehe Gen 29,10) sind Cousin-Cousine-Ehen.

den Geschichten das sexuelle Tabu gebrochen wird, ohne daß dieser Bruch eine Kritik erfährt, bedroht die inzestuöse sexuelle Beziehung nämlich nicht den Familienfrieden und die Familienstruktur, sondern hilft im Gegenteil, ihn wieder herzustellen. Dort aber, wo sexuelle Tabus so übergangen sind, daß dadurch Eigentumsrechte mißachtet werden und eine Gefahr für den »Besitzer« der Frau entsteht, finden sich in den Texten durchaus moralische Verurteilungen: Ruben wird das Erstgeburtsrecht entzogen, weil er sich zu der Nebenfrau seines Vaters, Bilha, gelegt hatte (Gen 35,22; 49,4; vgl. Lev 18,8), und Absalom, der mit den Nebenfrauen seines Vaters schläft, um seine Besitzansprüche auf den Königsthron deutlich zu machen, scheitert in seinen Aufstiegsplänen (2Sam 16,21.22; 18).[204]

*Das Gebot, die Eltern zu ehren*
Das Gebot, die Eltern zu ehren, ist im Alten Testament in zwei verschiedenen Traditionen überliefert. Formuliert mit dem Verb כבד pi. findet es sich im Dekalog Ex 20,12 und Dtn 5,16; hier wird der Vater in der Aufführung der Eltern der Mutter vorangestellt. Mit dem Verbes ירא k. und in der Reihenfolge Mutter-Vater steht es in Lev 19,3 unter den sog. »Gesetzen zur Heiligung des täglichen Lebens«[205].
Das Verb כבד pi. meint, »jemanden für gewichtig halten, als gewichtig anerkennen, ihn in Ehren halten«. Im einzelnen kann es ein breites Spektrum von Verhaltensweisen umfassen, vom demütigen Reagieren bis hin zu einer aktiven Handlung, die der Anerkennung und Achtung entspringt.[206] Die Bedeutungsbreite des Verbs ירא ist noch erheblich größer. »Sie reicht von der erschreckten Reaktion bis hin zur ehrfürchtigen, verehrenden Aktion ...«[207] Trotz verschiedenen Sprachgebrauchs können beide Fassungen des Elterngebots dasselbe meinen, nämlich »Achte deine Eltern, respektiere sie, halte sie in Ehren!«[208]
Rainer Albertz hat drei divergierende Auslegungstypen zusammengetragen, nach denen das sog. Elterngebot behandelt wird: Zum einen kann das Gebot, die Eltern zu ehren, »in dem allgemeinen Bezugsrahmen von elterlicher Autorität und kindlichem Gehorsam« interpretiert werden. Es zielt dann darauf ab, die »patria potestas« abzusichern, und richtet sich in gleicher Weise an die kleinen wie an die erwachsenen Kinder.[209] Zweitens kann es aber auch um die spezielle Funktion der Eltern »als Tradenten des für

---

204 Vgl. die Darstellung von Inzest als Verbrechen eines Mannes gegen einen anderen Mann in Gen 9,22: Ham deckt hier die Blöße seines Vaters auf und wird für dieses Verbrechen verflucht.
205 Überschrift zu Lev 19 in der Lutherbibel.
206 Vgl. *Albertz* 1978, 354.
207 AaO. 355.
208 Ebd.
209 AaO. 348. Siehe *Hyatt* 1971, 213.

die Kinder lebensnotwendigen Wissens« gedeutet werden.[210] Das heißt, die Eltern sind als Erzieher und Lehrer im Blick, die ihren Kindern Wissen weitergeben. »Von dem Gebot angesprochen werden bei diesem Auslegungstyp vor allem die heranwachsenden Kinder, die am unmittelbarsten der elterlichen Gewalt unterstehen«.[211] Drittens kann das Gebot aber auch ausschließlich auf das Verhältnis der erwachsenen Kinder zu ihren alten Eltern bezogen sein, denn auch die anderen Dekaloggebote richten sich zunächst an einen erwachsenen Hausvater und nicht an Kinder oder Heranwachsende.[212] Diesem Auslegungstyp folgend geht es dann in dem Gebot um »die angemessene Versorgung der alten Eltern mit Nahrung, Kleidung und Wohnung bis zu ihrem Tod, darüber hinaus einen respektvollen Umgang und eine würdige Behandlung, die trotz der Abnahme ihrer Lebenskraft ihrer Stellung als Eltern entspricht. Dazu gehört schließlich auch eine würdige Beerdigung.«[213] Eine sichere Entscheidung für einen der Interpretationstypen ist allein vom Alten Testament her nicht möglich.

Wie aus den Formulierungen und Inhalten der Texte hervorgeht, sind als Adressaten der Zehn Gebote grundsätzlich Männer im Blick.[214] Die Gebote müssen deshalb aber nicht generell für Frauen weniger Gültigkeit besitzen. Für Frauen gilt zweifellos ebenso wie für Männer, daß sie nicht töten, stehlen, ehebrechen usw. sollen, auch wenn sich kein Gesetz findet, das dies eigens noch einmal für sie festschreibt. Es fragt sich allerdings, ob und inwieweit die Inhalte der einzelnen Gebote in gleicher Weise für Männer und Frauen von Bedeutung sind.

Die Wirkungsgeschichte des sog. Elterngebots zeigt, daß dieses Gebot durch seine Aufnahme in den Dekalog die Autorität der Eltern und ihre Position gegenüber den Kindern – unabhängig von Alter und Geschlecht – stärkte. Selbst wenn tatsächlich nur die Sicherung der Altersversorgung der Eltern die ursprüngliche Intention des Gebotes gewesen sein sollte, so spiegeln doch allein die beiden übrigen, von dieser Auslegung divergierenden Interpretationsansätze wieder, wie sich der sog. »Sitz im Leben« des Gebotes verändern konnte. Mit der Entstehungsgeschichte des Gebotes ist noch lange nicht seine Bedeutung und Wirkung erklärt. Wir können vermuten, daß nicht erst in Luthers Katechismus

---

210 *Albertz* 1978, 349. Siehe *Kremers* 1961, 61.
211 *Albertz* 1978, 349.
212 AaO. 351.
213 AaO. 374.
214 Am deutlichsten wird dies Ex 20,17: »Du sollst nicht begehren deines Nächsten Weib ...«

die Forderung, die Eltern zu ehren, als Aufforderung zum Gehorsam und Respekt gegenüber *all denen* gedeutet wurde, die uns übergeordnet sind.[215] In diesem Fall aber gilt das Gebot für die Tochter nicht weniger als für den Sohn, es kann für sie sogar noch an vielen Stellen eine weitreichendere Bedeutung haben: Es beinhaltet dann nämlich auch die Aufforderung, daß die Tochter die Verfügungsgewalt, die ihr Vater und andere Autoritätspersonen über sie ausüben und die noch einmal tiefer greift als die väterliche Verfügungsgewalt über ein männliches Kind, zu bejahen habe. Auf diese Weise wird die Notwendigkeit des Gehorsams der Tochter festgeschrieben.[216]

Das Gebot in seiner vorliegenden Form fordert nicht nur das Ehren des Vaters, sondern das Ehren beider Elternteile. Das wird durchweg als im Kulturkreis des Alten Testaments ungewöhnliches Faktum kommentiert. Gerda Lerner erklärt die Wertschätzung der Mutter in Israel mit der dort herrschenden ökonomischen Situation: »Der Druck, der sich daraus ergab, daß zur Besiedlung der Wüstenlandschaft einerseits viele Arbeitskräfte in der Landwirtschaft gebraucht wurden, andererseits aber aufgrund von Kriegen und Seuchen die Bevölkerungszahl zurückging – und zwar genau in der Periode, in der sich die Grundprinzipien des jüdischen Glaubens entwickelten –, mag erklären, warum die Bibel der Familie und der Frau hinsichtlich ihrer reproduktiven Fähigkeit eine so große Bedeutung beimißt.«[217]
Zielt das Gebot auf die Altersversorgung, so ist vermutlich das Bestreben, den Lebensabend gerade der Mutter abzusichern zu wollen, als besonders wichtig und vordringlich anzusehen, denn die rechtliche Stellung der Mutter war vielfach ungesicherter als die ihres Mannes.[218]

Das Gebot, die Eltern zu ehren, ist im Alten Testament nicht eine soziale Norm unter vielen anderen, sondern gehört zu den grundlegenden Geboten JHWHs für das ganze Volk Israel. »Was sich gehört im Verhältnis der Kinder zu den Eltern, macht damit Gott zu seiner Sache.«[219] Das ist von gravierender Bedeutung. Indem

---

215 Siehe die Erklärung zum vierten Gebot in Luthers Kleinem Katechismus: »Wir sollen Gott fürchten und lieben, daß wir unsere Eltern und Herren nicht verachten noch erzürnen, sondern sie in Ehren halten, ihnen dienen, gehorchen, sie lieb und wert haben.«
216 Die Kommentarliteratur übergeht die Tochter als mögliche Adressatin des Gebotes ebenso wie der alttestamentliche Text. Das ist nicht als selbstverständlich hinzunehmen. In den akkadischen Urkunden, die Albertz in seiner Untersuchung zum Elterngebot miteinbezieht, spielen Frauen durchaus eine tragende Rolle. Siehe *Albertz* 1978, 360 und 375.
217 *Lerner* 1991, 209.
218 Vgl. *Albertz* 1978, 372f. Albertz findet in akkadischen Texten das Bemühen der Ehemänner, die Versorgung ihrer Frauen über ihren Tod hinaus zu sichern.
219 *Gamberoni* 1964, 172. Nach Gamberoni appelliere dadurch das Gebot an unser Gefühl, das Gewissen soll beeindruckt werden (aaO. 168 und 173).

hinter dem Respekt, den Eltern von ihren Kindern empfangen sollen, JHWH mit seiner Autorität gestellt wird, konnten in der Auslegungsgeschichte die Eltern nahe an Gott herangerückt werden. Es ist deshalb auch nicht weiter verwunderlich, wenn Exegeten zwischen der Beziehung eines Menschen zu seinen Eltern und jener zu JHWH direkte Parallelen ziehen. So schreibt John I. Durham: »Just as the relationship with Jahweh is the beginning of the covenant, so this relationship (= the relationship with father and mother) is the beginning of society, the inevitable point of departure for every human relationship. (...) As Yahweh is honored for his priority, to all life, so father and mother must be honored for their priority, as Yahweh's instruments, to the lives of their children.«[220] Heinz Kremers kann die Eltern in ihrer Funktion sogar als »Stellvertreter Gottes« bezeichnen.[221]

Solche Aussagen verdeutlichen, daß das sog. Elterngebot wirkungsgeschichtlich nicht nur dahin führen konnte, Vater und Mutter unter besonderem göttlichen Schutz stehend zu sehen, sondern die Autorität der Eltern wurde auch für unantastbar erklärt. Die Eltern gelten als Autorität schlechthin, die nicht mehr hinterfragt werden darf. Die Nichtrespektierung dieser Autorität ist ein äußerst schwerwiegender Angriff auf eines der Fundamente, auf das JHWH sein Volk aufgebaut hat, und Rebellion gegen die Eltern konnte mit dem Tod bestraft werden, eben weil sie dem Ungehorsam gegen JHWH gleichzusetzen ist.[222] Unter diesem Aspekt stützt das Gebot die Verfügungsgewalt insbesondere auch des Vaters über eine Tochter in einer Weise, die ihn vor jeder Kritik schützt. Dem Elterngebot lassen sich eine größere Zahl biblischer Textstellen zuordnen.[223]

### 2.3.2 Lebensweisheiten

Abgesehen vom Hohelied ist von »Töchtern« in der jüdisch-kanonischen, weisheitlichen Literatur nur an verschwindend wenigen Stellen die Rede, die für unseren Forschungszusammenhang nicht viel austragen.[224] Die Weisheit befaßt sich mit dem Sohn, sie kann

---

220   *Durham* 1987, 290 und 291.
221   *Kremers* 1961, 161.
222   Siehe *Durham* 1987, 292. Durham verweist hier auf Ex 21,15.17; Lev 20, 9; Dtn 21,18–21; 27,16.
223   Siehe *Albertz* 1978, 364f zur Traditionsgeschichte.
224   »Töchter« werden im Buch der Sprüche nur einmal erwähnt, und dort im übertragenen Sinne: In Spr 30,15f ist von den zwei Töchtern des »Blutegels« die Rede (לעלוקה שתי בנות), die unersättlich sind. Vorausgesetzt, daß die deutsche Übersetzung »Blutegel« richtig ist, sind mit den »Töchtern« wohl die Saugorgane des

auch von der »Frau Weisheit« sprechen, für die Tochter scheint hier kein Platz zu sein. Das ändert sich erst in der apokryphen Schrift Jesus Sirach.

*Die Tochter als ein Schaden für den Vater: Jesus Sirach*
Jesus Sirach sammelte weisheitliches Spruchgut, sortierte und bearbeitete es, so daß daraus zusammenhängende Abhandlungen zu weisheitlichen Themen entstanden. Da das Buch keine Aufnahme mehr im jüdischen Kanon fand, wurde es vor allem in seiner Septuaginta-Fassung bekannt. In Übersetzung und Verszählung folge ich deshalb dieser Fassung. Aussagen, die nach Warren C. Trenchard nicht zum überkommenen Traditionsgut gehören, sondern Eigenschöpfungen Sirachs sind, werden von mir in den Zitaten aus der Schrift im Folgenden kursiviert.[225] Das soll es ermöglichen, zwischen überliefertem Spruchgut und seiner Bearbeitung und Ergänzung durch den Verfasser zu unterscheiden.
Erstmals spricht Jesus Sirach von der Tochter im Zusammenhang der Lehren, die das rechte Verhalten eines Hausvaters beschreiben (Sir 7,18–28): »Hast du Töchter, so behüte ihren Leib; *aber zeig dich ihnen nicht allzu freundlich* (V 24).[226] *Bring die Tochter aus dem Haus, dann zieht die Sorge (Plage) aus*; doch verheirate sie nur mit einem verständigen Mann (V 25)«.[227] Mit einer Tochter

Tieres gemeint. Der Text verbindet dieses Bild mit der Unterwelt, dem verschlossenen Frauenschoß, der Erde und dem Feuer. Es hat einen negativen Klang (*Plöger* 1984, 354–355). Von »Töchtern« im übertragenen Sinne spricht auch Koh 12,4 im Zusammenhang von Gedanken über das Alt-Werden. Dort steht die Wendung »Töchter des Gesanges« (בנות השיר). Sie könnte einfach »Vögel« meinen, oder einen dichterischen Ausdruck für »Töne« darstellen (*Hertzberg* 1963, 112). Die Deutung des Verses ist ganz unsicher. In den Psalmen findet sich das Wort »Tochter« bzw. »Töchter« zehnmal (Ps 9,15; 45,10.11.13; 48,12; 97,8; 106, 37.38; 137,8; 144,12), jedoch zumeist als Metapher in Verbindung mit Städtenamen (siehe unten S. 295). In dem höchstwahrscheinlich nachexilischen Vers Ps 144,12 stellen die Töchter gemeinsam mit den Söhnen ein visionäres Bild von einer idealen Zukunft; Wohlergehen, Stärke und Stabilität werden hier ausgedrückt. (»Unsere Söhne seien wie Pflanzen, die aufschießen in ihrer Jugendkraft – unsere Töchter wie Säulen, geschnitzt für Paläste.«) Die Töchter sind in diesem Bild dazu gemacht (»geschnitzt«), um das Haus zu tragen, das wertvoll und schön ist (»ein Palast«). – Lediglich Ps 106,37.38 spricht fern von aller Metaphorik über die Tochter; hier geht es um die Praxis, Söhne und Töchter den Göttern Kanaans zu opfern.
225 Siehe *Trenchard* 1982. Ich verzichte hier darauf, Warren C. Trenchards Ergebnisse im einzelnen nochmals belegen zu wollen.
226 Sir 7,24b heißt wörtlich übersetzt: »Laß dein Angesicht nicht scheinen über sie!«
227 Zu den Eigenschöpfungen Sirachs in Sir 7,24b.25a siehe *Trenchard* 1982, 130. – In der Lutherübersetzung ist Sir 7,24–25 unter den Versen Sir 7, 20–28 widerzufinden.

ist ein Vater weitaus schlechter dran als mit einem Sohn. Das wird in der Abhandlung über mißratene Kinder und unbelehrbare Toren deutlich (Sir 22,3–18): »Schmachvoll ist es für einen Vater, wenn er einen ungezogenen Sohn gezeugt hat, aber eine Tochter wird ihm zum Schaden geboren (V 3). Eine kluge (sensible) Tochter bringt ihrem Mann Besitz ein, aber eine mißratene Tochter ist ein Kummer für den, der sie gezeugt hat (V 4). Eine trotzige Tochter bereitet dem Vater und Ehemann Schande, und sie wird von beiden verachtet (V 5).«[228] Jesus Sirach hat noch einmal in einem großen Abschnitt Lebensweisheiten über Männer und Frauen zusammengefaßt (Sir 25,1–26,27). Inwieweit seine Überlieferung auch die Tochter betreffen, ist in der Forschung umstritten. Der überlieferte Text ist hier sehr verdorben. Nach Trenchard ist in Sir 26,10–12 die Tochter diejenige, mit der sich folgende Verse befassen: »Behalte sie (die Tochter? die Ehefrau?) genau im Auge, *damit sie nicht Freiheit findet und Gebrauch von ihr macht* (V 10). *Auf ihre schamlosen Augen gib acht, sei nicht überrascht, wenn sie gegen dich vorgeht* (V 11). *Wie ein durstiger Wanderer den Mund auftut und vom ersten besten Wasser trinkt, so läßt sie sich vor jedem Pfahl nieder und öffnet den Köcher vor dem Pfeil* (V 12).«[229] Schließlich ist der Tochter noch ein eigener Abschnitt gewidmet. Sir 42,9–14 befaßt sich mit den Sorgen, die Töchter ihrem Vater bereiten: »Eine Tochter ist für den Vater ein Schatz voller Schlaflosigkeit (ein zu bewachender Schatz?), und Sorge um sie verscheucht den Schlaf, in ihrer Jugend, daß sie nicht verschmäht wird, nach der Heirat, daß sie nicht verstoßen wird (V 9), in ihrer Jungfräulichkeit, daß sie nicht geschändet wird, und wenn sie verheiratet ist, daß sie nicht untreu wird, im Haus ihres Vaters, daß sie nicht schwanger wird, im Haus ihres Ehemannes, daß sie nicht unfruchtbar ist (V 10). Mein Sohn, habe einen genauen Blick auf deine Tochter, *damit sie nicht deinen Feinden Freude macht, kein Stadtgespräch und keinen Volksauflauf – und dich nicht beschämt in der Versammlung am Stadttor. Wo sie sich aufhält, da soll kein Fenster sein, oder die Stelle, wo man Ausblick ringsum auf den Zugang hat* (V 11). *Laß sie nicht ihre Schönheit vor einem Mann ausstellen, und mit den Frauen soll sie nicht Umgang haben* (V 12). *Denn aus dem Kleid kommt die Motte, aus der einen*

---

228 In der Lutherübersetzung ist Sir 26,10–12 unter den Versen Sir 26,13–15 wiederzufinden.
229 Siehe *Trenchard* 1982, 142. – *Schilling* 1956, 114 bezieht die Verse auf die Ehefrau, ebenso wie die Einheitsübersetzung. Die Lutherbibel jedoch spricht von der Tochter; siehe dort Sir 26,13–15. – Zu Sir 26,10b–12b als Eigenschöpfung des Verfassers siehe Trenchard 1982, 146.

*Frau die Schlechtigkeit der Frauen* (V 13). *Besser ist die Schlechtigkeit (Bosheit) eines Mannes als die Güte einer Frau, und eine Tochter verursacht Furcht, das einem das Unglück ereilt, mehr als ein Sohn* (V 14).«[230]
Die Worte Sirachs sprechen für sich. Er kann nichts Positives an der Tochter finden. Für diesen Weisheitsleher sind »Tochter« und »Plage« gleichzusetzen (siehe Sir 7,25). Mag hinter der von Sirach aus der Tradition übernommenen Forderung, die Tochter nur mit einem verständigen Mann zu verheiraten (Sir 7,25b), ursprünglich einmal der positive Gedanke gestanden haben, daß die Tochter nur einen verständigen Mann verdiene, so werden solche es mit der Tochter gut meinenden Intentionen durch den Kontext zunichte gemacht, in denen sie zu stehen kommen. Die Tochter ist ein Schaden, eine Last, ein Verlust (Sir 22,3). Daß die Tochter für ihren Vater eine Bürde bedeutet, macht sich dabei weniger an der finanziellen Belastung fest, die in Zahlungen für den Unterhalt besteht, als vielmehr an den Situationen, in die sie ihren Vater bringt. Diese Situationen sind ausnahmslos negativ. So oder so – Töchter sind auf der ganzen Linie ein Übel.
Insbesondere der Körper der Tochter birgt für den Vater eine Gefahr. Er muß ihn gut behüten (7,24; vgl. Sir 42,9). Denn sie macht Gebrauch von jeder Freiheit, die sie findet (26,10). Ihr Vater darf nicht überrascht sein, wenn sie mit ihren »schamlosen Augen« gegen ihn operiert, illegitime sexuelle Aktivitäten aufnimmt (26,11). Ist hier auch daran gedacht, daß die Tochter den Vater »verführen« könnte? Wie auch immer, Frauen haben laut Sirach eine unersättliche Lust nach sexuellem Verkehr, und jeder Mann ist ihnen recht, um diese Lust zu stillen. Im Text wird das mit obzönen Metaphern ausgedrückt, indem Sirach »Pfahl« und »Pfeil« für den Penis setzt, die Vagina aber mit dem »Köcher« umschreibt, der sich dem »Pfeil« öffnet (Sir 26,12).[231]
Die Sexualität der Tochter spielt auch in jenem Abschnitt, den der Weisheitslehrer ihr eigens widmet (Sir 42,9–14), die herausgehobene Rolle. Es geht dabei um ihre Heiratsfähigkeit, um ihre Reinheit und ihre Fruchtbarkeit (insb. V 9.10). Weil ihre Schönheit den Vater in die furchtbare Situation bringen könnte, daß seine Tochter verführt oder vergewaltigt wird, sollte kein Fenster in ihrer Nähe sein (Sir 42,12). Ein Fenster schwört die Gefahr herauf,

---

230 Zu der Eigenschöpfung Sirachs in Sir 42,11b–14 siehe *Trenchard* 1982, 155f. – Dieser Abschnitt findet sich in der Lutherbibel unter Sir 42,9–14.
231 Siehe aaO. 145 – Die Vorstellung vom verführerischen und suspekten Frauenkörper bringt Sirach schließlich wohl auch dazu, in Sir 9,5 vor der Jungfrau zu warnen.

daß sich ihr jemand nähern will, und es bringt die Tochter nur auf dumme Gedanken.[232] Die Isolation, die Sirach für die Tochter fordert, ist vollkommen, denn nicht nur von Männern soll sie ferngehalten werden: Auch mit anderen Frauen soll sie keinen Kontakt haben (42,12). Die Begründung hierzu macht deutlich, daß hinter diesem Kontaktverbot extrem chauvinistische Vorstellungen stehen: Von Frauen erwartet sich Sirach nichts Gutes, er vergleicht sie mit Ungeziefer, das eine zersetzende Wirkung hat (Sir 42,13).

Das alles bedeutet, daß ein Vater seine Tochter streng im Auge behalten muß (Sir 26,10; 42,11; Vgl. 7,24). Er sollte damit rechnen, daß sie jede Gelegenheit nutzt, ihn in Schande und Verruf zu bringen, ihn sozial zu stigmatisieren (42,11; vgl. 26,10). Ihm wird daher empfohlen, »sein Angesicht nicht über sie leuchten zu lassen« (Sir 7,24). Es ist bemerkenswert, daß Sirach für die freundliche Zuwendung eines Vaters zu seiner Tochter einen Ausdruck benutzt, der gewöhnlich dazu gebraucht wird, die Zuwendung Gottes zu den Menschen zu beschreiben.[233] Der Vater erscheint hier der Tochter gegenüber in einer Rolle, die sonst Gott einnimmt. Mit stärkeren Worten kann väterliche Autorität und das Machtgefälle zwischen Vater und Tochter nicht mehr ausgedrückt werden.

Jesus Sirach ist nicht nur Töchtern gegenüber feindlich eingestellt: Wie Warren C. Trenchard zeigt, veränderte er überall dort, wo er neutrale und positive Gedanken über Frauen aus der Tradition aufnimmt, diese durch Einfügungen oder die Wahl des Kontextes so, daß auch sie negativ erscheinen.[234] Gute Eigenschaften einer Frau behandelt er nur im Blick auf die Vorteile, die diese ihrem Ehemann verschaffen.[235] Er vermeidet jede Reflektion über Mutterschaft als eine unabhängige, positive Rolle für eine Frau in der Gesellschaft.[236] Am intensivsten wid-

---

232  So aaO. 156.
233  Zur verwendeten Metapher siehe aaO. 132: »Many of these uses include the parallel ideas of graciousness, blessing, salvation, restoration, and teaching. If our text uses the phrase in this way, the meaning of line b would be: ›Do not bless them.‹ The only other OT use of אור and פנה in combination is Eccl 8: 1cd. There God's face is not involved. Instead, a man's wisdom causes his face to shine. We find similar uses in Sir 13:26; 35 (32):9. In these texts the idea is one of cheerfulness and joy. Read in this way, our text would express the imperative, ›Do not radiate joy toward them.‹ Given both the context of our section and the analogy of Ben Sira's other uses, this understanding of the metaphor seems more likely than the ›Blessing‹ motif.«
234  AaO. 168. – Sirach beschäftigt sich dabei in seiner Schrift auffällig oft mit den Frauen: Von 1390 Versen handeln 105 von ihnen, das sind 7 Prozent (aaO. 1).
235  Dazu aaO. 38: »The husband obtains and maintains her as valuable property. Her physical appearance and sexual attractiveness stimulate him. But she will be prized most if she remains silent«.
236  AaO. 56.

met er sich in seinen Ausführungen der »bösen Frau«.[237] Während er über sie die ausgedehntesten Abhandlungen schreibt, erreicht seine Frauenfeindlichkeit allerdings in den Worten, mit denen er die Tochter bedenkt, ihren Gipfel. »The thougth of daughters seemed to bring out the worst side of Ben Sira's negative view of women.«[238]

Ganz anders als mit der Tochter setzt sich Jesus Sirach mit dem Sohn auseinander. Während Töchter zu unverantwortlichem sexuellen Verhalten neigen, neigen Söhne zur Rebellion. Sie müssen erzogen werden, damit sie ihre Anlagen erfolgreich einzusetzen lernen und auf positive Weise die Familie repräsentieren. Söhne können zu Freude und Erfüllung führen, Töchter dagegen bringen Ärger und Sorge.[239]

### 2.3.3 Ergebnis

Die Aussagen, die sich aus den Lebensregeln des Alten Testaments über Vater und Tochter eruieren lassen, sind denkbar gering. Beredter ist hier das Schweigen, das erst in der sehr späten apokryphen Schrift Jesus Sirach durchbrochen wird. Es vermittelt den Eindruck, es sei unnötig, der Tochter in den Regeln für ein gedeihliches Leben zu gedenken, ja, die Tochter seien überhaupt unwichtig, wenn es darum geht, sich ein gutes und glückliches Leben zu gestalten. Auch das grundlegenste Eltern-Kind-Gebot, das in den alttestamentlichen Texten festgehalten ist, das Dekaloggebot, die Eltern zu ehren, hat sie als Adressatin nicht im Blick. An die Tochter richten ethisch-homiletische Ermahnungen des Alten Testaments keine Forderungen, an sie werden keine Ansprüche gestellt. Zugleich wird ihr aber auch nichts zugesagt und nichts versprochen. Unter den Tabupersonen, mit denen Männer keine sexuellen Verbindungen eingehen sollen, ist sie nicht aufgeführt. Die biblischen Inzestverbote wollen die Tochter nicht vor Inzest schützen, so wie auch sonst Verbote nicht das Interesse verfolgen, sie vor irgendwen oder irgendwas zu schützen.
Inhaltlich ist dennoch sowohl das, was sich mit dem Elterngebot verbindet, wie auch die Inzestfrage für Töchter von höchster Bedeutung. Mögen Töchter auch als Adressatinnen dieser Lebensregeln nicht im Blick sein, so haben doch beide Texte in ihrer Wir-

---

237   AaO. 57 mit Verweis auf Sir 26,5–9; 25,13–26; 9,2; 33,19; 30,28; Sir 47,19; 7,26b; 37,11a; 42,6.
238   AaO. 171. – Othmar Schilling übersieht die Frauenfeindlichkeit im Buch Jesus Sirach. Siehe den Exkurs »Über die Frau im Buch Jesus Sirach« (*Schilling* 1956, 116–119).
239   Vgl. *Trenchard* 1982, 164.

kungsgeschichte zweifellos Auswirkungen auf die Vater-Tochter-Beziehung gehabt. Indem im Elterngebot hinter dem Respekt, der für die Eltern gefordert wird, JHWH mit seiner ganzen Autorität steht, kann zwischen Eltern und Gott eine Verbindung hergestellt werden, die der patria potestas äußerst förderlich ist. Unabhängig davon, ob die Stützung der Autorität der Eltern auch gegenüber den heranwachsenden Kindern durch das Dekaloggebot intendiert ist oder nicht, verstehen auch Töchter es als Aufforderung, ihren Eltern achtungs- und respektvoll gegenüberzutreten. Für die Tochter beinhaltet das in besonderer Weise auch die Bejahung der Verfügungsgewalt der Eltern, und d.h. vor allem die des Vaters, über ihre Person. Im konkreten Verhalten drückt sich diese Bejahung in Gehorsam aus. Dabei ist selbst Vater-Tochter-Inzest kein Riegel vorgeschoben.

Sexuelle Gewalt von Vätern gegen ihre Töchter wird heute häufig von Frauen mit der jüdisch-christlichen Tradition des Elterngebots in Verbindung gebracht.[240] Hier wird darauf hingewiesen, daß die Forderung, die Eltern zu ehren, von Töchtern oft dahingehend verstanden wurde, daß sie alle – einschließlich der sexuellen – Wünsche des Vaters zu erfüllen haben. Das gilt insbesondere für kleine Mädchen, denen ein Bewußtsein, was eigentlich Sexualität ist, noch fehlt und die nicht verstehen können, was mit ihnen geschieht, wenn der Vater sich durch sie sexuell befriedigt. Das Dekaloggebot hat nicht unwesentlich dazu beigetragen, die Aura des Göttlichen, die den Vater in den Augen des Kindes umgibt, so zu verstärken, daß Widerspruch oder Widerstand gegen ihn als unmöglich erscheint oder doch als schweres Vergehen erlebt wird.[241]

Der Bruch mit dem Schweigen über die Tochter, wie er schließlich bei Jesus Sirach erfolgt, ist nicht dazu angetan, ein positiveres Bild über die Vater-Tochter-Beziehung zu entwerfen. Sirach ist zwar der einzige Autor im ganzen Alten Testament, für den die Toch-

---

240 Siehe z.B. *Sheila A. Redmond*, Christian »Virtues« and Recovery from Child Sexual Abuse, in: *Brown/Bohn* 1989, S. 70–88, dort 78.
241 Siehe *Fortune* 1983, 215: »The Sunday school teaching of the Commandment to honor father and mother presents special difficulty for the child who is being sexually abused by her/his parent(s) and for the parents. If the parents misuses this teaching to demand unquestioning obedience from the child, then the incest victim is compelled to submit to sexual activity with the parent and to feel guilty if she/he questions such activity. The victim feels that there is no recourse because not only the parental authority invoked, but also religious authority: This is the teaching of the Bible and the Church.« – Mir selbst erzählte eine Frau, daß sie als zehnjähriges Mädchen im Beichtstuhl ihrem katholischen Priester von sexuellen Übergriffen durch den Vater berichtete und daß sie daraufhin von dem Priester mehrere *Vater*-Unser (!) als Strafe auferlegt bekam, weil sie das Gebot, die Eltern zu ehren, mißachtet habe.

ter ein eigener Gegenstand der Erörterung ist, doch in seinen Ausführungen wird sie von Grund auf negativ beschrieben. Sie erscheint von unbändiger sexueller Lust besessen, ihr unvernünftiges, unzuverlässiges und unberechenbares Verhalten bezüglich sexueller Dinge macht sie zu einer Gefahr für den Vater. Sie kann seinen Ruf zerstören und ist daher ständige Quelle seiner Sorge. Während Vaterschaft im Blick auf den Sohn als positiv erlebt werden kann, ist sie angesichts der Tochter nur eine Last, eine Plage. Sirach liegt der Gedanke ferne, daß auch Töchter ihren Vätern etwas geben. Die tugendsame Ehefrau gibt ihrem Mann etwas, die Tochter aber ist nichts anderes als ein Übel, als das Übel schlechthin. Negativer kann über Frauen nicht gesprochen werden. Die Beziehung, die zwischen Vater und Tochter besteht, erscheint hier von einer abgrundtiefer Abneigung des Vaters, von radikalem Mißtrauen und Verachtung gegenüber der Tochter geprägt. Daß der Vater sich dennoch um die Tochter zu kümmern habe, erscheint noch nicht mal als Akt der Pflichterfüllung, sondern als Notwendigkeit, dem Übel Einhalt zu gebieten, damit der Vater nicht selbst allzugroßen Schaden erleidet.

## 3 Die Tochter im Blick des Vaters

Die Verfasser alttestamentlicher Texte vermitteln das Bild von einer Wirklichkeit, in der Väter nur sehr selten nach ihren Töchtern sehen. Dabei treffen in den Erzählungen Männer häufig Entscheidungen über ihre Töchter, ohne daß diese gefragt werden oder auch nur im Raum anwesend sein müssen.[242] Viele Texte wecken den Eindruck, daß Mädchen für ihre Väter nur einen geringen Wert haben: In der patrilinearen Geschlechterfolge sind sie nicht von Bedeutung, ihre Fähigkeiten und Arbeitskraft erfahren keine Wertschätzung vom Vater, im Krisenfall wird die Last der Situationen als erste auf sie abgewälzt. Interessant werden Töchter als Erzählfiguren in aller Regel erst dann, wenn die Väter keine Söhne haben (siehe Zelofehads Töchter, Jeftas Tochter; vgl. Lots Töchter, Tamar in Gen 38 und Sara in Tob; Ausnahme: Hiobs Töchter). Männer können in den Erzählungen ihre Töchter als Mittel zur Machterweiterung benutzen (Laban, Kaleb, Saul, Mordechai) und bekommen ihre Bedürfnisse durch sie befriedigt (Lots Töchter). Gesetze, kultische Bestimmungen und Lebensre-

---

242 Siehe z.B. das Agieren der Väter in den Geschichten um Eheschließungen.

geln sind auf den Schutz der Väter bedacht und schreiben die Verfügungsgewalt der Väter über ihre Töchter weiter fest. Für Töchter findet sich hier nicht eine Aussage, die zu ihrem Vorteil verfaßt ist.
Damit bestätigt sich, daß die Beziehung zwischen Vater und Tochter im höchsten Grade assymetrisch gestaltet erscheint: Der Vater ist der, der bestimmt und verfügt, die Tochter ist diejenige, über die bestimmt und verfügt wird. Sie gehört ganz eng zu ihm, doch sie gehört zu ihm auf eine Weise, in der diese Rollen nie getauscht werden können. Einzige Ausnahme sind die Inzest-Geschichten (Gen 19; 38; Rut 3). Hier scheinen die Töchter über ihre Väter zu verfügen. Sie tun dies zwar ganz in seinem Sinne und Interesse, aber es ist den Erzählern wichtig, den Frauen die alleinige Verantwortung für solche sexuellen Handlungen zuzusprechen. Wenn ein Vater sich der Tochter sexuell nähert, dann »erkennt« er sie nicht als die, die sie ist – eben als seine Töchter.
Überhaupt scheint von der weibliche Sexualität der Tochter für Väter etwas besonders Bedrohliches auszugehen. In den Inzest-Geschichten ist diese Sexualität insofern gefährlich, als die Töchter nach der Darstellung der Verfasser hier punktuell Macht über ihre Väter gewinnen können. Während solche Begebenheiten allerdings deutlich im Kontext von Ausnahmesituationen geschildert werden, erscheint eine andere Gefahr noch alltäglicher: Töchter können ihre Jungfräulichkeit verlieren, und dies schadet dem Ansehen des Vaters beträchtlich. Die Defloration der Tochter durch einen anderen als den Ehemann bedeutet für den Vater einerseits einen finanziellen Schaden, der wiedergutzumachen ist (Ex 22,15. 16; Dtn 22,28.29). Darüber hinaus ist die männliche Ehre des Vaters eng mit der weiblichen Ehre der Tochter verbunden. Die Ehre einer Frau liegt in ihrer sexuellen Reinheit, d.h. in ihrer Jungfräulichkeit[243] bzw. der Zuverlässigkeit ihrer sexuellen Dienste ihrem Ehemann gegenüber.[244] Wenn eine Tochter illegitime sexuelle Kontakte hat (und das heißt konkret: wenn es außerhalb der Ehe zu einem sexuellen Kontakt kommt), verliert sie ihre Ehre – unabhängig davon, unter welchen Bedingungen der Kontakt zustande kam und ob er mit oder ohne ihr Einverständnis erfolgte. Ehre für einen Mann ist gleichbedeutend mit der Macht, über sich selbst zu verfügen und selbständig Entscheidungen treffen zu können, sowie dem Recht auf Anerkennung dieser Autonomie durch andere.[245] Zu ihr gehört auch die Kontrolle über die »eigenen« Frau-

---

243 Siehe oben die Gesetzestexte S. 197ff.
244 Siehe Sir 42,9.10 und dazu oben S. 229.
245 *Lerner* 1991, 111.

en. Können Männer sich hier nicht behaupten, gelten sie in patriarchalen Gesellschaften als impotent und ehrlos. Wenn eine Tochter ihre Ehre verliert, kann das einer »symbolischen Kastration« ihres Vaters gleichkommen.[246] Solche Gedanken klingen zwar schon in Gen 34,31 an, schieben sich aber vor allem in den vermutlich jüngeren Texten wie Lev 21,9, Dtn 22,13–21 und den apokryphen Schriften (siehe Sir 7,24; 42,9ff; Stücke zu Dan 1; Tob 3,11–15) in den Vordergrund.
Nirgendwo ist im Alten Testament von Gefühlen die Rede, die Väter für ihre Töchter aufbringen. Das verstärkt beträchtlich den Eindruck, daß Väter hier in den Texten ihre Töchter vor allem instrumentalisieren. Die Beziehung von Vätern zu ihren Töchtern erscheint in Erzählungen nahezu ausnahmslos gleichgültig (Jakob, David), distanziert (Laban), bisweilen kalt (Lot, der namenlose Gastgeber aus Gibea) und egozentrisch (Jefta, Raguel). Gesetzestexte und kultische Texte sprechen über Töchter nüchtern, befassen sich mit ihr als Eigentum und als Gefahr für die kultische Reinheit. Aufs Ganze gesehen wird so ein Vaterbild vermittelt, das sich leicht mit der häufig konstatierten Opferrolle der Töchter in der Überlieferung verknüpfen läßt. Väter, die keine emotionale Beziehung zur Tochter haben, sind schnell dafür zu haben, in Krisensituationen die Tochter zu opfern. Aus der Frauenperspektive, die die Texte uns unterschlägt, erhöht zudem die emotionale Deprivation für Töchter auch in der Realität das Risiko, Opfer anderer Männer zu werden. »Ein Vater kann seiner Tochter vermitteln, daß Männer gegenüber Frauen übermächtig sind, daß sich Mädchen und Frauen einem Mann unterzuordnen haben – und damit dazu beitragen, aus ihr ein ›leichtes Opfer‹ zu machen. Er kann ihr aber auch verdeutlichen, daß sie als Mädchen oder Frau eine starke und dem männlichen Geschlecht gleichgestellte Persönlichkeit ist. Ein Mädchen, das derart Achtung von seiten ihres Vaters erfährt, läuft weniger Gefahr, der Gewalt eines anderen Mannes zu unterliegen.«[247] Daß Väter ihre Töchter für starke und gleichgestellte Persönlichkeiten halten, scheint jedoch außerhalb der Vorstellungswelt des Alten Testaments zu liegen. Hier findet die Tochter in ihrem Vater kein gleichgestelltes Gegenüber, sondern lediglich eine übergeordnete Person.

---

246 AaO. 110.
247 *Brockhaus/Kolshorn* 1993, 117.

# Dritter Hauptteil

# Väterliche Verfügungsgewalt im Gottesbild Israels

Über Gott und seine Beziehung zur Welt und zu den Menschen können wir nur in Bildern reden. Denn Gott und diese Beziehung läßt sich nicht wie ein realer Gegenstand greifen und verfügbar machen. Aus der Bildsprache des Alten Testaments ist dabei die Tochter nicht wegzudenken. Insbesondere in der Prophetie wird in Metaphern immer wieder auf die Lebenswirklichkeit von Töchtern zurückgegriffen, um mit ihr eine andere Wirklichkeit zu beschreiben: Metaphorische Tochtergestalten sind fester Bestandteil der prophetischen Rede, in der geschichtliche Prozesse theologisch reflektiert werden. Die Beziehung JHWHs zu Städten oder Ländern wird in metaphorischen Darstellungen von »Töchtern« zur Sprache gebracht.

Was haben metaphorische Tochtergestalten mit realen Töchtern zu tun? Wie erscheint Gott als Gegenüber der »Tochter«? Bevor wir uns diesen Fragen zuwenden, soll zunächst geklärt werden, was eigentlich Bildsprache ist und wie sie wirkt. Und wo liegen möglicherweise die Gründe dafür, Töchter und Städte in Metaphern miteinander in Verbindung zu bringen?

## 1 Vorbemerkungen: Metaphorische Rede und ihre Bilder

### 1.1 Bemerkungen zur metaphorologischen Sprachlehre

#### 1.1.1 Definition und Funktion der Metapher[1]

Grundlegend für jede Studie zur Metapher sind bis heute Gedanken des Aristoteles und deren nähere Ausführung durch Quintilian.[2] Aristoteles definiert ein Wort als Metapher, das einen »frem-

---

[1] Die folgenden Ausführungen stützen sich vornehmlich auf *Ricoeur* 1974, Krieg 1988, Soskice 1985 und Maier 1994.
[2] Aristoteles, Poiesis, Kapitel 21 (1457b); Quintilian, The Institutio Oratoria VII.

den Namen« überträgt (*metaphorein*). Als Theologin, die den Gehalt eines Textes zu verstehen sucht, betrachte ich die Metapher als linguistisches Phänomen. Ich definiere sie als eine sprachliche Ausdrucksweise, in der wir über jemanden bzw. über etwas mit Worten sprechen, die zu einer anderen Sache oder Person gehören und an diese denken lassen,[3] und dadurch eine neue Sichtweise von Wirklichkeit ermöglicht. Was das heißt, möchte ich an einem Beispiel verdeutlichen:

»Schüttle den Staub ab, steh auf, Jerusalem, du Gefangene! Mach dich los von den Fesseln deines Halses, du gefangene Tochter Zion!« (Jes 52,2)

Hier ist »Tochter Zion« ein Schlüsselwort (בת ציון).[4] In ihm werden zwei ganz unterschiedliche Assoziationsnetze miteinander verknüpft: Das Wort »Tochter« (בת) stammt aus dem familiären Bereich; es weckt Assoziationen von einer weiblichen Gestalt, von Jugend usw. und enthält dabei Implikationen eines innerfamiliären Beziehungsverhältnisses.[5] Das Wort »Zion« dagegen ist mit dem Tempelberg Jerusalems verbunden; es läßt an die Stadt denken, an Gebäude und Ähnliches und verweist auf den kultischen Bereich.[6]

Die weibliche Gestalt, die Tochter, ist der Ort, von dem aus hier ein Bild entsteht. In der Sprachtheorie wird dieser Ort »locus a quo« (Ort, von dem ...) genannt. Am locus a quo ist das Bild noch nicht Bild, sondern Beschreibung einer Realität. Dem locus a quo verdankt das Bild in der metaphorischen Rede seinen Realismus. Auf unser Beispiel bezogen bedeutet das: Bevor in der Aussage von Jes 52,2 das Wort »Tochter« gebraucht wurde, um mit ihm etwas zu beschreiben, stand die Lebenswirklichkeit der Tochter. Von ihr aus gedacht kommt hier die Welt (oder genauer: die Stadt) ins Bild. Ein locus a quo bestimmt dabei immer auch die sensiblen codes eines Bildes: Gesicht, Gehör, Geruch und Gefühl hängen an ihm. Auf ihn weist das Bild als auf seinen Realhintergrund immer wieder zurück.

---

3  Vgl. *Soskice* 1985, 15: »Metaphor is that figure of speech whereby we speak about one thing in terms which are seen to be suggestive of another.«
4  Grammatikalisch ist ציון in בת ציון ein »uneigentlicher Genitiv« (Gen explicativus oder epexegeticus): ציון ist eine Näherbestimmung des Wortes בת, das im status constructus steht (siehe GesK § 128 k).
5  בת hat eine gewisse Bedeutungsbreite: siehe HAL 1953, 158f. Stärker differenziert gibt das Bedeutungsfeld *Gesenius*[18]1987, 185 wieder; vgl. auch ThWAT: *Haag* 1973, 867–870.
6  Eine ausführliche Darstellung zur Bedeutung und Verwendung des Terminus geben die theologischen Wörterbücher: THAT siehe *Stolz* 1984, 543–551; ThWAT siehe *Otto* 1989, 994–1028.

Von dem Realhintergrund zeigt das Bild allerdings nur einen Ausschnitt. Nicht von einer Tochter im Allgemeinen ist in Jes 52, 2 die Rede, sondern die Tochter wird in eine bestimmte Szene gesetzt: Hier erscheint sie als »Gefangene«, als Sklavin, um deren Hals Fesseln liegen. Der Ausschnitt des originären Realienzusammenhanges, den ein Bild vom locus a quo her gewinnt, betrifft das, was für den Zusammenhang des Bildes typisch ist. Der Ausschnitt bringt gleichsam vom locus a quo das Wesentliche und Eigentümliche im Kern zur Sprache. Für unser Beispiel heißt das: Das Wesentliche und Eigentümliche, was das Bild in Jes 52,2 zur Sprache bringen will, wird mit dem Sklavinnen-Dasein einer Tochter beschrieben.
Im Vorgang poetischen Schaffens kommt einem locus a quo immer ein Ort zu, an den er gesetzt wird, ein locus ad quem (Ort, zu dem ...). Der locus ad quem ist in unserem Beispiel die Stadt, oder genauer: Jerusalem, der Zion. Indem der locus a quo an einen locus ad quem gesetzt wird, tritt das Bild in Erscheinung: Die »gefangene Tochter« erscheint in Jes 52,2 nicht als »gefangene Tochter«, sondern als »*Bild* von der gefangenen Tochter«, das die Situation der Stadt in Worte zu fassen sucht. Die Stadt ist »wie eine Tochter«, die in der Hand fremder Machthaber ist. Wie sich eine Sklavin von ihren Fesseln befreit, so soll auch sie sich befreien. Am locus ad quem hängt das andere Element des Bildes. Der locus ad quem ist nicht weniger bedeutend als der locus a quo: »Ohne seinen locus a quo könnte kein Bild auf eine Wahrheit verweisen und sie spannend zur Sprache bringen. Ohne seinen locus ad quem bliebe diese Wahrheit gestaltlos und sprachlos.«[7]
Metaphern bestehen also stets aus zwei Elementen, nämlich aus einem locus a quo und einem locus ad quem. Während die Grundfigur des Begriffes das Einzelwort als definitiv letztes Wort ist, ist die Grundfigur des Bildes der Satz als initiativer erster Satz.[8] Der initiative Charakter des Satzes hängt mit der Art zusammen, wie die Metapher besteht: Die Elemente locus a quo und locus ad quem erzeugen eine Spannung auf der Übertragungsebene. »Tochter« und »Stadt« haben im eigentlichen Sinne ja erst einmal nichts miteinander zu tun. Sie miteinander in Beziehung zu setzen, ist »spannend«. In Jes 52,2 werden die Bedeutungsfelder des Terminus »Tochter« und des Terminus »Zion« so miteinander verschränkt, daß daraus etwas Neues entsteht. Beide Termini bilden nun gemeinsam eine sinnstiftende Einheit, die ihrerseits wieder neue Assozationen weckt. »Der metaphorische ›Satz‹ entwirft vor sich eine

---

7 *Krieg* 1988, 118.
8 AaO. 134.

Welt, die Bedeutung hat und so anspricht. (...) Was wörtlich ausgelegt jederzeit Unsinn ergäbe und ergibt, bedingt gerade den metaphorischen Sinn.«[9]
Das Schaffen und Vorlegen einer eigenen, sinnhaften »Textwelt« ist die dichterische Funktion der Metapher. In Jes 52,2 wird die Spannung zwischen dem Gedanken an die gefangene Tochter und die Stadt Jerusalem/Zion verwandt, um Leserinnen und Lesern etwas zur Situation der Stadt zu sagen und sie zugleich auf diese Weise anzusprechen. »Die ›Textwelt‹ setzt dem Angesprochenen und Verstehenden einen ›Entwurf von Welt‹ vor, der ihm als seine Möglichkeit begegnet, sofern er sich ansprechen läßt und verstehen will.«[10] Dabei baut das dichterische Schaffen auf den Effekt der Verfremdung: Die scheinbare Eindeutigkeit der Welt (in unserem Beispiel: die Situation der Stadt) wird verfremdet und zugleich die Zweideutigkeit der Welt als ihre »eigentlichere Eigentlichkeit« ausgesagt.[11] Die Metapher »deutet auf das Unfertige, Offene der Gegenstände und Themen hin, indem sie nicht fix und fertige Benennungen übernimmt, sondern diese gerade negiert, durch neue Identifizierungen ersetzt und damit die gemeinte Sache in der Schwebe hält oder erneut schwebend macht.«[12] Sie sagt »etwas Neues über die Wirklichkeit«, bringt das »Mehr« der Welt zur Sprache, wo sie auf den ersten Blick eindeutig ist, und kann dadurch neue Bereiche der Welterfahrung eröffnen.[13] Die Einsicht, daß die Welt mehr ist als das, was sie uns im ersten Moment erscheint, der Hinweis auf »die Einwohnung von Möglichkeit inmitten der Wirklichkeit«,[14] ist dem Bild wichtiger als die altbekannte Wirklichkeit. »Wirklichkeit erscheint in ihrer Vertrautheit als verfügbare Welt: Sie ist Welt des Wirkens, der Energie, des Akts. Möglichkeit aber begegnet in ihrer Fremdheit als unverfügbarer Seinsgewinn des Bildes: Sie ist von eigener Dynamik, von eigener Potenz, von Macht. Wirklichkeit ver-wirklicht sich: sie ist verfügbar und in nobis. Möglichkeit ermöglicht etwas: sie ist unverfügbar und extra nos. Das Bild er-möglicht, und so ver-wirklicht es.«[15] Auf unser Beispiel Jes 52,2 bezogen heißt das: Die Beziehung Got-

---

9  AaO. 99f mit Verweis auf Ricoeur. Vgl. *Ricoeur* 1974, 52f.
10  *Krieg* 1988, 102 mit Bezug auf Ricoeur.
11  AaO. 122.
12  *Ueding* 1986, 274.
13  *Ricoeur* 1974, 49. Ricoeur kann auch davon sprechen, daß die Metapher eine »Umkehr der Einbildungskraft« erzeugt (aaO. 70). Vgl. *Maier* 1974, 87.
14  *Krieg* 1988, 124.
15  Ebd. – Krieg grenzt sich damit ebenso wie Ricoeur gegen eine Tendenz in der Literaturkritik ab, die leugnet, daß die dichterische Sprache auf Realität abzielt.

*Vorbemerkungen* 241

tes zu Jerusalem/Zion ist nicht in einer Weise dingfest zu machen, daß sie außerhalb der dichterischen »Textwelt« eines Bildes zur Sprache gebracht werden könnte. Wer seine Weltsicht auf das beschränkt, was uns als verfügbare Wirklichkeit vor Augen liegt, für den existiert diese Beziehung nicht. Das Bild jedoch kann über eine Beziehung zwischen Gott und der Stadt reden, sie als noch zu verstehende Möglichkeit der Welt ins Gespräch bingen. Es lehrt spielerisch, die Wirklichkeit mit den Augen der Möglichkeit zu sehen. Das kann es dank seiner »Als-Struktur«: Die Stadt wird uns *als* Tochter vor Augen geführt. Das »Als« ist kein »Als«, das definitiv sein will oder auf eine abschließende Definition zielt. Das »Als« ist komparativisch zu verstehen: Jerusalem/Zion ist mehr als die Stadt Jerusalem/Zion, es ist mehr als Häuser, Gebäude usw., es ist die Stadt als Tochter ... »Im ›Als‹ konkretisiert sich die spielerische und distanzierte Verfremdungsbewegung des Bildes. Das Bild erweist Wirklichkeit ›als‹ voll von Möglichkeit. Es kommt der Mehrdeutigkeit des Wirklichen zugute.«[16] Die »Stadt als Tochter« bietet eine Präzisierung des Seienden und Wirklichen von dessen Möglichkeiten her. Diese Präzisierung will als ein Gewinn für das Sein verstanden werden. In dieser Präzisierung liegt das ontologische »Mehr« der Metapher, der Seinsgewinn, den sie der »Wirklichkeit« zuspricht.[17]

### 1.1.2 Unterscheidung der Metapher von Sprachfiguren

In der Bildwelt der Metapher wird dabei Distanz aufgegeben, die im »Vergleich« als Sprachfigur noch vorhanden ist. Die Metapher baut zwar wie ein Vergleich auf der »Als-Struktur« des Bildes auf, aber die Schöpferin bzw. der Schöpfer einer Metapher hat bei ihrer Bildung nicht zwei ganz unterschiedliche Dinge im Kopf. In der Sprachfigur des Vergleiches hieße es statt »Tochter Zion«: »Der Zion ist wie eine Tochter« (oder vielleicht auch: »Die Tochter ist wie Zion«?). Beim Vergleich ist die Vorstellung von zwei unterschiedlichen Objekten noch nicht aufgegeben.[18] Erst die Metapher verschränkt zwei (oder mehrere) unterschiedliche »Assoziationsnetze« so miteinander, daß die Distanz, die zwischen den unterschiedlichen Objekten liegt, in einer Weise spannend überbrückt wird, die auf etwas Neues zielt. Die Metapher lädt dazu ein, sich an den Text zu verlieren und vom Text mit sich spielen zu lassen. Anders als in der Sprachfigur des Vergleiches gibt es bei ihr kein

---

16 *Krieg* 1988, 125.
17 Vgl. AaO. 105 mit Bezug auf Jüngel.
18 Vgl. *Soskice* 1985, 58f.

Tertium comparationis, d.h. nicht einen einzelnen klar auszumachenden Punkt, auf den Bezug genommen werden kann. Während der Vergleich Ähnlichkeit(en) zwischen zwei Objekten nachzeichnen will, will die Metapher Ähnlichkeit stiften.[19] »Denn nicht die Ähnlichkeiten der Wirklichkeit sollen übertragenerweise beschrieben und nachgezeichnet werden, sondern eine Möglichkeit soll eröffnet werden, die anders gar nicht denk- und sagbar wäre. Deshalb ist die Metapher ›viel mehr als eine Stilfigur‹ und jedenfalls ›mehr als nur ein Bild‹; und deshalb ›sind die wahren Metaphern unübersetzbar‹, wohl aber unerschöpflich beschreibbar. Ihre ›metaphorische Wahrheit‹ liegt in der poetischen Eröffnung neuer Bereiche der Erfahrung.«[20]

An diesem Punkt liegt auch der entscheidende Unterschied zwischen der »Metapher« und der »Allegorie«. In der heute geläufige Definition wird die Allegorie als »Verbildlichung eines abstrakten Begriffs oder Vorgangs« beschrieben, wobei »eine gedankliche Beziehung zwischen Dargestellten bzw. Gesagtem und Gemeintem bestehe.«[21] Allegorien werden gemacht, sie sind Ausdruck formender Kunstfertigkeit, zielen darauf, mit Hilfe einer bestimmten Technik entschlüsselt zu werden. Bei der Deutung einer Allegorie werden Bild und Sache wieder auseinanderdividiert, die einzelnen Verbindungspunkte zwischen »Gesagtem« und »Gemeinten« werden aufgesucht und damit die Sätze der Allegorie gleichsam »nach hinten« wieder aufgelöst. Um eine Allegorie als solche verstehen zu können, müssen aus den Assoziationsnetzen der in der Allegorie verwendeten Worte und Sinneinheiten einzelne Punkte isoliert werden. Anders als in der Metapher ist hier das Tertium comparationis das Entscheidende. In der Allegorie kommt es nicht mehr darauf an, ganze Assoziationsnetze miteinander zu verschränken, sondern es wird ein Punkt für Punkt Vergleich angestrebt. Einzelzüge von »Bild« auf der einen Seite und »Sache« auf der anderen werden dabei gewöhnlich isoliert. Punkte, die keine Entsprechung finden, oder auch das, was zwischen den einzelnen Punkten liegt, gelten als bedeutungsleer. Diese »Leere« kann mit neuer Bedeutung aufgefüllt werden. Während in der Metapher unterschiedliche Assoziationsnetze ineinander verwoben werden, werden in der Allegorie aus einzelnen Punkten neue Netze geknüpft.

---

19  *Ricoeur* 1974, 48.
20  *Krieg* 1988, 101f mit Bezug auf *Ricoeur* 1974, 49. Ebenso *Wolfgang Harnisch*, Die Gleichniserzählungen Jesu, UTB 1343, Göttingen 1985, 49.
21  *Maier* 1994, 86. Maier bezieht sich auf den Neuen Brockhaus in fünf Bänden, Bd. I, [6]1978, 62.

*Vorbemerkungen*

Die Metapher muß außerdem von der *Synekdoche* unterschieden werden. Bei flüchtigem Lesen können insbesondere jene Metaphern, deren Schlüsselwort »Tochter Zion« ist, mit Synekdochen verwechselt werden, die ebenfalls mit dem Wort »Tochter« gebildet sind. Solche Synekdochen finden sich in alttestamentlichen Texten häufig dort, wo u.a. etwas über die Zugehörigkeit von Frauen ausgesagt wird, wie z.b. Ez 13,17: »Und du, Menschenkind, richte dein Angesicht gegen die Töchter deines Volkes, die aus eigenem Antrieb als Prophetinnen auftreten, und weissage gegen sie«. In diesem prophetischen Wort ist ein Aspekt des Terminus »Tochter« – und zwar derjenige, der Weiblichkeit und Zugehörigkeit assoziieren läßt – auf die Gruppe der Frauen als ganze ausgeweitet. »Töchter« kann so an die Stelle des Wortes »Frauen« treten und im Sinne des Wortes »Frauen« gebraucht werden. Es geht um bestimmte »Töchter«, um Frauen, die zum Volk Israel gehören. Wie bei der Metapher läßt sich der Sinn einer Synekdoche nicht erfassen, wenn das Wort oder die Wörter, aus denen sie gebildet ist, allein von der lexikalischen Bedeutung her verstanden werden: Denn Ez 13,17 hat nicht allein »Töchter« im Blick, sondern die ganze Gruppe der »Frauen«. Im Unterschied zur Metapher fehlt aber bei der Synekdoche ein Bezugspunkt, der zu dem genannten Wort ein weiteres, neues Assoziationsnetzwerk hinzubringt; hier gibt es keine Spannung zwischen einem locus ad quo und einem locus ad quem. Die Synekdoche erhält ihren Sinn allein aus dem Assoziationsnetz »Töchter«. Anders als bei der Synekdoche ist der Ort der Metapher dagegen nicht das Einzelwort, sondern die Zeile, der Satz.[22]

Damit ist nicht ausgeschlossen, daß der locus a quo einer Metapher mit einer Synekdoche gebildet wird! Der Terminus »Tochter« in der Metapher »Tochter Zion« könnte für sich genommen durchaus auch eine Synekdoche sein, d.h. »Tochter« könnte auch hier vornehmlich für »Frau« oder für einen anderen Aspekt von Tochter-Sein stehen.[23] Dies geht nur aus dem jeweiligen Kontext hervor.

Wird eine Metapher so in den allgemeinen Sprachgebrauch aufgenommen, daß ihre sprachschöpferische Funktion verblaßt, dann wird sie zur »toten Metapher«. *Tote Metaphern* sind als Sprachfiguren den Rezipientinnen und Rezipienten so vertraut, daß sie keine Assozationen mehr zu den unterschiedlichen Termini wecken, aus denen die Metapher gebildet ist. Ihre Leserinnen und Leser wissen nicht mehr um den Realienzusammenhang des locus a quo,

---

22  Vgl. *Krieg* 1988, 99 mit Bezug auf Ricoeur.
23  Haag erklärt in diesem Sinne im ThWAT die Verwendung von בת zur Personifizierung Jerusalems (*Haag* 1973, 868).

und dadurch ist das Bild zur Redewendung verflacht. »Tote Metaphern« haben eine klare Bedeutung und einen Begriffsumfang, der sich im Lexikon fest umreißen läßt, während »lebende Metaphern« die Auseinandersetzung mit den Assoziationsnetzen erfordert, um ihren Sinn zu erfassen. Eine Metapher wie »Tochter Zion« ist nur dann »lebende Metapher«, wenn die unterschiedlichen Assoziationsnetze, die zu ihr gehören, bei den Rezipierenden der Metapher noch (präsent sind und) wirken. Ich werde in meiner Untersuchung zu belegen versuchen, daß die Metaphern über »Tochter Zion« das Wissen um den locus a quo und seine Realzusammenhänge voraussetzen. Wäre dies nicht der Fall, so hätte der Terminus »Tochter« in der betreffenden Metapher lediglich eine sprachwissenschaftlich entwicklungsgeschichtliche Relevanz und enthielte keine Aussagen mehr, die etwas mit Realitäten im Leben von Töchtern zu tun haben.

1.1.3 Die Bindung der Metapher an einen bestimmten historischen Kontext

Ein Sprachbild hat immer auch seine Geschichte. Hermeneutisch betrachtet setzt die von mir dargelegte Definition der Metapher voraus, daß eine Metapher nur dann verstanden wird, wenn die Adressatin bzw. der Adressat dieser Metapher die Assoziationsnetze hinter den Termini, aus denen sie sich zusammensetzt, kennt und miteinander koordinieren kann.[24] Wer mit den Worten »Zion« oder »Tochter« nichts assoziiert und/oder beide Termini nicht in eine wechselseitige Beziehung bringen kann, kann mit der Metapher »Tochter Zion« nichts anfangen. Für das Verstehen des Bildes in seiner Geschichte ist dabei die Zeitebene sowohl der Schöpferinnen und Schöpfer dieses Bildes von Bedeutung wie auch jene seiner zeitgenössischen Rezipientinnen und Rezipienten. Wer mit »Zion« und »Tochter« anderes assoziiert als die Schöpferinnen bzw. Schöpfer des Bildes von der »Tochter Zion«, der wird auch die Metapher anders verstehen, als sie ursprünglich einmal gemeint war. Insofern sind auch Metaphern nicht geschichtslos, sondern es gibt eine rezeptionsgeschichtliche Linie ihrer Verwendung. Genau hier tut sich allerdings ein beachtenswertes hermeneutisches Problem auf: Der Abstand zwischen uns und den Verfasserinnen und Verfassern von Texten des Alten Testaments ist sehr groß. Was wissen wir schon darüber, was die Schöpferinnen bzw. Schöpfer einer Metapher damals assoziierten, und was wissen wir, wie sie früher einmal rezipiert wurden?

24 Vgl. *Maier* 1974, 87.

*Vorbemerkungen* 245

Über die Assoziationen der Schöpferinnen bzw. Schöpfer einer Metapher können wir nur Vermutungen anstellen. Beschreiben läßt sich jedoch der Realzusammenhang, auf den der locus a quo des Bildes verweist und von dem her die Metapher ihre Realität gewinnt. Dort, wo dieser Realzusammenhang in Metaphern die Lebenswirklichkeit von Töchtern aufgreifen könnte, gehört der Bildsprache des Alten Testaments in dieser Forschungsarbeit mein Interesse.

Auf welchen Tochterbildern bauen die Metaphern auf? Und zu welchem locus ad quem setzen sie die Lebenswirklichkeit von Töchtern in Beziehung? Der locus ad quem läßt Rückschlüsse auf die Rezeptionsgeschichte zu. Daher lautet meine Frage auch: Unter welchen zeitgeschichtlichen Umständen und vor allem mit welcher Absicht wird in Metaphern die Tochter »herangezogen«, um Wirklichkeit zu beschreiben?

## 1.2 Die metaphorische Verknüpfung zwischen weiblichen Gestalten und Städten, Orten bzw. Ländern

An diese allgemeinen Bemerkungen zur Metapher möchte ich noch einige grundsätzliche Gedanken zur metaphorischen Verknüpfung zwischen weiblichen Gestalten und Städten, Orten bzw. Ländern anknüpfen.

### 1.2.1 Religionsgeschichtliche Bemerkungen

Metaphorische Verknüpfungen von Frauengestalten und geographischen Orten, insbesondere Städten, sind in alttestamentlichen Texten sehr häufig zu finden. Die Ursprünge solchen Denkens liegen vermutlich in mythologischen Vorstellungen, die sich bei der Entwicklung der Städte auch im westsemitischen Raum (Syrien, Palästina, Phönizien und Kleinasien) verbreiteten: Die Stadt wurde hier mit einer weiblichen Gestalt personifiziert und vergöttlicht.

Jeder Stadtstaat, jede Hauptstadt hatte ihre Stadtgöttin, die etwas von dem Selbstverständis ihrer Bewohner widerspiegelte. Diese Göttin wird gern als Königin dargestellt. Den polytheistischen Vorstellungen jener Zeit entspechend regiert sie nicht allein. Sie ist mit dem Schutzgott der Stadt verheiratet, der ihre Bewohner vor Gefahren bewahrt.[25]

---

25 Zur These vom mythologischen Hintergrund der Personifikation von Städten siehe *Fitzgerald* 1972, 405; vgl. *Frymer-Kensky* 1992, 171.

Mit der Weiblichkeit der Städte befaßt sich u.a. John J. Schmitt. Seines Erachtens ist die Stadt die Wiege der Zivilisation.[26] Er assoziert mit ihr die Eigenschaften »Treue« (fidelity) und »Aufzucht« (nurturing), die er als weiblich versteht.[27] Genauer schreibt dazu Tikva Simone Frymer-Kensky: »The image of a city as female makes good psychological sense, for the city contains the populace within her walls, nurtures it, provide for it, and defends it.«[28] In Alice L. Laffey weckt das Bild der Stadt als Frau weitergehende Assoziationen: »A woman may be understood to have much in common with a city or a country: she may be more or less valuable, more or less beautiful, large or small, a greater or lesser source of nurturce, faithful or unfaithful.«[29]

Die Vorstellung der »Stadt als Frau« dürfte in Israel vertraut gewesen sein. Seine Vorläufer- und Nachbarkulturen waren politisch meist als Stadtstaaten organisiert. Zum Israel der Königszeit gehörten kanaanäischen Städte wie Meggido, Bet Schean und Jerusalem, außerdem Philisterstädte im Südwesten; die phönizischen Städten Tyros und Sidon entfalteten ihren Einfluß. Jerusalem wird in den Schriften des Alten Testaments stets als Frau präsentiert und kann wie in der kanaanäischen Mythologie die Züge einer Königin tragen.[30] Allerdings ließ sich die im westsemitischen Raum herrschende Vorstellung einer Stadtgöttin nicht ohne weiteres in einen monotheistischen JHWH-Glauben integrieren. Zwar wurde seit der Königszeit JHWH mit »seiner« Stadt Jerusalem eng verbunden gesehen, das Band zwischen Zion und JHWH wurde im Kult immer wieder gefestigt und seit Hosea konnte im poetischen Kontext diese Verbindung sogar mit einer ehelichen Beziehung gleichgesetzt werden. Niemals jedoch erscheint in alttestamentlichen Texten die Stadt als eine Göttin oder *gleichwertige* Partnerin JHWHs.[31]

1.2.2 Städte in weiblicher Gestalt als vielfache personale Relationsbegriffe

Metaphorische Rede über Städte stellt die Beziehung der »Stadt« zu JHWH als zwischenmenschliche Beziehung dar. Die Stadt kann ihm gegenüber Tochter, Ehefrau, Witwe oder Hure sein, gebenenfalls füllt sie diese Rollen auch gleichzeitig aus. Darüber hinaus

---

26 *Schmitt* 1991, 18: »The city was the beginning of the civilization, and it force many mythological ideas connected with its self-understanding.«
27 AaO. 29.
28 *Frymer-Kensky* 1992, 171f.
29 *Laffey* 1988, 162.
30 *Fitzgerald* 1972, 415.
31 Vgl. *Steck* 1989, 275. Diese Aussage werden meine Einzelexegesen belegen.

*Vorbemerkungen* 247

besteht aber auch zwischen einer Stadt und ihren Bewohnerinnen und Bewohnern eine Beziehung, die in metaphorischer Rede personale Züge tragen kann. Die Stadt erscheint für die Menschen, die in ihr wohnen, im Bild der »Mutter«, die ihre Einwohnerinnen und Einwohner als ihre »Kinder« aufzieht, schützt und versorgt. Beispielhaft sei hier Deuterojesaja angeführt, der die Wiederherstellung Zions in folgenden Metaphern beschreibt: Die Völker bringen die Söhne Zions wieder zu ihrer »Mutter«, und Zions Töchter tragen sie auf den Schultern. Könige sollen ihre Pfleger werden und Fürstinnen ihre Ammen (Jes 49,22f). Solchen Vorstellungen verdeutlichen, wie intim und unlösbar die Bindung zwischen Ort und Volk gedacht werden konnte.

Die Beziehung der Stadt zu ihren Feinden hat in der Textwelt des Bildes oft ebenfalls einen personalen Charakter: Für die Feinde ist die Stadt »begehrenswert«; sie erscheint ihnen als Geliebte, Hure oder auch als »Gebeugte« und »Gefangene« und wird in die Rolle der sexuell verfügbaren Frau gedrängt.

Die weiblichen Funktionen, die die Stadt als metaphorische Gestalt übernimmt, sind abhängig von dem Gegenüber, zu dem sie in Beziehung gesetzt wird. Sie kann sehr viele Rollen einnehmen und diese auch gleichzeitig ausfüllen.[32] Diesen Rollen entsprechend handelt die Stadt oder wird sie behandelt. Oft gehen dabei die Bilder ineinander über. Ich werde in meiner Untersuchung den Schwerpunkt auf die Stadt als »Tochter« legen, deren Gegenüber JHWH ist. Dabei halte ich es jedoch für nicht sachgerecht und erstrebenswert, andere Aspekte der weiblichen metaphorischen Gestalten, die wir nicht unmittelbar mit dem »Tochter-Sein« verbinden, ausblenden zu wollen. Auch im alltäglichen Leben sind ja »Töchter« nicht nur »Töchter«, sondern können zugleich auch Geliebte, Mütter, Frauen mit wechselnden sexuellen Beziehungen und vieles andere mehr sein. Ich werde bei der Betrachtung von metaphorischen Tochtergestalten andere, im jeweiligen Bild vermittelte Aspekte weiblicher Existenz deshalb zwangsläufig immer wieder streifen und in meine Reflexionen über »Töchter« im metaphorischen Sprachgebrauch miteinbeziehen müssen.

1.2.3 »Tochter Zion« und »Sohn Israel« – zwei Metaphern, um die Gottesbeziehung zu beschreiben

Die Vorstellung, daß JHWH sich Jerusalem/Zion erwählt habe, steht neben einem zweiten, älteren Gedanken, der von der Erwählung Israels, des Gottesvolkes, spricht. Auch die Beziehung zwischen

---

32 Siehe *Steck* 1989, 270.

Gott und seinem Volk kann metaphorisch in familiären Bildern zum Ausdruck kommen: Gottes Volk, Israel, ist Gottes »Sohn«. In Ex 4,22 bezeichnet JHWH Israel als seinen Erstgeborenen, und die deuteronomistische Theologie entfaltet diese Vorstellung.[33] Die »Männlichkeit« des Volkes in der Bildsprache ist weder selbstverständlich noch zufällig: Ländernamen wie »Israel« und »Juda« können im Hebräischen wechselseitig – maskulin und feminin – konstruiert werden. Weiblich sind Ländernamen nur dann, wenn das Landgebiet, das seine Bewohner versorgt, im Vordergrund steht. Sind seine Einwohner im Blick, haben die Länder stets männliches Geschlecht.[34] Als Gegenüber zu JHWH ist das Volk Israel daher immer maskulin; Gottes Volk ist Sohn, nicht Tochter. Mit dem »Sohn Israel« verbinden Gott starke Gefühle, er lehrt diesen Sohn und gibt ihm eine Ordnung, er besteht auf das Einhalten seiner Gesetze und bestraft Ungehorsam.[35] Der Bund zwischen JHWH und seinem Volk ist ein Bund zwischen einem männlichen Souverän und einem männlichen Subjekt, ein Bund von »Mann zu Mann«[36], wobei die familiäre Zuordnung »Vater« und »Sohn« Machtunterschiede und Abhängigkeitsverhältnisse verdeutlichen. Solche familiäre Sprache ist insbesondere bei politischen Bündnissen im alten Nahen Osten üblich. JHWH als »Vater« kommt in militärisch schwierigen Situationen seinem »Sohn« gegenüber die Rolle eines politischen Bündnispartners zu: Er ist militärischer Anführer, Kriegsmann, Beschützer und Befreier.

Während der Bund JHWHs mit seinem Volk ein »Männerbund« ist, unterhält Gott einen »Ehebund« nur zu Städten. Israel als Volk ist niemals sein Ehegemahl. JHWHs Liebesobjekt trägt dort weibliche Züge, wo von geographischen Gebieten die Rede ist, nicht aber da, wo es unmittelbar um Menschen geht.[37] Von den Städten in weiblicher Gestalt ist überwiegend dann die Rede, wenn Katastrophen reflektiert werden, die das Land und seine Bewohner getroffen haben.[38] »Israel als Sohn« tritt hier oft zugunsten von »Zion als Tochter« in den Hintergrund. Dies ist bemerkenswert, da Metaphern mit geschlechtsspezifischen Inhalten auf Frauen und Männer unterschiedlich wirken: Männern ermöglichen die weibli-

---

33 Vgl. *Schmitt* 1991, 19.
34 *Steck* 1989, 271f. Gegen Elaine R. Follis und E. Otto: Nach *Follis* 1987, 178 dient der Terminus technicus »Tochter Zion« auch zur Personifizierung der Einwohner Jerusalems. *Otto* 1989, 1010 versteht unter בת ציון in Jes 1,8; 10,32; Jer 4,31; 6,2.23 die »Personifikation Jerusalems und seiner Einwohner«.
35 Vgl. *Frymer-Kensky* 163.
36 *Schmitt* 1991, 31.
37 AaO. 20.
38 Vgl. *Fitzgerald* 1975, 182.

chen Attribute eine gewisse Distanzierung. Was das bedeuten kann, werde ich im Folgenden noch genauer zeigen.[39]

Elaine R. Follis erklärt die Tatsache, daß Gottes Liebesobjekt zunächst mit einem »Sohn« personifiziert wurde und dann in späterer Zeit auch als »Tochter« erscheinen kann, mit den Zeitumständen, an die solche Umschreibungen der Gottesbeziehung geknüpft sind: »Sons commonly are thought to represent the adventuresome spirit of a society, constantly pressing beyond established boundaries, at the outmost part, the circumference, of the community. Daughters, on the other hand, have been associated with stability, with the building up of society, with nurturing the community at its very heart and center. The stereotypical male spirit lies in conquest, while the stereotypical female lies in culture.«[40] Ein weibliches Liebesobjekt JHWHs hatte daher ihres Erachtens in den wilden Wanderjahren der Israeliten und in der Periode der territorialen Eroberungen zur Zeit der Staatenbildung keinen Platz. Der Ausdruck »Tochter Zion« gehöre konsequenterweise zu einem seßhaften Volk, »a centered and stable people whose life and culture revolved around the divine-human encounter focused on the holy city, Jerusalem.«[41] In der Gestalt der Tochter werde die Stadt zur Quintessenz von Zivilisation und Kultur, von stabilem Lebensstil und dauerhaften Beziehungen. Zugleich werde sie in besonderer Weise zur Empfängerin göttlicher Gunst, aber auch zur Adressatin göttlichen Zorns und göttlicher Bestrafung.[42] Follis Erklärung deutet an, daß in der patriarchalen Gedankenwelt des Alten Testaments ein »zivilisiertes Liebesobjekt« nur weiblich sein kann.[43]

JHWHs Liebe zu seinem »Sohn« und zu seiner »Tochter Zion« ist in aller Regel männlich qualifiziert. Einige Ausnahmen finden sich nur bei Israel, »dem Sohn«; ihm begegnet Gott mitunter auch in der Rolle einer Mutter (siehe z.B. Jes 49,15; wahrscheinlich auch Hos 11,4–11).[44] Das Bild von der »Tochter« wird dagegen immer wieder mit Frauenbildern verknüpft, die eindeutig die Beziehung zu einem männlichen Gegenüber erfordern: Zion bzw. Jerusalem

39  Siehe unten S. 266.
40  *Follis* 1987, 176f.
41  AaO. 177.
42  AaO. 177.
43  Elaine R. Follis arbeitet mit kulturellen, im Patriarchat geprägten Vorstellungen von Weiblichkeit. Weiblichkeit ist hier mit Zivilisation verknüpft und wird als von Männern zu schaffendes Kulturgut verstanden. Der Mann erscheint als »Gärtner«, die »Frau« als Blume, die es zu kultivieren und zu pflegen gilt. Solche Vorstellungen werden derzeit in der feministischen Anthropologie neu diskutiert. Siehe *Gabriele Rippl* (Hg.), Unbeschreiblich weiblich: Texte zur feministischen Anthropologie, Frankfurt 1993.
44  Vorstellungen von JHWH in stereotypen Frauenrollen behandelt ausführlich *Swidler* 1979, 30ff. Swidler reserviert allerdings nahezu alle Bereiche, die etwas mit Versorgung und Emotionen zu tun haben, für weibliche Stereotype, und entdeckt infolge solcher Vorgaben JHWH an sehr vielen Textstellen als einen Gott, der weibliche Züge hat. Zur Rolle JHWHs als Mutter oder Vater in Hos 11,4–11 siehe *Helen Schüngel-Straumann*, Gott als Mutter in Hosea 11, ThQ 166 (1986), 119–134; vgl. *Yee* 1992, 200f.

ist auch »Ehefrau«, »Hure« oder »Witwe«, und nimmt dabei Frauenrollen ein, die JHWH als Liebhaber oder Ehemann voraussetzen. In seiner Beziehung zur »Stadt« ist Gott stets ein männliches Subjekt. Für John J. Schmitt hat sich daher mit der Verwendung der metaphorischen Rede von der »Tochter Zion«, die neben die Rede von »Israel als Sohn« tritt, eine »Verwandlung« des ursprünglich männlichen Liebesobjektes »Israel« in ein weibliches Gegenüber vollzogen. In diesem Verwandlungsprozeß kommt seines Erachtens ein Beharren auf der Männlichkeit Jahwes zum Ausdruck.[45]

### 1.2.4 Feministische Kritik

Frauengestalten, die als Metapher benutzt werden, dienen als Sprachbild für etwas anderes als das, was sie als weibliches Subjekt darstellen. Sie werden für das Bild gewöhnlich einem »Entleibungsvorgang« unterzogen: Aus dem Realhintergrund des locus a quo zeigt die Metapher ja immer nur einen bestimmten Ausschnitt. Dieser Ausschnitt schöpft aus den bestehenden Vorstellungen, was Weiblichkeit oder (in unserem Zusammenhang) Tochter-Sein beinhaltet. In ihm wird Frau- bzw. Tochter-Sein zwangsläufig auf fest umrissene weibliche Rollen und Funktionen reduziert. Die Reduktion aber führt zu einer ständigen Reproduktion ganz bestimmter, im bestehenden Kontext herrschender Frauenbilder und legt Frauen auf diese Bilder fest.
Metaphorische Frauengestalten, die in einem patriarchalen Kontext geschaffen werden, verraten etwas von männlicher Definitionsmacht bei der Beschreibung von Weiblichkeit. Frau-Sein wird hier gewöhnlich aus männlicher Perspektive dargestellt. Mit den metaphorischen »Textwelten« werden Konzeptionen von Weiblichkeit vermitteln, und diese Konzeptionen fördern – wie wir noch sehen werden, zum Teil sogar ganz bewußt – patriarchale Interessen. Weibliche Erfahrungen haben nur soweit einen Raum, wie sie sich diesen Interessen und Konzeptionen unterordnen.[46]
Die androzentrische Perspektive und ihre Konsequenzen werde ich im folgenden bei der Einzelexegese immer wieder berücksichtigen. Entsprechend dem hermeneutischen Kriterium der Parteilichkeit lege ich dabei den Schwerpunkt darauf, welche Bedeutung und Botschaft die zu behandelnden metaphorischen Texte für Frauen haben. Die theologische Absicht ihrer Autoren und die Würdigung dieser Absicht lasse ich hierbei in den Hintergrund

---
45 *Schmitt* 1991, 26
46 *Van Dijk-Hemmes* 1993, 163. Vgl. *dies.* in: *Brenner / van Dijk-Hemmes* 1993, 167.

treten. Für sie ist in den herkömmlichen Exegesen hinreichend Raum.

## 2 Die Frauengestalten in der metaphorischen Rede über Städte und Länder

In der metaphorischen Rede über eine weibliche Gestalt finden alttestamentliche Propheten eine Ausdrucksmöglichkeit, um theologisch den geschichtlichen Wandel zu reflektieren, den die Staaten Israel und Juda durchlitten. Die Beschreibung der metaphorischen weiblichen Gestalten wandelt sich entsprechend der Situation in den Staaten, für die sie in Erscheinung treten. Deshalb werde ich im Folgenden die Geschichte Israels und Judas als Leitfaden für meine Untersuchung nutzen.

### 2.1 Prophetische Worte über das Süd- und Nordreich und seine Städte vor dem Untergang des Staates Juda 587 v.Chr.

#### 2.1.1 Samaria – die »Jungfrau Israels« bei Amos

In der Prophetie des Buches Amos kommt die Stadt als eine Frau ins Bild, die noch Tochter und (noch) nicht Ehefrau ist: »Gefallen ist sie und steht nicht mehr auf, die Jungfrau Israels; sie ist auf ihren Boden geworfen worden, und niemand richtet sie auf« (Am 5,2).[47]
Dieses Wort ist Teil einer Gerichtsprophetie. Der Prophet droht den Untergang Israels an. Die Hauptstadt des Reiches, Samaria, wird eine tote Stadt werden. Amos hält bereits Totenklage.[48]

Unter der Regierung Jerobeams II erlebte das Nordreich Israel – allen voran die Hauptstadt Samaria – eine Blütezeit. Für den Propheten ist die Sicherheit, in der sich das Land wiegt, trügerisch. Er sagt eine Reihe von Katastrophen voraus.[49] Die Metapher Am 5,2 kann als drastische Beschreibung der Konsequenz einer militärischen Katastrophe gedeutet werden.

47 In GesK § 128k wird die Übersetzung von בתולת ישראל mit »Jungfrau Israels« ausdrücklich abgelehnt, בתולת ישראל als genitivus explicatus verstanden. – Anders *Schmitt* 1993, 367f, dem ich mich anschließe.
48 Vgl. die Beschreibung der gewaltsamen Zerstörung Samarias und deren Beklagung in Mi 1,6–9a. Hier ist die Stadt nicht mit einer Frauengestalt personifiziert.
49 Vgl. *Donner* 1986, 284.

Das Wort בתולה ist verknüpft mit dem Gedanken an Schutz und Fürsorge: Eine Jungfrau lebt noch im Haus ihres Vaters, der sie zu versorgen und zu schützen hat. In Am 5,2 ist der Schutz JHWHs ausgeblieben. Die »Jungfrau«, die die Stadt Samaria verkörpert, ist ein »gefallenes Mädchen«, und JHWH will ihr nicht mehr helfen.[50] Das Bild läßt an eine unverheiratete, vergewaltigte Frau denken, die für ihre Familie eine schwerwiegende Belastung bedeutet und mit der niemand mehr etwas zu tun haben will. Ihre Lage ist aussichtslos, sie ist so gut wie tot. Nach damaligem Denken hat sie ihre Lebensbestimmung nicht erreicht, denn sie ist nicht Mutter geworden und hat keine Kinder geboren. Die Hauptstadt Israels, Samaria – so sagt Amos mit dieser Metapher –, hat wie eine sterbende Jungfrau die in es gesetzten Hoffnungen und Erwartungen nicht erfüllt.[51]

Da diese Worte über die »Jungfrau Israels« im Rahmen seiner Totenklage über das Haus Israel stehen, ist das Bild in Am 5,2 stark emotional aufgeladen. Drastisch wird dem Volk mittels des zerschmetterten Frauenkörpers vor Augen geführt, daß es ohne Umkehr keine Zukunft mehr hat.[52]

### 2.1.2 Das Nordreich Israel – Ehefrau, Hure und Tochter bei Hosea

Die ersten drei Kapiteln des Hoseabuches beschreiben ausführlich die Beziehung des Propheten zu seiner Frau. Dabei spielen die Namen seiner Kinder eine wichtige Rolle. Zweifellos aber enthält das Gesagte einen verborgenen Sinn.[53] Mit dem Geschilderten soll im Analogieschluß das Beziehungsgeschehen zwischen JHWH und Israel verdeutlich werden. Sowohl Hoseas Frau als auch jedes einzelne seiner drei Kinder repräsentieren dabei das Land bzw. Volk Israel als Ganzes.

---

50 Siehe aaO. 387. – Vgl. die Interpretation von *Wolff* 1985, 278: »Kraftvolles, noch nicht erfülltes Leben ist dem Tode ausgeliefert worden, ohne daß irgendein Helfer da wäre«.
51 Vgl. *Engelken* 1990, 14.
52 *Schmitt* 1993, 365. Der Ausdruck »Jungfrau Israels« (בתולת ישראל) findet sich noch dreimal, und zwar bei Jeremia. Jeremia bezieht sich dabei in Jer 18, 13 auf Jerusalem, in Jer 31,4.21 auf den Zion. Mehrfach wird die Gestalt der »Jungfrau« in metaphorischer Rede unmittelbar mit jener der »Tochter« verbunden. Allein der Ausdruck בתולת בת (»Jungfrau, Tochter ...«) steht siebenmal in den prophetischen Schriften. Siehe Jes 23,12 (Sidon); 37, 22 (Zion); 47,1 (Babel); Jer 14,17 (Tochter meines Volkes); 46,11 (Ägypten); Klgl 1,15 (Juda); 2,13 (Zion).
53 Eine ausführliche Auflistung unterschiedlicher Deutungen der Ehe Hoseas finden sich bei *Rudolph* 1966, 40–49.

Hos 1 ist vermutlich ebenso wie die »Worte des Amos aus Thekoa« (Am 3–6) während der Regierungszeit Jerobeams II entstanden (787–747). Der Staat Israel lebte in Frieden mit seinen Nachbarn, es herrschte Wohlstand und ein beachtliches Maß an wirtschaftlicher Prosperität.[54] Wie der religionsgeschichtliche Kontext hoseanischer Prophetie ausgesehen haben könnte wird derzeit neu diskutiert.[55]

*Die Tochter »Lo Ruhama« in der Gerichtsprophetie (Hos 1,6)*
Gott gibt Hosea den Auftrag, sich eine »hurerische Frau« (אשת זנונים) und »hurerische Kinder« (ילדי זנונים) zu nehmen, denn das Land (הארץ) »hurt von JHWH weg« (זנה תזנה מאחרי יהוה) (Hos 1,2). Hosea nimmt sich daraufhin eine Frau namens Gomer. Sie gebiert ihm zwei Söhne: »Jesreel« (Hos 1,3–5)[56] und Lo-Ammi (»Nicht-mein-Volk«, V 8–9). Als Gomer eine Tochter zur Welt bringt, spricht Gott zum Propheten: »Nenne sie Lo-Ruhama (לא רחמה), denn ich werde für das Haus Israel nicht mehr sorgen, sondern es gänzlich beseitigen[57] (V 6b).
Die Kinder sind hier Objekte, an denen zeichenhaft die Beziehung zwischen JHWH und Israel aktualisiert wird. Als Personen verschwinden sie völlig hinter diesem prophetischen Anliegen. Denn nicht die Kinder als Persönlichkeiten, allein ihre Namen spielen im Hoseabuch eine Rolle. Die Erklärung ihrer Namen ist das eigentlich Prophetische und nimmt den breitesten Raum ein.[58]
Das Verb, aus dem der Name Lo-Ruhama gebildet ist (רחם), wird gewöhnlich im Deutschen mit »sich erbarmen« wiedergegeben. Es steht im Zusammenhang mit dem Wort für »Mutterschoß« (רחם).[59] »Im Plural, רחמים, wird diese konkrete Bedeutung ins Abstrakte ausgeweitet und meint dann Mitgefühl, Mitleiden, Erbarmen, Liebe.«[60] Überwiegend werden das Verbum רחם und das Nomen רחמים von Gott gebraucht.[61] Die Handlungen, die das Verb beschreiben, erfolgen immer von einem Höheren zu einem Niederen hin.[62]

54 *Donner* 1986, 283. Vgl. 2Kön 14,23–29.
55 *Wacker* 1987.
56 Ortsname. »Jesreel ist das Zeichen des göttlichen Strafgerichtes über den religiösen Abfall des Königshauses, das einst das Haus Ahabs ereilte und jetzt in ähnlicher Weise dem Hause Jehus droht« (*Heermann* 1922, 304). Siehe 1Kön 17f; 2Kön 9f.
57 Übersetzung nach *Rudolph* 1966, 37. Luther übersetzte: »Ich will sie wegwerfen.«
58 *Rudolph* 1966, 48.
59 *Stoebe* 1984, 762; *Trible* 1993, 48.
60 *Trible* 1993, 48.
61 Siehe *Jepsen* 1961, 261. Nach *Simian-Yofre* 1993, 475 gehört רחם zur Wesensbeschreibung JHWHs.
62 Vgl. *Stoebe* 1984, 761.

»Lo Ruhama« (לא רחמה) ist ein verneintes Perfekt femininum Pual, und heißt übersetzt: »Sie erfährt kein Erbarmen«. Nach H.J. Stoebe handelt es sich hier »nicht um eine im Emotionalen wurzelnde väterliche Zärtlichkeit, sondern um eine willentliche Anerkennung (bzw. Ablehnung) der Vaterschaft mit den sich gegenüber dem Kind daraus ergebenden Pflichten der Lebenssicherung und des Schutzes.«[63] Lo-Ruhama ist diejenige, der Fürsorge und Schutz versagt werden.

In vielen Kommentaren wird die Frage erörtert, ob der Name »Lo Ruhama« eine Aussage über das Schicksal der Tochter Hoseas enthalte oder ausschließlich auf Israel zu beziehen sei.[64] Die Exegeten überlegen hier, ob der Prophet tatsächlich die Vaterschaft dieser Tochter nicht anerkannt und ihr jede Versorgung verweigert hat.

Bei vielen zeigt sich dabei das Bemühen, den Propheten Hosea nicht in ein schlechtes Licht zu stellen, indem man ihm die unmenschliche Verstoßung eines Säuglings anlastet.

Nach *Adolf Heermann* sollen Hoseas Kinder nicht als Personen »Sinnbilder der prophetischen Wahrheit« sein, sondern lediglich durch ihre Namen.[65] »Die Namen stehen durchaus absolut und sind den Namensträgern nur äußerlich, sozusagen zufällig angeheftet, ohne in irgendeiner Beziehung zu ihrer Person zu stehen.«[66] Heermann hält deshalb eine unpersönliche Übersetzung des Namens »Lo Ruhama« für angemessen: »Es wird kein Erbarmen geübt, es gibt kein Erbarmen«.[67] Er geht nicht näher darauf ein, warum dann das Subjekt des den Namen wiedergebenden Satzes ein Femininum ist.

Anders als Heermann ist *Hans Schmidt* davon überzeugt, daß in Hos 1–3 die wirkliche Geschichte von der Frau und den Kindern des Propheten erzählt werde und Hosea an ihr in einer allegorischen Betrachtung sich und anderen seine religiöse Erkenntnis deutlich machen wolle.[68] Schmidt versucht diese »wirkliche Geschichte« zu rekonstruieren. Nach der Geburt seines dritten Kindes habe der Prophet erfahren, daß seine Frau ihm untreu ist, und voller Enttäuschung und Verbitterung habe er daraufhin die Namen seiner Kinder verändert: Seine Tochter »Ruhama« (»Geliebt«) nennt er nun »Lo-Ruhama«, und seinen Sohn »Ammi« (»Mein Blut«) »Lo-Ammi«. In der »Bitterkeit seines Herzens« persifliere und parodiere Hosea den »Taufakt« seiner Kindern und »verzeichne« insofern in der Rückschau die Gottesstimme.[69] Für Schmidt zeigt die große Verbitterung des Propheten seine große Liebe zu seiner Frau und seinen Kindern.[70]

---

63  AaO. 763.
64  Siehe unten: *Heermann*, 1922; *Hans Schmidt* 1924; *Wolff* 1961; *Rudolph* 1966; *Andersen* 1980.
65  *Heermann* 1922, 310.
66  AaO. 309.
67  AaO. 310.
68  *Hans Schmidt* 1924, 249.
69  AaO. 259f.
70  AaO. 253 zu Hos 2,4.

*Hans Walter Wolff* sieht im »Land« das Subjekt von רחמה לא,[71] der Name sei daher in dem Sinn zu deuten: »Das Land findet kein Erbarmen«. Wolff formuliert seine Begründung deutlich emotional: »Wie kann ein Mann seine Tochter so nennen, als wolle er ihr lebenslang die väterliche Sorgepflicht versagen!«[72] Andernorts argumentiert er damit, daß in Hos 1–3 kein autobiographisches Intesse verfolgt werde, sondern der Text der Gattung der »Memorabile« und deren spezieller Form, der prophetischen Zeichenhandlung, zuzuordnen seien.[73]

Für *Wilhelm Rudolf* sind die Kinder Hoseas »lebende Predigten von Schuld und Gericht«.[74] Ihr Name habe mit ihrer Person und ihrem Charakter nichts zu tun.[75] Für das zweite Kind, Lo-Ruhama, habe der Prophet einen »besonders schockierenden« Namen ausgewählt, weil er damit Rückfragen provozieren möchte, die ihm die Gelegenheit geben, seiner prophetischen Aufgabe entsprechend zu deuten.[76]

Auch *Francis I. Andersen* und *David Noel Friedmann* sehen keinen Zusammenhang zwischen der Namensgebung der Kinder und den Kinder selbst, wohl aber eine Verbindung zur Erfahrung der Eltern: »The daughter was given the name ›*not loved*‹, not to describe her personal relationship to her father, but because of Israel's (her mother's) forfeiture of love. Birth names often record the parents' experience rather than characteristics of the child; later on the person could take up a new experience name.«[77]

Für die Aussageabsicht des Textes ist die Frage irrelevant, ob der Prophet Hosea sich tatsächlich geweigert hat, die Tochter als die seine anzuerkennen und ihr gegenüber väterlichen Sorgepflichten zu übernehmen. Sein Autor bzw. seine Autoren sind weder an einer Autobiographie des Propheten interessiert noch an dem realen Schicksal der Kinder, sondern daran, die Beziehung Gottes zu Israel zu beschreiben. Sie halten es nicht für nötig, die moralische Integrität Hoseas zu schützen, indem sie diesen Vorgang explizit als bildhafte Redeweise kennzeichnen. Der Sinn der Metapher würde durch solch eine »Auflösung« zerstört.[78]

Auffällig ist, daß sich sprachlich eine unmittelbare Beziehung des Namens zum Namensträger bei den Namen der Söhne Hoseas nicht herstellen läßt: Anders als der Name der Tochter sind sie un-

---

71  *Wolff* 1961, 22.
72  Ebd.
73  Siehe aaO. 72.
74  *Rudolph* 1966, 72.
75  AaO. 53.
76  Ebd.
77  *Andersen* 1980, 228.
78  Angesichts des geringen Stellenwerts, den Töchter in der damaligen Gesellschaft hatten, halte ich die Verstoßung eines neugeborenen Mädchens auch nicht für einen allzu ungewöhnlichen Vorgang. Walter Eichrodt bezeichnet es als »weitverbreitete Gewohnheit«, unerwünschte Kinder, zu denen vor allem Mädchen zählten, durch Aussetzen aus der Welt zu schaffen (*Eichrodt* 1979, 122). Eichrodt belegt diese Aussage nicht. Beweise, daß diese Aussage für unsere Gegenwart Gültigkeit hat, finden sich bei *Gnanadason* 1993, 21f und 25.

persönlich konstruiert.[79] Während den Leserinnen in »Lo-Ruhama« eine Identifikationsfigur angeboten wird, bleibt den Lesern eine Möglichkeit zur Distanzierung: »Lo-Ammi« läßt an Israel denken, an das Volk, das JHWH als Sohn adoptiert hat. Was die Verweigerung von Unterstützung betrifft, erinnert die Situation, auf die der Name »Lo Ruhama« verweist, an die Lage der »Jungfrau Israels« in Amos 5,2.

In Hos 2,1–3 und Hos 2,23–25 werden die Unheilsnamen der Kinder in Heilsnamen umgewandelt. Wenn sich die Beziehung Gottes zu seinem Land und Volk wandelt, werden die Kinder zu Repräsentanten einer neuen Botschaft, einer Heilsbotschaft. Sie erhalten neue Namen und damit eine neue Identität.[80]

*Die Schuld der Mutter am Schicksal der Kinder*
Was den Kindern bei Hosea widerfährt, ist entscheidend vom Verhalten ihrer Mutter abhängig. Wie die Mutter mit dem Attribut »hurerisch« versehen wird, so werden es auch ihre Söhne und die Tochter (1,2; 2,6). Es ist gerade so, als würden die negative Eigenschaft der Mutter auf ihre Nachkommen abfärben, als würden sie infiziert mit etwas, das höchst verwerflich ist. Hosea distanziert sich aus den selben Gründen von ihnen, aus denen er sich von seiner Frau abwendet. Das gleiche gilt umgekehrt: Sobald der Prophet sich seiner Frau wieder zuwendet, wendet er sich auch den Kindern zu (2,22.25). Mutter und Kinder teilen ein Schicksal. Der Mutter wird die Schuld an der verhinderten Zukunft ihrer Kinder zugeschrieben. »She has sinned not only against her husband but against her children as well, and they will bear the consequences of her conduct.«[81]
In Hos 2 werden die Kinder aufgerufen, ihre Mutter wegen ihres hurerischen Treibens zu verklagen (V 4). Hosea/JHWH droht, die Frau nackt auszuziehen und sie auszusetzen »wie am Tag ihrer Geburt«; er mache sie zur Wüste ... (V 5) Bezüglich der Kinder erklärt er: »Auch ihrer Kinder erbarme ich mich nicht (את בניה לא ארחם), denn Hurenkinder (בני זונים) sind sie« (V 6). Der Terminus רחם ist hier zum zentralen Begriff geworden, der auf alle Kinder übertragen wird. Der Text wendet sich nun der Frau zu: Der Prophet klagt sie zwar nicht selbst an, schildert aber statt dessen ihr verwerfliches Verhalten und die Maßnahmen, mit denen er sie »umerzieht«.[82] Danach schließt er erneut einen Ehebund mit ihr (V 8–22).

79  *Heermann* 1922, 308.
80  Vgl. *Andersen* 1980, 204.
81  AaO. 228.
82  *Wacker* 1987, 107f betont, daß Frauen im Buch Hosea keine direkten Ansprechpartnerinnen der prophetischen Äußerungen sind. Die Worte richten sich

In den neuen Ehebund bringt JHWH/Hosea in der Rolle des Ehemannes als Brautgeschenk neben Gerechtigkeit, Recht und Gnade das »Erbarmen« (רחמים) ein (Hos 2,21); dieses wird auch den Kindern zuteil. Hos 2,23 setzt ein Erhörungsgeschehen ein, das sich inhaltlich in einem Zusammenspiel der Naturelemente äußert; es hat reichliche Versorgung mit Nahrung zur Folge. »Jesreel« findet Erhörung (V 24), Lo-Ruhama wird versorgt (רחמתי את לא רחמה), Gott sagt zu Lo-Ammi: »Mein Volk bist du« und dieser antwortet: »Mein Gott!« (V 25)

*Die Verknüpfung des Themas »Erbarmen« (רחם) mit einer weiblichen Gestalt*
Vom »Erbarmen« JHWHs ist in der Prophetie Hoseas also durchaus nicht nur im Blick auf die Tochter die Rede. Es ist die zentrale Kategorie in Hos 1–2 und spielt auch in Beziehung zur Ehefrau eine überragende Rolle. JHWH ist derjenige, der ihr Korn, Wein, Öl und Gold gibt (Hos 2,10; vgl. V 7b), der Weinstöcke und Feigenbäume verwildern lassen kann (Hos 2,14), der sie in die Wüste führt (Hos 2,5.16) oder ins Kulturland (Hos 2,17), der Sicherheit im Land herstellen kann (Hos 2,20). Hier geht es darum, daß JHWH (und nicht Aschera oder Baal) die Macht hat, mit dem Überlebensnotwendigen zu versorgen oder dieses zu verweigern. Die Frauengestalt, von der Hos 2,4–22 spricht, besitzt dabei eine starke Affinität zum Land.[83] Wird ihre Beziehung zu ihrem Ehemann/ JHWH betrachtet, so könnte sie geradezu wie die Tochter den Namen »Lo Ruhama« bzw. »Ruhama« tragen – je nachdem, wie sich ihr Ehemann/JHWH ihr gegenüber verhält. Bei Hosea treten zwar in der Metaphorik Tochter und Ehefrau noch als zwei Personen auf, erfahren aber die gleiche Behandlung. Bereits hier gilt: »Wie die Mutter, so die Tochter« (Ez 16,44).
Was unterscheidet in der Metapher das weibliche Kind von den beiden männlichen Kindern? Die Söhne sind ebenso wie die Tochter »Hurenkinder«, sie sind in keiner besseren Position als das Mädchen bzw. die Frau, von denen der Prophet spricht. Was jedoch diese Position beinhaltet, wird an ihren Personen nicht annähernd so deutlich wie an Lo-Ruhama und Gomer. Es bedarf der Frauen-

---

an Männer als diejenigen, die für ein rechtes Verhalten ihrer Frauen zu sorgen haben. So werden beispielsweise auch in Hos 4,14 Unzucht und Ehebruch der Töchter und Schwiegertöchter beklagt, aber dafür die Männer zur Verantwortung gezogen! Die Frauen erscheinen als Opfer männlicher Verfehlungen.
83 Dies entspricht kulturellen Zuschreibungen, die uns auch heute vertraut sind. Ihnen zur Folge verhält sich weiblich zu männlich wie Natur zu Kultur. Zur feministischen Diskussion über solche kulturellen Zuschreibungen siehe *Sherry B. Ortner* und *Carol P. Mac Cormack* in: *Rippl* 1993, 27ff.

gestalten, um die Beziehung JHWHs zu Israels zu exemplifizieren. Aspekte von göttlicher bzw. männlicher Fürsorge und göttlicher/ männlicher Kontrolle über weibliche Fruchtbarkeit, von Anerkennung göttlicher/männlicher Herrschaft und (ehelicher) Treue schieben sich dabei in den Vordergrund.
Hoseas metaphorische Sprache vermag eine hohe emotionale Wirkung zu erzielen. Durch das, was wir heute in diesen Texten als sexuelle Gewalt benennen, wird der Ernst der Lage des Landes veranschaulicht: Der betrogene Ehemann bzw. JHWH ist entschlossen, sogar bis zum Äußersten zu gehen, ja selbst seine Frau zu erniedrigen, um sie von ihren »Liebhabern« abzubringen: Vor den Augen ihrer Liebhaber will er »ihre Schlechtigkeit entblößen« (גלה את נבלה) – wobei möglicherweise an Geschlechtsverkehr zu denken ist.[84] So soll unterstrichen werden, wie schlimm das Verbrechen ist, das der »hurerischen Frau« angelastet werden muß. Zugleich machen die Verfasser deutlich, daß die Bestrafung letztlich auf eine Neuschöpfung, auf Erneuerung zielt.[85]
Die Metaphern in Hos 1–3 schaffen mehr Probleme, als sie mit ihrer anschaulichen Darstellung lösen können. Männern wird hier suggeriert, daß Gewalt ein Mittel zur Heilung einer zerbrochenen Beziehung sein kann.
Stellen wir zwischen Hos 1–3 und heutiger Frauenerfahrung eine Beziehung her, so wird vollends deutlich, daß sich die Worte des Propheten in unserer Gegenwart nicht mehr unbefangen rezipieren lassen. Das fundamentale Machtungleichgewicht zwischen dem Ehemann/JHWH und der Frau bzw. den Kinder schafft eine Beziehungsstruktur, welche die Grundlage zur Gewalt in der Familie legt. Die feministische Theologin Gala A. Yee weist in ihrem Hoseakommentar auf Studien hin, die zeigen, daß viele Frauen in Gewaltbeziehung bleiben, weil dort die Zeiten der Mißhandlungen immer wieder von Phasen abgelöst werden, in denen sich der Mann außerordentlich freundlich und großzügig verhält. »This ambivalent strategy reinforces the wife's dependence on the husband. During periods of kindness, her fears are temporarily eased so that she decides to remain in the relationship; then the cycle of abuse begins again. Moreover, the one-sided images of the father's restored relationship with his children in Hosea belie the trauma real children experience when witnessing their father physically abuse their mother.«[86]

---

84  Vgl. die Wendung גלה ערוה in Lev 18,6–19; 20,11.17–21; Ez 16,37; 23, 10. Mehr dazu unten S. 265, Anm. 107.
85  Vgl. *Weems* 1989, 97f.
86  *Gale A. Yee*, Hosea, in: *Newsom/Ringe* 1992, 195–202, dort 200.

## 2.1.3 Jerusalem – Tochter, Ehefrau und Hure bei Ezechiel

Bei Ezechiel findet sich gleichsam eine »Biographie Jerusalems«[87]: Die Geschichte der Stadt wird in Ez 16 als Lebensgeschichte einer Frau präsentiert, die eine Entwicklung von der Tochter zur Ehefrau und Hure durchläuft und schließlich wegen ihrer Verbrechen vernichtet wird.

Ezechiel stammte aus den priesterlichen Kreisen der Jerusalemer Oberschicht und wurde bereits 598/7 ins babylonische Exil deportiert. Als Gerichtsprophet kündigte er von dort den Untergang Jerusalems an. In großen geschichtstheologischen Rückblicken lehrte er die Geschichte Israels als eine Geschichte des Abfalls von JHWH zu begreifen, dem die Strafe schon gefolgt sei und notwendigerweise weiter folgen müsse (Ez 16; 20; 23).[88]

*Die verabscheute Tochter (Ez 16,3–7a)*
Ez 16 ist als Gottesrede verfaßt, die der Prophet der Stadt Jerusalem übermittelt. Die sprachlichen Form – JHWH redet die »Frau« direkt mit »Du« an – nimmt die Leserin und den Leser unmittelbar in das metaphorisch sich entfaltende Beziehungsgeschehen zwischen ihm und ihr hinein.
Die Rede setzt bei der Herkunft der »Frau« ein: Sie stammt aus dem Land der Kanaaniter, ihr Vater ist ein Amoriter, ihre Mutter eine Hethiterin (V 3b). Die weibliche Person ist dadurch von Anfang an negativ qualifiziert: Ezechiel übergeht in seinem Geschichtsrückblick die Geschichte JHWHs mit den Erzeltern[89], die »Biographie« Jerusalems kennt keine Periode der Unschuld. Kanaanäische Abstammung bedeutet ein Makel. Hans Ferdinand Fuhs interpretiert: »Dieses Kind stammt von sündigen Eltern, so daß ihm sein Hang zur Treulosigkeit buchstäblich in die Wiege gelegt wurde«.[90] In diesem Sinne verweist auch im Text selbst eine Nachinterpretation von Ez 16,3 pointiert auf das Sprichwort: »Wie die Mutter, so die Tochter ...« (Ez 16,44) Die Mutter wird als Frau beschrieben, »die ihren Mann und ihre Söhne (בנים)[91] verabscheut« (Ez 16,45a). Sie ist eine Frau, die nicht Ehefrau sein will und Männer nicht achtet und versorgt, eine Frau, die gegen die patriarchale Ordnung verstößt, oder kurz: eine Frau, wie sie sich ver-

---

87 *Maier* 1994, 89.
88 *Donner* 1986, 385.
89 Der hier übliche Terminus »Erzväter« enthält eine androzentrische Verengung. Siehe die Dissertation von *Fischer* 1993.
90 *Fuhs* 1984, 80.
91 Im ganzen Textabschnitt wird genau zwischen בנים (Söhnen) und בנות (Töchtern) differenziert. Daher ist hier »Söhne«, nicht »Kinder« zu übersetzen. Siehe *Maier* 1994, 99, Anm. 100.

werflicher Ezechiel offenbar kaum vorstellen kann. Die Nachinterpretation Ez 16,45c erwähnt zwar auch noch einmal den Amoriter als Vater Jerusalems, aber wie schon bei Hosea wird die Verdorbenheit der Tochter mit dem Verweis auf das Verhalten der Mutter erklärt. Sie ist die Schuldige.

Die VV 4–5 berichten, gleich schon bei der Geburt sei das Mädchen dermaßen verabscheut worden, daß man ihm die zum Überleben notwendigen Handreichungen verweigert. Niemand schaut es an, der neugeborene Säugling wird einfach wie Abfall auf »das Angesicht« des Feldes geworfen. Zum Makel der Herkunft tritt noch völlige Mißachtung und Verachtung hinzu, der Tod des Mädchens scheint gewiß, bevor sein Leben auch nur recht begonnen hatte. Auch sie ist eine »Sie findet kein Erbarmen« (vgl. Hos 1,6); bei Ezechiel erscheinen allerdings statt des Terminus technicus רחם die Worte לא חסה עליך עין (V 5)

Ihre Situation ändert sich grundlegend, als JHWH an ihr vorübergeht (עבר): Er sieht sie, wie sie in ihrem Blut zappelt und spricht zu ihr in ihrem Blut: »Lebe! Und wachse heran wie die Pflanze des Feldes« (V 6.7a). Der Blick Gottes läßt dem Mädchen Achtung zuteil werden, sein Wort ist Wort des Schöpfers (vgl. Gen 1), das Leben hervorbringt und Wachstum gewährt. »Gottes Schöpfermacht verhilft dem Kind zum Leben, sie entreißt es dem Nichts ...«[92] Warum JHWH so handelt – ob aus Mitleid, Liebe oder weil er noch Pläne mit diesem Mädchen hat – wird nicht gesagt. Fest steht nur, daß JHWH mit dem Schöpfungsakt dem Mädchen gegenüber eine Art Vaterrolle einnimmt; er ermöglicht ihr das Leben. Diese Rolle wird allerdings nicht weiter durch tätige Fürsorge gefüllt. Wie ein »Gewächs des Feldes« wächst das Mädchen heran; daß jemand es versorgt und pflegt, wird nicht erzählt. Wieder besteht im Bild eine große Affinität zwischen der weiblichen Gestalt und dem Land.[93]

*Das sexuell herangereifte Mädchen (Ez 16,7b.8)*
Das Heranwachsen des Mädchens wird als sexuelle Reifung beschrieben (V 7b.c). Wieder liegt es »in seinem Blut«. Nun aber geht es nicht mehr um das Blut, das bei seiner Geburt floß, sondern um Menstruationsblut. Im Blick des Autors ist das Mädchen hier Sexualobjekt. Sein Wachstum wird auf das Herausbilden sexueller Attribute – die Brüste und die Schamhaare – reduziert. Die Leserin und der Leser soll den Körper des jungen Mädchens in seiner Nacktheit imaginieren.

92 *Mosis* 1977, 172.
93 Vgl. Hos 2,4–22. Siehe oben S. 257, Anm. 83.

Für viele Interpretatoren des Textes fordert diese Nacktheit geradezu ein weiteres Handeln JHWHs heraus – ein Handeln, das dem Mädchen erst letztlich und eigentlich einen Wert verleiht. So schreibt Rudolf Mosis: »Dieses erste ›Vorübergehen‹ Gottes schenkt zwar dem Mädchen das Leben, es wächst heran und kommt zur Reife. Jedoch bleibt es weiterhin ›ein Sproß des freien Feldes‹, es bleibt auch weiterhin ›nackt und bloß‹, arm und mittellos. (...) Darum bedarf es eines zweiten ›Vorübergehens‹ seines Schöpfers, damit ihm der Reichtum Gottes zuteil werden kann und seine Geringheit und Armut ein Ende findet.«[94] Ähnlich argumentiert Hans Ferdinand Fuhs: »Jerusalem ist jetzt eine reife Frau. Aber allein, und außer sich selbst hat sie nichts, was ihr die Aussicht auf eine eheliche Gemeinschaft ermöglichte. Da geschieht das zweite Wunder. Zur rechten Zeit schaut Gott auf sein Geschöpf und beruft es zum Leben im Vollsinn, zum Leben in der Gemeinschaft Gottes.«[95]

Aus feministischer Perspektive muß diese androzentrische Sicht auf die weibliche Gestalt kritisiert werden: Mädchen sind etwas anderes als Sexualobjekte, die »heranreifen«, um von Männern »kultiviert« und ihrer »Bestimmung« – der Befriedigung männlicher sexueller Bedürfnisse – zugeführt zu werden. Die Schöpfer der Metapher geben dem weiblichen Kind im Text nur Raum, um Leser und Leserinnen an seine zukünftige Rolle als sexuelles Gegenüber eines Mannes heranzuführen.

*Braut und Ehefrau (Ez 16,8–14)*
Wie zufällig läßt Ezechiel JHWH nun erneut an dem Mädchen vorübergehen. Er wirft wieder einen Blick auf sie und erkennt: »Deine Zeit war da, die Zeit der Liebe« (V 8a). Der Terminus דדים (»Liebe«) hat eindeutig eine sexuelle Konnotation.[96] Die Autoren des prophetischen Textes lassen die weibliche Person auch im Blick Gottes ganz Sexualobjekt bleiben. JHWH vollzieht an ihr einen Heiratsgestus (V 8b.c). Das Mädchen wird in Besitz genommen, es wird sein. Anders als bei ihrer Rettung als Säugling beschäftigt JHWH sich jetzt eingehend mit ihrem Körper: Er wäscht sie mit Wasser, spült das Blut von ihr ab und salbt sie mit Öl (V 9).[97] Dann unterstreicht er ihre sexuelle Attraktivität, indem er sie mit ausgefallen schönen Gewänder bekleidet und mit wertvollem Schmuck behängt (V 10–12a). Sogar eine prächtige Krone setzt er ihr auf den Kopf (V 12b). Durch dieses Handeln Gottes wird die Frau »sehr, sehr schön« (V 13), ein angemessenes Gegenüber zu JHWH.

94  AaO. 172f.
95  *Fuhs* 1984, 81f.
96  Vgl. Ez 23,17; Spr 7,18; Hld 4,10. Siehe *Maier* 1994, 91.
97  Es ist umstritten, von welchem Blut hier die Rede ist. Eichrodt und Wevers denken an Menstruationsblut (*Eichrodt* 1978, 116; *Wevers* 1969, 124f), Zimmerli denkt an das Geburtsblut oder das Menstruationsblut (*Zimmerli* 1969, 351), Brunner an Deflorationsblut (*Brunner* 1944, 191).

Ein nachträglich eingefügter Satz betont noch einmal ausdrücklich, daß ihre Schönheit berühmt war und sie diesen Ruhm allein JHWH verdankt (V 14). Das Mädchen bzw. die junge Frau verhält sich in der Darstellung des Textes bei all dem völlig passiv. Ob sie dem Eheschluß mit JHWH zustimmt und sein Handeln begrüßt oder ablehnt, ist für die Erzähler keine Frage. Der Wille Gottes ist es, der zählt. Er hat das ausgesetzten Kind zu seinem Geschöpf gemacht und macht sie nun zu seiner Ehefrau. Die Aussagekraft der Bilder beruht darauf, daß die weibliche Gestalt ohne JHWH schwach ist und keine Zukunft hat. Sie ist völlig auf ihn angewiesen, und er nimmt sie sexuell in Besitz.

Die androzentrische Art, in der hier in der prophetischen Verkündigung Abhängigkeit in Bilder gefaßt wird, ist für Frauen höchst problematisch. Aus feministischer Perspektive drängen sich Parallelen zu dem männlichen Verhalten auf, das unter dem Begriff »sexueller Machtmißbrauch« einzuordnen ist. Denn in der Beziehung zwischen JHWH und der Stadt-Frau herrscht eine fundamentale Asymmetrie, die von dem Stärkeren zur Befriedigung seiner sexuellen Wünsche ausnutzt wird. Angesichts des krassen Machtungleichgewichts hat die Stadt-Frau keine Chance, einen eigenen Willen zu entwickeln und sich dem Willen JHWHs zu widersetzen. Sie ist ein »Gewächs des Feldes«, ein Kind, das nicht aufgeklärt wurde und nicht gelernt hat, selbst Entscheidungen zu treffen. Wenn sie sich JHWH widersetzen würde – ein Schritt, der angesichts ihrer Uninformiertheit nicht zu erwarten ist –, so würde dieser Widerspruch zweifellos den Verlust der Lebensgrundlage und Tod bedeuten. Die inferiore Position der Frau in Ezechiels Metapher wird dabei noch dadurch erheblich gesteigert, daß hier die Abhängigkeit der Frau von dem gleichen Mann vom Säuglingsalter an bis zu ihrem Lebensende behauptet wird. Hier geschieht in den Bildern etwas, das sich mit sexuellem Mißbrauch eines Vaters an seiner Tochter vergleichen läßt. Denn Gott ist der Darstellung der Autoren des Textes folgend dem Mädchen gegenüber nicht nur Bräutigam und Ehemann, er hat durch seinen »Schöpfungsakt« auch eine vaterähnliche Rolle inne.[98]

Im prophetischen Text allerdings erscheint das Handeln JHWHs nicht als »väterliche« Machtmißbrauch und als etwas Verwerfliches, sondern kann als eine Würdigung der Frau dargestellt werden, für die im folgenden immer wieder Dankbarkeit eingefordert wird.[99]

---

98 Vgl. *Wöller* 1991, 70ff.
99 Vgl. *Eichrodt* 1978, 123: »Noch scheint der Fortschritt der Erzählung dem Ruhm Jerusalems sein Recht widerfahren zu lassen, da er dem zur Jungfrau heran-

Betrachten wir das Bild, das von der weiblichen Gestalt »Jerusalem« entworfen wird, so fällt auf, daß es ganz bestimmte stereotype negative Züge enthält: Zunächst wird der Gedanke vorausgesetzt, daß das weibliche Kind tatsächlich nicht mehr ist als »Dreck«, als »Abfall«, der weggeworfen wird. Es besitzt keine Menschenwürde an sich, sondern erhält sie im Text erst dadurch verliehen, daß JHWH es sieht und achtet. Diese Achtung wird nicht als Selbstverständlichkeit angesehen, sie ist eine besondere Gnade. Aus dem männlichen »Gnadenakt« werden Vorrechte abgeleitet. Die Vorrechte beziehen sich auf den einzigen Aspekt, unter dem von nun an das Mädchen wahrgenommen wird: auf den sexuellen Bereich. Im Text erscheint es geradezu »natürlich«, daß JHWH dieses Findelkind zur gegebenen Zeit auch zur Befriedigung seiner sexueller Bedürfnisse benutzt. Es ist ihre Bestimmung, einen Mann sexuell zu erfreuen, und das gilt vor allem für ihren »Wohltäter«, dem sie so vieles verdankt. Dabei wird stillschweigend vorausgesetzt, daß das Mädchen diese männliche Sicht ihrer Person und ihrer Situation zu teilen und bejahen hat: Es ist suggeriert, daß ihr Interesse mit dem JHWHs übereinstimmt. Über sein Handeln, seine Inbesitznahme müßte sie sich doch glücklich schätzen, ihm dafür dankbar sein.
An dieser Stelle erreicht der Spannungsbogen in der metaphorischen Geschichtsschreibung seinen Höhepunkt. Die weibliche Gestalt verhält sich nämlich nicht solchen Vorstellungen gemäß.

*Ehebrecherin und »Hure« (Ez 16,15–34)*
Von JHWH königlich ausstaffiert und durch ihn zur Ehefrau und zur begehrenswerten Schönheit gemacht, erscheint nun das personifizierte Jerusalem erstmals in der Erzählung Ez 16 als Subjekt. Sie handelt in einer Weise, die nach den Wertvorstellungen des Erzählers in ihrer Verwerflichkeit wohl kaum zu überbieten ist: Sie verhält sich nicht wie JHWHs Eigentum, sondern verläßt sich auf ihre Schönheit und treibt »*Hurerei*«. Ezechiel beschreibt ihre »Hurerei« voyeuristisch, ihre sexuellen Handlungen werden pornographisch und detailliert geschildert (Ez 16,15ff). Aus der Tochter und Ehefrau ist eine Hure im übelsten Sinne geworden. Sich selbst und anderes Eigentum JHWHs – Güter und gemeinsame Kinder – schenkt sie weg (Ez 16,16–21). Sie denkt nicht an »die Tage ihrer Jugend, als sie nackt und bloß war« (vgl. Ez 16,22), und erweist

gereiften Wildling die Liebe seines Retters zuteil werden läßt. Bei einer zufälligen zweite Begegnung wird das Mädchen, das nichts besitzt als seine natürliche Schönheit, von seinem Wohltäter liebgewonnen, aus Armut und Verlassenheit herausgenommen und zur Gemahlin erhoben.«

sich damit im höchsten Grade als undankbar. Sie ist pervers, weil sie noch nicht mal für ihre sexuellen »Dienste« Geld nimmt, sondern auch noch für ihre Liebhaber bezahlt (V 34).
Was hier im Text »Hurerei« genannt wird, müssen wir aus feministischer Perspektive als sexuell selbstbestimmtes Handeln einer Frau verstehen.[100] Wie schon in den Gesetzestexten ist »sexuelle Selbstbestimmung« aber auch bei den Propheten des Ersten Testaments eine anachronistische Kategorie.[101] Die Sexualität einer Frau wird als Eigentum eines Mannes betrachtet, über das sie selbst nicht zu verfügen hat.
Entsprechend solcher Vorstellungen ist es um so verabscheuenswerter, daß das Verhalten der »Frau« in Ezechiels Metapher auch noch durch »schier unersättliche Lust« motiviert ist (vgl. V 25.28. 29.30) und sie Befriedigung bei Fremden anstatt bei ihrem Ehemann sucht (V 32). Weibliche Sexualität, und insbesondere selbstbestimmte weibliche Sexualität, wird hier negativ und verzerrt dargestellt als triebgeleitetes, alle Beziehungen mißachtendes Übel.[102] Einige Kommentare sprechen von der Stadt-Frau Jerusalem als von einer »Nymphomanin« und schließen sich damit Ezechiels Diffamierung von weiblicher sexueller Lust und Selbstbestimmung an.[103]

Robert Brunner transportiert in seiner Auslegung des Textes für die Gemeindearbeit das diskriminierende Frauenbild Ezechiels vermutlich ganz im Sinne des Propheten weiter, wenn er abqualifizierend zu dem sexuellen Treiben der Stadt-Frau Jerusalem schreibt: »Zieht man weiter in Erwägung, daß eine Verheiratete es doch nicht nötig haben sollte, sich so mannstoll zu gebärden, dann tritt auf einmal das Irrationale der Sünde Israels in Erscheinung. Sie stellt sich als etwas völlig Unverständliches und Unbegreifliches dar«.[104] Implizit enthält diese Deutung die Aussage, daß JHWH zweifelsfrei doch potent genug ist, seine Frau zu befriedigen, und daher die Schuld auf Seiten der Frau doppelt hoch ist. Besonders schändlich erscheint es Brunner dabei, wie Jerusalem mit JHWH umspringt: »Es (sc. Jerusalem) hat (...) getan, als wäre Gott ihm hörig geworden gleich einem durch Lust betörten Jüngling«.[105]

100 Im strengen Sinne ist eine »Hure« für uns heute eine »Prostituierte«, d.h. eine Frau, die ihre sexuellen Dienste gegen Geld anbietet. Umgangssprachlich kann jedoch auch in der Gegenwart noch ebenso wie im alttestamentlichen Kontext jede Frau als »Hure« beschimpft werden, die ignoriert, daß sie zu *einem* bestimmten Mann gehört.
101 Siehe dazu oben S. 204f.
102 Vgl. *Maier* 1994, 103.
103 *Wevers* 1986, 119; *Greenberg* 1983, 292.
104 *Brunner* 1944, 202.
105 AaO. 194. Brunner zieht zuvor Parallelen zu Eva in der Sündenfallgeschichte Gen 3: »Auch im Garten des Paradieses hat die Sünde damit angefangen, dass der Mensch sich auf sich selbst verließ ... Der Mensch will ein selbständiges, autarkes Leben haben und nicht mehr von Gott abhängen« (aaO. 193).

## Die Bestrafte und Zerstörte (Ez 16,35–42)

JHWH reagiert auf die schwerwiegende Kränkung, die »Jerusalem« ihm durch sein Verhalten zufügt, indem er seine Macht als die überlegenere öffentlich vor Augen stellt und durch Bestrafung der »Frau« die alte Ordnung bestätigt, nach der eine Ehefrau ihrem Mann Treue schulde: Er tut ihr vor den Augen ihrer Liebhaber sexuelle Gewalt an und vernichtet »mit grausamer Gründlichkeit«[106] ihren Körper (V 36–40).

Nach V 37 versammelt JHWH alle ihre Liebhaber. Er erniedrigt sie, indem er vor deren Augen »ihre Blöße aufdeckt« (גלה ערוה – ein Vorgang, der hier eine physische Vergewaltigung umschreibt).[107] Das folgende Gericht vollzieht sich durch die ehemaligen Liebhaber: Sie brechen ihre Hurenaltäre ab, reißen ihr Lager ein, ziehen ihr die Kleider aus, nehmen ihr den Schmuck und lassen sie schließlich »nackt und bloß« liegen. Das Bild beruht auf der Vorstellung, »daß die Männer sich ohne Umschweife gegen die Frau wenden, sobald diese als ›Schuldige‹ hingestellt wird. So kann z.B. die Prostituierte nicht erwarten, von ihren Freiern beschützt zu werden. Darüber hinaus sind auch die ›Liebhaber‹ nur Objekte, über die der eifersüchtige Eheherr Macht ausübt.«[108] Weiter beruft JHWH eine Versammlung, die die Frau steinigt und mit dem Schwert in Stücke haut (V 40). Die sich anschliessenden Aussagen deuten auf die kriegerische Eroberung der Stadt hin: »Ihre Häuser werden mit Feuer verbrannt« (V 41a). Dieses Gericht vollzieht sich nach der Aussage des Textes »vor den Augen vieler Frauen« (V 41a).

An Jerusalem wird ein Exempel statuiert, das Frauen davor warnen soll, die patriarchale Ordnung zu durchbrechen und ihren Ehemännern untreu zu werden. Ebenso wie in Hosea 1–3 gibt Ez 16 nicht nur einfach eine Erklärung dafür, weshalb JHWH der »Stadt« seine »Liebe«, seinen Schutz und seine Fürsorge entzieht, sondern mit der metaphorischen Darstellung anhand der Ehebruchsproblemtik wird zugleich auch die Treue der Frau in einer patriarchalen Eheordnung als gottgewollt propagiert. Das patriar-

---

106  *Eichrodt* 1978, 125.
107  Mir scheint es angemessen, die Wendung גלה ערוה hier im Sinne von »vergewaltigen« zu verstehen, denn mit גלה ערוה wird in priesterlichen Texten der Geschlechtsverkehr umschrieben (vgl. Lev 18,6–18; 20,11; Ez 23,10; siehe dazu Westermann/Albertz 1984, 422). Vgl. Zobel 1973, 1021, der גלה ערוה in Ez 16, 36.37 ebenfalls als Ausüben von Geschlechtsverkehr versteht. Westermann/Albertz sprechen von »schänden« (*Westermann/Albertz* 1984, 423). Im gegebenen Zusammenhang dient der geschlechtliche Verkehr mit der untreuen Frau vor den Augen der Liebhaber einer Dokumentation von Herrschaft und Besitzrecht (*Maier* 1994, 98). Bei der Vergewaltigungsnotiz in Ez 16,37 handelt es sich vermutlich um eine redaktionelle Erweiterung des Textes.
108  *Maier* 1994, 93. Vgl. *Eichrodt* 1978, 125: »Daß diese (sc. die Liebhaber), obwohl sie an dem Weibe ihre Lust geübt haben, nun doch als ihre Richter auftreten, wird wohl aus der Erbitterung über das trügerische Doppelspiel, dessen sie sich bei ihren Liebhabern schuldig gemacht hat, zu erklären sein.«

chale Rollenverständnis von der Ehefrau erscheint ebenso wie die brutale Bestrafung für das Ausscheren aus dieser Rolle nach Darstellung der Autoren des Textes ausdrücklich durch JHWH getragen und sanktioniert.[109]
Frauen können sich von der Beschreibung der »verdorbenen« weiblichen Gestalt, die Jerusalem repräsentiert, kaum distanzieren. Sie haben zwar die Möglichkeit, das androzentrisch diffamierende Bild von der weiblichen Verdorbenheit dieser »Stadt-Frau« zu übernehmen und dem patriarchalen Wertesystem zuzustimmen, nach der die Frau Eigentum *eines* Mannes ist. Aber jede Frau weiß auch, daß sie selbst nicht davor geschützt ist, wie die »Ehebrecherin Jerusalem« behandelt und bestraft zu werden – egal, wie auch immer sie sich verhält, ob sie eine treue Ehefrau ist oder sexuelle Beziehungen zu unterschiedlichen Männern hat. Das gilt besonders für Frauen, die in Kriegsgebieten leben: Sie sind bei der Eroberung und Inbesitznahme von Städten die primären Opfer von (sexueller) Gewalt, sie und ihre Kinder sind von den Brandschatzungen und Zerstörungen besonders betroffen. Frauen erfahren bei der militärischen Einnahme der Stadt am eigenen Leib tatsächlich das, was auch die »Ehebrecherin Jerusalem« in der Metapher erfährt. Allein aufgrund ihres Geschlechts werden sie hier vom militärischen Gegner so behandelt, als ob sie nichts weiter als »verachtenswerte Huren« seien, die bestraft werden müssen. Dies scheint mir bei der Lektüre des Textes besonders bedenkenswert, da Ez 16 in einer Zeit entstanden ist, in der Israel ständig in militärische Auseinandersetzungen involviert war. Das Schicksal, das der »weiblichen Gestalt Jerusalem« droht, drohte auch allen Frauen in Jerusalem. Die »Beschämung« der Stadt-Frau, die durch das Handeln der Männer herbeigeführt wird und von welcher die Texterweiterungen aus der Zeit nach der tatsächlich erfolgten Zerstörung der Stadt sprechen (V 52.54.61.63), ist die Beschämung, die in Frauen hervorgerufen wird, nachdem sie sexuell erniedrigt wurden.[110] Und die »Zerstörung der Häuser« ist das Zerstören des

---

109 Explizit werden die Motive und Ziele für JHWHs Gerichtshandeln erst in den redaktionellen Nachinterpretationen und späteren Texterweiterungen zum Ausdruck gebracht. Ez 16,36 umschreibt die Schuld der Frau noch einmal mit dem Verweis auf ihr schamloses Verhalten, Hurerei, Götzendienst und Kinderopfer. Die Bestrafung zielt nach V 42 darauf, daß JHWH nun auf brutale Weise seine Aggression (oder Lust?) befriedigen muß. Die Fortschreibungen aus der Zeit nach der gewaltsamen Zerstörung Jerusalems betonen die Absicht, die Frau zu beschämen (V 52.54.61.63).
110 Diese Beschämung ist von besonderer Tragweite, wenn der Ehemann einer vergewaltigten Frau wieder Kontakt zu ihr aufnimmt – ein Vorgang, der zur Zeit der Abfassung der Texte vermutlich häufig geschah!

geschützten Lebensraumes, den Frauen zur Sicherung ihrer Existenz und der ihrer Kinder brauchen ...
Der Wortlaut in Ez 16,39 läßt erkennen, »daß JHWH das Findelkind in eine uranfängliche Nacktheit zurückwirft«.[111] Er überliefert die »Stadt« dem Tod, und noch ihr Leichnam wird mit Schwertern zerhauen. Die Grausamkeit gegen die Stadt-Frau erscheint in der Erzählung gerechtfertigt, weil ihre moralische Verdorbenheit ein übergroßes Ausmaß hat. Ezechiel macht in seiner Prophetie die Frau zu einer Art Negativschablone, mit deren Hilfe er um so deutlicher Gottes Größe und Gerechtigkeit ins Licht setzen kann. Je hilfloser die Frau ist, um so überlegener ist JHWH, je verdorbener sie ist, um so gerechter erscheint er.

Viele Kommentare folgen diesem Argumentationsmuster. So schreibt Eichrodt: »Weil für ihn (JHWH) die Erwählung dieses Weibes kein Spiel war, sondern eine mit dem ganzen Einsatz seiner Liebe vollzogene Gemeinschaftsstiftung, (...) darum kann auch die Vergeltung für die leichtfertige Verachtung seiner unerhörten Gnadenerweise nicht eine kalte Abwendung oder eine ohne innere Beteiligung nach dem Buchstaben des Gesetzes verhängte Strafe sein, sondern eine Rechenschaftsforderung aus der flammenden Empörung heraus, die die Schändung ihres heiligen Willens nun auch in ihrer ganzen Schwere zu fühlen gibt und eben dadurch zeigt, daß sie den menschlichen Partner ganz ernst nimmt. (...) Es geht letztlich um die Anerkennung einer göttlichen Majestät, ohne die auch der Adel des Menschen hohl und nichtig werden müßte.«[112] Gottes Größe wird Eichrodt folgend durch sein strafendes Handeln sichtbar. Seine Bestrafung beinhaltet eine Würdigung des zu bestrafenden Gegenübers, das Opfer erfährt durch die gegen es gerichteten Grausamkeiten eine Aufwertung. In Bezug auf die Frau, die Jerusalem repräsentiert, kann Eichrodt[113] sogar von einem »scheußlichen Untermenschentum« sprechen – eine Assoziation, die mindestens ebenso antijudaistisch wie frauenfeindlich ist.

*Zwischenbilanz aus feministischer Perspektive: sexualisierte Gewalt und sexueller Machtmißbrauch bei Ezechiel*
Die Brutalität, mit der an der Stadt-Frau Gericht vollzogen wird, wirkt auf uns heute schockierend. Doch nicht weniger schockierend ist die Logik, die dieses Gericht herbeigeführt hat: Weil die Stadt-Frau als Kind damals von JHWH am Leben erhalten wurde, hat sie – zur Frau herangewachsenen – auch ausschließlich für ihn zu leben. Das erschreckende an diesem Argumentationsmuster ist, daß in der Metapher ein uneingeschränktes Recht einer mit väterlichen Zügen gezeichneten Person auf das Leben einer Frau propagiert wird, die die Position seiner Tochter innehat – ein Recht, das in Ez 16 auch sexuelle Verfügbarkeit beinhaltet. In Ez 16

---

111 *Zimmerli* 1969, 360.
112 *Eichrodt* 1978, 126.
113 AaO. 128.

wird die Frau nicht nur wie in Hoseas metaphorische Rede als Eigentum des Mannes behandelt, dem sie sich in jeder Beziehung zu unterwerfen hat, Ezechiel bringt vielmehr weibliche sexuelle Hingabe auch als Dankbarkeitserweis ins Spiel, den selbst jemand, der die Vaterstelle innehat, einfordern kann (vgl. Ez 16,43). Wie bereits oben ausgeführt, muß dieser Sachverhalt aus feministischer Perspektive als sexueller Mißbrauch gedeutet werden. Behalten wir diese Perspektive bei, so spricht auch der dritte große Geschichtsrückblick im Ezechielbuch, Ez 23, von Erfahrungen »sexuellen Mißbrauches«. Männliche Übergriffe auf die metaphorischen, weiblichen Personen werden so ins Bild gesetzt, daß die Männer nicht als Täter erscheinen, die Frauen verletzen:

*Die sexuell mißbrauchten Mädchen Ohola und Oholiba (Ez 23)*
Die Gerichtsprophetie von Ez 23 baut auf der Kindheit von metaphorischen Stadt-Frauen auf: Ohola (Samaria) und Oholiba (Jerusalem) sind »Töchter derselben Mutter« (Ez 23,2).[114] Der Verweis auf die Mutter (und nicht auf den Vater) deutet bereits zu Beginn darauf hin, daß nicht viel Gutes von beiden Schwestern zu berichten sein wird. Tatsächlich macht auch gleich der anschließende Vers eine negative Aussage über die Frauen, die im folgenden immer wieder zu ihrer Charakterisierung herangezogen wird: »Sie gaben sich in Ägypten der Hurerei hin (תזנינה), schon in ihrer Jugend hurten (זנו) sie. Dort wurden ihre Brüste betastet, dort ihr junger Busen gedrückt« (Ez 23,3).
Während in Darstellungen der Frühgeschichte Israels gewöhnlich daran erinnert wird, daß JHWH sein Volk aus der Knechtschaft Ägyptens befreit hat,[115] ist in Ez 23 Ägypten nicht Ort der Not und Unterdrückung, sondern ein Ort, an dem Israel sich einem »schändlichen Genußleben«[116] hingab. Die Jugendzeit in Ägypten wird zum »Gefäß, in das hinein die in den Tagen Ezechiels unmittelbar aktuelle Anklage des schamlosen Ägyptisierens Israels hineingelegt wird«.[117]

---

114 Die Namen der Städte werden seit Hieronymus im Sinne einer Wertung verstanden: Ohola (»Ein Zelt ist ihr«) als Hinweis auf illegitimen (Höhen-)Kult des Nordreiches und Oholiba (»Mein Zelt ist in ihr«) als Anspielung auf den Tempel JHWHs in Jerusalem. Andere deuten beide als Scheltnamen: »Die Zelte hat« und »Zelte in ihr« als Hinweis auf die gemeinsame Verfehlung durch Höhenheiligtümer. Siehe dazu *Fuhs* 1984, 121.
115 Siehe z.B. Ex 20,2.
116 *Eichrodt* 1978, 215.
117 *Zimmerli* 1969, 540. Der politische Einfluß Ägyptens zur Lebenszeit Ezechiels war noch beträchtlich. Pharao Necho II hatte 609 v.Chr. König Joahas gefangengesetzt und damit alle Hoffnungen auf die Weiterführung des josiani-

Ohola und Oholiba sind schon in ihrer Kindheit auf sexuelle Vergnügen aus. Anders als in Ez 16,3 liegt damit das Schwergewicht der »sündliche Vorbelastung« Jerusalems nun nicht mehr allein auf der von den Eltern her vorliegenden »Erbmasse«, sondern wird »ausdrücklich in die Jugendjahre der beiden Frauen selber als deren Jugendsünde zurückverlegt«.[118] Dabei findet in der Kindheitsschilderung der Schwestern etwas statt, was Fokkelien van Dijk-Hemmes mit dem Ausdruck »misnaming of female experience« beschreibt[119]: Das Bild von einer Wirklichkeit, in der Mädchen Verführerinnen und »kleine Huren« sein können, beruht auf Männerphantasien, die männliche Wünsche verschleiern und legitimieren. Für Mädchen stellt sich die Realität anders dar, als sie in Ez 23 geschildert wird: Nicht sie suchen nach sexuellem Vergnügen mit Erwachsenen, sondern werden vielmehr häufig zum sexuellen Vergnügen Erwachsener benutzt. Die Erwachsenen – in der Regel Männer – führen den sexuellen Kontakt herbei. Die Behauptung, Kinder hätten diese Art von Kontakt selbst gewollt und würden ihn genießen, ist ein »blaming the victim«. Dieser Tatsache Rechnung tragend wäre es nach Fokkelien van Dijk-Hemmes angemessener, die Ereignisse während der Jugend der Schwestern mit den Worten zu beschreiben: »Sie wurden sexuell belästigt in Ägypten, in ihrer Jugend wurden sie sexuell mißbraucht«.[120]

JHWH nimmt Ohola und Oholiba zur Frau (V 4). Über den Eheschluß und seine Motive, die Brautzeit und ein Handeln JHWHs wird in Ez 23 nichts gesagt. Entscheidend in diesem »Geschichtsrückblick« ist lediglich, daß beide Schwestern weiterhin eine unersättliche Gier nach anderen Männern haben: Ohola »treibt es« mit den Söhnen der Assyrern (V 5–7) und läßt auch nicht von ihrer »Hurerei« mit den Äyptern ab, »die bei ihr gelegen hatten in ihrer Jugend und ihre jungen Brüste betasteten und schlimme ›Hurerei‹ mit ihr getrieben hatten« (V 8). Und auch Oholiba »hurt« mit den Söhnen Assurs (V 12–13). Sie ist jedoch sogar so pervers, daß al-

---

schen Reformwerkes zerschlagen. Zwar ging die Oberhoheit über die syrisch-palästinische Landbrücke im Jahre 605 v.Chr. aus ägyptischer in babylonische Hand über. Doch vermutet Donner, daß »Einflüsterungen von seiten der Ägypter« sowohl Jojakim wie auch Zedika dazu veranlaßten, einen Aufstand gegen die Babylonier zu wagen (*Donner* 1986, 372 und 377). Wie bereits genannt, waren die Folgen dieser Aufstandsbewegungen 597 die erste Kapitulation Jerusalems mit jenen Deportationen, die auch Ezechiel ins Exil führten, und schließlich 587 das Ende des Staates Juda.

118  *Zimmerli* 1969, 540.
119  *Brenner / van Dijk-Hemmes* 1993, 172f mit Verweis auf D. Setel.
120  AaO. 173. Ebenso *van Dijk-Hemmes* 1993, 166. Die Autorin deutet: »The sexual molestation acted upon these women is in that case metaphorical for the people's slavery in Egypt« (ebd.).

lein die Bilder der Babylonier sie derart entflammen, daß sie Boten schickt, um sich diese Männer zu holen (V 14–17). Der Chaldäer überdrüssig, denkt sie an die Zeit ihrer Jugend, als sie in Ägypten zur »Hure« geworden war und entbrennt erneut für ihre damaligen Liebhaber: »Und du sehntest dich nach der Unzucht deiner Jugend, als die Ägypter nach deinen Brüsten griffen und deinen Busen betasteten« (V 21).

Die sexuellen Anfangskontakte der Mädchen mit den Ägyptern beinhalten in der Darstellung Ezechiels eine Grundverderbnis, die auch nach ihrem Eheschluß immer wieder durchbricht. Das Vergnügen an dem eigenen »sexuellen Mißbrauch«, das Ezechiel Ohola nachsagt, wird dabei noch weit übertroffen von dem perversen sexuellen Appetit, der Oholiba zugeschrieben wird. Ez 23, 20 vergleicht die Ägypter, nach denen sie giert, mit Tieren – Eseln und Zuchthengsten. Die Lust der Frauen hat in dieser Schilderung etwas Zwanghaftes (vgl. Ez 23,43). Die Beschreibung des Verhaltens der beiden Schwestern dient der Betonung, daß ihre Sexualität ein Objekt männlicher Besitznahme und Kontrolle ist und werden muß.[121]

Auch hier verharrt die Metapher bei der Darstellung weiblicher Sexualität in der androzentrischen Perspektive. Ihre Autoren setzen die »misnaming of female experience« fort: Zwanghaftes sexuelles Verhalten von Frauen kann zwar durchaus mit sexuellen Handlungen in der Kindheit bzw. Jugend der Mädchen in Verbindung gebracht werden, wie es die Schöpfer der Metapher tun. Diese Verbindung stellt sich für Frauen jedoch ganz anders dar, als der Text es nahelegt. Sexueller Mißbrauch führt nicht zu einer »Grundverderbnis«, sondern kann (unter anderem) gravierende Störungen im sexuellen Erleben und Verhalten hervorrufen. Durch die Ausbeutungserfahrung »lernen« nämlich viele Betroffene, daß Sexualität eine Ware ist, die sie tauschen können oder müssen, um Aufmerksamkeit, Zuwendung, Anerkennung und ähnliches zu erhalten. »Auf diese Art werden einige ausgebeutete Frauen im Extremfall in die Rolle der Prostituierten sozialisiert oder in die Rolle einer Frau, die Männer leicht zum Sex benutzen können. Prostituiert sich eine sexuell mißbrauchte Frau oder hat sie häufig wechselnde Sexualpartner, so wird dies oft fälschlicherweise als Beleg dafür angesehen, daß sie auch als Kind schon ›verdorben‹ und ›nymphoman‹ war und den armen Onkel, Bruder oder Bekannte ›verführt‹ hat.«[122] Eine solche fatale Verkehrung von Ur-

---

121 Siehe *van Dijk-Hemmes* in: *Brenner / van Dijk-Hemmes* 1993, 175.
122 *Brockhaus/Kohlshorn* 1993, 157. In diesem Zusammenhang lassen sich auch altersunangemessene sexuelle Verhaltensweisen von Kindern verstehen,

sache und Wirkung ermöglicht es, eine androzentrische Deutung von Wirklichkeit aufrecht zu erhalten, in der der Mann als Opfer erscheint und die Schuld für sexuelles »Fehlverhalten« ausschließlich bei Mädchen oder Frauen gesucht wird.[123]
Wenn wir diese Beobachtungen und Deutungen aus der Forschung zu sexuellem Mißbrauch in die Interpretation des alttestamentlichen Textes miteinbeziehen, so erhält die Stringenz in der Logik der Metapher, was die sexuellen Kontakte der »Mädchen« in ihrer Jugend und ihre »Verdorbenheit« als »Ehefrauen« betrifft, eine neue Dimension. Hier wird ein weiteres Klischee über »geile Frauen« transportiert, das in Ez 16 noch nicht zu finden war: die »Mär vom ewig lockenden Weib«, von der »Lolita«.[124] Wurde in Ez 16 die »Hurerei« der metaphorischen Frauengestalt im Argumentationsmuster des Textes vor allem als Akt der »Undankbarkeit« dargestellt, nachdem Gott mit dieser weiblichen Person bereits ein Stück Geschichte zurückgelegt hat, so gehört »Hurerei« in Ez 23 von Beginn an zur Charakterisierung der Frauen, die auf perverses Sexualverhalten gleichsam »festgelegt« zu sein scheinen.

Das Verhalten der Frauen hat auch in Ez 23 eine äußerst brutale Bestrafung zur Folge. In der metaphorischen Schilderung wird die Gewalt gegen Ohola und Oholiba beim Strafvollzug mindestens ebenso breit ausgemalt wie ihr vorhergehendes »hurerisches« Verhalten. Sie zielt auf vollkommene Unterwerfung, darauf, daß die Frau »nicht mehr die Augen heben kann zu anderen Männern« (V 27). Im Duktus der Schilderung beinhaltet sie die Zerstörung der weiblichen Person (V 24.25.29).

Als Ohola ihre Strafe erleidet, wird sie zum Gespött unter den Frauen (V 10). Bei der Bestrafung Oholibas betont die Nachinterpretation, daß sie nach dem Recht der Ehebrecherinnen gerichtet wird (V 45; vgl. Dtn 22,24). Ez 23,47f – ebenfalls vermutlich die Einfügung eines Redakteurs – spricht dann auch nochmals ausdrücklich von der Steinigung und nennt unverhohlen die Absicht

---

die oftmals als unmittelbare Folge des sexuellen Mißbrauches beobachtet werden können. Mädchen und Jungen, die in der Kindheit sexuell mißbraucht wurden, zeigen oft ein Wissen über Sexualität, das Kinder in ihrem Alter normalerweise noch nicht haben, sie greifen Erwachsenen an die Genitalien oder integrieren übermäßig viele sexuelle Elemente in ihr Spiel. »Solches sexualisiertes Verhalten liegt in der Erfahrung dieser Kinder begründet, daß sie über sexuelle Handlungen Aufmerksamkeit und Zuwendung erfahren. Gleichzeitig stellt es einen Versuch der Verarbeitung des Erlebten dar« (ebd.). – Zum Zusammenhang von sexuellem Mißbrauch, sexueller Promiskuität und Prostitution siehe auch *Wirtz* 1989, 94ff.
123  Vgl. *Brockhaus/Kohlshorn* 1993, 157.
124  Vgl. den gleichnamigen Roman von *Vladimir Nabokov*, Hamburg 1959.

dieses Strafhandelns: »So will ich der Unzucht (זמה) im Lande ein Ende machen, daß alle Frauen sich warnen lassen und nicht nach solcher Unzucht tun« (V 48). Auch explizit macht der Text auf diese Weise die Zerstörung der »moralisch verkommenen Frau« Jerusalem zur beispielhaften Lehrerzählung über sexuelle Kontakte in der Jugend und eheliche Untreue. Dem androzentrischen Denken ihrer Zeit entsprechend können seine Verfasser als selbstverständlich voraussetzen, daß die Verantwortung für jeden sexuellen Kontakt ausschließlich der Frau zugeschrieben wird. Sie allein hat daher auch die Folgen dafür zu tragen. Von einem prophetischen Anliegen, die drohende Zerstörung Jerusalems mittels metaphorischer Sprache in Szene zu setzen, ist in jener Nachinterpretation, die von der Warnung für die Frauen spricht, nichts mehr zu spüren. »Nicht mehr das Haus Israel, sondern die einzelnen Frauen sollen sich in ihrem ehelichen und sozialem Verhalten dadurch warnen lassen.«[125]

Van Dijk-Hemmes sieht in Ez 23,48 die Antwort männlicher Leser auf die metaphorische Geschichte von Ohola und Oholiba: »These reader's responses realize and at the same time testify to the possibility of escape that the text offers to its male readers.«[126] Männer können sich von den männlich-pornographisch dargestellten Stadt-Frauen distanzieren, sie finden sich auf der Seite des enttäuschten und racheerfüllten Ehemannes wieder, auf der Seite des rechtschaffenden Mannes, der einem verkommenen Frauensubjekt die angemessene Strafe zuteil werden läßt.[127] Frauen können zwar versuchen, sich neben diese »rechtschaffenden Männer« zu stellen und mit ihnen gemeinsam die »Hure« vernichten. Das aber kann sie nicht vor der Erfahrung schützen, selbst Opfer sexueller Belästigung und männlicher Gewalt zu werden und gerade so wie Ohola und Oholiba mit der Unterstellung konfrontiert zu sein, daß sie diese Art Sexualität wollen und genießen.

*Weiblichkeit und Männlichkeit, Tochterstatus und Vaterrolle in Ez 16 und 23*

Zusammenfassend läßt sich festhalten, daß die Metaphern, mit denen bei Ezechiel die Beziehung zwischen JHWH und Jerusalem (bzw. Samaria) entfaltet wird, aus den sexuellen Konnotationen der von den Dichtern geschaffenen Figuren leben. Sie sind keine »toten Metaphern«: Der locus a quo, von dem her sie gebildet sind, läßt sich in bestimmten Konzeptionen von Männlichkeit und

---

125 *Zimmerli* 1969, 555.
126 *Van Dijk-Hemmes* 1993, 169.
127 Vgl. ebd. und *dies.* in: *Brenner / van Dijk-Hemmes* 1993, 176.

Weiblichkeit festmachen, deren Wurzeln in einer (androzentrischen) Wahrnehmung der Realität liegen. Die Bilder knüpfen an diese Wahrnehmungen an. Sie enthalten Männerphantasien, die größtenteils frauenfeindlich sind und weibliche Sexualität diffamieren. In Ez 16 hat JHWH unter anderem eine vaterähnliche Rolle inne, in Ez 23 handelt er als Eheherr. In beiden Geschichtsrückblicken des Ezechiel ist die Kindheit der weiblichen metaphorischen Gestalten von Bedeutung. Sie wird jedoch lediglich im Blick auf ihre spätere Rollen als »Ehefrauen« und »Huren« zur Sprache gebracht. Die »Frauen« tragen im Text noch nicht das Attribut »Tochter«. Die Position Jerusalems ist in Ez 16 jedoch durchaus mit der einer Tochter vergleichbar: Sie gehört von ihrer Kindheit an zu JHWH, so wie eine Tochter zu ihrem Vater gehört, und sie erscheint wie eine Tochter von ihm abhängig und ihm verpflichtet. Ihr Tochter-Sein mündet im Text wie selbstverständlich in ein Ehefrauen-Dasein ein, wobei JHWH nun die Rolle des Eheherrn ebenso ausfüllt wie zuvor jene des Vaters. Gewalt erscheint wie schon bei Hosea als Mittel, um Kontrolle zu gewinnen und eine zerbrochene Beziehung zu heilen.[128]

### 2.1.4 Jerusalem und Zion – »Tochter meines Volkes« bei Jesaja und Jeremia

Anders als bei Hosea und Ezechiel erscheint bei Protojesaja und Jeremia die Stadt nur in kurzen Sentenzen als metaphorische, weibliche Gestalt. Diese knappen Sätze enthalten eine Vielzahl von Einzelaussagen über »Zion« bzw. »Jerusalem«, die unterschiedlichen historischen Kontexten zuzuweisen sind.

#### 2.1.4.1 *Jesaja*

Der Jerusalemer Prophet Jesaja wirkte in jener Zeit, als der Staat Juda zunehmend unter die Oberhoheit der Assyrer geriet. Er erlebte den Untergang der staatlichen Größe mit, die den Namen »Israel« für sich beansprucht hatte (722 v.Chr.). Örtlicher Haftpunkt des JHWH-Glaubens ist nach seiner Überzeugung von nun an erst recht Jerusalem, oder wie er häufig sagt, der Zion. Den Namen »Zion« verwendet er allein 26mal![129] Während »Jerusalem« vor allem den politisch-profanen Aspekt der Stadt zum Ausdruck bringt, haften an »Zion« die Verheißungen Gottes.[130]

---

128  Vgl. *Phisterer Darr* 1992, 188.
129  Jes 1,8.27; 2,3; 4,3.5; 8,18; 10,12.24.32; 12,6; 14,32; 16,1; 18,7; 24, 23; 28,16; 19,8; 31,4.9; 33,5.14.20; 34,8; 35,10; 37,22.32.
130  Vgl. *Wildberger* 1972, 29.

*Die »Tochter« unter dem Schutz JHWHs (Jes 37,22.23)*
Jesaja knüpft an die kanaanäisch mythologische Vorstellung über den uneinnehmbaren Gottesberg Zion an, gegen den die Feinde anstürmen, dann aber bei dessen Anblick in hellem Schrecken davonstieben (vgl. Ps 48,6–9).[131] Als Ort der Gegenwart JHWHs steht Zion unter besonderem Schutz (vgl. Jes 37,35), und die »Tochter Zion« muß den Assyrer Sanherib nicht fürchten:
»Dies ist's, was JHWH über ihn (sc. Sanherib) spricht: Die Jungfrau, die Tochter Zion, verachtet dich und spottet deiner, und die Tochter Jerusalem schüttelt das Haupt hinter dir her« (Jes 37, 22).
Das Verhalten der »Tochter Jerusalem« macht deutlich, wie unvernünftig Sanherib doch ist: Zion ist JHWHs Jungfrau und JHWHs Tochter, und Gott wird nicht zulassen, daß Assur seinen Auftrag, als Werkzeug JHWHs Gericht an Juda zu üben, überschreitet. Das Bild von der Verspottung des Großkönigs und Feldherren durch zwei Frauen zielt darauf, Sanherib lächerlich zu machen. Wie Fokkelien van Dijk-Hemmes festhält, gehörte im Alten Israel das Singen von Spottliedern auf die Feinde zum Ressort der Frauen, nicht der Männer. »Tochter Zion« und »Tochter Jerusalem« erscheinen somit hier in typische Frauenrollen.[132]

*Zeichen des Gerichts und Warnungen zur Umkehr (Jes 1,8.9; 22,4.5)*
Während der Belagerung Jerusalems verwüstete Sanherib das Land um die Stadt herum. Der Hauptstadt selbst bleiben infolge der Kapitulation Hiskijas Zerstörungen erspart: »Ja, Tochter Zion ist übriggeblieben wie im Weinberg eine Hütte aus Laub, wie im Gurkenfeld eine Bleibe für die Nacht, wie ein Eselfüllen im Pferch« (1,8). Mit dieser Metapher sind für Jesaja Gerichtsgedanken verknüpft. Mittels Vergleich werden Isolation und Bedrohung von außen ausgedrückt. In Verbindung mit der weiblichen Gestalt können die vergleichenden Szenen offenbar bei Männern sexuelle Phantasien wecken.[133] Zumindest die Worte »Weinberg« und »Hütte im Gurkenfeld« enthalten sexuelle Konnotationen.
Bei der Kapitulation Hiskias vor dem Assyrerkönig Sanherib war die militärische Niederlage Jerusalems vollkommen. In der Stadt

---

131 *Wildberger* 1984, 18.
132 Siehe *van Dijk-Hemmes* in: *Brenner / van Dijk-Hemmes* 1993, 43–48. Van Dijk-Hemmes beruft sich auf S.D. Goitein. Vgl. Ri 5,15c–17 (Spott aus dem Deborahlied); Ri 5,28–30 (Spottlied der Fürstinnen auf Sisera); Jer 38,22 (Frauen Judas).
133 Hier stütze ich mich auf persönliche Mitteilungen, die mir einige Männer zu Jes 1,8 machten.

wurde dennoch das ersehnte Ende der Belagerung ausgelassen gefeiert. Jesaja aber trauert, weil das Volk in Jerusalem feiert, statt Buße zu tun und sich JHWH zuzuwenden. Er sieht die »Tochter« – gemeint ist wieder Zion oder Jerusalem – bereits zerstört vor sich liegen, gerade so wie Amos die »Jungfrau Israels« in seiner Totenklage (Am 5,2): »Schaut weg von mir, laßt mich bitterlich weinen! Müht euch nicht, mich zu trösten über die Zerstörung der Tochter meines Volkes!« (Jes 22,4)[134]

*Militärische Notlage und Rettung (Jes 10,30.32ff; 12,6; 16,1)*
Kriegerische Auseinandersetzungen stehen auch an den übrigen Textstellen bei Jesaja im Hintergrund seiner Rede von »Tochter Zion«:
In Jes 10,32 streckt ein nicht näher bezeichneter Gegner »seine Hand aus gegen den Berg der *Tochter Zion*, gegen den Hügel Jerusalem«.[135] Die Metapher läßt eine weibliche Gestalt imaginieren, der jemand Gewalt antut. Die »*Tochter Gallim*«, die zu den Ortschaften im Vorgelände der Stadt Jerusalems gehört,[136] schreit bereits laut angesichts des herannahenden Feindes (Jes 10,30). Doch JHWH bleibt der Herr der Geschichte: Durch das Vordringen der Feinde macht er die Hochmütigen kleinlaut (10,33.34). Schließlich wendet er seinen Zorn auch wieder von seinem Volk ab und tröstet es. In Jes 12,6 können die Erlösten in einem Danklied singen: »Jauchze und rühme, du Tochter Zion; denn der Heilige Israels ist groß bei dir!« (Jes 12,6) Es war Sache der Frauen, nach einem militärischen Sieg Lieder anzustimmen, mit denen sie das Ende des Krieges feierten. Wie Miriam in Ex 15,20f gibt die »Tochter Zion« in ihrem Siegeslied allen Ruhm JHWH.[137]
Der Ruhm der Stadt wird sich verbreiten. Selbst ein Volk wie Moab, das gegen den Staat Juda feindlich agiert, wird sich einmal hilfesuchend an die »Tochter Zion« wenden (siehe Jes 16,1).

134 Siehe dazu *Kaiser* 1973, 116: »An die Stelle der Versicherung in der Klage, daß niemand da ist, um die Trauernden zu trösten, vgl. Klgl 1,2.16.21; 2,9 tritt hier die Abweisung potentieller Tröster. So wurden die Zuhörer erst recht auf das aufmerksam gemacht, was Jesaja weiterhin über das Schicksal der (...) ›Tochter meines Volkes‹ (...) zu sagen hatte, vgl. Jer 8,11; Klgl 2,11; 3,38; Jes 47,1; ferner Am 5,2 und Mi 1,8.«
135 Es läßt sich hier darüber streiten, ob die Verse einen bereits in Gang gekommenen Einbruch des Feindes schildern oder ob der Verfasser eine Zukunftsvision zur Darstellung bringt (*Wildberger* 1972, 426).
136 AaO. 427.
137 Das Anstimmen von Siegesliedern durch Frauen wird auch überliefert in 1Sam 18,6–7 (Lied der Frauen zu Ehren von Saul und David); Ri 11,34 (Jeftas Tochter begrüßt ihren Vater); Ri 5,7 (Deborahlied). Eine Untersuchung von van *Dijk-Hemmes* findet sich dazu in: *Brenner / van Dijk-Hemmes* 1993, 32–43.

*Die Stadt als Hure (Jes 1,21)*
Auch Jesaja redet an einer Stelle metaphorisch von der Stadt Jerusalem als »Hure« (זונה) (Jes 1,21). Das Wort »Zion« fällt jedoch in diesem Zusammenhang nicht, und das Bild wird von ihm auch nicht weiter ausgeführt.

*Zusammenfassung*
Bei Protojesaja schöpfen die Metaphern, in denen weibliche Gestalten die Stadt repräsentieren, aus Zusammenhängen, die sich mit der Lebenswelt von Frauen verbinden lassen. Obwohl die Stadt-Frauen Jerusalem bzw. Zion, die das Attribut »Tochter« tragen, zumindest implizit in JHWH ihren Bezugspunkt und ihr Gegenüber haben, wird JHWH nicht explizit ihr »Vater« genannt.[138] Das Attribut »Tochter« enthält jedoch mehr als nur einen Hinweis auf die Weiblichkeit der »Städte«: Der Tochterstatus Jerusalems bzw. Zions kommt darin zum Ausdruck, daß JHWH »seiner Stadt« seine besondere Zuwendung zuteil werden läßt, die sowohl Schutz wie auch Bestrafung beinhaltet.

### 2.1.4.2 Jeremia

Metaphorische Frauengestalten finden sich in der Prophetie Jeremias ausschließlich in Gerichtsansagen. Daß sie alle auf einen Verfasser zurückgehen, ist nicht sehr wahrscheinlich.[139]

Jeremias prophetisches Wirken begann vermutlich zur Zeit der josianischen Reformen (627–609). Er erlebte, wie die Machtverhältnisse auf der syrisch-palästinischen Landbrücke sich von den Ägyptern zugunsten der Babylonier wendete. Anders als Ezechiel wurde Jeremia bei der ersten Deportationswelle nach der Kapitulation Jerusalems 597 nicht ins Exil geführt, sondern blieb bis zur Zerstörung Jerusalems 587 in der Stadt. Seine Spuren verlieren sich nach dem Ende des Südstaates Juda in Ägypten.

*Reinigung der »Tochter« im Feuer des göttlichen Gerichts (Jer 4, 11; 9,6)*
Nach Jer 4,5–31 vollzieht das Gericht der »Feind aus dem Norden«; er wird das Land verheeren: »Zu der Zeit wird man diesem Volk und Jerusalem sagen: Es kommt ein heißer Wind von den kahlen Höhen aus der Wüste, geraden Weges zu der *Tochter meines Volkes*, nicht zum Worfeln noch zum Sichten« (Jer 4,11). Der Pro-

---

138 In der Rolle des Vaters erscheint JHWH in Jes 1,2b. Dort spricht er: »Ich habe Söhne (Kinder?) großgezogen und hochgebracht, und sie sind von mir abgefallen.« Die Vaterrolle wird jedoch hier im Blick auf die Menschen in Israel ausgeübt, nicht im Blick auf Städte.
139 Zu den literarkritischen Problemen siehe *Kaiser* 1982, 218ff.

phet bewegt sich mit dem Wort vom »Glutwind, der aus der Wüste über das Volk kommt« in der geläufigen Vorstellungsreihe der Sinai-Theophanietradition des Bundeskultes. Dieser Tradition »zufolge ist der Sturm die Begleiterscheinung der göttlichen Epiphanie zum Gericht, das JHWH selbst, hinter den geschichtlichen Ereignissen stehend, an seinem Volk vollzieht«.[140] Jeremias »*Tochter meines Volkes*« soll »glühen und schmelzen«, wie es später in Jer 9,6 heißt, und wird auf diese Weise einer Prüfung unterzogen, die nur ihre »reinen Anteile« überstehen.

Auch die Vorstellung von der Frau, die »geschmolzen wird«, kann sexuelle Assoziationen wecken. Einige Männer sehen hierin eine Umschreibung für Geschlechtsverkehr.[141]

*Bestrafung der »Hure« durch (sexuelle) Gewalt und Erniedrigung (Jer 4,30.31; 6,2; 13,20–27)*

In Jer 4,13.14 verwandelt sich der »heiße Glutwind« in den »Feind aus den Norden«, der Jerusalem überwältigt. Dieser Feind wird die Stadt als eine Hure ansehen.[142] Ehemals war er ihr Liebhaber, dann aber wird er ihr Leben wollen. Mit Ironie auf ihre Reize blickend, fragt der Prophet: »Was willst du dann tun, du Überwältigte? Wenn du dich schon mit Purpur kleiden und mit goldenen Kleinoden schmücken und dein Angesicht schminken würdest, so schmückst du dich doch vergeblich. Die dir jetzt den Hof machen, werden dich verachten, sie werden dir nach dem Leben trachten. Denn ich höre ein Geschrei wie von einer Gebärenden, Angstrufe wie von einer, die in den ersten Kindsnöten ist, ein Geschrei der *Tochter Zion*, die da keucht und die Hände ausbreitet: Ach, weh mir! Ich muß vergehen vor den Würgern« (Jer 4,30.31).

Das Bild von der Frau, die sich wie eine Gebärende in Todesangst und Schmerzen windet, ist nicht singulär (siehe Hos 13,12; Jes 13,8; 21,3; 26,17–18; 42,14; 66,7ff; Ps 48,7). Im Buch Jeremia findet es sich auch in 6,24; 13,21; 22,23; 30, 6 (für Fremdvölker: 50,43; 49,24). Dieses Bild beschreibt stets eine durch Feindesnot hervorgerufene Krise, deren Ausgang ungewiß ist.[143]

Jer 13,20–27 droht der Stadt-Frau »Jerusalem« mit Schändung: Ihr, die ehemals wie eine Hure »Freunde an sich gewöhnte«, wer-

---

140 *Weiser* 1966, 39. Er verweist auf Jer 18,17; Hos 13,15; 1Kön 19,11; Ex 15,8.10; Ps 18,11.16; 50,3; 83,16; Hi. 38,1.
141 Ich stütze mich hier auf persönliche Mitteilungen, die einige Männer mir gegenüber machten.
142 Siehe *Weiser* 1966, 41.
143 Siehe *Theodor Lescow*, Das Geburtsmotiv in den messianischen Weissagungen bei Jesaja und Micha, in: ZAW 79 (1967), 172–206, dort insb. 200ff.

den diese Freunde das »Los einer vergewaltigten Sklavin« bereiten (V 21).[144] Ehemals hat die »Frau« durch ihre Reize Macht über Männer gehabt, nun wird ihr Gewalt angetan: Es wird »ihr Gewand aufgehoben« (גלה שולים ni.) und »ihre Ferse wird gewaltsam behandelt« (גלה שולים ni., euphemistischer Ausdruck für die physische Vergewaltigung einer Frau)[145] (V 22), nach V 26 will JHWH sogar selbst ihr Gewand vor aller Augen hochheben (שולים חשׂפ)[146], damit ihre Schande (קלון) sichtbar werde. Auch hier ist offensichtlich von Vergewaltigung die Rede. Die Angst der Frau bei ihrer Schändung wird wiederum mit der Angst einer Frau verglichen, die ein Kind gebiert (Jer 31,21). Das Gericht vollzieht sich »um der Menge ihrer Sünden willen« (V 22). JHWH selbst wirft ihr vor, daß sie ihn vergessen habe und sich auf Lügen verläßt (V 25), und er spricht als Zeuge ihrer »Vergehen«: »Denn ich habe gesehen deine Ehebrecherei, deine Geilheit, deine freche Hurerei, ja, deine Greuel auf den Hügeln und im Felde. Weh dir, Jerusalem! Wann wirst du endlich rein werden?« (V 27)

In den Beschreibungen der Gewalt, die der metaphorischen weiblichen Gestalt Jerusalem angetan wird, ist Haß des männlichen Autors gegen die von ihm geschaffene Figur deutlich spürbar. Auch weitere Textstellen des Jeremiabuches sind von einer ausgeprägten Frauenfeindlichkeit getragen. In Jer 2,23–25 ist weibliche Sexualität beispielsweise durch Gleichsetzung der »Frau« mit einem Tier übel pornografisch verzerrt dargestellt.[147] Jeremia beschreibt den politischen Sachverhalt seiner Gegenwart und die Krise im Kult der JHWH-Anhänger auf Kosten von Frauen. Dabei polemisiert er gleichzeitig gegen weibliche sexuelle Lust und entwürdigt durch seine Art der Darstellung weibliche Sexualität. Im Hintergrund solcher Darstellungen stehen wieder Vorstellungen, nach denen Frauen Eigentum *eines* Mannes sind, ihre Sexualität der Kontrolle bedarf und sie, weil sie verdorben sind, (durch Vergewaltigung) bestraft werden müssen.

Von Bestrafung spricht auch Jer 6,1–8: Die Feinde stürmen hier gegen Jerusalem an, und JHWH wird seine »Tochter« preisgeben. Schon der Prophet Micha hatte mit dem Mythos aufzuräumen

---

144 *Weiser*, Jeremia 1966, 118.
145 *Haag* 1977, 1053. »Ferse« steht für pudenda. – Vgl. *Stoebe* 1984, 586, der חמס עקביך in Jer 13,22 als »Sittlichkeitsvergehen« deutet.
146 *Westermann/Albertz* 1984, 422 weisen darauf hin, daß nach israelitischer Auffassung die Kleidung etwas zum Menschsein Gehörendes ist; sie ist Gabe des Schöpfers (Gen 3,21), und das Entblößen berührt die Menschenwürde.
147 Siehe *Brenner* in: *dies.* / *van Dijk-Hemmes* 1993, 182f: »The animalization of the metaphorized woman-in-the-text is perhaps the most striking feature of Jeremiah 2.« Vergleichbares findet sich weder bei Hosea noch Ezechiel!

versucht, daß der »Gottesberg« uneinnehmbar sei; er warnte vor der Zeit, in welcher der Zion »zum Feld umgepflügt werde« (Mi 3,12). Diese Prophezeiung beinhaltet nicht nur Zerstörung, sondern ebenso Entheiligung, Entweihung und Schändung. Sie wird in Jer 26,18 zitiert. Jeremia fürchtet wie Micha, daß die stolzen Gebäude des Tempelberges dem Erdboden gleichgemacht werden. Er gibt Zion in der Metapher einen weiblichen Körper und vergleicht diesen mit einem Feld, über das Herden herfallen: »Die Tochter Zion ist eine liebliche Aue; aber es werden Hirten über sie kommen mit ihren Herden; die werden Zelte aufschlagen rings um sie her und ein jeder seinen Platz abweiden« (Jer 6,2.3).

Das Bild enthält sexuelle Konnotationen. Die Frau, die »in Besitz genommen« und »abgeweidet« wird, hat wieder eine enge Affinität zum Land.[148]

*Aufforderung zur Selbsterniedrigung angesichts der herannahenden Feinde (Jer 6,23.26)*
In Jer 6,22–26 wird der Vollzug des »Gerichts« noch einmal in anderen Bildern beschrieben: Das »Volk aus dem Norden« wird kommen (V 22), Kriegsleute brausen mit Bogen und Speer, grausam und ohne Erbarmen, gegen die »*Tochter Zion*« (V 23). Zion wird deshalb Angst und weh »wie einer Gebärenden« (V 24). Mit dieser Androhung der Strafe ist die Aufforderung zur Umkehr verbunden: »O *Tochter meines Volkes*, zieh den Sack an und wälze dich im Staube! Trage Leid wie um den einzigen Sohn und klage bitterlich; denn der Verderber kommt über uns plötzlich« (V 26).

Die Stadt-Frau soll sich also erniedrigen, ihre Attraktivität unkenntlich machen und Trauer tragen; das ist der einzige Weg, noch dem Gericht zu entgehen. Zum Ausdruck der Größe des Verlustes wird in der Metapher der Sohn herangezogen.

*Die verlassene »Tochter« (Jer 8,19.22; Jer 14,17)*
Trauer und Enttäuschungen bringen Jer 8,14f zum Ausdruck. Die Menschen, die in Jerusalem lebten, sind fortgegangen, damit sie nicht umkommen. Sie sind krank vor Kummer (V 18). Jetzt selbst in der Fremde, hören sie die Klage der Stadt-Frau: »Will denn JHWH nicht mehr Gott sein in Zion, oder soll es keinen König mehr haben?« (V 19b)
Die »Tochter« ist hier die Verlassene. JHWH schützt sie nicht mehr als sein Eigentum und er »beherrscht« sie nicht mehr, sondern hat

---

148  Vgl. Hos 2,4–22 (siehe oben S. 257, Anm. 83) und Ez 16,7 (siehe oben S. 260, Anm. 93).

sie aufgegeben. Vergeblich haben die Menschen auf Hilfe gewartet (V 20). Wie ein kranker Körper ist das Volk, das ganz zerschlagen ist (V 21), denn die Stadt-Frau liegt schwer verletzt. Verzweifelt fragt der Prophet: »Ist denn keine Salbe in Gilead, oder kein Arzt da? Warum ist denn die *Tochter meines Volkes* nicht geheilt?« (V 22)
Eine ähnliche Szene schildert Jer 14,17. Hier klagt der Prophet: »Meine Augen fließen über von Tränen Tag und Nacht; denn die *Jungfrau, die Tochter meines Volkes*, ist unheilbar verwundet und völlig zerschlagen.«

*Neuwerdung der »Tochter«, wenn sie von ihren »Irrwegen« abläßt (Jer 31,4.21.22)*
Unterschiedliche Frauenrollen übt die Stadt-Frau in Jer 31 aus: Zu Beginn steht die Verheißung, daß JHWH sie wieder neu bauen will. Sie soll wieder zur *Jungfrau Israels* werden, die sich schmückt, die Pauke schlägt und zum Tanz geht (V 4). Jetzt, nach der Katastrophe, ist sie zwar noch Rahel, die (Ahn-)Mutter, die um ihre Kinder weint (V 15). Aber das muß nicht so bleiben. Die »hurerische« und geschändete Stadt wird dank JHWH zwar wieder Jungfrau sein, aber sie soll sich ihren Leidensweg merken, damit sie nicht wieder auf Abwege gerät. Mit eindringlichen Worten wird die *Jungfrau Israels* aufgefordert, von nun an auf dem richtigen Weg zu bleiben (Jer 31,21). Vorwurfsvoll formuliert der sich hier anschließenden Vers: »Wie lange willst du in der Irre gehen, du *abtrünnige Tochter*? Denn der Herr wird ein Neues im Land schaffen: Die Frau wird den Mann umgeben« (Jer 31,22).
Scheinbar ist dies der Platz, den JHWH von nun an seiner »Tochter« zuweist: Sie soll nicht mehr umherstreifen, sondern bei ihrem Mann sein, ihn umgeben, für ihn dasein. Als Jungfrau, d.h. als heiratsfähiges, unberührtes Mädchen ist sie dabei für einen Neubeginn ausgezeichnet geeignet; die Jungfrau-Metapher läßt Hoffnungen aufleben und Reinheit assoziieren. Zugleich wird mit »Jungfrau« und »Tochter« aber auch etwas über die zukünftige Stellung der Stadt-Frau gesagt: sie unterliegt erneut männlicher Kontrolle, ist väterlicher Autorität unterstellt.[149]

*Zusammenfassung*
Anders als bei Jesaja wird infolge der veränderten historischen Situation bei Jeremia sehr genau bildhaft beschrieben, wie es der Stadt-Frau ergeht, wenn das Gericht über sie hereinbricht. Die Schrecken, die Frauen im Krieg erfahren, dienen hier dazu, Schlag-

---

149   Vgl. *Brenner* in: *dies.* / *Dijk-Hemmes* 1993, 187.

lichter auf die kommende Katastrophe zu werfen.[150] Schließlich wird jedoch auch im Buch Jeremia ein Neubeginn der zerbrochenen Beziehung in Aussicht gestellt.
Viele der Bilder leben aus den sexuellen Konotationen, mit denen die Vorstellung von der Stadt als weiblicher metaphorischer Gestalt verknüpft ist. Als »Jungfrau« ist die »Stadt« eindeutig Tochter, deren Erscheinungsbild implizite Rückschlüsse auf ihren »Vater« zulassen. Meist aber wird Jerusalem bzw. Zion als weibliche Person mit ausgeprägt sexuell promiskuitivem Verhalten oder aber als kranke und verlassene Frau dargestellt, deren fiktives Gegenüber sowohl ein Vater wie ein Eheherr sein könnte.

### 2.1.5 Ergebnis

In den betrachteten metaphorischen Darstellungen werden »Städte« oder »Länder« als weibliche Wesen behandelt, und auch sie selbst handeln entsprechend: Eine metaphorische weibliche Gestalt kann als Tochter abgelehnt und wie ein verabscheutes Kind einfach ausgesetzt werden (Hos 1,6; Ez 16,3). Sie wird mit Schmuck ausstaffiert (Ez 16,10–12) oder schmückt sich, um zum Tanzen zu gehen (Jer 31,4). Sie kann erwählte Braut sein, Tochter und Ehefrau in einem (Ez 16). Nie wird die Situation, in der sie ist, in den Texten durchgängig und ungebrochen positiv gezeichnet. Die Frau hat wechselnde sexuelle Kontakte, sie ist eine »Hure« (Hos 1, 2; 2,4ff; Ez 16,15ff; 23,3ff; Jes 1,21; Jer 2,23ff; 4,14; 13,20ff;), sie wird eine der Vergewaltigung preisgegebene Frau (Am 5,2; Jer 6,1ff), wird zur Frau in Todesangst, die sich wie eine Gebärende windet (Jer 4,31; 6,24; 13,21; 22,23; 30,6; u.a.m.), zur unreinen Frau (Jer 13,27). »Tochter«, »Jungfrau« und »Ehefrau« sind Objekte, an denen Gott handelt, sie sind auf seine Erwählung, seinen Schutz und seine Hilfe angewiesen, sie sind seiner Bestrafung ausgesetzt, und vor allem sind sie von ihm abhängig. Nur in einem Punkt wird die »Frau« als selbstverantwortlich handelnd beschrieben, nämlich dort, wo sie »Hurerei treibt«. Unter »Hurerei« fassen dabei die Propheten jedes Verhalten, bei dem eine Frau mit Männern Liebesbeziehungen eingeht oder zuläßt und dabei die Rechte des Mannes ignoriert, dem sie gehört – egal, ob sie dafür Geld nimmt oder nicht.
Das, was wir aus feministischer Perspektive als »sexuell selbstbestimmtes Handeln von Frauen« ansehen müssen, bedeutet in der männlichen alttestamentlichen Vorstellungswelt Mißachtung der Rechte von Männern und ist deshalb ein Vorgang, der aus andro-

---

150 Vgl. *O'Connor* 1992a, 173.

zentrischer Perspektive ausnahmslos und von vorneherein abgewertet werden muß. Die »Hurerei« macht nach der Logik der prophetischen Schriften Bestrafung und Erniedrigung der Frau nötig. Sexuelle Gewalt wird dabei häufig als geeignetes und legitimes Mittel zur Bestrafung hingestellt. Diese Art der Gewalt wird benutzt, um die Frau zu zerstören und sie in die patriarchale Ordnung »einzupassen«, in der ein Mann über die weibliche Sexualität »seiner« Frauen verfügt und sie kontrolliert. Es wird suggeriert, auf diese Weise ließe sich eine zerbrochene Beziehung heilen.

Die Art, wie die »Tochter Zion« beschrieben ist, und die Androhung von Gewalt, die mit der Beschreibung ihres weiblichen Erscheinungsbildes verknüpft wird, unterscheidet sich in nichts von dem, wie die Propheten auch die Frauen Jerusalems, die »Töchter Zions«, wahrnehmen können und was sie ihnen androhen. Das belegt Jes 3,16–4,1. Was dort über die »Töchter Zions« gesagt wird, könnte genausogut über die »Tochter Zion« gesagt sein, da den Worten an die Frauen Jerusalems das gleiche Frauenbild und das gleiche Argumentationsmuster zugrunde liegt wie den Metaphern, in denen die Städte oder Länder mit weiblichen Gestalten personifiziert werden: Frauen sind eitle, stolze Wesen, und sie sind »geil« (Jes 3,16); deshalb müssen sie bestraft und erniedrigt werden (Jes 3,17).[151] Sie umgeben sich mit Schmuck und luxuriösen unnützen Dinge; wenn man sie ihnen wegnimmt, bleibt nur noch Gestank übrig und eine verabscheuenswerte Person (Jes 3,18–24). Dann werden sie kämpfen müssen, daß überhaupt noch ein Mann etwas mit ihnen zu tun haben will. Und sie werden ihn anflehen, daß er ihre Schande von ihr nehme ... (Jes 4,1) So wie in der Bildrede die »Tochter Zion« infolge ihrer Hurerei unrein ist und diese Unreinheit es unmöglich macht, daß Gott eine harmonische Ehe mit ihr führt (Jer 13,27), so kann Jerusalem auch erst dann künftig Heil widerfahren, wenn Gott den Unflat, den Kot (צאה) der »Töchter Zions« abgewaschen hat (Jes 4,4).

Aus feministischer Perspektive haben die Frauenbilder einen diffamierenden Charakter. Weibliche Sexualität wird bei den Propheten zum Symbol für Schwäche, Falschheit und Trug. Insbesondere bei Hosea, Ezechiel und zu großen Teilen auch bei Jesaja und Jeremia handelt es sich um Pornografie, d.h. um sexualisierte, erniedrigende Darstellungen von Frauen. Weibliche Sexualität

---

151 Jesaja geht es auch an anderer Stelle darum, den Stolz der Frauen Jerusalems zu brechen, ihnen Angst zu machen. Siehe Jes 32,9–11. – Anders als Jesaja läßt Ezechiel JHWH auch noch gegen eine andere Art »weiblicher Überheblichkeit« einschreiten: Er wendet sich gegen Frauen, die aus eigenem Antrieb als Prophetinnen auftreten (Ez 13,17–23).

wird verzerrt ins Bild gerückt, es findet ein »misnaming of female experience« statt. Sexuelle männliche Gewalt erscheint als »Wohltat« für die Frauen oder als Mittel der Bestrafung; durch sie wird männliche Macht demonstriert. Zwischen Ehefrau und Tochter muß in den Metaphern nicht differenziert werden: Sie sind beide in gleicher Weise hier Eigentum Gottes und von ihm abhängig. Er hat die Verfügungsgewalt über sie, und diese Verfügungsgewalt wird immer wieder als männliche Verfügungsgewalt spezifiziert: Sie schließt das Recht ein, sexuelle Kontakte zu der »Frau« zu unterhalten. Dieses Recht erscheint in Ez 16 noch ausdrücklich durch die Zuwendung untermauert, die JHWH Jerusalem als »Neugeborenes« zuteil werden ließ. Was die weiblichen Personen, mit denen die Städte oder Länder personifiziert werden, darstellen und sind, das sind sie durch JHWH. Er ermöglicht ihnen Leben und verschafft ihnen Anerkennung, Glanz, eine Position. Jahwes Schutz, Fürsorge und Zuwendung beinhalten immer auch Inbesitznahme. Von den »Frauen« wird hierfür als Gegenleistung sexuelle Dienste, Treue und Gehorsam erwartet.

Wo nicht die Sexualität der personifizierten Städte für das Geschehen konstitutiv wird, aus dem die Bilder des Textes leben, prägt auf andere Weise das weibliche Geschlecht der »Stadt« die Metaphern: Die Stadt-Frau singt z.B. Spottlieder auf die Feinde (Jes 37,22.23), und sie stimmt Siegeslieder an für die, die aus dem Krieg heimkehren (Jes 12,6) – beides Dinge, die in das Ressort von Frauen gehören. Wenn die Metapher von der Stadt als Frau in andere metaphorische Rede aufgeht, kann ihre Weiblichkeit so wirken, daß sie sexuelle Phantasien weckt. Dies gilt beispielsweise dann, wenn »Tochter Zion« mit einer Hütte im Gurkenfeld verglichen wird (Jes 1,8) oder sie im Gericht »geschmolzen und geprüft« wird (Jer 9,6).

Die Bilder beleben immer wieder die gleichen Emotionen: Der weiblichen Gestalt werden vor allem Stolz, Lust, Scham, Schmerz und Angst zugeschrieben. Ihr männliches Gegenüber, JHWH, bringt in der metaphorischen Rede vor allem und explizit seine Wut und Entrüstung über das Verhalten seiner »Frau« zum Ausdruck. Er ist verletzlich und wird von ihren »Sünden« berührt. Von einer Liebe JHWHs zu der Frau wird nicht gesprochen, allerdings von seinem »Erbarmen« – wobei »Erbarmen« deutlich die Zuwendung eines höher Gestellten zu einer untergeordneten Person beschreibt.[152]

Die Asymmetrie in der Beziehung zwischen JHWH und den metaphorischen Gestalten läßt es als angemessen erscheinen, sie immer

---

152 Siehe oben S. 253.

wieder mit dem Attribut »Tochter« zu versehen. Der Tochter-Status verdeutlicht, wem die weibliche metaphorische Gestalt zugehörig ist und wessen Verfügungsgewalt sie untersteht. JHWH schenkt »seinen Töchtern« seine besondere Zuwendung, die sowohl Schutz wie auch Bestrafung beinhaltet. Die metaphorischen weiblichen Gestalten unterstehen seiner Verfügungsgewalt vom Anfang ihres Lebens bis zu ihrem Ende. Die Verfasser der prophetischen Texte, die den Untergang Jerusalems und seine unmittelbaren Konsequenzen miterlebten, sahen sich gerade deshalb genötigt, das Ende dieser »Tochter« noch einmal neu zu reflektieren.

## 2.2 Klage nach der Kapitulation Jerusalems 587 v.Chr. (Klagelieder)

587 v.Chr. war Jerusalem durch die Babylonier eingenommen worden. In den sog. »Klageliedern« ist die Hauptstadt des ehemaligen Südreiches Juda die »Hauptperson«. Sie tritt in den Kapiteln 1 bis 4 in unterschiedlichen Frauenrollen auf: Sie ist Witwe (Klgl 1,1), Mutter (1,20; 2,19.22; 4,3), Jungfrau (1,15; 2,11), eventuell auch »Hure« (1,8; vgl. 1,2.19) und erhält insgesamt achtzehnmal das Attribut »Tochter«. In all diesen Rollen erscheint die personifizierte Stadt als eine zutiefst erniedrigte und von Schmerz und Leid gezeichnete Frau.

*Die schuldbehaftete Vergangenheit*
Zunächst erscheint die Stadt als Witwe, die einst mächtig war und nun Sklavenarbeit tun muß (Klgl 1,1). Sie ist verlassen, schutz- und rechtlos, und weint unaufhörlich (1,2; vgl. 1,16).[153] Einstmals war die Stadt-Frau (sexuell) attraktiv: Sie war geschmückt mit »Pracht« (1,6; 2,1; 4,1) und »Kostbarkeiten« (4,1), sie besaß, »alles, was schön war für die Augen« (2,4), man nannte sie »Krone der Schönheit« (2,15). Doch sie lud Schuld auf sich, und diese Schuld forderte Bestrafung heraus.
Von einer Schuld und Sünde der Stadt-Frau ist oft die Rede: »Wegen ihrer vielen *Frevel*« ist sie ins Leid gestürzt (1,5), ein Joch aus ihren Sünden wurde geflochten (1,14), größer als Sodom ist ihre Sünde (4,6). Pauschal von ihrer Sünde und Schuld wird in 1,8; 2,14; 4,13.22 (vgl. 5,7) gesprochen. Die Leserin und der Leser suchen vergeblich danach, worin genau ihre Vergehen bestehen.

---

153 Wilhelm Rudolph weist darauf hin, daß auch auf einer von Vespasian Jahrhunderte später geprägten Münze *Judaea capta* als weinende Frau unter einer Palme dargestellt wird. Siehe *Rudolph* 1962, 211.

Zweimal ist vom Sichtbar-Werden der weiblichen Blöße die Rede (Klgl 1,8; 4,21.22), und ihre Unreinheit als Frau ist von Bedeutung (Klgl 1,8). In Klgl 1,18.20 bezichtigt sich die »Frau« selbst des Ungehorsams gegen JHWH: »Ich habe seinem Mund getrotzt« (פיהו מריתי) – »Ich war gegen ihn widerspenstig« (מרו מריתי). Die Schuld der »Stadt« erscheint zutiefst mit ihrem Frau-Sein verbunden, und zwar sowohl mit ihrer Sexualität wie mit ihrer untergeordneten, abhängigen Stellung gegenüber dem männlichen Gott. Sie bleibt jedoch letztlich unkonkret.

*Objekt des Zornes Gottes*
Besonderen Wert legen die Texte auf klare Aussagen darüber, daß JHWH derjenige ist, der im Zorn gegen die Stadt-Frau tobte und ihr unermeßlichen Schmerz und Leiden zufügte. JHWH hat die »Frau« ins Leid gestürzt (1,5), er hat sie so »betrübt am Tag seiner Zornesglut« (1,12), er hat sie »erbärmlich zugerichtet, krank gemacht für allezeit« (1,13), er führte die Feinde gegen sie herbei (1,17). »Der Herr trat die Kelter der *Jungfrau Tochter Juda*« (Klgl 1,15b). Wie die Keltertreter aus den Trauben den Wein pressen, ist er auf ihr herumgestampft, um Blut und Tränen aus ihr herauszupressen.[154] JHWHs »Zorn« ist Leitwort des ganzen zweiten Kapitels der Klagelieder (vgl. 2,1): Der Herr überschüttete die *Tochter Zion* mit seinem Zorn, er schleuderte die Pracht Israels vom Himmel auf die Erde (2,1). Er riß in seinem Grimm die Festungen der *Tochter Juda* nieder (2,2), in loderndem Zorn verschlang Feuer alles ringsum (2,3; vgl. 4,11). Er tötete »alles, was schön war für die Augen. In das Zelt der *Tochter Zion* ergoß er seinen Grimm« (2,4), häufte Klage und Jammer auf die Tochter Juda (2,5). Er tat seinem Wohnsitz Gewalt an (2,6a), König, Priester, Altar, Heiligtum, Paläste lieferte er dem Feind aus (2,6.7). JHWH gedachte, »die Mauern der *Tochter Zion*« zu zerstören (2, 8). »Es sanken zur Erde ihre Tore. Er zerstörte, zerbrach ihre Riegel« (2,9). Hier werden nicht einfach Gewalttaten gegen die »Stadt« aufgeführt, sondern das Geschilderte kann auch als Vergewaltigung einer »Frau« betrachtet werden: In ihr Innerstes, »das Heiligtum«, drang der Feind ein (1,10), so daß sie nun klagt »Ich bin ja so verachtet!« (1,11) Wenn Gott seinen Zorn in ihr Zelt gießt (2,4) und Mauern und Riegel zerbricht (2,8.9), werden Assoziationen geweckt, die sich mit der gewaltsamen Penetration einer Frau beim Geschlechtsverkehr verbinden lassen.
Gott handelt hier so, wie er es bereits zuvor angekündigt hatte: »Er riß ein und schonte nicht, er ließ jubeln über dich den Feind,

---

154 Siehe *Weiser* 1958, 56. Vgl Jes 63,1ff; Joel 4,13.

erhob das Horn seiner Gegner« (2,17b). Er ist der souveräne Herr der Geschichte seiner Stadt, und er ist gerecht (1,18; vgl. 1,21). Er selbst führte die Feinde gegen die Stadt, und nun triumphieren sie (1,5.21). Die Feinde schauen ihrem Leiden zu und lachen über ihr Ende (1,7), sie freuen sich über ihr Unglück (1,21; vgl. 1,9; 2, 16; 4,21). All das bedeutet für die Stadt-Frau tiefe Erniedrigung. Die Aussagen lassen sich gut mit dem Bild von der vergewaltigten Tochter verbinden. Schließlich gehören das Machterlebnis und Triumphgefühl des Mannes und die Erniedrigung der Frau zu den Wesenszügen einer Vergewaltigung.

*Folgen der Bestrafung*
Die Feinde haben der Stadt-Frau alles weggenommen, was sie hat (1,10).[155] Jeder, der sie jetzt sieht, erkennt sie kaum wieder: »Alle, die vorübergehen, klatschen in die Hände, pfeifen und schütteln ihr Haupt über die *Tochter Jerusalem*: Ist das die Stadt, die man nannte: Krone der Schönheit ...?« (2,15b) – Von der *Tochter Zion* ist aller Schmuck dahin (1,6a). Nachdem sie der Gewalt ausgesetzt war, ist die Stadt eine »unreine« (נדה) Frau (1,8–9.17). Diejenigen, die sie ursprünglich einmal verehrten, haben ihre Blöße gesehen und verachten sie nun (1,8). Ihre Unreinheit ist vor aller Augen sichtbar, denn sie klebt an ihrer Schleppe (1,9). Ist hier an Spuren der Gewalttaten/Vergewaltigungen gedacht, die an ihrer Kleidung haften?[156] Jedenfalls ruft ihr Anblick jetzt nur noch das Gespött und den Abscheu derer hervor, die sie einmal liebten, so daß die Stadt-Frau sich ihrem Blick entziehen möchte (1,8c): »Die Erniedrigung der Frau ist (...) so groß, daß sie sich nur noch stöhnend abwenden kann«.[157] Allen Anschein nach möchte sie am liebsten vor Scham in den Boden versinken.
Die Gewalt JHWHs / der Feinde gegen Jerusalem beinhaltet nicht allein Demütigungen und Verachtung, sondern vor allem Schmerz. Der Schmerz kommt in Tränen (1,2.16; 2,8.11), Stöhnen (1,4.8. 11.21.22), Klagen (2,20–21) und Flehen (1,9.11.20.22) zum Ausdruck. Er ist »unvergleichlich« (1,12; 2,13). Sie leidet innere und

---

155 Siehe die Klagen über Verlust des Reichtums 1,7.10.11, die Anspielungen auf Deportationen 1,5.6.18 und auf das Töten der Kinder 1,20.
156 Wilhelm Rudolph und Hans Jochen Boecker deuten die »Unreinheit, die an der Schleppe klebt«, als Menstruationsblut, das durch die Kleidung der Frau dringt und sie besudelt (*Rudolph* 1962, 213 mit Verweis auf Lev 15,19ff; *Boecker* 1985, 30). Menstruationsblut läßt sich jedoch meines Erachtens nur schwer mit der Zerstörung der Stadt-Frau zusammendenken. Es könnte höchstens auf die Selbst-Vernachlässigung der Stadt hinweisen.
157 AaO. 30. Vgl. *Weiser* 1958, 53f: »Ihr bleibt nur der Seufzer brennender Scham, die sich dem Blick der anderen entziehen möchte.«

äußere Qualen: »Er (sc. Gott) hat ein Feuer aus der Höhe in meine Gebeine gesandt und läßt es wüten. Er hat meinen Füßen ein Netz gestellt und mich rückwärts fallen lassen; er hat mich zur Wüste gemacht, daß ich für immer krank bin« (1,13) – »Ich habe Angst, mein Inneres brennt (vor Schmerz)! Mein Herz dreht sich mir im Leibe um, weil ich so widerspenstig war. Draußen nimmt das Schwert (mir) die Kinder, drinnen (wütet) der Tod.« (1,20) Ihre Kraft ist gebrochen (1,14), ihre Helden sind verworfen (1,15; vgl. 1,6).

Alle Freude ist verschwunden: Die Wege nach Zion trauern, weil niemand mehr zum Fest kommt. Menschenleer sind alle ihre Tore, ihre Priester stöhnen, ihre Jungfrauen sind verzweifelt, sie selbst leidet Weh (1,4). Schweigend sitzen die Alten der *Tochter Zion* am Boden und streuen Asche auf ihr Haupt, die jungen Frauen Jerusalems senken ihren Kopf (2,10). Die »edlen Söhne Zions« haben ihren Glanz verloren, vegetieren dahin (4,2.7.8). Kinder und Säuglinge verschmachten vor Hunger (2,11.12.19; 4,3.4.5). Junge, Alte, Frauen und Männer liegen durchs Schwert dahingeschlachtet am Boden der Straßen (2,21). Die Priester sind unrein und werden nicht mehr geachtet (4,13–16). Als Mutter klagt die Stadt: »Die ich auf Händen getragen und großgebracht habe, die hat der Feind umgebracht« (2,22; vgl. 1,16.20). Und einer der Verfasser des Textes jammert: »Die *Tochter meines Volkes* ist grausam geworden«, denn sie säugt noch nicht mal mehr ihre Kinder (4,3).[158] Die Verrohung drückt sich hier in dem Nicht-mehr-Wahrnehmen der Mutterrolle aus. Wie die Stadt selbst, so verhalten sich auch die Mütter in ihr: Nach 2,20 kochen sie »beim Zusammenbruch der *Tochter meines Volkes*« in der Not ihre eigenen Kinder, um etwas zu essen zu haben.

*Verlassenheit und Klage*
Dringend braucht die Stadt-Frau Trost und Hilfe, doch sie ist ganz verlassen: »Zion streckt ihre Hände aus, und doch ist niemand da, der sie tröstet« (1,17). Die Verlassenheit der Frau, ihre Trostlosigkeit und auch die Treulosigkeit ihrer ehemaligen Liebhaber, die sie nun im Stich lassen, wird immer wieder neu zum Thema gemacht (siehe 1,1.2.16.17.21; vgl. 4,17–20). Die Verfasser der Texte trauern heftig über den Zustand der »*Tochter ihres Volkes*«

---

158 Rudolph korrigiert hier den Text im Anschluß an die Septuaginta: Statt »Tochter meines Volkes« liest er »Töchter meines Volkes«. Er begründet diese Textkorrektur damit, daß es in diesem Zusammenhang nicht um das Volksganze gehen könne, sondern nur um die Frauen (*Rudolph* 1962, 247). Da es jedoch m.E. um die Stadt-Frau geht, scheint mir diese Korrektur nicht notwendig.

(Klgl 3,48; 4,11). Im vierten Kapitel fragt der Autor: »Was soll ich dir als Beispiel nennen, womit dich vergleichen, *Tochter Jerusalem*? Was soll ich dir gleichstellen, um dich zu trösten, *Jungfrau Tochter Zion*? Wer könnte dich heilen?« (4,13) Er fordert die Stadt auf, sich an Gott zu wenden: »Schreie zum Herrn, klage, *Tochter Zion*! Laß fließen wie einen Bach deine Tränen Tag und Nacht« (4,18a). Vor ihm soll sie unaufhörlich klagen, zu ihm ihre Hände erheben (4, 18b.19).

Und das tut die Stadt-Frau auch. Bereits in 1,9 fleht sie: »Ach JHWH, sieh mein Elend an ...« (1,9) Das Flehen begegnet immer wieder: »Sieh doch, schau her, JHWH: Ich bin ja so verachtet!« (1, 11), »Sieh, doch, JHWH, denn ich habe Angst ...« (1,20), »Es komme vor dich all ihre Bosheit!« (1,22) »Schau her und sieh, wem du dies angetan! ...« (4,20) Von Gott allein ist Hilfe zu erhoffen, die »Frau« appelliert an sein Erbarmen.

*Aussicht auf ein Ende der Not*
Das Ende des vierten Kapitels enthält dann auch tatsächlich die Verheißung, daß Gott die Situation der Stadt wenden wird: »Deine Schuld ist abgetan, du *Tochter Zion*; der Herr wird dich nicht mehr wegführen« (4,22a). Es wird versprochen, daß die jetzt noch triumphierende Feindin, »Tochter Edom« das gleiche Schicksal erleiden soll wie Zion. Eine Umkehr der Machtverhältnisse wird angekündigt, damit der gegnerischen Frau das gleiche Leid zugefügt werden kann.

*Die Stadt-Frau und die Frauen der Stadt*
Die Situation der Stadt-Frau gleicht auch hier bis ins Detail der Situation der Frauen in der eingenommenen Stadt. Entsprechend der Totenklage der »Tochter Zion« müssen auch die Frauen der Stadt Totenklage halten für die Opfer des Krieges. Die Männer sind im Krieg umgekommen, »Vaterlosigkeit« prägt das Bild ihrer Bewohner und vor allem ihrer Bewohnerinnen: »Wir sind zu Waisen geworden, ohne Väter; unsere Mütter wurden zu Witwen«, heißt es in Klgl 5,3. Wie JHWH die »Tochter seines Volkes« verlassen hat und ihre Erniedrigung und Zerstörung nicht verhinderte, so leben nun die Töchter des Volkes verlassen in der Zerstörung. Sie wurden zu erniedrigten und zerbrochenen Frauen. Klgl 5,11 spricht offen aus, daß sie vergewaltigt wurden: »Sie haben die Frauen in Zion geschändet, und die Jungfrauen der Städte Judas«. Keiner ist da, der ihnen hilft: »Knechte herrschen über uns, und niemand ist da, der uns von ihrer Hand errettet« (Klgl 5,8). Wie der Stadt-Frau alles weggenommen wurde, so müssen auch die Frauen der Stadt all ihren Besitz hergeben: »Unser Wasser müssen

wir um Geld trinken, unser eigenes Holz müssen wir bezahlen« (Klgl 5,2). Wie die metaphorische weibliche Gestalt können sie ihre Kinder nicht mehr versorgen (Vgl. Klgl 4,3 mit 4,10). Sie werden versklavt (5,6; vgl. 1,1). Die eigentliche und letzte Ursache für ihre Not ist nicht näher konkretisierte Schuld: »Unsere Väter haben gesündigt, sie sind nicht mehr; aber wir müssen ihre Verschuldung tragen« (5,7). Das Abtragen dieser Schuld erscheint als unausweichliches (Frauen-)Schicksal. Aufbegehrt wird dagegen nicht.

Die metaphorische weibliche Gestalt in den Klageliedern kann Frauen nach einer militärischen Niederlage als Musterbeispiel dienen, wie sie sich an JHWH zu wenden und ihn um Hilfe anzuflehen haben. Als solches Bespiel ist sie bis in unsere Gegenwart lebendig geblieben. Die Aufforderung »Schrei laut zum Herrn, stöhne Tochter Zion! Wie einen Bach laß fließen die Tränen ...« (Klgl 2,18) wird häufig als Inschrift unter Kriegerdenkmälern mit einer Pietà angeführt.[159] Die »Tochter Zion« ist im Bild der Pietà eine Mutterfigur (Maria), die still trauert und zugleich auch zu betrauern ist. Die Inschrift macht sie zur Tochter, die sich hilfesuchend an den Vater wendet.

Solche Darstellungen sprechen nicht nur die Gefühle von Frauen an, sondern auch die von Männern. Frauen allerdings bieten sie eine Identifikationsfigur an, während Männer die Distanz des Beobachters und Zeugen behalten. Männer sind insofern betroffen, als ihnen vor Augen geführt wird, was mit »ihren« Frauen geschieht. Frauen erfahren das, was geschildert wird, am eigenen Leibe.

*Zusammenfassung*

Zusammenfassend läßt sich festhalten, daß sich als unmittelbarer Auswirkung der Katastrophe von 587 v.Chr. in den Bildern die erbärmliche Situation der Frau, ihr Schmerz und ihre Leiden, in den Vordergrund schieben. Die metaphorische weibliche Gestalt ist JHWH deutlich so untergeordnet, daß sie die Position eines machtlosen und hilflosen Kindes einnimmt. Allein Gottes Schutz, seine Fürsorge und seine Zuwendung können ihr das Überleben ermöglichen.

JHWH als das männliche Gegenüber ist letztlich der Verursacher ihrer Qualen. Das Leid ist Folge seines Zornes. Die Autoren der Texte betonen immer wieder, daß dieser Zorn gerechtfertigt ist, und daß die »Frau« zu recht leidet. Die Gerechtigkeit (und »Liebe«?) Gottes wird nicht in Zweifel gezogen. Gewalt, zu der auch sexuelle Gewalt gegen Frauen gehört, erscheint auch hier als legi-

---

159 *Struchtemeier* 1989, 281.

times Mittel der Bestrafung, das unter bestimmten Umständen angebracht ist.
Kathleen M. O'Connor weist darauf hin, daß dort, wo dem Leiden der »Tochter Zion« Stimme gegeben wird, diese »Tochter« sich selbst in einer Sprache beschreibt, die uns an die Situation mißhandelter und mißbrauchter Frauen erinnert: »She is abused, beaten, and tortured by the one whom she trusted. (...) Daughter Zion blames herself for the excesses of her abuser and, like contemporary victims of domestic violence, appears to have no selfesteem left.«[160]

### 2.3 Restaurationshoffnungen für Jerusalem nach 587 v.Chr.

#### 2.3.1 Sünde, Schmerz und verliehene Stärke der »Tochter Zion/Jerusalem« in der redaktionellen Bearbeitung des Michabuches

Im Buch Micha ist fünfmal von der »Tochter Zion« bzw. von der »Tochter Jerusalem« die Rede (Mi 1,13; 4,8.10.13). Alle diese Textstellen gelten als redaktionelle Nachinterpretationen des ursprünglichen Textes.[161] Sie stehen höchstwahrscheinlich noch im engen Zusammenhang mit der Kapitulation Jerusalems 587.

Bei Micha liegt die Schuld und Sünde der »*Tochter Zion*« in ihrem Vertrauen auf die eigene Stärke, was sich für den Propheten nicht mit Gottvertrauen vereinbaren läßt (Mi 1,13).
»*Tochter Zion*« wird jedoch die Wiedergewinnung ihrer alten Machtstellung, das Königtum versprochen (Mi 4,8). Diese Aussicht soll dabei helfen, die gegenwärtige Not zu ertragen. Die »Frau« wird aufgefordert, ihre Schmerzen wie Geburtswehen auf sich zu nehmen (Mi 4,9.10). Die schmerzhaften Wehen sind nur ein Durchgangsstadium;[162] JHWH wird seine Tochter vor dem Tode erretten. Sie wird die fremden Völker beim Gericht »zertreten«: JHWH bringt die Feinde wie Garben auf der Tenne zusammen (Mi 4,12). Die Stadt-Frau soll die Ernte eintreiben (Mi 4,13). JHWH macht so die »Tochter Zion« zum Inbegriff einer machtvollen Frau. Ihre ehemaligen Gegner sind wie Ähren, die sie zerritt und deren Güter sie erntet.

---

160  *O'Connor* 1992b, 180.
161  Siehe den Kommentar von Hans Walter Wolff zu Mi 1,13 (*Wolff* 1982, 18f). – Micha selbst war vermutlich ein Zeitgenosse Jesajas und wirkte zwischen 725 (vor der Zerstörung Samarias) bis 711/701.
162  Zum Motiv von der Frau, die sich wie eine Gebärende windet, siehe oben S. 277.

## 2.3.2 Der Weckruf an die gefangene »Tochter Zion« bei Deuterojesaja

Der sog. Deuterojesaja wirkte vermutlich gegen Ende des Exils, in den vierziger Jahren des 6. Jahrhunderts v.Chr., in Babylonien. Vom Perserkönig Kyros II erhoffte er eine große geschichtliche Wende, die den Exilanten Befreiung und die Möglichkeit zur Heimkehr bringen soll.

»Tochter Zion« kommt bei Deuterojesaja dort ins Bild, wo JHWH der erniedrigten »Stadt« Jerusalem Freiheit verheißt.[163] Nachdem die Stadt-Frau den Becher seines Zorns ausgetrunken hatte, lag sie verlassen, verwüstet und trunken (Jes 51,17–21). Nun weckt Gott sie, damit sie ihre Stärke anzieht und sich wieder herrlich schmückt (Jes 52,1). Er befiehlt der »gefangenen Tochter Zion«, sich von ihren Fesseln zu befreien (Jes 52,2). Das Bild setzt eine im Staub liegende Frau voraus, der die Sklaverei aufgezwungen wurde. Es erinnert an Klgl 5,6: Dort ist von dem Joch die Rede, das die Bewohnerinnen und Bewohner Jersalems zu tragen haben.

## 2.3.3 Der Jubel über den Wiedergewinn verlorener Gunst der »Tochter Zion/Jerusalem« bei Zefanja

Der Prophet Zefanja wird in der Überschrift des nach ihm benannten Buches als Zeitgenosse des judäischen Königs Josia (639–609) bezeichnet. Einige Aussagen im dritten Kapitel des Buches lassen sich jedoch gut der exilisch-nachexilischen Eschatologie zuordnen.[164] Insbesondere Zefanjas Worte zur »Stadt-Frau« Jerusalem/Zion bieten sich zum Vergleich mit denen Deuterojesajas und Sacharjas an.

Zef 3,14 fordert »*Tochter Zion*«, »*Tochter Jerusalem*« und auch das Volk Israel auf, zu jubeln und fröhlich zu sein, da die »Stadt« wieder JHWHs Gunst genießt: Er hatte die Völker zum Strafgericht gegen die Stadt-Frau versammelt (Zef 3,8), aus dem ein Rest Israels hervorging (Zef 3,12). Nun aber hat er von ihr die Strafe weggenommen und die Feinde wieder verschwinden lassen (Zef 3, 15a). »Damit hat sich wiederum erwiesen, daß JHWH der König Israels ist und die Stadt (...) schützen kann, wenn es sein Wille ist, es zu tun (vgl. Jesaja).«[165] Die Stadt-Frau braucht sich vor keinen Unheil mehr zu fürchten, weil JHWH bei ihr ist (Zef 3,15b).

---

163 Bei Deuterojesaja wird auch das Bild der »Tochter Babylon« breit entfaltet (Jes 47,1–5) Siehe dazu unten S. 296f.
164 Unter Literarkritikern ist es umstritten, ob das Buch seine jetzige Gestalt durch exilische Bearbeitung und eventuell auch durch nachexilische Zusätze erhalten hat oder aber tatsächlich Zefanja selbst sein Verfasser ist (siehe dazu *Kaiser* 1984, 239f).
165 *Rudolph* 1975, 297f.

Die tröstenden Worte des Propheten setzen den Gedanken voraus, daß »Tochter Zion« ohne JHWH schutzlos ist. Wenn es darum geht, sich erfolgreich gegen Feinde zu verteidigen, erscheint sie passiv und vollkommen auf ihn angewiesen. Aktiv war sie allerdings, als sie die Bestrafung über sich heraufbeschwor. Zefanja läßt keinen Zweifel daran, daß JHWH gerecht handelt (Zef 3,5). So stehen dann auch die Heilsworte für die Stadt-Frau in einem Kontext, der auf die ursprüngliche Schlechtigkeit und Überheblichkeit der »Tochter Zion« verweist: Jerusalem hatte Grund, sich der Taten zu schämen, mit denen sie sich gegen Gott aufgelehnt hatte (siehe Zef 3,11a). JHWH mußte sie erniedrigen, weil »stolze Prahler« in ihr waren. Mit seinem Strafgericht sorgt er dafür, daß diese verschwinden und die Stadt-Frau sich »angemessen« benimmt (Zef 3, 11b).

Die »Frau« erscheint wie eine Tochter, die ganz von der Zufriedenheit und der Zuwendung ihres Vaters abhängig ist: Sie schämte sich für ihre Taten, als JHWH sich über ihr Verhalten ärgerte und sie bestrafte. Nach der erfolgreich vollzogenen Bestrafung braucht sie jedoch keine Angst mehr zu haben. Weil JHWH wieder Gefallen an ihr gefunden hat und wieder bei ihr ist, hat alle Not ein Ende (siehe Zef 3,17).

### 2.3.4 Die dem Sieger zujubelnde »Tochter Zion« bei Sacharja (Sach 2,14; 9,9)

Der Prophet Sacharja, dem die Überlieferungen in Sach 1–8 zugeschrieben werden, wirkte vermutlich zwischen 520 und 518 v.Chr. Wahrscheinlich sind auch alle Textstellen, in denen die »Tochter Zion« auftritt, späte Einschübe in den ursprünglichen Text. Ihre zeitliche Zuordnung ist umstritten.

Von der »*Tochter Zion*« ist im Sacharjabuch in Heilsverheißungen die Rede, in denen die Stadt-Frau zum Jubeln aufgerufen wird. Sach 2,10f wendet sich zunächst mit der Aufforderung an die Exilierten, von Babel aufzubrechen. »*Tochter Zion*« soll sich freuen, weil JHWH kommt und in ihrer Mitte wohnen will (2,14). Sach 9,9 spricht vom Einzug des Messias in die Stadt: »Jubele laut, *Tochter Zion*, jauchze, *Tochter Jerusalem*, siehe, dein König kommt zu dir, begnadet und reich an erfahrener Hilfe ist er, niedrig und auf einem Esel reitend, nämlich auf dem Hengst von einer Eselsstute« (Sach 9,9).[166] Das metaphorische Bild läßt einen Sieger assoziieren,

---

166 Vgl. aaO. 178f: »Die Aufforderung an Zion/Jerusalem zur Freude, weil dieser König seinen Einzug halten wird, ist dem Heroldsruf (Elliger) nachgebildet, mit dem die Ankunft eines Herrschers oder sonst eines hohen Gastes angekündigt zu werden pflegt.

der unter dem Jubel der Frau bzw. der Frauen in die Stadt einzieht. Der Jubel beinhaltet eine Anerkennung seiner Macht: »Die Besiegte ist dem Sieger hold«.[167] Mit dieser Anerkennung der Macht ist Unterwerfung ebenso verbunden wie die Hoffnung auf Frieden und Schutz (Sach 9,10ff).

### 2.3.5 Zion/Jerusalem als Mutter, Ehefrau, Säugling und Tochter bei Tritojesaja (Jes 60,4ff; 62,3ff)

In der Prophetie des sog. Tritojesajas (Jes 56–66) steht die Frage nach Zions Zukunft im Zentrum der Verkündigung. Zeitlich wird seine Schrift den Jahren zugeordnet, in denen die Exilierten nach Jerusalem heimgekehrt waren und der Tempel bereits wieder erbaut war (zwischen 515 und 510 v.Chr.).

Mit einer weiblichen Gestalt wird die Stadt Jerusalem/Zion in Tritojesaja mehrfach personifiziert. In Jes 60,4 ist sie eine Mutter, zu der von ferne die Söhne kommen. Ihre Töchter werden auf dem Arm zu ihr getragen. Sie wird vor Freude strahlen (60,5) und mit Reichtum überschüttet werden (60,6ff). Die sie unterdrückten, werden vor ihr auf den Knien liegen (60,14). »Denn dafür, daß du die Verlassene und Ungeliebte gewesen bist, zu der niemand hinging, will ich dich zur Pracht machen ewiglich und zur Freude für und für« (60,15).
Allerdings geht es bei dieser »Restauration« letztlich nicht um das Wohlergehen der »Stadt« an sich, sondern das Handeln JHWHs dient den prophetischen Worten folgend vor allem seiner Selbstdarstellung. Die Stadt-Frau soll zum schmückenden Beiwerk seiner Person werden: »Und du wirst sein eine schöne Krone in der Hand JHWHs und ein königlicher Reif in der Hand deines Gottes« (Jes 62,3). Nachdem diese Position als schmückendes Beiwerk deutlich benannt ist, erscheint Jerusalem als Ehefrau Gottes: »Man soll dich nicht mehr nennen ›Verlassene‹ (עזב im Partizip pass. Kal) und dein Land nicht mehr ›Verwüstung‹ (שממה, auch ›Wüste‹), sondern du sollst heißen ›Ich habe Gefallen an dir‹ (חפצי im Partizip pass. Kal) und dein Land ›Geheiratete Frau‹ (בעל im Partizip pass. Kal)[168], denn JHWH hat Gefallen an dir, und dein Land ist zur Frau genommen worden« (Jes 62,4).
Weiter kann Zion in Tritojesaja aber auch mit dem Bild eines Säuglings verknüpft werden: »Du sollst Milch von den Völkern saugen, und der Könige Brust soll dich säugen, auf daß du erfährst, daß ich, JHWH, dein Heiland bin und ich, der Mächtige Ja-

---

167   Diesen Hinweis verdanke ich Christl Maier.
168   בעל hat nicht nur die Wortbedeutung »zur Frau nehmen, heiraten«, sondern meint auch »beherrschen, besitzen« (*Gesenius* [17]1962, 106).

kobs, dein Erlöser« (60,16). Es ist JHWHs Wille, daß die Stadt-Frau vornehme »Ammen« haben soll. Auf diese Weise zeigt er nicht nur, daß er diese Tochter am Leben erhalten möchte und um ihr Wohlergehen besorgt ist, sondern auch, daß er mächtig ist. Direkt als »Tochter« angesprochen wird die Stadt-Frau in Jes 62, 11:
»Siehe, JHWH läßt es hören bis an die Enden der Erde: Saget der *Tochter Zion*: Siehe, dein Heil (יִשְׁעֵךְ) kommt! Siehe, sein Lohn ist bei ihm, und was er sich erwarb geht vor ihm her!«
Das Heil der »Tochter« ist auch hier unauflöslich mit JHWH verbunden. Es zieht bei ihr ein, und zwar mit allem, was sein ist. Was er sich aufgrund seiner Macht beschafft hat, kommt so zu ihr. Die Logik der Textaussage setzt die vollkommene Abhängigkeit der »Tochter« von JHWH voraus: Ohne ihn ist sie Nichts, durch ihn aber kann sie Anteil an dem bekommen, was ihm gehört.

### 2.3.6 Zusammenfassung

Einige uns bereits vertraute Motive der Gerichtprophetie sind in den Kontext der Heilsprophetie eingeflossen.[169] Vor ihrem Hintergrund wird der »Tochter« versprochen, daß Gott ihr wieder freundlich gesinnt ist. Die »Tochter« soll sich darüber freuen und ihm zujubeln (Zef 3,14; Sach 2,14; 9,9). Gott will sich an ihr »verherrlichen«, und darüber kann sich – so der argumentative Grundgedanke der Bilder – die »Tochter« nur glücklich schätzen. Seine Gegenwart ist Grund unerschöpflicher Freude, denn sie bedeutet Schutz, Fürsorge, Macht und Schönheit oder kurz: Ende der Not (siehe Zef 3,14; Jes 52,1; 60,16; 62,4.3.11; Mi 4,8.13). Ihr Jubel ist Anerkenntnis dieser Macht.
Sowohl die Bilder der Heils- wie der Unheilsprophetie sind von der Vorstellung getragen, daß die Stadt-Frau Jerusalem ohne Gott ein Nichts ist; sie ist vollkommen von seiner Gunst abhängig. Seine Zufriedenheit mit ihr bestimmt ihr Schicksal, bedeutet Leben oder Tod, Reichtum oder Elend, »Wüste«, Freude oder Schmerz. Der Gefallen, den er an der »Frau« findet, äußert sich dabei vor allem

---

169 Als »Sünde« der »Frau« wird in Mi 1,13 das Vertrauen auf die eigene Stärke genannt (vgl. z.B. Hos 2,10), sie hatte Grund, sich zu schämen, denn sie lehnte sich gegen Gott auf und Gott mußte sie deshalb erniedrigen (Zef 3,11; vgl. z.B. Klgl 1,18.20), sie mußte den Becher seines Zorns trinken und wurde zur »Verlassenen«, zur »Wüste« (Jes 51,17ff; vgl. z.B. Am 5,2; Jer 8,19; Hos 2,14. 16; Klgl. 2). Die »Frau« trägt das Joch der Gefangenschaft (Jes 52,1; vgl. Klgl 5,6), ihre gegenwärtige Not wird mit »Geburtswehen« verglichen (Mi 4,10; vgl. Jer 4,31; 6,24; 13,21). Die Gerechtigkeit Gottes in seinem Gerichtshandeln wird betont (Zef 3,5; vgl. Klgl 1,18.21).

darin, daß er sie versorgt und zu seiner Frau nimmt – eine Besitznahme, die auf der Ebene der Bilder immer auch sexuelle Kontakte miteinschließt (siehe Jes 62,4). Anders als das Leid, der Schmerz und das Elend, das die Stadt-Frau erfährt, steht das ihr in der Prophetie verheißene Heil und Glück noch aus. Während die Verfasser der Gerichtsprophetie und der Klage in den Klageliedern auf das reale Erleben der Frauen in Jerusalem zurückgreifen können, werden die Verheißungen der Heilsprophetie von Wünschen und Hoffnungen getragen. Es steht noch aus, daß sich Gott in dieser Weise als Erlöser, »Vater« und »Ehemann« erweist.

2.4 Der Zion in den Psalmen

Die metaphorische Rede vom Zion als weibliche Gestalt spielt in der Dichtung der Psalmen kaum eine Rolle. In Ps 9,15 wird die Rede von der »Tochter Zion« als vertraut vorausgesetzt, und in Ps 48 kann an sie angeknüpft werden. Insgesamt gesehen kommen die Dichter der Psalmen anders als die Propheten weitgehend ohne Zion als metaphorische weibliche Gestalt aus, wenn sie ihr theologisches Anliegen zur Sprache bringen.

2.5 Worte gegen die Städte der Feinde Israels

Auch feindliche Städte und Länder können in alttestamentlichen Texten mit dem Attribut »Tochter« versehen werden. Die Personifikation nichtisraelitischer Städte und Länder mit Frauengestalten geschieht ausnahmslos in Gerichtsworten gegen die Feinde. Der »Tochterstatus« der Städte unterstreicht dabei, daß JHWH über sie Verfügungsgewalt ausüben kann.

*Das angeprangerte Fehlverhalten der Frauen*
Wird eine Ursache für die Not genannt, unter der die weiblichen metaphorischen Gestalten infolge des Strafspruches JHWHs zu leiden haben sollen, so liegt sie entweder in ihrem Hochmut und Ungehorsam oder in ihrer sexuellen Promiskuität: Die Stadt-Frau »Ninive« ist eine »schöne Hure«, die mit Zauberei umgeht und so Land und Leute an sich bringt (Nah 3,3.4). Der Handelsstadt-Frau Tyrus wird angedroht, daß sie bald keine attraktive »Hure« mehr sein wird: Von Freiern verschmäht, muß sie zur Harfe greifen und in der Stadt umhergehen, um durch ihr Singen die Aufmerksamkeit auf sich zu lenken und so neue Kundschaft zu werben (Jes

23,16).¹⁷⁰ Ammon ist eine »*ungehorsame Tochter*« (הבת השובבה), die ihre eigenen Qualitäten und Schätze rühmt und sich auf sie verläßt (Jer 49,4.5). Überheblich war auch »*Tochter Babel*«: Sie gebärdete sich wie eine Gottheit (Jes 47,7).

*Formen des Strafhandelns*
Die Strafgerichte über die Stadt-Frauen zielen auf ihre Erniedrigung: Die stolze »*Tochter Dibon*« soll herunter von ihrer Herrlichkeit und sich in den Staub setzen (Jer 48,18), und auch »*Tochter Babel*« soll von ihrem Thron herab in den Dreck (Jes 47,1). Jeremia benutzt für die Beschreibung des Gerichts über Babel wie schon Micha in seinen Gerichtsworten über die Feinde Israels ein Erntebild (Jer 51,33b; vgl. Mi 4,13).
Das Strafhandeln findet seinen Ausdruck in Gewalt gegen den Körper der Frauen und ist gewöhnlich als sexuelle Gewalt in Szene gesetzt. Hier drängen sich Bilder zusammen, die für Frauen Schreckensbilder sind: »Siehe, ich will an dich!« (הנני אליך) läßt der Autor des Buches Nahum JHWH zur »Hure« Ninive sagen (Nah 3, 5). Gott droht hier dieser metaphorischen Gestalt an, er werde ihr Kleid über ihr Gesicht ziehen.¹⁷¹ Daraufhin will JHWH vor allen Völkern ihre Genitalien entblößen, sie mit Kot bewerfen, »*schänden*« (נבל pi.)¹⁷² und »*zu Dreck machen*« (שמתיך כראי)¹⁷³ (Nah 3,5. 6). Bei Jesaja wird die »*Tochter Sidon*« zur »*geschändeten Jungfrau*« (Jes 23,12), und auch der jungfräuliche Körper der »*Tochter Ägypten*« wird so zugerichtet, daß sie nie wieder gesund werden kann und sich nicht von ihren Verletzungen erholt (Jer 46,11). Die Propheten schildern solche Schicksale der Stadt-Frauen ohne Mitgefühl. Jeremia überschüttet Ägypten sogar noch mit Spott: Voller Ironie fordert er sie auf, ruhig vergeblich die vielen Heil-

---

170  *Kaiser* 1973, 139.
171  In pornografischer Malerei und Fotografie ist häufig das Gesicht der Frauen nicht zu sehen. Auch hier vollzieht sich die Reduzierung der Frau auf ihren Körper und die Ausblendung ihrer Persönlichkeit häufig auf diese Weise.
172  Der Kontext legt nahe, an Erniedrigung durch physische Gewaltanwendung und nicht »nur« durch verbale Beschimpfung zu denken. Unabhängig davon, welche konkreten Handlungen hier auch immer hinter dem Wort נבל stehen mögen, scheint es mir angebracht, von »Vergewaltigung« zu sprechen.
173  So übersetzt *Elliger* 1985, 17. Auch die Übersetzung »zum Schaustück machen« ist möglich. – Karl Elliger nimmt an diesem prophetische Bild Anstoß. Er bezeichnet Nahum hier als einen »sehr subjektiven Verkünder seiner eigenen entrüsteten Gefühle« (aaO. 18). Dennoch findet Elliger in seinem Kommentar zu Nah 3,5f letzlich anerkennende Worte für den Propheten: »(...) in die Darstellung (...) mischt sich gerade bei ihm (sc. Nahum) viel Menschliches-Allzumenschliches, so daß wir in ihm mehr den Dichter und glühenden Patrioten bewundern als den Boten Gottes hören können« (aaO. 19).

mittel anzuwenden, für die ihr Land doch berühmt ist; sie werde schon sehen, daß es nicht helfe (Jer 46,11).[174] An anderer Stelle kann er diese »Tochter« als »schöne junge Kuh« bezeichnen, über die die Schlachter kommen werden (Jer 46,20; vgl. V 24).
»*Tochter Edom*« soll aus dem gleichen Schicksalsbecher wie Jerusalem trinken: Nach Klgl 4,21 bedeutet dies, daß sie trunken wird und sich selbst entblößt, Klgl 4,22 spricht davon, daß JHWH derjenige ist, der ihre Schuld heimsucht und ihre Sünden aufdeckt. Die »*Tochter Babel*« vollzieht auf JHWHs Befehl hin selbst ihre »Schändung«: Sie soll sich entblößen, damit ihre »Schande« sichtbar wird (Jes 47,3). Die Nacktheit an sich ist hier ebenso wie in Klgl 4,21. 22 etwas, wofür die Frau sich zu schämen hat, und zwar unabhängig davon, ob sie selbst oder ein anderer sie entblößte, ob sie »hurt« oder vergewaltigt wird. Entscheidend ist allein das Sichtbarwerden ihres nackten Körpers und die damit verbundene Erniedrigung und Entwürdigung.
Die Metapher von Babylon als »Hure« wird erst im Neuen Testament entfaltet (Off 17,1–18; 19,2). Bei Deuterojesaja ist diese Stadt-Frau lediglich eine zarte Jungfrau und verwöhnte Tochter. Als Prinzessin sitzt sie auf dem Thron (Jes 47,1). Ihrer Erniedrigung ist in Bildern zur Sprache gebracht, die einen sozialen Absturz schildern: Die an Luxus gewöhnte »*Herrin über Königreiche*« (Jes 47,5) soll niedrigste und beschwerlichste Arbeit verrichten, nämlich mit einer Mühle Mehl mahlen (Jes 47,2). Ihre Schenkel muß sie entblößen und durch Wasser warten (Jes 47,2). Von der Jungfrau (Jes 47,1) wird sie zur Witwe und kinderlosen Frau (Jes 47,9), d.h. sie verliert alles: Ehre, Mann und Kind. JHWH macht sie zum »Nichts«. So kann Zion, die bei der »Tochter Babel« wohnt, sich von dieser »Tochter« freimachen und ihrer Herrschaft entrinnen (siehe Sach 2,10).

*Das Resultat: zerstörte, machtlose und verzweifelte »Stadt-Frauen«*
Am Ende solcher Strafgerichte stehen zerstörte, machtlose und verzweifelte Stadt-Frauen: Die vergewaltigte und zum pornografischen Schaustück gemachte Ninive ist so verachtet, daß jeder vor ihr flieht; niemand trauert um sie und niemand tröstet sie (Nah 3, 7). »*Tochter Babel*« ist so vollständig erniedrigt, gedemütigt und entehrt, daß sie nun nur noch stumm sein kann und sich in die Finsternis zurückzieht (Jes 47,5). Die »*geschändete Jungfrau Sidon*« kann nicht mehr fröhlich sein und muß fortziehen; nie wieder wird sie Ruhe finden (Jes 23,12). Die ehemals stolze »*Tochter Tarsis*« hat aufgehört, eine Handelsmacht zu sein. Voller Ironie

---

174 Vgl. Weiser 1966, 383.

fordert sie der Prophet Jesaja auf, ihr Land zu bebauen; es gibt keinen Hafen mehr (Jes 23,10). »*Tochter Ägypten*« muß ihr Fluchtgepäck packen (Jer 46,19). Die »*Tochter Dibon*« geht hinauf zu den Altären, um zu weinen (Jes 15,2).

*Parallelen zwischen »Tochter Zion«, den feindlichen »Töchtern« und der Lebensrealität von Frauen*
Zur Beschreibung des Strafhandeln JHWHs gegen die nicht-israelitischen Städte und Länder werden also die gleichen Metaphern benutzt, die auch in Darstellungen vom Gericht über Jerusalem/ Zion Verwendung finden. Die Stadt-Frauen kommen als ungehorsame, »hurende« oder stolze und überhebliche Frauen ins Bild. Mit Ausnahme von Ninive sind auch sie alle explizit »Töchter«: Sie alle stehen unter der Verfügungsgewalt JHWHs, so wie eine Tochter unter der Verfügungsgewalt ihres Vaters steht. JHWH ist der Herr in der Geschichte, und deshalb bestimmt er über ihr Schicksal. Das Attribut »Tochter« ist bei feindlichen Städten niemals Ausdruck besonderer gnädiger oder gar liebevoller Zuwendung und beinhaltet nirgends den Gedanken von Schutz oder Fürsorge, sondern verdeutlicht ausschließlich die Macht und das Recht Gottes, die »Verfehlungen« der »Töchter« zu ahnden. Das Verhalten der »Töchter«, mit denen fremde Städte oder Länder in den Metaphern personifiziert werden, erfordert stets Bestrafung. Ihnen wird Gewalt angetan. Sie erscheinen als Stereotypen für »verdorbene« Frauen in einer patriarchalen Gesellschaft, die von Frauen Unterordnung verlangt, sexuelle Promiskuität verurteilt und Männern das Recht auf die sexuelle Unterwerfung und sexuelle Gewalt gegen Frauen einräumt. Damit gleicht auch ihre Lage der Situation jener Frauen, die im Krieg in die Hand der Feinde fallen: Sie werden als »Huren« angesehen, die ein Mann nach androzentrischen Wertmaßstäben in Schande bringen darf, ohne sein Rechtsgefühl zu belasten (vgl. Nah 3,6; Klgl 4,22). Der Verlust ihrer Ehre macht die Frauen stumm und hat häufig ihre Verstoßung zur Folge (vgl. Jes 47,5). Verletzt und zerstört, sind sie zur Flucht gezwungen (vgl. Jes 23,12; Jer 46,19). Oft bleibt ihnen nur noch das Weinen vor den Altären (vgl. Jes 15,2).

3    JHWH als Bezugsperson und Gegenüber der metaphorischen Tochtergestalten

Wir haben gesehen, daß Städte und Länder in den Metaphern unterschiedliche weibliche Rollen ausfüllen können, während sie das

Attribut »Tochter« tragen. JHWH ist dabei die Bezugsperson der metaphorischen Tochtergestalten. Als ihr Gegenüber vereinigt auch er ein ganzes Bündel von Funktionen in sich. Seine Funktionen und Rollen sollen zunächst noch einmal benannt werden, um weiterfragen zu können: Was ist in den Metaphern für das Handeln und Verhalten JHWHs an den »Töchtern« konstitutiv? Und inwiefern läßt sich das Handeln und Verhalten JHWHs Aspekten von »Vaterschaft« zuordnen, die uns in den alttestamentlichen Texten begegnet sind?

## 3.1 JHWHs Funktionen und Rollen

Wenn wir versuchen, die Funktionen und Rollen zu benennen, die Gott als Gegenüber der metaphorischen Tochtergestalten einnehmen kann, so begegnen wir JHWH als Schöpfer, Versorger, Beschützer, Kläger, Richter, Strafvollstrecker, Vergewaltiger, Zuhälter und Restaurator. Selbstverständlich sind die Gestalten, die Gott in solchen Metaphern annimmt, letztlich von den Lebenskontexten, Vorstellungen und Phantasien ihrer Autoren und Schöpfer abhängig. Die Propheten haben sie bewußt gewählt, um ihrer Botschaft Kraft zu verleihen, aufzurütteln und unter Umständen auch zu schockieren. Um so frappierender erscheinen mir die Ähnlichkeiten zwischen den Argumentationsmustern, die die alttestamentlichen Schöpfer der Metaphern benutzen, um JHWHs Umgang mit den »Töchtern« zu beschreiben, und jenen Aussagen, die uns in der Gegenwart sexuelle Gewalttäter zu ihrer Sicht von Mädchen und Frauen machen. Diese Ähnlichkeiten machen auf die dringende Notwendigkeit einer ideologiekritischen Reflexion der betreffenden biblischen Texte und ihrer Argumententationsmuster aufmerksam. Ich werde Zitate aus unserer Gegenwart in meine folgende Darstellung miteinfließen lassen. Sie sollen die Wirksamkeit und Wirklichkeit jener Bilder veranschaulichen, die die Propheten damals benutzten.

### 3.1.1 Schöpfer

Als Schöpfer begegnet JHWH im Zusammenhang mit Metaphern, in denen weibliche Personen auftreten, nur einmal in den Texten: In Ez 16,6 ist er Schöpfer der »Frauengestalt Jerusalem«.[175] Anders als ein menschlicher Vater, der mit dem Akt der Zeugung einem Kind das Dasein ermöglicht, befähigt JHWH allein durch sein

---

175 Siehe oben S. 260.

Wort zum Leben (vgl. JHWHs Schöpfungshandeln in Gen 1). Ohne ihn wäre Jerusalem als neugeborenes Mädchen gestorben, durch sein Wort wird es zu seinem Geschöpf, das heranwachsen darf. Während in den Schöpfungsberichten Gen 1 und 2 Gottes Schöpfungshandeln zunächst einmal der Erklärung dient, wie alles entstanden ist, und über diese Erklärung auch Gottes Macht verdeutlichen soll, steht in Ez 16 vor allem die Machtlosigkeit im Vordergrund, in der sich das »neugeborene Mädchen« befindet. JHWHs Schöpfungshandeln ist hier der Ausgangspunkt, von dem her die Struktur der Beziehung zwischen ihm und dem »Mädchen« von Anfang an als asymmetrisch charakterisiert ist: Nach der Logik des Textes ist sie als sein Geschöpf ihm untergeordnet und er hat Rechte auf sie. Die Beziehung zwischen JHWH und der metaphorischen weiblichen Gestalt erhält durch dieses strukturelle Muster den Charakter einer Vater-Tochter-Beziehung. Zwar ist Gott bewußt nicht als leiblicher Vater dieser »Tochter« dargestellt – so etwas Schlechtes wie dieses Mädchen kann nach dem Argumentationsmuster Ezechiels nur von fremden, nichtswürdigen Eltern stammen –, doch JHWH gewinnt durch den Akt, der dem Kind das Weiterleben ermöglicht, die Position des Mannes, der wie ein Vater das Recht hat, von ihm Gehorsam und Treue zu verlangen.[176]

Aus feministischer Perspektive ist es besonders anstößig, daß JHWH, gerade weil er im Text der weiblichen metaphorischen Gestalt gegenüber die Position eines Vaters einnimmt, von Ezechiel selbstverständlich das Recht zugeschrieben erhält, sexuelle Dienste von dem Mädchen zu verlangen. Dadurch kann die Metapher in Ez 16 Männer in der Vorstellung stützen, sie hätten ein uneingeschränkte Verfügungsgewalt über »ihre« Kinder, weil sie sie »geschaffen« haben. Ein solches Argumentationsmuster, mit dem der biblische Text arbeitet, ist in unserer Gegenwart dort präsent, wo Väter ihren Töchtern sexuelle Gewalt antun: »Er sagte zu mir, du mußt mich tun lassen, was ich will, weil ich dich gemacht habe und du mir gehörst« (Aussage einer als Kind sexuell mißbrauchten Frau über ihren Vater).[177] Stief- und Adoptivväter argumentieren gelegentlich damit, daß sie dem Mädchen, ihren Geschwistern und ihrer Mutter das Geld zum Lebensunterhalt geben.[178] Wie in Ez 16 wird auch hier angeführt, daß ein Mädchen das, was es zum Überleben braucht, nicht selbstverständlich erhalte, sondern eine »Gegenleistung« erforderlich mache, die auch die Befriedigung sexueller Bedürfnisse ihres »Gönners« umfassen kann.[179]

176  Grundsätzlich können Väter in einer patriarchalen Gesellschaft ihre Verfügungsgewalt Söhnen ebenso wie Töchtern gegenüber geltend machend. Bei Töchter nimmt dieses Recht allerdings andere Formen an: Kein Vater wird beispielsweise die Sexualität seines Sohnes so kontrollieren, wie ein Vater darüber wacht, daß seine Tochter jungfräulich bleibt.
177  *Armstrong* 1985, 237.
178  Persönliche Aussage, die mir eine betroffene Frau machte.
179  Auch für die Versorgung ihrer Ehefrauen können Männer Gegenleistungen fordern, die u.a. den Bereich der Sexualität einbeziehen. Siehe unten S. 302f.

### 3.1.2 Versorger

Daß Gott ein Versorger ist, gehört nach alttestamentlicher Vorstellungen unbedingt zu seiner Macht und Potenz. Das heißt aber nicht, daß die Stadt-Frauen gewöhnliche als »Versorgte« ins Bild kommen. Im Gegenteil: Häufig befinden sie sich in den prophetischen Metaphern in einer Situation, in der JHWH ihnen die Fürsorge verweigert.

*Die Versorgung des Kleinkinds*
Wie der Name »Lo Ruhama« ausdrückt, verweigert in Hos 1,6 der Prophet Hosea in dem Bild, das der Text vermittelt, seiner neugeborenen Tochter auf JHWHs Befehl hin die Vaterschaft (Hos 1,6). Diese Ablehnung der Tochter beinhaltet, daß er nichts für die Lebenssicherung und den Schutz des Kindes tun wird.[180] Das Handeln des Propheten, so wie es schriftlich wiedergeben wird, will das Handeln Gottes an dem Nordreich Israels vergegenwärtigen. JHWH ist es, der für das mit der Tochter zu personifizierende Land nicht die Vaterschaft übernimmt. Die Anerkennung der Vaterschaft und die damit verbundene Übernahme väterlicher Pflichten erscheinen im Text als ein Vorgang, der allein vom Willen des Vaters abhängig ist. Das Geschehen kann rückgängig gemacht werden: In Hos 2,3 und 2,25 wird dem Mädchen schließlich doch noch der Name »Ruhama« zuerkannt.

JHWHs väterliche Fürsorge für die metaphorischen Frauengestalten, die als Kleinkind beschrieben werden, wird nur bei Tritojesaja konkret in Szene gesetzt: Hier sorgt JHWH dafür, daß die Stadt-Frau vornehme Ammen erhält (Jes 60,16). Darüber hinaus werden fürsorglichen Handlungen JHWHs an Stadt-Frauen erst dann geschildert, wenn sie als potentielle Ehefrauen in den Blick kommen.

Die gegenwärtige Versorgungssituation weiblicher Kinder ist in einigen Teilen der Welt kaum besser als in den Bildern, die von der Stadt-Frau als Kleinkind sprechen. Vor allem in China und Indien werden weibliche Föten oft abgetrieben oder weibliche Säuglinge umgebracht. Zudem meldet die Weltgesundheitsorganisation, »daß in vielen Ländern die Mädchen weniger zu essen erhalten, weniger lange gestillt und weniger oft zum Arzt gebracht werden (als Jungen) und dadurch eher an Unterernährung sterben oder körperliche und geistig verkümmern.«[181]

*Die Versorgung der Braut und Ehefrau*
Während in den erzählenden Texten Väter ihre Töchter mit Ehemännern versorgen, ist es undenkbar, daß JHWH eine der meta-

---

180 Vgl. oben S. 253ff.
181 *Gnanadason* 1993, 25.

phorischen Tochtergestalten einem anderen Mann zur Frau gibt – es sei denn, um sie diesem zur Vergewaltigung auszuliefern (z.B. Ez 23,9.22f; s. unten). Die Stadt-Frauen gehören einzig und auf Dauer ihm, und er selbst kann ihnen auch als Ehemann gegenübertreten.

Die reiche und großzügige Versorgung, die er seinen »Bräuten« und »Ehefrauen« zuteil werden läßt, wird bei Hosea und bei Ezechiel sehr breit ausgeführt. Er gibt »seiner Frau« Brot, Wasser, Wolle, Flachs, Öl, Wein und Korn (Hos 2,7.10). In Ez 16 wäscht er sie mit Wasser, spült das Blut von ihr ab und salbt sie mit Öl (Ez 16,9). Außerdem bekleidet er sie mit bunten Kleidern, zieht ihr Schuhe aus feinem Leder an, gibt ihr einen Kopfputz aus kostbarer Leinwand und hüllt sie in seidene Schleier (Ez 16,10). Er schmückt sie zudem mit Broschen, Armspangen und Halsketten, einem Nasenring, Ohrringe und einer schönen Krone (Ez 16, 11.12).

Den Hintergrund solcher Ausführungen bildet allerdings immer der drohende Entzug der Fürsorge JHWHs. Bei Hosea will JHWH dafür sorgen, daß ihre Weinstöcke und Feigenbäume verwildern (Hos 2,14), er führt sie in die Wüste (Hos 2,17). Er droht ihr an, sie nackt auszuziehen und hinzustellen, wie sie war, als sie geboren wurde; sie werde dann wie eine Wüste sein, ein dürres Land, und vor Durst sterben (Hos 2,5). Bei Ezechiel verliert die Stadt-Frau Jerusalem ihre Altäre, ihr Bett, ihre Kleider und ihren Schmuck an die Feinde; auch sie bleibt am Ende nackt und bloß auf dem Boden liegen (Ez 16,39; vgl. Ez 23,26.29). Von ihrem prachtvollen Schmuck, der ihr weggenommen wurde, sprechen die Klagelieder im Rückblick (Klgl 1,6; 2,1; 4,1).

In der nachexilischen Literatur ist von JHWHs Fürsorge recht unkonkret und zum Teil verhalten die Rede: Bei Tritojesaja wird der »Tochter Zion« zwar verheißen, daß JHWH mit allem bei ihr einziehen wird, was sein ist (Jes 62,11). Was genau das ist, wird jedoch nicht mehr ausgedrückt. An anderen Textstellen wird zwar wieder vom Schmuck der Stadt-Frau gesprochen. Jedoch geht es hier eigentlich nicht um die Versorgung der »Tochter Zion«, sondern um JHWHs Ausstattung mit einem schmückenden Beiwerk: *Für ihn* soll die Stadt-Frau sich wieder »schmücken« (Jes 52,1), JHWH will sie zur »Pracht machen« und zu *seiner* schönen Krone (Jes 60,15; 62,3).

Für die Versorgung wird von der Braut und Ehefrau ein bestimmtes, anerkennendes Verhalten als Gegenleistung erwartet. Das gewünschte Verhalten bezieht sich in den Texten vor allem auf den Bereich der Sexualität. Hier soll sie ihm untertan sein und ihm allein treu.

An dieser Stelle drängen sich wieder Parallelen zu Denkmustern in unserer Gegenwart auf: Die Vorstellung, daß eine Frau ihrem Mann gegenüber, der sie versorgt, bestimmte eheliche Pflichten hat, ist auch heute präsent. Wie die Autoren der Textwelten der biblischen Metaphern fühlen sich manche Männer insbesondere dann von ihren Frauen provoziert, wenn diese trotz der Versorgung, die sie von ihnen erfahren, selbstbestimmt auftreten und sie gar obendrein noch sexuell zurückweisen. Einige wählen dann intuitiv oder rational die verletzlichste Stelle, den Ort der größten Demütigung, um solche Tendenzen in die Schranken zu weisen: »Abends kam sie meist stolz von der Arbeit nach Hause. Sie sei jetzt müde. Da habe ich gesagt: So, Alte, jetzt mußt du ran an den Speck. Ich hätte mich ja auch selbst befriedigen können, aber da habe ich mir gesagt, da liegt ja meine holde Angetraute, und die ist mir auch etwas schuldig. Wenn sie schon mein Bankkonto für ihre exklusiven Einkäufe plündert, kann sie sich mir auch ab und zu hingeben. Ich erfülle meine ehelichen Pflichten und will dafür auch das eheliche Vergnügen haben« (Interviewaussage eines vergewaltigenden Ehemanns).[182]

Die angeführten biblischen Metaphern können solche frauenzerstörenden Argumentationsmuster stützen. Zwar ist das theologische Anliegen des Textes ein anderes: Seine Autoren wollen vor allem keinen Zweifel daran lassen, daß JHWH potent genug ist, die metaphorischen weiblichen Gestalten reichlich und unter Umständen sogar »königlich« zu versorgen. Die prophetischen und poetischen Texte müssen sich dabei jedoch vor allem mit der Möglichkeit JHWHs beschäftigen, der weiblichen Person seine Fürsorge zu entziehen, und den Ursachen und Konsequenzen dieses Entzugs. Sie sind bemüht, dort, wo JHWH den Mädchen bzw. Frauen die Versorgung verweigert, sein Handeln als gerechtfertigt erscheinen zu lassen: Versagt er dem Kleinkind seine Unterstützung, so deshalb, weil es ein »Hurenkind« ist. Entzieht er der Ehefrau seine Fürsorge, so geschieht das, weil sie ihm untreu oder überheblich war.

### 3.1.3 Beschützer

JHWH als Beschützer spielt in der prophetischen Literatur eine bedeutende Rolle. Doch mit seinem Schutz ist es gerade so wie mit seiner Fürsorge: Daß Gott die Macht hat, sein Volk und seine »Städte« zu schützen, wird immer wieder behauptet. Das heißt jedoch nicht, daß die Stadt-Frauen gewöhnliche als »Beschützte« ins Bild kommen. Wo die Propheten und Dichter Israels mittels metaphorischer Tochtergestalten die Situation des Landes bzw. seiner Hauptstädte reflektieren, ist das Fehlen des göttlichen Schutzes weitaus häufiger Thema als seine Wirksamkeit. Fast zu allen Zeiten verbot die politische Lage dem Volk Gottes, sich in Sicherheit

---

[182] *Godenzi* 1991, 59.

zu wiegen. Nordreich und Südreich wurden immer wieder neu in kriegerische Auseinandersetzungen verwickelt und unterlagen schließlich den Großmächten Assyrien und Babylonien. Die Vorstellung von Gott als dem Beschützer hat seine Wurzeln eher in der Hoffnung der Menschen als in ihrer Realität.

*Die Anwesenheit JHWHs und sein Schutz*
Das Vertrauen auf den Schutz, den JHWH gewährt, ist eng mit der Vorstellung von seiner Gegenwart in Zion verknüpft (vgl. Ps 46,2. 8). Wenn JHWH bei der »Tochter Zion« Wohnung nimmt, dann kann sie sich freuen und jubeln. Dieser Gedanke findet sich bereits in Jes 12,6, und beschworen wird er vor allem in nachexilischer Zeit (siehe Zef 3,15.17; Sach 2,14). Weil JHWH in ihr ist, braucht die Stadt-Frau sich vor keinem Unheil mehr zu fürchten (Zef 3,15; Sach 9,9). Nach dem Glauben der Tradition wird selbst für die Feinde Israels Zion einmal zur Zufluchtstätte werden (siehe Jes 16,1).
Lediglich eine Textstelle gibt es, in der die Stadt-Frau sich der Überlieferung zur Folge im Vertrauen auf JHWH zu recht in Sicherheit wiegen darf: Beim Propheten Jesaja verspottet die »Jungfrau, Tochter Zion« den Feldherrn Sanherib, weil sie sich des Schutzes JHWHs sicher sein kann (Jes 37,22). Der Assyrer vermag es nicht, ihr etwas anhaben. Allerdings bleibt sie inmitten eines verwüsteten Landes zurück, und die Zerstörungen um sie herum sollten ihr nach der Geschichtsdeutung des Propheten als Warnung dienen (siehe Jes 1,8f).

*Die Auslieferung an die Gewalttäter*
Über die Abwesenheit von JHWH als Beschützer klagt bereits der Prophet Amos im Blick auf Samaria: Gott hat sich von der »Jungfrau Israels« abgewandt, und deshalb ist sie so gut wie tot (Am 5, 2). Die Logik der Aussage beruht darauf, daß eine Jungfrau des väterlichen Schutzes bedarf. Fehlt er, so ist sie »Freiwild« und jeder Mann kann ihr Gewalt antun. In Am 5,2 wird Samaria zu Boden gestoßen. In Jer 14,17 ist der Zion – die »Jungfrau, die Tochter meines Volkes« – unheilbar verwundet und völlig zerschlagen. Auch sie ist eine Verlassene, die nach Gott schreit (Jer 8,19.20). Für den Verfasser von Klgl 2,13 ist der Schaden, den der »Jungfrau, Tochter Zion« zugefügt wurde, so groß, daß er verzweifelt fragt, wer sie wohl nun noch heil und gesund machen kann. Ihre Verlassenheit wird in diesem poetischen Buch häufig thematisiert (Klgl 1,1.2.16.17.21; vgl. 4,17–20). Während JHWHs Gegenwart Sicherheit und Heil bedeuten können, beinhaltet seine Abwesenheit Schutzlosigkeit und Preisgabe.

Mit dem Entzug von Schutz ist oft der Gedanke einer bewußten Auslieferung an die Feinde verbunden: JHWH wendet sich nicht nur einfach von den metaphorischen weiblichen Gestalten ab, sondern *will*, wenn er es tut, daß andere Männer ihr Gewalt antun. Der Argumentation der Propheten folgend hat jede Preisgabe der »Frau« zwangsläufig verheerende Folgen: Wenn JHWH anderen das Feld überläßt, so führt das selbstverständlich zu Gewalttaten gegen die »Stadt-Frau«. Gott braucht nur alle ehemaligen Liebhaber der »Stadt-Jerusalem« zu versammeln und die »Frau« in deren Hand zu geben, damit diese brutal gegen sie vorgehen. Bei Ezechiel rauben sie sie aus, mißhandeln, verstümmeln und vernichten sie (Ez 16, 37ff; 23,28; vgl. Ez 23,9.10), bei Jeremia wird sie geschändet (Jer 13,22; vgl. Jer 6,1–8). Der Gedanke, daß »Jerusalem« auch ohne männlichen Beschützer auskommen könnte, ist den Texten fremd und offenbar schon durch die metaphorische Verknüpfung der Stadt mit einer »Tochter« und »Jungfrau« ausgeschlossen. Daher ist Gottes Preisgabe immer ein feindlicher Akt. Sie ist nichts Passives, sondern beinhaltet eine Tat, die auf die Erniedrigung und Zerstörung der metaphorischen Frauengestalten zielt. In den Klageliedern wird diese Intention in der Aussage weitergeführt, daß Gott selbst die Feinde gegen die Stadt herbeibrachte (Klgl 1,5.17.21; 2, 17; vgl. Zef 3,8). Hier wie auch anderswo deuten dabei die Propheten und Dichter Gottes Verhalten als berechtigtes Strafhandeln, das durch die Schuld der Stadt-Frau hervorgerufen wurde.

*Die Anwesenheit JHWHs und das Erleiden von Gewalt*
Weil JHWH auch selbst Ungehorsam und Untreue seiner »Tochter« ahnden kann, bedeutet seine Anwesenheit in der Darstellung der Propheten nicht automatisch Schutz, sondern unter Umständen auch Gewalt. In einer ganzen Reihe von Prophetenworten wird ein Handeln an der »Frau« zur Sprache gebracht, das wir aus feministischer Perspektive als »Vergewaltigung in der Ehe« bezeichnen müssen: Gott / der Prophet entblößt vor dem Angesicht der Feinde auch die Scham seiner Ehefrau, die das Nordreich repräsentiert (Hos 2,12). Außerdem deckt JHWH sowohl bei Ezechiel wie bei Jeremia vor aller Augen auch die Blöße der Stadt-Frau Jerusalem auf (Ez 16,37; Jer 13,22.26), er »behandelt ihre Scham gewaltsam« (חמס עקביך).[183] Die Gewalttaten, die er der »Tochter Zion« in den Klageliedern antut, lassen ebenfalls Vergewaltigung assoziieren (Klgl 2,4ff).[184] Sie sind stets Folge seines Zorns.

---

183 Diese Vorgänge sind als physische Vergewaltigung zu verstehen. Siehe dazu oben S. 265, Anm. 92 und S. 278, Anm. 145.
184 Siehe oben S. 285.

Die Argumentationsmuster, die die Propheten dabei den entsprechenden Metaphern zugrunde legen, sind auch in unserer Gegenwart präsent. Immer wieder wählen einige Männer in unerfreulichen Ehesituationen Gewalt gegen ihre Frau, um wenigstens sich selbst ein zweifelhaftes Vergnügen zu verschaffen. Der Frau soll dabei bewußt Stärke demonstriert werden: »Ich hatte das Recht auf meine Frau. Ich bin der Chef zu Hause. Eine Frau muß geführt werden. Sie ist hilflos der Menschheit ausgesetzt, wenn sie keinen Mann hat, der stark ist. Gleichberechtigung ist eine Modeerscheinung. Da ist das Geschirr geflogen, um meine Aggressionen abzubauen, weil meine Frau nicht mehr mit mir schlafen wollte« (Aussage eines Mannes, der seine Frau in der Ehe vergewaltigt).[185]

### 3.1.4 Kläger, Richter, Strafvollstrecker

Nicht nur Jerusalem/Zion, sondern allen metaphorischen Tochtergestalten kann Gott als Kläger, Richter und Strafvollstrecker gegenübertreten. Seine Autorität und Macht ist grenzenlos und hat über die Städte und Länder Israels weit hinaus seine Gültigkeit.
Als bevorzugtes Objekt seiner Zuwendung wird der »Tochter Zion« auch am häufigsten die Bestrafung JHWHs zuteil. Während Gott ihr seine Zuneigung, Fürsorge und Schutz aus freien Stücken schenkt und diese »Gunst« eine Gnade ist, die die Stadt-Frau durch nichts verdient hat, wird sie niemals zum Objekt seines Zornes, ohne daß in den Schriften dafür ein Motiv genannt ist. Immer wieder wird eingehend dargelegt, daß Gottes Strafhandeln keinem Willkürakt entspringt, sondern gerecht ist (siehe Jer 13,22; Klgl 1,8; Zef 3,5). Zu diesem Zweck bauen die Propheten gelegentlich ein Szenarium auf, wie es aus Gerichtsverhandlungen vertraut ist: Gott kann hier als Kläger, Richter und Strafvollstrecker in einer Person auftreten.
Angeklagt wird die Stadt-Frau immer wieder der gleichen Tatbestände: Ehebrecherei, Geilheit, freche Hurerei, Greuel (Jer 13,17; vgl. Hos 2,7ff; Ez 16,15ff; Jer 2,23–25; 4,30). Der Sachverhalt kann auch mit Worten ausgedrückt werden wie »Vergessen-JHWHs« (Jer 13,26), Ungehorsam und Hochmut (Jer 31,22; Ez 16,49ff.56; Zef 3,11a) oder allgemein »Schuld und Sünde« (Jer 13,22; Klgl 1,5.8.14; 2,14; 4,13.22). Mit dem Schuldspruch ist häufig die Ankündigung der Strafe verbunden. Sie beinhaltet gewöhnlich die Beraubung, Erniedrigung und Vergewaltigung der Stadt-Frauen. Jeremia kann zwar vom Gericht JHWHs auch in anderen traditionellen Bildern sprechen: Gott sucht die Stadt-Frau mit einem »heißen Glutwind« heim (Jer 4,11), wie ein Stück Metall wird sie geschmolzen und geprüft (Jer 9,6). Dennoch werden auch bei ihm unverschlüsselte Vergewaltigungsbilder breit ausgeführt (Jer 13,

---

185 *Godenzi* 1991, 58.

20–27). Entweder wird die Bestrafung durch die Feinde vollzogen, denen JHWH die »Tochter« preisgibt (s.o.), oder aber durch JHWH selbst (siehe Hos 2,11–15; Ez 16,27.38; Jer 13,26). Das Gerichtshandeln geschieht, weil das Verhalten der Stadt-Frau die Bestrafung um der »Gerechtigkeit« willen notwendig macht. Es dient der Abschreckung für die Frauen, damit sie nicht ebenso wie die »Tochter Zion« die patriarchale Ordnung antasten (Ez 23,48; vgl. Ez 16,41).[186] Die Gewalt, die die metaphorischen Frauengestalten erfahren, wird von den Propheten gern als ein erzieherisches Handeln gedeutet.

Auch solche Begründungsmuster für Gewalt gegen Frauen sind in der Gegenwart präsent. So sagte ein verheirateter Mann in einem vor kurzem in der Schweiz durchgeführten Interview dazu, wie er mit Gewalt in der Ehe umgehe: »Wenn es über mich kommt, spreche ich jetzt zu ihr. Gestern sagte ich: Jetzt brauchst du wieder ein paar Schläge, damit du weißt, wo Gott hockt.«[187] Die Aussage läßt sich problemlos in die Stimmen der prophetischen Schriften einreihen, die das Motiv nennen, weshalb JHWH den metaphorischen Frauengestalten Gewalt antut: Es geht um Dominanz und Kontrolle, die Gewalt dient als Herrschaftsinstrument. Wenn die Frau sich in den Augen des Mannes widerspenstig verhält, will der Mann ihr zeigen, »wo es langgeht«, und schreckt dabei auch vor sexueller Gewalt nicht zurück: »Überschreiten Frauen in der ein oder anderen Form den ihnen zugestandenen Spielraum der traditionellen Frauenrolle, dann wird die Vergewaltigung zum Mittel, sie in ihre Grenzen zu weisen. In diesem Sinne legt ein von Hite befragter Mann offen dar: ›Es gibt ein paar Frauen, die ich gerne zur Bestrafung dafür, daß sie solche Zicken sind, vergewaltigt hätte‹.«[188]

In der metaphorischen Rede der prophetischen Schriften sind die Anerkennung des Rechtes, daß der Ehemann als einziger Verfügungsgewalt über den Körper der Frau hat, und die Anerkennung der Autorität und Macht JHWHs unauflöslich miteinander verknüpft. Bei Ezechiel wird den Frauen des Landes gesagt: »Man wird die Strafe für eure Unzucht auf euch legen, und ihr sollt tragen, was ihr mit euren Götzen gesündigt habt, und sollt erfahren, daß ich Gott JHWH bin« (Ez 16,49). Die Stadt-Frau soll in Sack und Asche gehen (Jer 6,26), eine Lehre ziehen und von ihren Irrwegen ablassen (Jer 31,21.22). Gerade die Prophetie der nachexilischen Zeit betont, daß Gott das zerstören mußte, was schlecht

---

186 Männer werden durch solche Bilder sicherlich auch abgeschreckt, jedoch in anderer Weise. Ihnen wird über diese Metaphern die Verdorbenheit der »hurenden Frauen« eingeschärft. In Hos 4,13f werden die Männer für die »Hurerei« ihrer Frauen verantwortlich erklärt.
187 *Godenzi* 1991, 51. Hervorhebung von mir.
188 *Brockhaus/Kolshorn* 1993, 85 mit Männer-Zitat aus: *Shere Hite*, Hite Report II. Die sexuellen Vorlieben und Praktiken des männlichen Geschlechts, Bd. 2, München 1982.

und verdorben ist (Zef 3,11b). Ein geläuterter Rest bleibt übrig. Nachdem die Schuld abgetan ist, kehrt JHWH die Machtverhältnisse wieder um (siehe Klgl 4,22a). Die Feinde Israels können einerseits im Auftrag JHWHs die Strafe an der »Tochter Zion« vollstrecken, unterstehen jedoch zugleich auch selbst der Gerichtsbarkeit JHWHs und werden für ihre Vergehen bestraft (siehe Mi 4,22; Nah 3,5.6; Jer 46,24; Jes 23,12; Klgl 4,21).

### 3.1.5 Vergewaltiger

Ist Gott selbst in der Rolle des Strafvollstreckers, so vergewaltigt er die Stadt-Frauen. Eine der drastischen Darstellungen sexueller Mißhandlungen findet sich beim Propheten Nahum.[189] Bevor hier die Stadt Ninive durch eine metaphorische Frauengestalt personifiziert und sexualisiert wird, erzählt der Prophet, wie ihre Feinde gegen sie anstürmen mit Peitschengeknall und rasselnden Rädern und jagenden Rossen (Nah 3,2). Sie dringen in sie ein mit glänzenden Schwertern und blitzenden Spießen und töten unzählige Menschen (Nah 3,3). Bereits hier wird die Gewalt geradezu »lustvoll« beschrieben, die siegreichen Feinde der Stadt erscheinen wie im »Blutrausch«. Es braucht daher nicht zu verwundern, daß anschließend aus der militaristisch-männlichen Siegerperspektive heraus die Gewalt, die gegen die Stadt ausgeübt wurde, in Bildern erotisiert wird (Nah 3,5f). Ihre Autoren lassen nicht mehr die Meder und Babylonier, sondern JHWH selbst als den Zerstörer und »Entwerter« Ninives auftreten.[190] Nachdem ihre Einwohner getötet sind, wird die Stadt-Frau selbst durch ihn vernichtet. Ihre »Vergewaltigung« drückt den endgültigen Triumph aus. Die sexuellen Mißhandlungen dienen dabei im gleichen Maße der Aggressionsbefriedigung wie der Entwürdigung und unwiderruflichen Entwertung der Frau.

Opfer sexueller Gewalt zu werden, bedeutet für Frauen Schrecken, Schmerzen und Todesangst. In den Metaphern der Propheten werden ihre Qualen mehrfach in dem Bild wiedergegeben, daß sie sich winde »wie eine Gebärende« (Hos 13,2; Jes 13,8; 21,3; 26,17–18; 42,14; 66,7ff; Jer 13,31). Aussagen aus unserer Gegenwart zeigen, daß die Angst, die eine Frau während ihrer Vergewaltigung empfindet, von Männern als besonders anziehend erlebt werden kann. Es verschafft

---

189 Siehe oben S. 295f.
190 Nahum beschreibt den Fall Ninives 612 v.Chr. durch eine medisch-babylonische Koalition. Sie bedeutete das Ende des neuassyrischen Reiches und hatte im alten assyrischen Stammland ein fürchterliches Gemetzel zur Folge (siehe *Donner* 1986, 341).

ihnen ein Dominanzerlebnis: »Das Erschrecken der Frauen hat auf mich eine Wirkung, ich bin dann ganz anders. Es ging mir nicht um Sex, sondern darum, diese Frau zu erniedrigen. Dieses Erzwingen löst bei ihr etwas aus – daß ich irgendwie ein Mann bin praktisch.«[191]

Die Propheten lassen JHWH seine Macht nicht nur bei einer »fremden Frau« wie Ninive durch Vergewaltigung dokumentieren,[192] sondern Gott auch auf ebenso brutale Weise mit seiner »Tochter« und »Ehefrau« Zion/Jerusalem verfahren (Hos 2,12; Ez 16,37; Jer 13,26; Klgl 2,4ff; s.o.). Das Bild von JHWH als Vergewalter ist also nicht etwa singulär, sondern in der metaphorischen Darstellung göttlicher Macht durchaus verbreitet.

Die biblischen Texte zeigen hier ein Muster im Erleben von Männern beim Geschlechtsverkehr mit einer Frau auf, das auch in der Gegenwart seine Wirksamkeit hat. So sagte ein Mann in einer Befragung: »Ich muß zugeben, daß für mich Geschlechtsverkehr mit einem zusätzlichen Gefühl der Macht über die Frau verbunden ist, wie bei einem Herrn und seinem Sklaven; er bedeutet für mich, daß ich ihren ganzen Widerstand gebrochen habe.«[193] Noch bezeichnender ist eine andere Aussage eines Vergewaltigers über seine Sexualität: »Ich habe die Fähigkeit, mit meiner Sexualität Gott den Herrn zu verherrlichen«.[194]

### 3.1.6 Zuhälter

Eine Metapher, in der JHWH in der Rolle des Zuhälters erscheint, findet sich ausschließlich in Jes 13,18. Sie bezieht sich auf die »Tochter Tyrus«. Gott sorgt dafür, daß die »alternde, vergessene Hure« (Jes 23,15) wieder zu ihrem Hurenlohn kommt und Hurerei treibt mit allen Königreichen der Erde (Jes 23,17). »Ihr Gewinn und Hurenlohn wird JHWH geweiht werden. Man wird ihn nicht wie Schätze sammeln und aufhäufen, sondern ihr Erwerb wird denen zufallen, die vor JHWH wohnen, daß sie essen und satt werden und wohl bekleidet seien« (Jes 23,18).
In dieser metaphorischen Rede sind die Handelsbeziehungen der feindlichen Stadt im Bild der »Hurerei« in Szene gesetzt. JHWH beutet den Körper der Stadt-Frau zu seiner ökonomische Bereichung aus. Der Autor der Metapher läßt Gott als Arrangeur und Gottes Volk als Nutznießer der als »Hurerei« qualifizierten Bezie-

---

191   *Godenzi* 1991, 95f.
192   Ninive wird bei Nahum nirgendwo als »Tochter« oder »Ehefrau« JHWHs dargestellt.
193   *Brockhaus/Kolshorn* 1993, 84 mit einem Zitat einer Befragung, die in den USA von Shere Hite durchgeführt wurde.
194   Zitat aus einem unveröffentlichten Vortrag von *Dr. Carol Hagemann-White*, gehalten am 6. Oktober 1994 in Darmstadt auf einer Konsultation »Sexuelle Gewalt gegen Frauen und Mädchen – ein Tabu in kirchlicher Praxis?«

hungen erscheinen. Hier spiegelt sich ein Denken wieder, das auch in unserer Gesellschaft von einem breiten Konsens getragen wird: Nicht die Prostitution an sich wird als etwas zutiefst Verabscheuenswertes disqualifiziert, sondern leglich die Frau, die diesem Gewerbe nachgeht. Die Männer, die die Frau ausbeuten – Freier sowohl wie Zuhälter – werden nicht der Kritik oder moralischen Verurteilung unterzogen, Gott selbst kann sogar an dieser Stelle in der Prophetie Jesajas mühelos unter ihnen eingereiht werden. Der negative Zug, der mit der »Hurerei« verbunden ist, wird hier allein der Frau angeheftet.[195] Sie trifft die Verachtung, der Haß und die Verurteilung in voller Härte.

### 3.1.7 Restaurator

Heilszusagen, in denen JHWH sich den metaphorischen Frauengestalten von neuem zuwendet und sie wieder »aufbaut«, nachdem sein Bestrafungshandeln vollzogen ist und sie zerstört wurden, gibt es in vielen prophetischen Büchern. »Lo Ruhama« erfährt schließlich doch noch Erbarmen (Hos 2,3.25). Bei Ezechiel dient die neue freundliche Zuwendung JHWHs der Beschämung der »Frau«, denn sie ist ein Akt unverdienter Gnade: Durch die Gunst, die JHWH den einst von ihm vernichteten »Schwestern« Sodom und Samaria gewährt, soll die Stadt-Frau Jerusalem beschämt werden (Ez 16, 53f.61); im neuen »Bund« schweigt Jerusalem vor lauter Scham über die unverdiente Vergebung und wagt nicht mehr aufzublicken (Ez 16,62f).

Wenn Gott die Schuld der »Tochter Zion« abgetan sein läßt, dann bedeutet das, eine andere »Tochter« muß nun Bestrafung und Gewalt über sich ergehen lassen (siehe die Gerichtsworte über Edom in Klgl 4,22f). Bei Zefanja darf die Stadt-Frau Jerusalem/Zion sich anders als bei Ezechiel wenigstens lauthals freuen und fröhlich sein von ganzem Herzen, denn ihre Not ist endlich zu Ende, das Gericht vorbei (siehe Zef 3,14). Auch hier wird mit der Vorstellung einer neuen Beziehung zu JHWH der Gedanke verknüpft, daß nun die feindlichen Stadt-Frauen vernichtet werden und Gott ein (militärischer) Sieger und mächtiger König ist.

Die Zuwendung, die JHWH nach der »Bestrafung« der »Tochter Zion« erneut zuteil werden läßt, soll die »Frau« in Lobgesängen verherrlichen (Jes 12,6). Gott fordert die gefangene »Tochter Zion« auf, sich von den Fesseln ihres Halses los zu machen, denn er will

---

195 Anders Hos 4,13. Doch auch hier werden nicht die Männer verurteilt, die zu Huren gehen, sondern die Männer, die zulassen, daß ihre Frauen zu »Huren« werden.

sie aus der Sklaverei befreien, ohne eine Ablösesumme von ihr zu verlangen (Jes 52,2f). Seine Macht soll auf diese Weise sichtbar werden (Jes 52,5f). JHWH macht die bestrafte Hure und Witwe wieder zur Jungfrau, die sich schmückt und tanzen geht (Jer 31,4), und sorgt dafür, daß sie in einer neuen Ordnung ihren alten, angestammten Platz wieder einnimmt: Sie soll ihren Mann umgeben (siehe Jer 31,22). Ihm jubelt sie nun beim Einzug in »seine« Stadt zu, begrüßt ihn als den, der die Weltherrschaft besitzt (Sach 2,14; 9,9). Er macht sie zu seinem schmückenden Beiwerk (siehe Jes 62,3). Die Stadt-Frau dient in diesen prophetischen Bildern der Selbstdarstellung JHWHs: Es geht letztlich um Gottes Triumph. Zwar beinhaltet seine Zuwendung zu Jerusalem/Zion in der Prophetie auch eine gewisse Partizipation der Stadt-Frau an der göttlichen Herrschaft (vgl. Mi 4,8; Jes 62,11). Wie JHWH als Zuhälter das Geld der fremden Völker an sich bringt, so darf »Tochter Zion« nun unter den Feinden die Ernte eintreiben und sie zertreten (Mi 4,13). Insofern ist sie eine »machtvolle Frau«. Doch kann an ihrer ihm deutlich untergeordneten Stellung deshalb nicht der geringste Zweifel sein, denn JHWH bleibt in der Darstellung der Propheten stets der, der die Macht auch wieder entziehen kann, falls die »Frau« sich nicht seinen Vorstellungen entsprechend verhält.

## 3.2 JHWHs Macht und Gerechtigkeit

JHWHs Macht drücken die Autoren der Metapher in all den Funktionen aus, die sie Gott den metaphorischen Tochtergestalten gegenüber innehaben lassen: Als Schöpfer kann er sie zum Leben befähigen, er kann sich ihrer erbarmen oder sie verstoßen, er kann sie versorgen oder die Versorgung entziehen, er kann sie schützen oder den Feinden ausliefern, er kann sie anklagen, richten und für die Vollstreckung der Strafe sorgen, er kann sie vergewaltigen oder als Zuhälter ausbeuten, er kann sie zerstören und wieder neu aufbauen. Er kann sie zu seinen Werkzeugen machen, so daß sie in seinem Auftrag Strafhandlungen vollziehen. Was er will, das geschieht. In seinen Entscheidungen, wie er sich den »Töchtern« gegenüber verhält, stellen ihn die Propheten stets als unabhängig dar. Einzig seine Gefühle – Zorn, Lust oder Zuneigung – und das, was von ihm als Gerechtigkeit definiert wurde, bestimmen letztlich über das Ergehen der Frauengestalten. Das gilt für Jerusalem/Zion in gleicher Weise wie für die Stadt-Frauen der Feinde Israels.
Alles Gute, was die »Töchter« haben, verdanken sie JHWH. Für ihre Schlechtigkeit wird den »Frauen« selbst oder aber ihren »Müttern« die Schuld gegeben. Während die Zuneigung, die JHWH der

»Tochter Zion« schenkt, Ausdruck seines freien Willens ist – ein Akt der Gnade, den sie eigentlich nicht verdient hat –, betonen die Texte immer wieder, daß der Zorn JHWHs auf das Verhalten der »Frau« zurückzuführen sei. Alle metaphorischen Frauengestalten erscheinen in ihrem Wesen als von Grund auf verdorben. Sie suchen sich andere Liebhaber und kränken ihn damit in seiner (männlichen) Potenz. Daher wird dieses Verhalten auch regelmäßig mit dem »Entblößen der Scham«, der sexuellen Erniedrigung und Vergewaltigung bestraft.

Die Autoren der prophetischen Schriften benutzen hier in ihren Metaphern ein Argumentationsmuster, mit dem auch in unserer Gegenwart Männer aufwarten können, um die Vergewaltigung ihrer Frauen zu rechtfertigen. So sagt ein 37jähriger, verheirateter Mann in einem Interview: »Meine Frau hat keine Gefühle mehr für mich, kann nicht mehr mit mir schlafen. Sie kann es aber auch mit anderen Männern. Immer, wenn sie fortgewesen ist bei anderen Männern, ist es von mir her zu solchen Ausschreitungen gekommen. Wenn ich keinen Ausweg mehr sehe, ist die Vergewaltigung eine Art Verzweiflungsakt von mir. Dieses Gefühl, allein zu Hause zu sein und nicht zu wissen, wann meine Frau zurückkommt, macht mich fertig und aggressiv.«[196] Alberto Godenzi stellt in seiner Forschungsarbeit über sexuelle Gewalt fest, daß Wut und Rache ein weit verbreitetes Motiv für Vergewaltigungen sind. So wie auch JHWH in den Phantasien der Autoren der Metaphern wollen einige Männer mit dieser Tat der Frau etwas heimzahlen: eine Demütigung, die sie von ihr oder anderen erfahren haben.[197]

JHWHs Stärke wird in den untersuchten Texten an seinem Destruktionspotential gemessen: Er muß die »Frau« erst hart bestrafen, zerstören, durch (sexuelle) Gewalt und Not jeden Widerstand und jeden Stolz brechen, jedes Selbstbewußtsein vernichten, bevor er sie als sein neues Geschöpf wieder aufbauen kann. Gottes Kraft, »Tochter Zion« wieder neu aufzubauen, wird ausschließlich vor dem Hintergrund bezeugt, daß er in der Lage ist, Zion selbst und/oder die Städte der Feinde zu zerstören. Ja, erschreckenderweise findet selbst die Gerechtigkeit JHWHs in den metaphorischen Bildern von »Tochter Zion« und JHWH eigentlich ausnahmslos in seiner Macht zu zerstören ihren Ausdruck. Gott verschafft der »Tochter« ja nicht etwa »Recht«, indem er sie aufbaut. Solch ein Recht steht ihr nach der Logik der Texte aufgrund ihrer Schlechtigkeit gar nicht zu. Jede freundliche Zuwendung ist allein ein Akt (unverdienter) Gnade. Gott sorgt für Gerechtigkeit, indem er alles Überhebliche und »Verdorbene« demütigt und vernichtet. Dabei thront er als der »starke Mann«, als der souveräne Herrscher und Herr der Geschichte über allem (siehe Klgl 2,17).

196 *Godenzi* 1991, 50.
197 Vgl. ebd.

JHWH wird hier in den prophetischen Metaphern mit den Zügen eines Herrschers ausgestattet, der seine Macht und Gerechtigkeit in einer Weise zeigt, die der patriarchalen Ordnung angemessen ist. Die Autoren der Texte entfalten die Themen »Macht und Gerechtigkeit Gottes« zu Lasten der weiblichen metaphorischen Gestalten, deren Sexualität als etwas dargestellt wird, das von einem männlichen Gegenüber kontrolliert werden muß. Wie ich nun zeigen möchte, erhält JHWH dabei Züge, die im patriarchalen System Aspekten von »Vaterschaft« zugeordnet werden müssen.

### 3.3 JHWH – ein »Vater« der metaphorischen Tochtergestalten

Von JHWH als »Vater« ist in jenen Texten, in denen Städte oder Länder als Frauen bezeichnet werden, niemals explizit die Rede. Doch besagt das aus dem familiären Zusammenhang stammende Attribut »Tochter«, daß JHWH über die metaphorischen Frauengestalten Verfügungsgewalt hat. Indem die Autoren der Texte ihm das Recht und die Macht zuschreiben, über das Schicksal der »Tochter Zion« und all der anderen »Töchter« zu entscheiden, ordnen sie ihm eine Position zu, die in einer patriarchalen Struktur jener des Vaters, des pater familias, entspricht. Wie ein Vater bestimmt JHWH über das Schickal der Stadt-Frauen, er entscheidet über ihre Versorgung und ihren Schutz. Er bestraft sie und freut sich über sie, wenn sie ihm zujubeln und gehorsam sind.

Es ist bedeutsam, daß das Attribut »Tochter« nicht exklusiv für die Stadt Jerusalem bzw. den Zion reserviert ist, sondern auch ohne weiteres feindlichen Stadt-Frauen angeheftet werden kann. Dies unterstreicht, daß mit »Tochter« in den entsprechenden Metaphern zunächst einmal nicht emotionale Aspekte einer Vater-Tochter-Beziehung oder Verknüpfungen, die sich aus lebensgeschichtlichen Zusammenhängen ergeben, zu verbinden sind. Vielmehr macht das Attribut »Tochter« tatsächlich die abhängige Stellung der metaphorischen Frauengestalten deutlich. Sie erscheinen als sein Besitz und als Werkzeuge in seiner Hand, die seine Pläne verwirklichen sollen. An diesem Punkt berühren sich die Darstellungen von JHWH als Bezugsperson der metaphorischen Tochtergestalten mit den Beschreibungen von Vätern in den erzählenden Texten. Denn auch hier herrscht ja zwischen Väter und Töchtern in den androzentrischen Schilderungen eine Gefühlskälte, in der Töchter zu Objekten gemacht und instrumentalisiert werden können ohne Rücksicht auf ihr Wohlergehen.[198]

---

198 Siehe oben S. 194f.

Dabei bezieht sich Gottes Verfügungsgewalt in der metaphorischen Redeweise ebenso wie in den Erzählungen und Gesetzestexten wieder primär auf die Sexualität der »Frauen«. Zwischen JHWH in der Rolle des Vaters und des Ehemanns unterscheiden die Autoren der Metaphern nicht, weil beide – Vater und Ehemann – nach den Vorstellungen einer patriarchalen Gesellschaftsordnung den Körper der ihnen familiär zugeordneten Frauen besitzen. Daß diese mangelnde Differenzierung aus feministischer Perspektive den Gewaltcharakter der Beziehung JHWHs zu den Stadt-Frauen noch einmal verstärkt, da diese Beziehung den sexuellen Machtmißbrauch verdeutlicht, liegt außerhalb der androzentrischen Wahrnehmung des Alten Testaments. Denn die Schöpfer der Texte beschäftigen sich nicht mit ihren fiktiven weiblichen Gestalten in einer Weise, die die Beziehung dieser Gestalten zu ihrem männlichen Gegenüber aus weiblicher Sicht bedenkt. Sie wollen Gottes Mächtigkeit darstellen und machen dabei JHWH zum Projektionsprodukt männlichen Machtwillens, was zu Lasten von Frauen geht.

Die Verfügungsgewalt JHWHs in den Metaphern des Alten Testaments wird häufig auch auf männliche Rollen ausgedehnt, die wir erst einmal nicht mit »Vaterschaft« verbinden wollen: »Väter« nach unseren Idealbildern schenken Töchter menschliche, aber keine männlich-sexuelle Zuwendung, sie beuten ihr Kind nicht sexuell als Ehemann, Vergewaltiger oder Zuhälter aus. Wird in solchen Metaphern das Vaterbild so gesprengt, daß es als Hintergrund der Metapher aufgelöst ist?

Wenn wir das, was uns über Väter im Alten Testament vermittelt wird, heranziehen, um diese Frage zu beantworten, so können wir m.E. diese Schlußfolgerung nicht ziehen. Denn besteht nicht auch zwischen Lot und seinen Töchtern eine sexuelle Beziehung (Gen 19,30ff)? Ist nicht auch Juda für Tamar Schwiegervater und Sexualkontakt in einem (Gen 34)? Setzt Ex 21,7 etwa nicht voraus, daß ein Vater seine Tochter als Sklavin verkaufen kann und mit ihr auch die Sexualität seines Kindes? Verbietet denn Lev 19,29 nicht, die Tochter zur »Prostitution« anzuhalten? Was also spricht dagegen, daß die Metaphern auch dort ihren Realismus aus der Vater-Tochter-Beziehung beziehen, wo die Sexualität der Frau nicht nur von JHWH »beschützt« wird, sondern auch als sein Besitz erscheint, den er ausbeuten kann? Schließlich proklamieren auch bis in unsere Gegenwart Väter das Recht auf Kontrolle über die Sexualität der Tochter für sich, und nehmen es sich immer wieder heraus, mittels ihrer Töchter ihre sexuellen Bedürfnisse zu befriedigen. Sie behaupten, niemand habe das Recht, ihnen vorzuschreiben, wie sie ihre Töchter zu behandeln hätten, und zum anderen verweisen sie darauf, daß ihre Töchter nun einmal frühreif und se-

xuell nie Kind gewesen sein.[199] Für die Verfasser der alttestamentlichen Schriften liegt jedenfalls kein erkennbarer Widerspruch darin, in einem Atemzug von der Stadt als Tochter und Ehefrau zu sprechen.
Die Konsequenzen dieser androzentrischen Sicht von Realität sind von den wirkungsgeschichtlich Implikationen her betrachtet verheerend. Die in der metaphorischen Rede sich ereignenden Vermischungen der familiären Funktion von Vater und Ehemann, Tochter und Ehefrau, fördern ein Denken, das für Töchter und Frauen äußerst gefährlich ist: Sie stützen die Vorstellung, daß (männliche) Potenz sich in Verfügungsgewalt über den Körper von Frauen ausdrückt, und daß diese Verfügungsgewalt unabhängig vom Alter, vom Einverständnis und Willen der Frauen besteht. Töchter werden im ganzen Ersten Testament nicht als Kinder wahrgenommen, sondern sind immer auch Frauen und Sexualobjekte. Im Bezug auf das Eltern-Kind-Verhältnis und auch auf die Geschlechterrollen propagieren die betrachteten Texte ein Ausleben männlicher Sexualität, in dem das Machtungleichgewicht zugunsten des Mannes (Vater, Ehemann) und zuungunsten der Frau (Tochter, Ehefrau) als positives Faktum erscheint. Bis heute ist in Kommentaren davon die Rede, daß JHWH die »Tochter Zion« liebt; aus »Liebe« schließt er den Ehebund mit ihr.[200] Bis heute auch behaupten Männer, daß sie ihre Töchter und Ehefrauen »aus lauter Liebe« vergewaltigt haben, und mit dieser Argumentation erwerben sie sich oft noch Sympathien.[201] Denn wer liebt, kann so

---

199  *Rijnaarts* 1988, 78f.
200  Siehe *Zimmerli* 1969, 371 zu Ez 16: »... seine freie und gütige Liebestat aber stellt Gott nun nochmals als seinen endgültigen, ›ewigen‹ Willen hin, der auch durch alle Tiefen des Gerichtes und verdienten Todes nicht weggetan werden kann.« – Oder *Eichrodt* 1978, 126: »Gewiß steht Hesekiel mit der Benützung des Bildes der Ehe für Israels Gottesverhältnis auf den Schultern Hoseas und Jeremias; ja man kann zweifeln, ob er von sich aus ein solches Gleichnis gewählt hätte, in dem der in jenseitiger Herrlichkeit thronende Jahwe in diese geradezu beängstigenden Nähe zu menschlicher Erotik gebracht wird. Aber offenbar hat sich die innere Wahrheit dieser Veranschaulichung des rätselhaften göttlichen Liebeswillens auch bei dem vor allen Vermenschlichungen des majestätischen Gottes zurückscheuenden Priester mit solcher Kraft durchgesetzt, daß er sich auch einer so gewagten Bildrede nicht entziehen konnte ...«
201  Josephine Rijnaarts führt das Argument »Ich sehe nicht, was daran falsch war, ich hatte dich doch lieb« als einen Rationalisierungsversuch auf, mit dem Väter sexuelle Übergriffe auf die Tochter verteidigen (*Rijnaarts* 1988, 241). Sigmund Freud prägte für die übergroße »Liebe« des Vaters zur Tochter, die in sexuellem Kontakt zum Ausdruck kommen kann, den Begriff »Antiochuskomplex«. Antiochus ist eine der Hauptfiguren in der Sage des Königs von Tyrus. Skakespeare verarbeitet den Stoff in seinem Stück »Perikles.« Antiochus zwingt seine Tochter, mit ihm zu schlafen und versucht alle jungen Männer loszuwerden, die

schlimm nicht sein. Den Männern scheint es dabei selbstverständlich, daß auch die Tochter – die Tochter als metaphorische Gestalt ebenso wie im täglichen Leben – diese Art der Liebe will.[202] Die Benutzung des Wortes »Liebe« für sexuellen Konnotationen, die eine Partnerin und kein Kind, also keine abhängige Person, erfordern, ist eine Verzeichnung von Realitäten, die eine Unterscheidung zwischen Täter und Opfer verhindert und damit auch Bestrafung und Verurteilung unmöglich machen will.

um die Tochter freien (aaO. 117ff). Vgl. das südslawische Märchen »Der Sohn der Königstochter« und das sizilianische Märchen »Von der Betta Pilusa« in: *Greinacher* 1991, 45 und 52.
202 Freuds Theorie vom »Ödipus-Komplex« (oder auch vom »Elektra-Komplex«) hat viel zu dieser falschen Vorstellung beigetragen. Zur Entstehung und Kritik an dieser Theorie siehe *Jeffrey M. Masson*, Was hat man dir, du armes Kind, getan? Sigmund Freuds Unterdrückung der Verführungstheorie, Hamburg 1984, außerdem *Rijnaarts* 1988, 81ff.

# Schluß

Töchter, Tochtergestalten und Tochterbilder lassen sich in den unterschiedlichsten Gattung der altttestamentlichen Texte aufspüren. Punktuell können sie dort wichtige Rollen, Positionen und Funktionen innehaben: In den Erzählungen wird beispielsweise Dina zum Auslöser kriegerischer Auseinandersetzungen, in den Gesetzestexten ist die Jungfräulichkeit der Tochter ein wichtiges Thema, in der Prophetie dient »Tochter Zion« zur Darstellung der Beziehung Gottes zu seiner von ihm erwählten Stadt. Nirgends aber sind Töchter im Ersten Testament als selbständige Personen dargestellt, die für sich selbst gelten, sie werden niemals als Personen für das geschätzt, was sie selber sind. Vielmehr sind die Töchter, Tochtergestalten und Tochterbilder immer auf Männer bezogen. Sie können geradezu als Repräsentationsfiguren für die Abhängigkeit des Individuums in einer patriarchal strukturierten Gesellschaft betrachtet werden.
Abhängig sind Töchter in den Texten primär von ihren Vätern. Nach der Darstellung der Autoren des Alten Testaments sind die Beziehungen der Väter zu anderen Familienmitgliedern vor allem über Autorität und Herrschaft definiert. Den Töchtern stehen sie emotional distanziert bis gefühlskalt gegenüber. Väter bestimmen in den Überlieferungen über Handlungen, Wertvorstellungen und Konstruktionen der Wirklichkeit, die die Texte widergeben. Väter, Vatergestalten und Vaterbilder gehören zu den zentralen Inhalten der alttestamentlichen Überlieferung. Dabei rücken die Theologen der biblischen Schriften Väter immer wieder ganz nahe an Gott heran: In dem Ausdruck »Gott der Väter« wurden zum ersten Mal die Begriffe »Gott« und »Vater« assoziiert, das »Gesetz der Väter« hat in JHWH seine Autorität, Gottes Elternschaft wird zum Symbol der Beziehung JHWHs zu seinem Volk, wobei Gott den metaphorischen Tochtergestalten gegenüber eindeutig männliche Züge zugeschrieben werden.
In all dem spiegelt sich eine androzentrische, patriarchale Sichtweise von Wirklichkeit wieder, die aus feministischer Perspektive in vielen Punkten einer radikalen Kritik bedarf. Denn indem die Überlieferungen die Unterordnung alles Weiblichen unter das

Männliche betreiben und fortschreiben, transportieren sie Mythen, die der Menschenwürde von Mädchen und Frauen nicht gerecht werden und frauenfeindlich sind. Die frauenfeindliche Ideologie steht dabei nicht neben der Realität der Unterdrückung von Frauen, sondern Ideologie und Realität beeinflussen sich immer gegenseitig. So ziehen beispielsweise Täter sexueller Gewalttaten sexistische Vorstellungen, wie sie sich auch in biblischen Texten finden, dazu heran, um das eigene Tun zu rechtfertigen und ihr Gewissen zu beruhigen. Und bereits im Vorfeld der Tat sind sexistische Meinungen, Werte und Selbstbilder von Bedeutung, sie erleichtern oder ermöglichen sogar erst das gewalttätige Verhalten.[1] Männer mit traditioneller patriarchaler Geschlechtsrollen-Orientierung haben eine höhere Bereitschaft, sexuelle Gewalt auszuüben, als jene Männer, die sich von diesen Rollen distanzieren.[2] Und Töchtern mit traditioneller Geschlechtsrollenorientierung fehlen so gut wie alle Ressourcen, gerade jenen Männern, die eine Vaterfunktion wahrnehmen, Widerstand zu leisten, falls diese ihre Macht mißbrauchen. Sie haben nicht gelernt, daß sie ein Recht haben, Autorität in Frage zu stellen und Gehorsam zu verweigern, sie bestimmen ihren Selbstwert aus der Wertschätzung, die sie von Männern erfahren oder auch nicht erfahren, und sie halten zudem oft auch schon jeden Versuch für aussichtslos, sich Hilfe gegen männliche Gewalt zu suchen.[3]

Aus diesen Gründen ist patriarchale Ideologie auch der biblischen Schriften nicht »nur« Ideologie, über die wir als anachronistisches Relikt aus längst vergangenen Zeiten hinwegsehen können, sie ist nicht lediglich eine »Beigabe« zur befreienden und Leben eröffnenden Theologie der Bibel, die wir von ihr einfach loslösen können. Sondern ohne eine Kritik der sich frauenfeindlich auswirkenden Konstruktionen von Wirklichkeit in der Bibel können die kritisch-befreienden Kräfte der jüdischen und christlichen Traditionen nicht freigesetzt werden.

1 Dies belegen eindrucksvoll *Brockhaus/Kolshorn* 1993, 102–107.
2 Vgl. aaO. 102. Diese Aussage beruht zum einen auf Studien, in denen Männer nach der Wahrscheinlichkeit gefragt wurden, selbst sexuelle Übergriffe zu verüben und zum anderen auf Befragungen von Tätern. Vgl. *Godenzi* 1991, 150: »Die herrschenden Normen und Regeln und die Alltagserfahrungen beider Geschlechter ermutigen Männer zu sexuellen Gewalthandlungen gegen Frauen, oder zurückhaltender formuliert: Männer werden nicht entmutigt«.
3 Die Resignation kann den Betreffenden nicht angelastet werden, sondern zeigt etwas von der Totalität der Gewalt, die die Mädchen und Frauen erleben. Skandalöserweise finden tatsächlich auch heute noch viele keine ausreichende Hilfe und Unterstützung, wenn sie von sexueller Gewalt bedroht sind oder Opfer werden. Das gilt oft auch dann, wenn sie sich noch so sehr um ein Ausbrechen aus der gewaltvollen Situation bemühen.

*Schluß*

Geradezu katastrophal wirkt sich in diesem Zusammenhang die Tatsache aus, daß JHWH und dem christlichen Gott immer wieder Attribute und Seinseigenschaften zuerkannt werden, die einer einseitigen männlichen Erfahrungswelt entnommen sind.»Wenn das Gottesbild nur ausgehend von einem Geschlecht bestimmt wird und wenn zudem aus denjenigen, die diesem Geschlecht angehören, nur eine kleine herrschende Gruppe für die ganze Gesellschaft Gott nach dem eigenen Bild und Gleichnis projiziert, dann werden die Männer dieser Gruppe notwendigerweise als diejenigen betrachtet, die Gott am nächsten stehen und dann auch am ehesten verstehen, was er will. Für die Frau hat das zur Folge, daß sie nur über ihn, der unmittelbar ›*imago Dei*‹, Bild Gottes ist, nur über ihren Mann als ›Haupt‹ zu Gott in Beziehung treten kann.«[4] Außerdem erscheinen aus feministischer Perspektive die Darstellungen Gottes nicht selten als Projektionsprodukte männlichen Machtwillens. Wo Gott als Autorität hingestellt wird, deren Willen unter gar keinen Umständen kritisch in Frage gestellt werden darf, wo Gott sogar als Vergewaltiger beschrieben ist und ihm Eigenschaften unterstellt werden, die den Alltagserfahrungen von Männern in einer patriarchalen Gesellschaft und ihren Wertungen entspringen, drängt sich vor allem für Frauen die Frage auf: »Warum sollten wir ein Wesen verehren und lieben, das das moralische Niveau der derzeitigen von Männern bestimmten Kultur nicht transzendiert, sondern stabilisiert?«[5]

An dieser Stelle möchte ich wenigstens noch andeuten, daß nicht nur das Erste, sondern auch das Zweite Testament vielfach benutzt wird, um frauenfeindliche Gesellschaftsbilder und Wertvorstellungen zu stützen. Die Exklusivität der Vater-Sohn-Beziehung, die zum theologischen Fundament unserer christlichen Religion gehört, ist nicht unproblematisch, da sie die Tochter ausschließt.[6] Verweisend auf Christus wird außerdem Frauen immer wieder vermittelt, daß Leiden eine erlösende Funktion haben kann und beglückende Konsequenz christlicher Nachfolge ist. Dies fördert die

---

4 *Radford Ruether* 1981, 217.
5 *Sölle* 1981, 225.
6 Siehe *Meyer Wilmes* 1994, 13: »... stellen wir uns vor, daß Gott zwei Söhne und eine Tochter gehabt hätte. Daß er seine Sorge und Liebe hätte teilen müssen. Stellen wir uns vor, er hätte überhaupt keinen Sohn gehabt, sondern eine Anzahl von JüngerInnen, die als seine BotInnen durch das Land zogen (...) Ich bin davon überzeugt, daß dieses Vaterbild, das nicht an das Reservat des einen Sohnes gebunden bleibt, eine ganz andere Wirkung gehabt hätte.« Meyer-Wilmes zeigt, daß sich aus der Exklusivität der Vater-Sohn-Beziehung im Christentum Gottesvorstellungen entwickeln können, die insbesondere sexuell mißbrauchten Frauen und Kindern schaden.

Akzeptanz von Gewalt: »Frauen sollen dem Beispiel Jesu folgen: Unser Leiden für andere wird die Welt retten«.[7] Wenn in der christlichen Theologie und Verkündigung versäumt wird, auch das Leiden als solches zu kritisieren, kann das Erdulden von Gewalt den Kindern und Frauen, die gelernt haben, wie Leiden sich glorifizieren läßt, als ein notwendiger Schritt erscheinen, dem nicht etwa ein Desaster, sondern die Heilung der zerbrochenen Beziehung und der Triumph der Liebe folgt. Das aber ist nicht nur eine Annahme, die sich in der Realität nie bestätigt, sondern auch ein Gedanke, der oft genug im Fiasko endet: Aus meiner eigenen Erfahrung mit Opfern sexueller Gewalt weiß ich zur Genüge, daß die Hoffnung auf ein »gutes Ende« Kinder und Frauen immer wieder zu den Tätern, die sie schlagen, mißhandeln und ausbeuten, zutreibt, auch wenn sie hier noch so oft enttäuscht werden. Christliche »Tugenden« wie die Bereitschaft zur Vergebung, Gehorsam gegenüber Autoritätspersonen und das Wissen um die eigene Sündhaftigkeit und Schuld tragen das ihre dazu bei, Widerstand gegen sexuelle Gewalt zu erschweren und die Bearbeitung und Heilung von Traumata, die durch solche Gewalt hervorgerufen wurde, zu behindern.[8]

Eine immer wieder neue Sensibilisierung dafür, welche Wirkungen theologische Überlieferungen, Aussagen und Systeme in bestimmten Kontexten entfalten, welche Interessen sie fördern und welche behindern, scheint mir daher für einen verantwortlichen Umgang mit dem Wort, das »Brot des Lebens« sein will, unerläßlich. Wenn wir daran glauben, daß die Wirkung dieses Wortes letztlich auf Gott hinweist, daß dieses Wort befreiend, heilend, prophetisch (im Sinne von Zukunft eröffnend) und richtend (im Sinne von Recht schaffend) ist, so dürfen wir keine Mühe scheuen, den Mißbrauch dieses Wortes anzuprangern und alte Traditionen kritisch zu reflektieren. Denn nur so wird das »Wort des Lebens« Zeuge sein für Gottes neue Welt, die gerade anders ist als unsere menschliche Alltagswelt. Es ist unser Auftrag, diese Andersartigkeit immer wieder neu lebendig sein zu lassen.

---

7 *Elgersma* 1993, 23. Die Glorifizierung des Leidens in der christlichen Theologie wird auch immer wieder in anderen Untersuchungen kritisiert, die sich mit dem Verhältnis von Christologie und sexueller Gewalt auseinandersetzen. Siehe z.B. *Joanne Carlson Brown / Rebecca Parker*, For God so loved the World?, in: *Brown/Bohn* 1989, 1–30; *Beverly W. Harrison / Carter Heyward*, Pain and Pleasure: Avoiding the Confusion of Christian Tradition in Feminist Theory, in: *Brown/Bohn* 1989, 148–173.

8 Sheila A. Redmond führt sehr gut und detailliert aus, wie diese und andere christliche »Tugenden« die Prävention und auch die Verarbeitung vor allem bei sexuellem Kindesmißbrauch erschweren. Siehe *Redmond*, Christian »Virtues« and Recovery from Child Sexual Abuse, in: *Brown/Bohn* 1989, 70–88.

# Literatur

Die Abkürzungen für Zeitschriften, Reihen und Sammelwerke folgen dem Abkürzungsverzeichnis der Theologischen Realenzyklopädie, zusammengestellt von Siegfried Schwertner, Berlin / New York ²1994.

Darüber hinaus wurden folgende Abkürzungen benutzt:
CBK     Calwer Bibelkommentare
FemCB   The Feminist Companion to the Bible
GesK    Gesenius/Kautzsch (siehe Literatur)
HALAT   Köhler/Baumgartner (siehe Literatur)
WBC     Word Biblical Commentary
WFT     Wörterbuch zur feministischen Theologie (siehe Literatur unter Gössmann u.a.

*Albertz, Rainer*, Hintergrund und Bedeutung des Elterngebots im Dekalog, in: ZAW 90 (1978), 348–374.
*Albertz, Rainer*, Religionsgeschichte Israels in alttestamentlicher Zeit I, Göttingen 1992.
*Alter, Robert*, Characterization and the Art of Reticence, in: *David J.A. Clines / Tamara C. Eskenazi* (ed.), Telling Queen Michal's Story: An Experiment in Comparative Interpretation, JSOT 119, Sheffield 1991, 64–73.
*Andersen, Francis I. / David Noel Freedman*, Hosea, AncB 24, New York 1980.
*Armstrong, Louise*, Kiss daddy goodnight, Frankfurt 1985.

*Bal, Mieke / Fokkelien van Dijk-Hemmes / Grietje van Ginneken*, Und Sara lachte ...: Patriarchat und Widerstand in biblischen Geschichten, Münster 1988.
*Balz-Cochois, Helgard*, Gomer oder die Macht der Astarte: Versuch einer feministischen Interpretation von Hos 1–4, in: EvTh 42 (1982), 37–65.
*Bamberger, J. Bernhard*, The Torah, A Modern Commentary III: Leviticus, New York 1979.
*Barstadt, Hans M.*, The Religious Polemics of Amos: Studies in the Preaching of Amos 2,7B–8; 4,1–13; 5,1–27; 6,4–7; 8,14, VT.S 34, Leiden 1984.
*De Beauvoir, Simone*, Das andere Geschlecht: Sitte und Sexus der Frau (Originalausgabe: Le Deuxième Sexe, 1949), Hamburg 1987.
*Bechmann, Ulrike*, Michal – Retterin und Opfer Davids, in: *Karin Walter* (Hg.), Zwischen Ohnmacht und Befreiung: Biblische Frauengestalten, Freiburg 1988, 71–80.
*Beer, D. Dr. Georg*, Die soziale und religiöse Stellung der Frau im israelitischen Altertum, Tübingen 1919.
*Berg, Sandra Beth*, The book of Esther: Motifs, Themes and Structure, SBL 44, Missoula/Montana 1979.
*Bertholet, Alfred*, Kulturgeschichte Israels, Göttingen 1919.

*Boecker, Hans Jochen*, Klagelieder, ZBK.AT 21, Zürich 1985.
*Boer, P.A.H. de*, Fatherhood and Motherhood in Israelite and Judean Piety, Leiden 1974.
*Boling, Robert G.*, Judges, AncB 7, New York 1975.
*Boling, Robert G.*, Joshua, AncB 6, New York 1982.
*Braulik, Georg*, Deuteronomium II, NEB 5, Würzburg 1992.
*Brenner, Athalya*, The Israelite Women: social role and literary type in the biblical narrative, JSOT 21, Sheffield 1985.
*Brenner, Athalya / Fokkelien van Dijk-Hemmes*, On Gendering Texts: Female and Male Voices in the Hebrew Bible, New York 1993.
*Brenner, Athalya*, On Incest, in: *dies.* (ed.), Exodus to Deuteronomy, FemCB 6, Sheffield 1994, 103–138.
*Brockhaus, Ulrike / Maren Kolshorn*, Sexuelle Gewalt gegen Mädchen und Jungen: Mythen, Fakten, Theorien, Frankfurt 1993.
*Brown, Joanne Carlson / Carole R. Bohn*, Christianity, Patriarchy and Abuse: A Feminist Critique, Cleveland 1989.
*Brownmiller, Susan*, Gegen unseren Willen: Vergewaltigung und Männerherrschaft, Frankfurt 1987.
*Brüder Grimm*, Die schönsten Kinder- und Hausmärchen I, Rastatt ⁶1988.
*Brunner, Robert*, Ezechiel, I. Teil: Kapitel 1–24, Proph. 22, Zürich 1944.
*Budd, Philip J.*, Numbers, WBC 5, Waco/Texas 1984.
*Bührer, Emil* (Hg.), Große Frauen der Bibel in Bild und Text, Freiburg 1993.
*Burrichter, Rita*, Die Klage der Leidenden wird stumm gemacht: Eine biblisch-literarische Reflexion zum Thema Vergewaltigung und Zerstörung der Identität, in: *Christine Schaumberger* (Hg.), AnFragen 1: Diskussionen Feministischer Theologie: Weil wir nicht vergessen wollen ... Zu einer Feministischen Theologie im deutschen Kontext, Münster 1987, 11–46.
*Burrichter, Rita*, Lots Töchter lesen einen biblischen Kommentar, in: Schlangenbrut 25 (1989), 22–24.
*Burrows, Ph.D. Millar*, The Basis of Israelite Marriage, AOS 16, New Haven 1938.
*Buschmann, Uwe*, Michal – im Schatten Davids! in: *Eva Renate Schmidt / Mieke Korenhof / Renate Jost* (Hg.), Feministisch gelesen 2: Ausgewählte Bibeltexte für Gruppen und Gemeinden, Gebete für den Gottesdienst, Stuttgart 1989, 108–113.

*Crenshaw, James L.*, The Samson Saga: Filial Devotion or Erotic Attachment? in: ZAW 86 (1974), 470–504.
*Crüsemann, Frank*, »... er aber soll dein Herr sein« (Genesis 3,16): Die Frau in der patriarchalischen Welt des Alten Testaments, in: *ders. / Hartwig Thyen*, Als Mann und Frau erschaffen: Exegetische Studien zur Rolle der Frau, Gelnhausen 1978, 13–106.
*Crüsemann, Frank*, Die Tora: Theologie und Sozialgeschichte des alttestamentlichen Gesetzes, München 1992.

*Daly, Mary*, Jenseits von Gottvater, Sohn & Co: Aufbruch zu einer Philosophie der Frauenbefreiung (Originalausgabe: Beyond God the Father, 1973), München 1988.
*Daly, Mary*, Gyn/Ökologie: Eine Metaethik des radikalen Feminismus, (Originalausgabe: Gyn/Exology, 1978), München ⁵1991.
*Day, Peggy L.*, From the cild is born the woman: the story of Jephthah's Daughter, in: *dies.* (ed.), Gender and Difference in Ancient Israel, Minneapolis 1989.

*Deselaers, Paul*, Das Buch Tobit: Studien zu seiner Entstehung, Komposition und Theologie, OBO 43, Freiburg 1982.
*Deselaers, Paul*, Das Buch Tobit: Geistliche Schriftlesung, Düsseldorf 1990.
*Diebner, Bernd Jörg*, Gen 34 und Dinas Rolle bei der Definition »Israels«, in: DBAT 19 (1984), 59–75.
*Dijk-Hemmes, Fokkelien van*, The Metaphorization of Woman in Prophetic Speech: An Analysis of Ezekiel XXIII, in: VT 43 (1993), 162–170.
*Donner, Herbert*, Geschichte des Volkes Israel und seiner Nachbarn in Grundzügen, Bd. 1 u. 2, Grundrisse zum Alten Testament, ATD Ergänzungsreihe 4/1. 2, Göttingen 1984 u. 1986.
*Dröge-Modelmog, Ilse / Gottfried Mergner* (Hg.), Orte der Gewalt: Herrschaft und Geschlechterverhältnis, Opladen 1987.
*Durham, John I.*, Exodus, WBC 3, Waco, Texas 1987.

*Eichrodt, Walter*, Der Prophet Hesekiel, ATD 22, Göttingen 1978.
*Elgersma, Hanneke*, Verletzt und verletzlich: Zum Verhältnis von Christologie und sexueller Gewalt, in: Schlangenbrut 41 (1993), 20–26.
*Elliger, Karl*, Das Gesetz Leviticus 18, in: ZAW 67 (1955), 1–25.
*Elliger, Karl*, Das Buch der zwölf Kleinen Propheten II: Nahum – Habakuk – Zefanija – Haggai – Maleachi, ATD 25, Göttingen 1985.
*Engel, Helmut SJ.*, Die Susanna-Erzählung: Einleitung, Übersetzung und Kommentar zum Septuaginta-Text und zur Theodotion-Bearbeitung, OBO 61, Göttingen 1985.
*Engelken, Karen*, Frauen im Alten Israel: Eine begriffsgeschichtliche und sozialrechtliche Studie zur Stellung der Frau im Alten Testament, BWANT 7/10, Stuttgart/ Berlin/Köln 1990.
*Exum, J. Cheryl*, Murder They Wrote: Ideology and the Manipulation of Female Presence in Biblical Narrative, in: *David J.A. Clines / Tamara C. Eskenazi* (ed.), Telling Queen Michal's Story: An Experiment in Comparative Interpretation (Erstabdruck: Seminary Quarterly Review 43, 1989), JSOT 119, Sheffield 1991, 176–198.
*Exum, J. Cheryl*, Fragmented Women: Feminist (Sub)versions of Biblical Narratives, Pensylvania 1993.

*Feuchtwanger, Lion*, Jefta und seine Tochter, Frankfurt (1957) 1988.
*Fewell, Danna Nolan / David M. Gunn*, Tipping the Balance: Sternberg's Reader and the Rape of Dinah, JBL 110/2 (1991), 193–211.
*Fiegel, Verena*, Der Krieg gegen die Frauen: Der Zusammenhang zwischen Sexismus und Militarismus, Bielefeld (1990) ²1993.
*Fischer, Irmtraud*, Untersuchungen zur theologischen Relevanz der Frauentexte in den Erzeltern-Erzählungen, Habilitationsschrift, Graz 1993.
*Fitzgerald, Aloysius, F.S.C.*, The Mythological Background for the Presentation of Jerusalem as a Queen and False Worship as Adultery in the OT, in: CBQ 34 (1972), 403–416.
*Fitzgerald, Aloysius, F.S.C.*, BTWLT and BT as Titles for Capital Cities, in: CBQ 37 (1975), 167–183.
*Fohrer, Georg*, Das Buch Hiob, KAT XVI, Gütersloh 1963.
*Follis, Elaine R.*, The Holy City as Daughter, in: *dies.* (ed.), Directions in Biblical Hebrew Poetry, JSOT Suppl. 40, Sheffield 1987, 173–184.
*Fortune, Marie M.*, Sexual Violence – The unmentionable Sin, New York 1983.
*Frettlöh, Magdalene L.*, Isaak und seine Mütter: Beobachtungen zur exegetischen Verdrängung von Frauen am Beispiel von Gen 24,62–67, in: EvTh 54/5 (1994), 427–452.

*Frymer-Kensky, Tikva Simone*, Law and Philosophy: The Case of Sex in the Bible, in: Sem 45 (1989), 89–102.
*Frymer-Kensky, Tikva Simone*, In the Wake of the Goddesses: Woman, Culture, and the Biblical Transformation of Pagan Myth, New York 1992.
*Fuhs, Hans Ferdinand*, Ezechiel, NEB 7, Würzburg 1984.
*Gamberoni, Johann*, Das Elterngebot im Alten Testament, in: BZ N.F. 8 (1964), 159–190.
*Gamberoni, Johann*, Die Auslegung des Buches Tobias in der griechisch-lateinischen Kirche der Antike und der Christenheit des Westens bis um 1600, StANT XXI, München 1969.
*Gaster, Theodor H.*, Myth, Legend and Custom in the Old Testament, New York 1969.
*Gerleman, Gillis*, Ruth – Das Hohelied, BK XVIII, Neukirchen-Vluyn 1965.
*Gerleman, Gillis*, Ester, BK XXI, Neukirchen-Vluyn 1973.
*Gerstenberger, Erhard S. / Schrage, Wolfgang*, Frau und Mann, Stuttgart/Berlin/Köln/Mainz 1980.
*Gerstenberger, Erhard S.*, Herrschen oder Lieben: Zum Verhältnis der Geschlechter im Alten Testament, in: Die Botschaft und die Boten, Festschrift für Hans Walter Wolff, Neukirchen-Vluyn 1981, 335–347.
*Gerstenberger, Erhard S.*, Jahwe – ein patriarchaler Gott? Traditionelles Gottesbild und feministische Theologie, Stuttgart/Berlin/Köln 1988.
*Gerstenberger, Erhard S.*, ענה II, in: ThWAT VI, Stuttgart 1989, 247–270.
*Gerstenberger, Erhard S.*, Das dritte Buch Mose: Leviticus, ATD 6, Göttingen ⁶1993a (völlig neubearb. Aufl.).
*Gerstenberger, Erhard S.*, »Apodiktisches« Recht – »Todes«-Recht? in: *Peter Mommer u.a.* (Hg.), Gottes Recht als Lebensraum, Festschrift für Hans Jochen Boecker, Neukirchen-Vluyn 1993b, 7–20.
*Gese, Hartmut*, Der Dekalog als Ganzheit betrachtet, in: ZThK 64 (1967), 121–138.
*Gesenius, Wilhelm*, Hebräisches und Aramäisches Handwörterbuch über das Alte Testament (unveränderter Neudruck der 1915 erschienenen 17. Auflage), Berlin ¹⁷1962.
*Gesenius, Wilhelm*, Hebräisches und Aramäisches Handwörterbuch I, hg. von *Rudolf Meyer / Herbert Donner*, Berlin ¹⁸1987.
*Gesenius, Wilhelm / E. Kautzsch / G. Bergsträsser*, Hebräische Grammatik (GesK), Hildesheim ²⁸1983.
*Gideon, Heidi*, Was sie stark macht, was sie kränkt: Töchter und ihre Väter, Freiburg 1993.
*Gnanadason, Aruna*, Die Zeit des Schweigens ist vorbei: Kirchen und Gewalt gegen Frauen, Luzern 1993.
*Görg, Manfred*, Josua, NEB 6, Würzburg 1991.
*Gössmann, Elisabeth / Elisabeth Moltmann-Wendel / Herlinde Pissarek-Hudelist / Ina Prätorius / Luise Schottroff / Helen Schüngel-Straumann* (Hg.), Wörterbuch der feministischen Theologie (WFT), Gütersloh 1991.
*Godenzi, Alberto*, Bieder, brutal: Frauen und Männer sprechen über sexuelle Gewalt, Zürich (1989) ²1991.
*Greenberg, Moshe*, Ezechiel 1–20, AncB 22, New York 1983.
*Greinacher, Renate* (Hg.), Märchen von Vätern und Töchtern, Frankfurt 1991.
*Grimm, Werner*, Deuterojesaja. Deutung – Wirkung – Gegenwart. Ein Kommentar zu Jesaja 40–55 in Zusammenarbeit mit *Kurt Dittert*, CBK, Stuttgart 1990.
*Gross, Heinrich*, Tobit, NEB 19, Würzburg 1987.
*Gunkel, Hermann*, Das Märchen im Alten Testament, Frankfurt (1921) 1978.

*Gunkel, Hermann*, Genesis, Göttingen (³1910) ⁶1964.
*Gummel, Gabriele*, David und Michal – der Erfolg gab ihm Recht: Predigt am 9. 8.1992 in Haan über 2. Sam 6,11–23, in: Schlangenbrut 39 (1992), 42–44.
*Gutbrod, Karl*, Das Buch vom Lande Gottes: Josua und Richter, Botschaft d. AT 10, Stuttgart ⁴1985.
*Haag, Herbert*, בת, in: ThWAT I, Stuttgart 1973, 867–872.
*Haag, Herbert*, חמס, in: ThWAT II, Stuttgart 1977, 1050–1061.
*Halbe, Jörn*, Die Reihe der Inzestverbote Lev 18,7–18: Entstehung und Gestaltungsstufen, in: ZAW 92 (1980), 60–88.
*Haug, Frigga*, Erinnerungsarbeit, Hamburg 1990.
*Heermann, Adolf*, Ehe und Kinder des Propheten Hosea: Eine exegetische Studie zu Hos 1,2–9, ZAW 40 (1922), 287–312.
*Heister, Maria-Sybilla*, Frauen in der biblischen Glaubensgeschichte, Göttingen 1984.
*Hertzberg, Hans Wilhelm*, Die Bücher Josua, Richter, Ruth, ATD 9, Göttingen 1953.
*Hertzberg, Hans Wilhelm*, Der Prediger, KAT XVII 4, Gütersloh 1963.
*Hertzberg, Hans Wilhelm*, Die Samuelbücher, ATD 10, Göttingen ³1965.
*Heschel, Susannah*, Jüdisch-feministische Theologie und Antijudaismus in christlich-feministischer Theologie, in: *Leonore Siegele-Wenschkewitz* (Hg.), Verdrängte Vergangenheit, die uns bedrängt: Feministische Theologie in der Verantwortung für die Geschichte, München 1988, 54–103.
*Höltscher, Gustav*, Das Buch Hiob, HAT 17, Tübingen 1937.
*Hooysma, Johanna*, Die Vergewaltigung Dinas: Auslegung von Gen 33,18–34, 31, in: TeKo 30 (1986), 26–48.
*Horst, Friedrich*, Hiob I, BK XVI/1, Neukirchen-Vluyn 1968.
*Hvidberg, Flemming Friis*, Weeping and Laughter in the Old Testament, Leiden 1962.
*Hyatt, J. Philip*, Commentary on Exodus, NCeB 2, Oliphants 1971.

*Jacob, Benno*, Das erste Buch der Tora: Genesis, New York 1934.
*Jahnow, Hedwig*, Die Frau im Alten Testament, in: Die Frau 21, Berlin 1914, 352–358 und 417–426.
*Jahnow, Hedwig u.a.*, Feministische Hermeneutik und Erstes Testament, Stuttgart/Berlin/Köln 1994.
*Jeansonne, Sharon Pace*, The Women of Genesis: From Sarah to Potiphar's Wife, Minneapolis 1990.
*Jenni, Ernst*, אב – Vater, in: THAT I, München (1971) ⁴1984, 1–17.
*Jepsen, Alfred*, Gnade und Barmherzigkeit im Alten Testament, in: KuD 7 (1961), 261–271.
*Jost, Renate*, Von »Huren und Heiligen«: ein sozialgeschichtlicher Beitrag, in: *Hedwig Jahnow u.a.*, Feministische Hermeneutik und Erstes Testament, Stuttgart/Berlin/Köln 1994, 126–137.
*Jüngling S.J., Hans-Winfried*, Richter 19 – Ein Plädoyer für das Königtum: Stilistische Analyse der Tendenzerzählung Ri 19,1–30a; 21,25, AnBib 84, Rom 1981.

*Kaiser, Otto*, Der Prophet Jesaja, Kapitel 13–39, ATD 18, Göttingen 1973.
*Kaiser, Otto*, Einleitung in das Alte Testament: Eine Einführung in ihre Ergebnisse und Probleme, Güterloh ⁵1984.
*Karssen, Gien*, Frauen der Bibel (Originalausgabe: Nogmaals manninne-vrouwen in de bijbel, 1976), Neuhausen-Stuttgart 1985.

*Kavemann, Barbara / Ingrid Lohstöter*, Väter als Täter – sexuelle Gewalt gegen Mädchen: »Erinnerungen sind wie eine Zeitbombe«, Hamburg (1984) 1991.

*Keil, Carl Friedrich*, Josua, Richter und Ruth, BC II/1, Leipzig ²1874.

*Keller, C.A.*, נדר – geloben, in: THAT II, ⁴1984, 39–43.

*Kessler, Rainer*, 1. Mose 19: »... damit wir uns Nachkommen schaffen von unserem Vater« – Lots Töchter, in: *Eva Renate Schmidt / Mieke Korenhof / Renate Jost* (Hg.), Feministisch gelesen 2, Stuttgart 1989, 22–28.

*Köhler, Ludwig / Walter Baumgärtner*, Lexicon in veteris testamenti libros, Wörterbuch zum Hebräischen und Aramäischen Alten Testament (HAL), Leiden 1953.

*Koordinierungsgruppe feministische Theologie Berlin* (Hg.), Feministische Methodik und Hermeneutik im innerdiszipinären Dialog: Dokumentation zum Dies academicus am 25. Januar 1994, Fachbereich Evangelische Theologie der Humboldt-Universität zu Berlin, Berlin 1994.

*Kornfeld, Walter*, Levitikus, NEB 3 ‚Würzburg 1983.

*Kornfeld, Walter / Helmer Ringgren*, קדש, in: ThWAT VI, Stuttgart 1989, 1179–1201.

*Kremers, Heinz*, Die Stellung des Elterngebots im Dekalog: Eine Voruntersuchung zum Problem Elterngebot und Elternrecht, in: EvTh 16 (1961), 145–161.

*Krieg, Matthias*, Todesbilder im Alten Testament, AThANT 73, Zürich 1988.

*Kuckuck, Anke / Heide Wohlers*, Warum hat Gott keine Tochter? Ein Gespräch mit der Theologin Elga Sorge, in: *dies.* (Hg.), Vaters Tochter: Von der Notwendigkeit, den Frosch an die Wand zu werfen, Reinbeck 1988, 110–124.

*Kühlewein, J.*, בן – Sohn, in: THAT I, München (1971) ⁴1984, 316–325.

*Lacocque, André*, The Feminine Unconventional: Four Subversive Figures in Israel's Tradition, Minneapolis 1990.

*Laffey, Alice L.*, An Introduction to the Old Testament: A Feminist Perspective, Philadephia 1988.

*Leipoldt, Johannes*, Die Frau in der antiken Welt und im Urchristentum, (Leipzig 1954) Nachdruck Gütersloh 1962.

*Lerner, Gerda*, Die Entstehung des Patriarchats (Originalausgabe: The Creation of Patriarchy, 1986), Frankfurt 1991.

*Lévi-Strauss, Claude*, Die elementaren Strukturen der Verwandtschaft (Originalausgabe: Les structures élémentaires de la parenté 1947), Frankfurt 1981.

*Locher, Clemens*, Die Ehre einer Frau in Israel: Exegetische und rechtsvergleichende Studien zu Deuteronomium 22,13.21, Göttingen 1986.

*Löhr, Max*, Israels Kulturentwicklung, Straßburg 1911.

*Maier, Christl*, Jerusalem als Ehebrecherin in Ezechiel 16: Zur Verwendung und Funktion einer biblischen Metapher, in: *Hedwig Jahnow u.a.*, Feministische Hermeneutik und Erstes Testament, Stuttgart/Berlin/Köln 1994, 85–105.

*Mandelkern, Solomon*, Veteris Testamenti Concordantiae Hebraicae atque Chaldaicae, Tel-Aviv 1978.

*Mansfeld, Cornelia*, Sexismus und Rassismus – Ein Versuch über ihre Verbindungen, in: *Ilse Dröge-Modelmog / Gottfried Mergner* (Hg.), Orte der Gewalt: Herrschaft und Geschlechterverhältnist, Opladen 1987, 133–145.

*Mayes, A.D.H.*, Deuteronomy, NCeB 5, London 1979.

*McCarter, Pete Kyle, Jr.*, II. Samuel, AncB 9, New York 1984.

*McKenzie, John L., S.J.*, Second Isaiah, AncB 20, New York 1968.

*Meyer-Wilmes, Hedwig*, Von Angesicht zu Angesicht: Intimität und sexueller Mißbrauch in pastoralen Beziehungen, in: Schlangenbrut 46 (1994), 12–14.

*Meyers, Carol*, Discovering Eve: Ancient Israelite Women in Context, Oxford 1988.
*Mies, Maria*, Methodische Postulate zur Frauenforschung, in: beiträge zur feministischen theorie und praxis 11 (1984a), 7–25.
*Mies, Maria*, Frauenforschung oder feministische Forschung? in: beiträge zur feministischen theorie und praxis 11 (1984b), 40–60.
*Millett, Kate*, Sexus und Herrschaft: Die Tyrannei des Mannes in unserer Gesellschaft (Originalausgabe: Sexual Politics, 1969), Reinbeck 1985.
*Mosis, Rudolf*, Das Buch Ezechiel I, GSL.AT 8/1, Düsseldorf 1977.
*Müller-Markus, Ulrike*, Parteilichkeit, in: WFT 1991, 315–317.

*Navè Levinson, Pnina*, Was wurde aus Saras Töchtern? Frauen im Judentum, Gütersloh (1989) ³1993.
*Navè Levinson, Pnina*, Eva und ihre Schwestern: Perspektiven einer jüdisch-feministischen Theologie, Gütersloh 1992.
*Newsom, Carol A./ Sharon H. Ringe* (Hg.), The Women's Bible Commentary, London 1992.
*Niditch, Susan*, War, Women, and Defilement in Numbers 31, in: *Claudia V. Camp / Carole R. Fontaine* (ed.), Women, War, and Metaphor: Language and Society in the Study of the Hebrew Bible, Sem 61 (1993), 39–57.
*Noth, Martin*, Das zweite Buch Mose: Exodus, ATD 5, Göttingen 1959.
*Noth, Martin*, Das dritte Buch Mose: Leviticus, ATD 6, Göttingen 1962.
*Noth, Martin*, Das vierte Buch Mose: Numeri, ATD 7, Göttingen 1966.

*O'Connor, Kathleen M.*, Jeremiah, in: *Carol A. Newsom / Sharon H. Ringe* (ed.), The Women's Bible Commentary, London 1992a, 169–177.
*O'Connor, Kathleen M.*, Lamentations, in: *Carol A. Newsom / Sharon H. Ringe* (ed.), The Women's Bible Commentary, London 1992b, 178–182.
*Ortony, Andrew* (ed.), Metaphor and Thougth, Cambridge ⁴1984.
*Otto, Eckhart*, יָרַשׁ, in: ThWAT VII, Stuttgart 1989, 994–1028.
*Otwell, John H.*, And Sarah laughed: The Status of Woman in the Old Testament, Philadelphia 1977.

*Patai, Raphael*, Sitte und Sippe in Bibel und Orient, Frankfurt 1962.
*Pedersen, Johs.*, Israel – Its Life and Culture I–II, London/Kopenhagen (1940) 1959.
*Perlitt, Lothar*, Der Vater im Alten Testament, in: *Hubertus Tellenbach* (Hg.), Das Vaterbild in Mythos und Geschichte: Ägypten, Griechenland, Altes Testament, Neues Testament, Stuttgart 1976, 50–101.
*Perlitt, Lothar*, Dekalog I: Altes Testament, in: TRE VIII, Berlin 1981, 408–413.
*Phisterer Darr, Katheryn*, Ezechiel, in: *Carol A. Newsom / Sharon H. Ringe* (ed.), The Women's Bible Commentary, London 1992, 183–190.
*Phillips, Anthony*, Deuteronomy, Cambrige 1973, 148–149
*Plöger, Otto*, Die Klagelieder, in: *Kurt Galling / Otto Plöger / Ernst Würthwein*, Die fünf Megilloth. HAT 18 (Erste Reihe), Tübingen ²1969.
*Plöger, Otto*, Sprüche Salomos (Proverbia), BK XVII, Neukirchen-Vluyn 1984.
*Pressler, Carolyn*, Sexual Violence and Deuteronomic Law, in: *Athalya Brenner* (ed.), Exodus to Deuteronomy FemCB 6, Sheffield 1994, 102–112.
*Porter, J.R.*, Leviticus, Cambridge 1976.

*Rad, Gerhard von*, Das fünfte Buch Mose: Deuteronomium, ATD 8, Göttingen 1964.

*Rad, Gerhard von*, Das erste Buch Mose: Genesis, ATD 1/4, Göttingen (¹1949) ¹⁰1976.

*Rank, Otto*, Das Inzest-Motiv in Dichtung und Sage: Grundzüge einer Psychologie des dichterischen Schaffens, Darmstadt (unveränderter, reprografischer Nachdruck von ²1926) 1974.

*Rashkow, Ilona N.*, Daughters and Fathers in Genesis ... Or: What Is Wrong with This Picture? in: *J. Cheryl Exum / David J.A. Clines* (ed.), The New Literary Criticism and the Hebrew Bible, Pennsylvania 1993, 250–265.

*Rashkow, Ilona N.*, Daughters and Fathers in Genesis ... Or, What Is Wrong with This Picture? in: *Athalya Brenner* (ed.), Exodus to Deuteronomy, FemCB 6, Sheffield 1994, 22–36.

*Richter, Hans-Friedemann*, Geschlechtlichkeit, Ehe und Familie im Alten Testament und seiner Umwelt, BET 10, Frankfurt 1978.

*Richter, Wolfgang*, Die Überlieferungen um Jephtah: Ri 10,17–12,6. In: Biblica 47 (1966), 485–556.

*Ricoeur, Paul*, Stellung und Funktion der Metapher in der biblischen Sprache, in: *Paul Ricoeur / Eberhard Jüngel*, Metapher: Zur Hermeneutik religiöser Sprache, EvTh.S 3, München 1974, 45–70.

*Rijnaarts, Josephine*, Lots Töchter: Über den Vater-Tochter-Inzest, Düsseldorf 1988.

*Ringgren, Helmer*, Das Buch Ester, in: *Helmer Ringgren / Artur Weiser / Walter Zimmerli*, Das Hohe Lied, Klagelieder, Das Buch Esther, ATD 16, Göttingen 1957.

*Ringgren, Helmer*, Das Hohe Lied, in: *Helmer Ringgren / Artur Zimmerli / Otto Kaiser*, Sprüche, Prediger, Das Hohe Lied, Klagelieder, Das Buch Ester, ADT 16, Göttingen ³1981.

*Ringgren, Helmer*, אב, in: ThWAT I, Stuttgart 1973, 1–19.

*Rippl, Gabriele* (Hg.), Unbeschreiblich weiblich: Texte zur feministischen Anthropologie, Frankfurt 1993.

*Rudolph, Wilhelm*, Das Buch Ruth, das Hohe Lied, die Klagelieder, KAT XVII 1–3, Gütersloh 1962.

*Rudolph, Wilhelm*, Hosea, KAT XIII/1, Gütersloh 1966.

*Rudolph, Wilhelm*, Micha – Nahum – Habakuk – Zephanja, KAT XIII/3, Gütersloh 1975.

*Rudolph, Wilhelm*, Haggai – Sacharja – Maleachi, KAT XIII/4, Gütersloh 1976.

*Rush, Florence*, Das bestgehütete Geheimnis: Sexueller Kindesmißbrauch, Berlin ³1985.

*Radford Ruether, Rosemary*, Das weibliche Wesen Gottes: Ein religiöses Problem von heute, Conc 17 (1981), 217–223.

*Radford Ruether, Rosemary*, Sexismus und die Rede von Gott: Schritte zu einer anderen Theologie (Originalausgabe: Sexism and God-Talk, 1983), Gütersloh 1985.

*Scharbert, Josef*, Numeri, NEB 27, Würzburg 1992.

*Schaumberger, Christine*, »Das Recht, anders zu sein, ohne dafür bestraft zu werden«: Rassismus als Problem weißer feministischer Theologie, in: *dies.* (Hg.), Weil wir nicht vergessen wollen ...: Zu einer Feministischen Theologie im deutschen Kontext, AnFragen 1: Diskussionen feministischer Theologie, Münster 1987, 101–118.

*Schaumberger, Christine / Luise Schottroff*, Schuld und Macht: Studien zu einer feministischen Befreiungstheologie, München 1988.

*Schelkle, Karl Hermann*, Der Geist und die Braut: Die Frau in der Bibel, Düsseldorf 1977.

*Schilling, Othmar*, Das Buch Jesus Sirach, HBK VII/2, Freiburg 1956.
*Schmidt, Hans*, Die Ehe des Hosea, ZAW 42 (1924), 245–272.
*Schmidt, Werner H.*, Exodus 1–6, BK II/1, Neukirchen-Vluyn 1988.
*Schmitt, John J.*, Israel and Zion – Two Gendered Images: Biblical Speech Traditions and Their Contemporary Neglect, in: Horizons 18 (1991), 18–32.
*Schmitt, John J.*, The Virgin of Israel: Referent and Use of the Phrase in Amos and Jeremiah, in: CBQ 53 (1993), 365–387.
*Schottroff, Luise*, Lydias ungeduldige Schwestern: Feministische Sozialgeschichte des frühen Christentums, Gütersloh 1994.
*Schottroff, Walter*, ידע erkennen, in: THAT I, München 1971, 682–701.
*Schüssler Fiorenza, Elisabeth*, Zu ihrem Gedächtnis: Eine feministisch-theologische Rekonstruktion der christlichen Ursprünge (Originalausgabe: In Memory of Her, 1983), München/Mainz 1988a.
*Schüssler Fiorenza, Elisabeth*, Brot statt Steine: Die Herausforderung einer feministischen Interpretation der Bibel (Originalausgabe: Bread Not Stone, 1984), Freiburg 1988b.
*Schulte, Hannelis*, Beobachtungen zum Begriff der zonah im Alten Testament, in: ZAW 104 (1992), 255–262.
*Schwab, Gustav*, Die schönsten Sagen des klassischen Altertums; mit Zeichnungen von Erich Hölle; Sonderausgabe des Tosca-Verlags Wien (kein Erscheinungsjahr angegeben).
*Seifert, Elke*, Lot und seine Töchter: Eine Hermeneutik des Verdachts, in: *Hedwig Jahnow u.a.*, Feministische Hermeneutik und Erstes Testament, Stuttgart/Berlin/Köln 1994, 48–66.
*Siebe, Michaele*, Vergewaltigung der Republik: Karikaturen aus der Zeit der Kommune, in: *Ines Lindner u.a.* (Hg.), Blick-Wechsel: Konstruktionen von Männlichkeit und Weiblichkeit in der Kunst und Kunstgeschichte, Berlin 1989, 453–464.
*Siegele-Wenschkewitz, Leonore* (Hg.), Verdrängte Vergangenheit, die uns bedrängt: Feministische Theologie in der Verantwortung für die Geschichte, München 1988.
*Simian-Yofre*, רחם, in: ThWAT VII, Stuttgart 1993, 460–475.
*Snaith, Norman H.*, Leviticus and Numbers, CeB, London/Edinburgh 1967.
*Sölle, Dorothee*, Vater, Macht und Barberei: Feministische Anfragen an autoritäre Religion, in: Conc 17 (1981), 223–227.
*Soggin, J. Albert*, Judges, London 1981.
*Soskice, Janet Martin*, Metaphor and Religious Language, Oxford 1985.
*Steck, Odil Hannes*, Zion als Gelände und Gestalt: Überlegungen zur Wahrnehmung Jerusalems als Stadt und Frau im Alten Testament, in: ZThK 86 (1989), 261–281.
*Steinbrecher, Sigrid*, Die Vaterfalle: Die Macht der Väter über die Gefühle der Töchter, Hamburg 1992.
*Sterring, Ankie*, The Will of the Daughters, jn: *Athalya Brenner* (ed.), Exodus to Deuteronomy, FemCB 6, Sheffield 1994, 88–99.
*Stoebe, Hans-Joachim.*, חמם – Gewalttat, in: ThHAT II, München ³1984, 583–587.
*Stoebe, Hans-Joachim.*, רחם pi. – sich erbarmen, in: ThHAT II, München ³1984, 761–768.
*Stolz, Fritz*, Das erste und zweite Buch Samuel, ZBK.AT 9, Zürich 1981.
*Stolz, Fritz*, ציון, in: ThHAT II, München ³1984, 543–551.
*Struchtemeier, Thea A.*, »Schrei laut zum Herrn, stöhne Tochter Zion! Wie einen Bach laß fließen die Tränen ...«: Die Pietà im Fossar de la Pedrera in Barcelona, in: *Ines Lindner u.a.* (Hg.), Blick-Wechsel: Konstruktionen von Männ-

lichkeit und Weiblichkeit in der Kunst und Kunstgeschichte, Berlin 1989, 281–296.
Swidler, Leonard, Biblical Affirmations of Woman, Philadelphia 1979.

Tandecki, Daniela, Die Fahnen der Liebe: Bilder biblischer Leidenschaften in der Kunst des Christentums, in: Institut für Kirchbau und kirchliche Kunst der Gegenwart Marburg (Hg.), liebe und eros, Marburg 1992.
Trenchard, Warren C., Ben Sira's View of Women: A Literary Analysis, BJSt 38, 1982.
Trible, Phyllis, Mein Gott, warum hast du mich vergessen! Frauenschicksale im Alten Testament (Originalausgabe: Texts of Terror, 1984), Gütersloh 1990.
Trible, Phyllis, Gott und Sexualität im Alten Testament (Originalausgabe: God and the Rhetoric of Sexuality, 1978), Gütersloh 1993.
Thürmer-Rohr, Christina, Einführung – Forschen heißt wühlen, in: Studienschwerpunkt »Frauenforschung« am Institut für Sozialpädagogik der TU Berlin (Hg.), Mittäterschaft und Entdeckungslust, Berlin ²1990a, 12–21.
Thürmer-Rohr, Christina, Frauen in Gewaltverhältnissen – Zur Generalisierung des Opferbegriffs, in: Studienschwerpunkt »Frauenforschung« am Institut für Sozialpädagogik der TU Berlin (Hg.), Mittäterschaft und Entdeckungslust, Berlin ²1990b, 22–36.

Ueding, Gert, Grundriß der Rhetorik: Geschichte, Technik, Methode, Stuttgart ²1986.

De Vaux O.P., Roland de, Das Alte Testament und seine Lebensordnungen, 2 Bde., Freiburg i. Br. 1960 und 1962.

Wacker, Marie-Theres, Frau – Sexus – Macht: Eine feministisch-theologische Relecture des Hoseabuches, in: dies. (Hg.), Der Gott der Männer und die Frauen, Düsseldorf 1987, 101–125.
Wacker, Marie-Theres, Gefährliche Erinnerungen: Feministische Blicke auf die hebräische Bibel, in: dies. (Hg.), Theologie feministisch: Disziplinen – Schwerpunkte – Richtungen, Düsseldorf 1988.
Wacker, Marie-Theres, Kosmisches Sakrament oder Verpfändung des Körpers? »Kultprostitution« im biblischen Israel und im hinduistischen Indien: Religionsgeschichtliche Überlegungen im Interesse feministischer Theologie, in: Renate Jost / Rainer Kessler / Christoph M. Raisig (Hg.), Auf Israel hören: Sozialgeschichtliche Bibelauslegung, Luzern 1992, 47–84.
Wanke, Gunter, Bundesbuch, in: TRE VII, Berlin 1981, 412–415.
Weems, Renita J., Gomer: Victim of Violence or Victim of Metaphor? in: Sem 47 (1989) 87–104.
Weiser, Artur, Klagelieder, in: ders., Das Hohe Lied, Klagelieder, das Buch Ester, ATD 16/2, Göttingen 1958.
Weiser, Artur, Das Buch Hiob, ATD 13, Göttingen ⁴1963.
Weiser, Artur, Das Buch Jeremia, ATD 20/21, Göttingen 1966.
Wenham, Gordon J., The Book of Leviticus, Michigan 1979.
Westermann, Claus, Genesis 1–11, BK I/1, Neukirchen-Vluyn 1974.
Westermann, Claus, Genesis 12–36, BK I/2, Neukirchen-Vluyn 1981.
Westermann, Claus; Genesis 37–50, BK I/3, Neukirchen-Vluyn 1982.
Westermann, Claus / Rainer Albertz, גלה – aufdecken, in: THAT I, München ³1984, 418–426.
Wevers, John W., Ezekiel, CeB, Aylesbury 1969.
Wildberger, Hans, Jesaja 1–12, BK X/1, Neukirchen-Vluyn 1972.

*Literatur*

*Wildberger, Hans*, Jesaja 13–27, BK X/2, Neukirchen-Vluyn 1978.
*Wildberger, Hans*, Königsherrschaft Gottes: Jesaja 1–39, Teil 1: Das Buch, der Prophet Jesaja und seine Botschaft, Neukirchen-Vluyn 1984.
*Wildwasser Marburg e. V.* (Hg.), Aus anderer Sicht: Sexuelle Gewalt gegen Mädchen und Frauen, Ursachen – Folgen – Widerstand, Marburg 1992.
*Winter, Urs*, Frau und Göttin: Exegetische und ikonographische Studien zum weiblichen Gottesbild im Alten Israel und in dessen Umwelt, OBO 53, Göttingen 1983.
*Wirtz, Ursula*, Seelenmord: Inzest und Therapie, Zürich 1989.
*Wöller, Hildegunde*, Vom Vater verwundet: Töchter der Bibel, Tabus des Christentums, Stuttgart 1991.
*Wolff, Hans Walter*, Dodekapropheton 1: Hosea, BK XIV/1, Neukirchen-Vluyn 1961.
*Wolff, Hans Walter*, Dodekapropheton 4: Micha, BK XIV/4, Neukirchen-Vluyn 1982.
*Wolff, Hans Walter*, Anthropologie des Alten Testaments, München (1973) $^4$1984.
*Wolff, Hans Walter*, Dodekapropheton 2: Joel und Amos, BK XIV/2, Neukirchen-Vluyn $^3$1985.
*Würthwein, Ernst*, Die Bücher der Könige: 1. Kön. 17 – 2. Kön. 25, ATD 11, Göttingen $^2$1987.
*Wurmnest, Karl Friedrich*, Die Rolle des Individuums innerhalb von Familie und Ehe im alten Israel, Inaugural-Dissertation, Köln 1979.

*Yee, Gale A.*, Hosea, in: *Carol A. Newsom / Sharon H. Ringe* (ed.), The Women's Bible Commentary, London 1992, 195–202.

*Zimmerli, Walter*, Ezechiel, BK XIII/1, Neukirchen-Vluyn 1969.
*Zimmerli, Walter*, 1. Mose 12–25: Abraham, ZBK 1/2, Zürich 1976.
*Zobel, H.-J.*, גלה, in: ThWAT I, Stuttgart 1973, 1018–1031.

Als Konkordanz diente auch die Computersoftware:
Lutherbibel, hg. von der *Deutschen Bibelgesellschaft Stuttgart*, Gütersloh (1988) 1990.

# Stellenregister (Auswahl)

| | | | | |
|---|---|---|---|---|
| *Genesis* | | | 46,5–27 | 158 |
| 11,10.11 | 158 | | 46,7 | 158 |
| 11,29 | 49 | | 46,17 | 158 |
| 19 | 94 | | | |
| 19,1–29 | 175–178 | | *Exodus* | |
| 19,4–8 | 36 | | 2 | 128f |
| 19,30–38 | 82–86.184f | | 2,15ff | 58f |
| 19,8 | 24.48.118f | | 2,16 | 159 |
| 19,30 | 48 | | 2,21 | 48 |
| 20,15.16 | 57 | | 4,24–26 | 59 |
| 22 | 124 | | 6,23.25 | 49 |
| 22,23 | 156 | | 20,12 | 224 |
| 24 | 51–55.128f.160f | | 21,7–11 | 205–207 |
| 24,15 | 48.159 | | 22,15.16 | 197f |
| 24,24 | 43 | | | |
| 24,59.61 | 73 | | *Leviticus* | |
| 24,67 | 30 | | 10,14 | 214 |
| 25 | 53 | | 18 | 219–224 |
| 25,20 | 49 | | 19,29 | 212f |
| 26 | 53 | | 20 | 219–224 |
| 27 | 53 | | 21,1–4 | 214 |
| 28,9 | 49 | | 21,9 | 215 |
| 29ff | 161–161 | | 22,11–13 | 214 |
| 29 | 55–57.128f | | 21,11 | 214 |
| 29,6 | 48 | | | |
| 29,9 | 159 | | *Numeri* | |
| 29,16 | 48 | | 18,11.19 | 214 |
| 29,24.29 | 73 | | 26,33 | 48.77.158 |
| 29,31–30,24 | 57 | | 26,59 | 157 |
| 30,1–24 | 57 | | 27,1–11 | 77–79 |
| 30 | 162 | | 27,8–11 | 209 |
| 30,21 | 98.157 | | 30,1–17 | 215–217 |
| 31 | 163 | | 36,1–13 | 78f |
| 31,14–16 | 57.139f | | 36,6–9 | 209f |
| 31,19.30ff | 140–143 | | | |
| 31,50 | 44 | | *Deuteronomium* | |
| 34 | 98–104.166.200 | | 5,16 | 224 |
| 34,1 | 130f | | 21,10–14 | 207 |
| 36,6 | 158 | | 22,13–21 | 201–204 |
| 38 | 86–91.94.186–188 | | 22,28–29 | 198–200 |
| 39 | 94f | | 25,11–12 | 205 |
| 46,15 | 104.157f | | 27 | 219–224 |

## Josua

| | |
|---|---:|
| 15,13–19 | 74 |
| 15,16 | 48.168f |
| 15,17 | 168f |
| 17,3–6 | 78f |

## Richter

| | |
|---|---:|
| 1,11–15 | 74 |
| 11,1–3 | 211 |
| 11,29–40 | 24.121–126.180–183 |
| 11,34–40 | 43 |
| 11,34 | 48 |
| 11,37 | 131–133 |
| 14–16 | 94 |
| 14 | 62–64 |
| 14,2 | 48 |
| 15 | 62–64 |
| 15,5 | 48 |
| 19 | 48.111–115 |
| 19,15–25 | 178f |
| 19,22–29 | 36 |
| 19,24 | 24.120f |

## 1. Samuel

| | |
|---|---:|
| 2,12 | 157 |
| 14 | 124 |
| 14,49 | 48.64.158 |
| 17,25 | 64.169 |
| 18,17–29 | 64–68 |
| 18,17ff | 169–171 |
| 19,11–17 | 143–146 |
| 25,44 | 146 |

## 2. Samuel

| | |
|---|---:|
| 5,13 | 157 |
| 6 | 125 |
| 12,1–4 | 115f |
| 12,3 | 43 |
| 13 | 104–110.200 |
| 13,7 | 159 |
| 14,27 | 109.157 |

## 1. Könige

| | |
|---|---:|
| 9,16 | 73 |

## 2. Könige

| | |
|---|---:|
| 14,8–14 | 168 |

## Jesaja

| | |
|---|---:|
| 1,21 | 276 |
| 1,8.9 | 274f.304 |
| 3,16–41 | 282 |
| 10,30.32ff | 275 |
| 12,6 | 275.304.310 |
| 13,18 | 309 |
| 13,20–27 | 277–279 |
| 15,2 | 298 |
| 16,1 | 275.304 |
| 22,4.5 | 274f |
| 23,10 | 298 |
| 23,12 | 296–308 |
| 23,16 | 295f |
| 37,22 | 274.304 |
| 37,23 | 274 |
| 47,1–5 | 297 |
| 47,1 | 296 |
| 47,3.5 | 297 |
| 47,7 | 296 |
| 52,1 | 302 |
| 52,2f | 311 |
| 52,2 | 291 |
| 60,4ff | 293f |
| 60,15 | 302 |
| 60,16 | 301 |
| 62,3ff | 293 |
| 62,3 | 302.311 |
| 62,11 | 302.311 |

## Jeremia

| | |
|---|---:|
| 2,23–25 | 306 |
| 4,11 | 276f.306 |
| 4,30 | 277–279.306 |
| 4,31 | 277–279 |
| 6,1–8 | 305 |
| 6,2 | 277–279 |
| 6,23 | 279 |
| 6,26 | 279.307 |
| 8,19 | 279f.304 |
| 8,20 | 304 |
| 8,22 | 279f |
| 9,6 | 276f.306 |
| 13,17 | 306 |
| 13,20–27 | 306f |
| 13,22 | 305f |
| 13,26 | 305–307.309 |
| 14,17 | 279f.304 |
| 31,4 | 280.311 |
| 31,21 | 280.307 |
| 31,22 | 280.306f.311 |
| 46,11 | 296 |
| 46,19 | 298 |
| 46,20 | 297 |
| 46,24 | 308 |
| 48,18 | 296 |
| 49,4.5 | 296 |
| 51,33b | 296 |

## Stellenregister (Auswahl)

| Ezechiel | |
|---|---|
| 13,17 | 243 |
| 16 | 315 |
| 16,3–7a | 259–267 |
| 16,6 | 299 |
| 16,9–12 | 302 |
| 16,15ff | 306 |
| 16,27.38 | 307 |
| 16,37ff | 305 |
| 16,37 | 305.309 |
| 16,39 | 302 |
| 16,49ff | 306 |
| 16,49 | 307 |
| 16,53f | 310 |
| 16,56 | 306 |
| 16,61.62f | 310 |
| 22 | 220 |
| 23 | 268 |
| 23,26 | 302 |
| 23,28 | 305 |
| 23,29 | 302 |
| 23,9 | 302.305 |
| 23,10 | 305 |
| 23,22f | 302 |

| Hosea | |
|---|---|
| 1,6 | 157.253–256.301 |
| 2 | 256f |
| 2,1–3 | 256 |
| 2,3 | 301.310 |
| 2,5–17 | 302 |
| 2,7ff | 306 |
| 2,7.10 | 302 |
| 2,11–15 | 307 |
| 2,12 | 305.309 |
| 2,23–25 | 256 |
| 2,25 | 301.310 |

| Amos | |
|---|---|
| 5,2 | 251f.304 |

| Micha | |
|---|---|
| 1,13 | 290 |
| 4,8 | 290.311 |
| 4.10 | 290 |
| 4,13 | 290.296 |
| 4,22 | 308 |

| Nahum | |
|---|---|
| 3,3 | 295.308 |
| 3,4 | 295 |
| 3,5.6 | 296.308 |
| 3,7 | 297 |

| Zefanja | |
|---|---|
| 3,5 | 306 |
| 3,8 | 305 |
| 3,11a | 306 |
| 3,11b | 308 |
| 3,14ff | 291f |
| 3,14 | 310 |
| 3,15.17 | 304 |

| Sacharja | |
|---|---|
| 2,14 | 292f.304.311 |
| 9,9 | 292f.304.311 |

| Psalmen | |
|---|---|
| 9,15 | 295 |
| 48 | 295 |

| Hiob | |
|---|---|
| 42,13–15 | 80f |
| 42,13 | 48 |

| Sprüche | |
|---|---|
| 1–9 | 94 |
| 30,15f | 227 |
| 31,10–31 | 28.34.133f |
| 31,30–31 | 31f |

| Rut | |
|---|---|
| Buch | 94 |
| 3 | 91f |

| Hohelied | |
|---|---|
| Buch | 134–137 |

| Klagelieder | |
|---|---|
| Buch | 284–290 |
| 1,1.2 | 304 |
| 1,5 | 305f |
| 1,6 | 302 |
| 1,8.14 | 306 |
| 1,16 | 304 |
| 1,17 | 304f |
| 1,21 | 304f |
| 2,1 | 302 |
| 2,4ff | 305.309 |
| 2,13 | 304.306 |
| 2,14 | 306 |
| 4,1 | 302 |
| 4,13 | 306 |
| 4,21 | 297.308 |
| 4,22f | 310 |
| 4,22 | 297.306 |
| 4,22a | 308 |

*Ester*
| | |
|---|---|
| Buch | 68f.171–173 |
| 2,7 | 48 |
| 4,4–17 | 147–149 |

*1. Chronik*
| | |
|---|---|
| 2,49 | 158 |
| 7,32 | 156 |

*Tobit*
| | |
|---|---|
| Buch | 189–193 |
| 3ff | 60–62 |
| 3,7 | 48 |
| 7,1 | 129f |
| 8,21 | 81 |
| 10,10 | 74 |

*1. Makkabäer*
| | |
|---|---|
| 10,51–58 | 171 |
| 11,12.13 | 171 |

*Sirach*
| | |
|---|---|
| 7,18–28 | 228–232 |
| 42,9–14 | 230–232 |

*Daniel, Stücke zum Buch*
| | |
|---|---|
| 1 | 204 |